U0581946

二手房诉讼案件思维

以请求权为基础

彭锐——编著

中国政法大学出版社

2018・北京

图书在版编目（CIP）数据

二手房诉讼案件思维/彭锐编著.—北京：中国政法大学出版社，2018.11
ISBN 978-7-5620-8737-3

Ⅰ.①二…　Ⅱ.①彭…　Ⅲ.①房屋纠纷－民事诉讼－案例－中国　Ⅳ.①D925.105
②D922.385

中国版本图书馆CIP数据核字(2018)第267223号

出版者　中国政法大学出版社
地　址　北京市海淀区西土城路25号
邮寄地址　北京100088信箱8034分箱　邮编100088
网　址　http://www.cuplpress.com (网络实名：中国政法大学出版社)
电　话　010-58908289(编辑部) 58908334(邮购部)
承　印　固安华明印业有限公司
开　本　720mm×960mm　1/16
印　张　27
字　数　430千字
版　次　2018年11月第1版
印　次　2018年11月第1次印刷
定　价　85.00元

序　言

PREFACE

龙柒主编的《世界上最伟大的50种思维方法》流行书中有这么一段话："思路要是不对，再多努力也是徒劳，这时候脑筋转得越快，往往也死得越早；而好的思路，会使人生旅途充满亮光。每一种好的思维方式，都是生命历程中一盏明亮的灯，引导你正确地走向成功的彼岸。"

从理论上讲，我国民事诉讼可分为确认之诉、形成之诉、给付之诉。确认之诉旨在确认法律关系存在与否；形成之诉旨在改变法律关系状态；给付之诉旨在通过法院判决方式令对方当事人向自己履行民事给付义务。前两者一般不具有终局性质，其通常作为给付之诉的铺垫。故给付之诉对权利救济最具普遍意义，而请求权又系权利救济的核心要素。

2000年初至2010年期间本书作者基本遵循"历史方法"办理案件。历史方法主要以时间顺序作为考查所涉法律关系的依据，但该方法适于法律关系比较简单的案件；若案件之法律关系比较复杂，环节比较多，律师代理或法院审理时运用此方法则容易陷入混乱。

2009年作者认真拜读了王泽鉴先生的大作——《民法思维：请求权基础理论体系》，2010年又研读了邹碧华法官的《要件审判九步法》等以"寻找请求权基础"作为办案思路的理论书籍，深受启发。自发自觉地将“寻找请求权基础”理论方法运用到自己办案实践之中，效果之好超出作者预料。

简要概括“寻找请求权基础”，即“谁向谁依据什么主张什么？”其具体步骤为：首先检视请求权是否成立，其次检视请求权是否消灭，再次检视请求权是否可实现，最后导出结论。

本书作者精心选取31个亲自办理的胜诉房产诉讼案件，并结合思维导图，重点按请求权基础方法来分析案例。

目前，据作者所悉，北京市大部分法院正在大力宣传推进重点运用“寻找请求权基础”方法审判案件的改革，这将对提高法院办案水平及质量起到良好作用。作者借此东风把先前自身积累的这方面办案经验和感悟整理成册与大家分享。

由于时间匆忙，才学疏浅，本书有不恰之处，请予指正。

彭锐律师

2018年6月14日

于建国门外外交公寓

目 录

CONTENTS

继续履行

解除合同

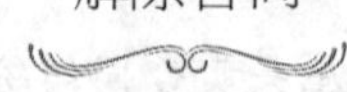

继承纠纷篇

居间合同纠纷篇

租赁合同纠纷篇

1. 出卖人民事行为能力的认定

李甲与刘某、李乙、李丙、李丁确认合同有效纠纷案

本案思维导图

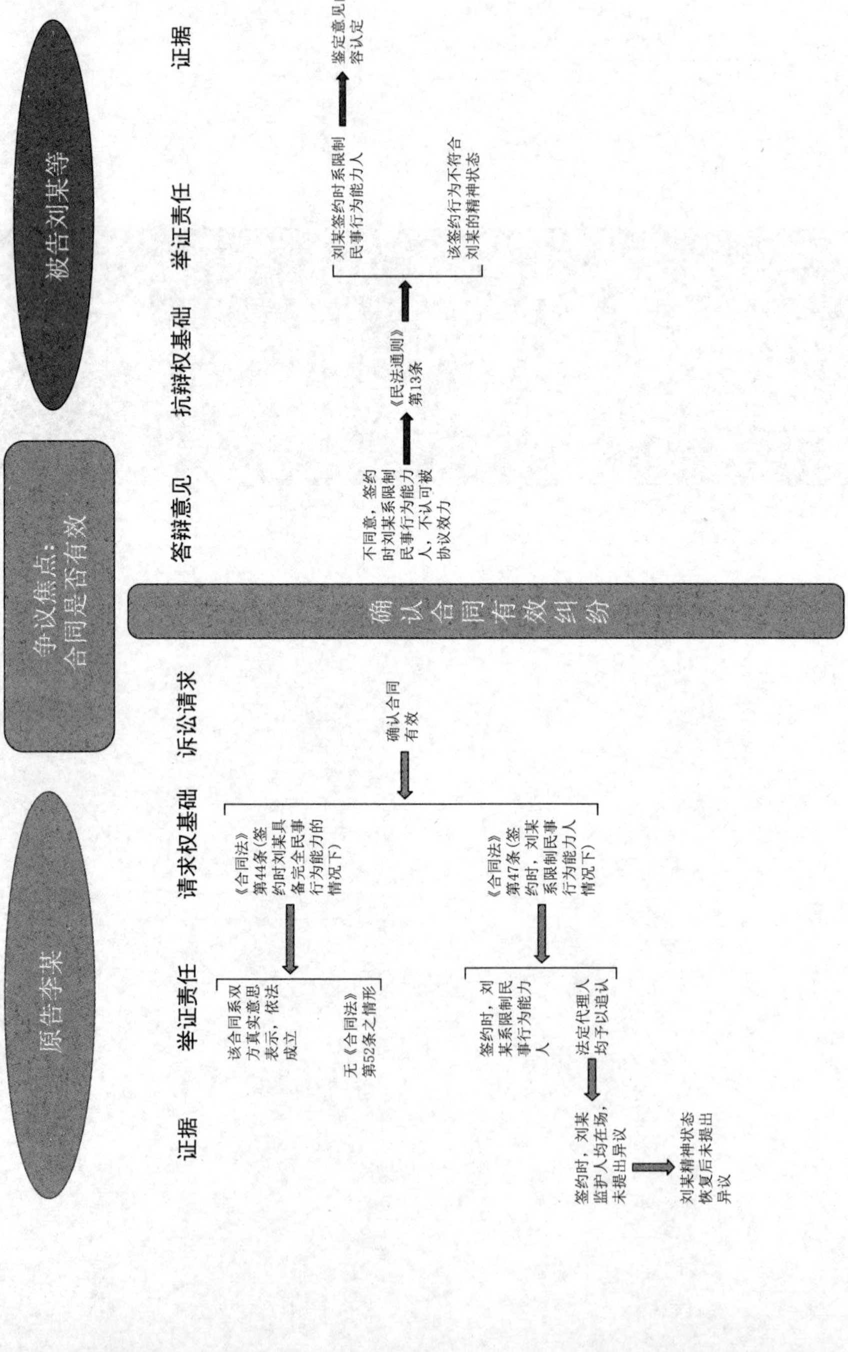

原告李某

争议焦点：合同是否有效

被告刘某等

确认合同有效纠纷

原告方：证据　举证责任　请求权基础　诉讼请求

诉讼请求：确认合同有效

请求权基础：《合同法》第44条（签约时刘某具备完全民事行为能力的情况下）
- 举证责任：该合同系双方真实意思表示，依法成立
- 举证责任：无《合同法》第52条之情形

请求权基础：《合同法》第47条（签约时，刘某系限制民事行为能力人情况下）
- 举证责任：签约时，刘某系限制民事行为能力人
- 举证责任：法定代理人均予以追认
  - 证据：签约时，刘某监护人均在场，未提出异议
  - 证据：刘某精神状态恢复后未提出异议

被告方：答辩意见　抗辩权基础　举证责任　证据

答辩意见：不同意，签约时刘某系限制民事行为能力人，不认可协议效力

抗辩权基础：《民法通则》第13条
- 举证责任：刘某签约时系限制民事行为能力人
  - 证据：鉴定意见内容认定
- 举证责任：该签约行为不符合刘某的精神状态

案情介绍

李某与刘某系夫妻关系，二人育有四子女，李甲、李乙、李丙、李丁。位于北京市昌平区鲁疃村某号院（以下简称“涉案院落”）原系两夫妻的共同财产。2011年4月3日，李某去世。涉案院落（被拆迁房屋）集体土地建设用地使用证登记的土地使用者为刘某。

2009年12月17日，刘某、李某与李甲、李乙、李丙、李丁达成《鲁疃刘某李某房产继承》，内容为：“①鲁疃所占房回迁楼政府分配，如果分两居室一套加一居室一套或三居室一套，全部归李甲所有，房屋产权归李甲所有，分毛坯房装修加买房钱由所占房产出资。②李甲所得楼房有父母居住的权利。③买楼房剩余钱由刘某、李某、李甲、李乙、李丙、李丁、李戊各占一股分配。④父母看病雇保姆所用费用，由父母所占股份和工资款支出，不够再由四个儿女均摊，剩余钱四人均分。⑤家里所办营业执照所得收入由李戊、任某、王某、杨某四人均分。⑥鲁疃某门牌号新建房和装修所用费用由李甲、李乙、李丙、李丁共同投资，房屋占完之后先把每人投资收回，其余是共同财产。⑦以上几条特此为证，自签字之日起生效。”刘某、李某与李甲、李乙、李丙、李丁均在该协议上签字。

2011年7月13日，刘某的委托代理人李甲（乙方）与北京某开发建设有限公司（甲方）签订《鲁疃村集体土地住宅房屋拆迁货币补偿协议》，约定：乙方被拆迁房屋坐落在北京市昌平区鲁疃村某号，被列为拆迁安置人口的人员分别是刘某、李某。

2011年7月21日，刘某的委托代理人李甲（乙方）与北京某开发建设有限公司（甲方）签订《鲁疃村定向安置房认购书》，约定：①乙方认购的第一套房为A户型，建筑面积60平方米，均价2000元/平方米，总价120 000元。②乙方认购的第二套房为B2户型，建筑面积为90平方米，均价为2000元/平方米，总价为180 000元。③根据《定向安置房认购实施细则》，乙方享受认购楼房总面积为120平方米，乙方实际认购楼房总面积为150平方米。

2011年7月26日，李甲、李乙、李丙、李丁签订《鲁疃村某号父母财产分割补充说明》，内容为：“经父母同意拆迁分配的二居室和一居室（共计

150平方米）全部归李甲所有，拆迁安置房下来产权归李甲名下，但是楼房入住后父母应与其同住，应做到孝敬父母、养老送终，女儿也应尽赡养义务。经父母同意财产分割明细：李乙：324 500元整，李丙324 500元整，李甲和李戊共计429 500元整，李丁：269 500元整。父母百年之后剩余钱款归李甲、李乙、李丙、李丁平均分配。此证明自签字之日起生效。”

2014年12月10日，刘某（乙方）与北京某开发建设有限公司（甲方）签订《鲁疃村定向安置房房屋产权人确认协议》，约定乙方共认购定向安置房2套，一居室1套，二居室1套。经乙方全体被安置人员协商一致，共同确认以下房号及产权人：①鲁疃村定向安置房1号房屋，建筑面积89.56平方米，产权人刘某。②鲁疃村定向安置房2号房屋，建筑面积58.72平方米，产权人刘某。

此后，因两套安置房屋的占有、归属问题，李甲与刘某、李乙、李丙、李丁产生分歧：李甲认为两套安置房应当按照2009年12月17日《鲁疃刘某李某房产继承》的约定归其享有；而刘某、李乙、李丙、李丁则认为，《鲁疃刘某李某房产继承》性质上是遗嘱，刘某作为立遗嘱人，有权撤销遗嘱，安置房屋应当重新分配。双方无法协商达成一致后，李甲将刘某、李乙、李丙、李丁起诉至北京市昌平区人民法院要求确认《鲁疃刘某李某房产继承》协议合法有效。

庭审中，李某主张2011年7月26日按照《鲁疃村某号父母财产分割补充说明》先分的钱，分钱后当天就和刘某说了该《补充说明》的事情，刘某没有提出异议。双方也均认可《鲁疃刘某李某房产继承》的第3、5、6条中的钱已经在2011年7月26日按照协议分完，同日，刘某也分到了钱，并存在其名下，由李乙代管。刘某表示分钱的时候不知道协议的事情，分完之后当天就知道了，没有提出反对意见。

本书作者系李甲的诉讼代理人。

律师思路

本书作者接受李甲委托时，本案的争议焦点是《鲁疃刘某李某房产继承》这份材料的法律性质。然而，在案件庭审过程中，刘某、李乙、李丙、李丁认为刘某在签署该文件时处于生病状态，不具备行为能力，不认可其效力，且刘某向昌平法院提起了民事行为能力鉴定的申请，昌平法院依法委托了法大法庭科学技术鉴定研究所进行了鉴定，鉴定意见为：被鉴定人刘某诊断为心境障碍，在2009年12月17日签订《鲁疃刘某李某房产继承》时评定为限制民事行为能力。因此，争议焦点增加了一个，即刘某签订《鲁疃刘某李某房产继承》时评定为限制民事行为能力，是否影响《鲁疃刘某李某房产继承》效力的认定。

请求权的基础

一、假设李甲对刘某、李乙、李丙、李丁根据《合同法》第44条第1款〔1〕享有确认合同有效请求权

1. 那么首先这个请求权必须已经产生。

（1）根据《合同法》第44条的规定，请求权产生的基础是该合同必须已经成立：本合同是刘某、李某、李甲、李乙、李丙、李丁的自愿真实意思表示，且各方均为完全民事行为能力人，即使刘某、李乙、李丙、李丁均声称刘某在签订该合同系限制民事行为能力人，刘某的所有监护人也已经追认签订合同的行为，所以该合同已经成立。

（2）本案中不存在《合同法》第52条〔2〕规定的合同无效的几种情形。故该合同已经成立生效，对当事人均有约束力。

由此，李甲享有的确认合同有效请求权产生了。

2. 该请求权并未消灭。

3. 李甲的起诉未过诉讼时效，刘某、李乙、李丙、李丁也并无相应抗辩权。

4. 故李甲对刘某、李乙、李丙、李丁依据上述法条享有确认合同有效请求权。

二、假设刘某确实系限制民事行为能力人，李甲根据《合同法》第47条〔3〕的规

---

〔1〕《合同法》第44条第1款　依法成立的合同，自成立时生效。

〔2〕《合同法》第52条　有下列情形之一的，合同无效：①一方以欺诈、胁迫的手段订立合同，损害国家利益；②恶意串通，损害国家、集体或者第三人利益；③以合法形式掩盖非法目的；④损害社会公共利益；⑤违反法律、行政法规的强制性规定。

〔3〕《合同法》第47条　限制民事行为能力人订立的合同，经法定代理人追认后，该合同有效，但纯获利益的合同或者与其年龄、智力、精神健康状况相适应而订立的合同，不必经法定代理人追认。相对人可以催告法定代理人在一个月内予以追认。法定代理人未作表示的，视为拒绝追认。合同被追认之前，善意相对人有撤销的权利。撤销应当以通知的方式作出。

定，享有确认合同有效请求权

1. 那么首先这个请求权必须已经产生。

（1）根据《合同法》第 47 条的规定，请求权产生的基础是刘某在签订该合同时系限制民事行为能力人，但刘某的所有监护人也已经追认签订合同的行为，该合同有效。

（2）本案中不存在《合同法》第 52 条规定的合同无效的几种情形。故该合同已经成立生效，对当事人均有约束力。

由此，李甲享有的确认合同有效请求权产生了。

2. 该请求权并未消灭。

3. 李甲的起诉未过诉讼时效，刘某、李乙、李丙、李丁也并无相应抗辩权。

4. 故李甲对刘某、李乙、李丙、李丁依据上述法条享有确认合同有效请求权。

代理词

一、《鲁疃刘某李某房产继承》这份材料性质上是一份合同

《合同法》第 2 条规定："本法所称合同是平等主体的自然人、法人、其他组织之间设立、变更、终止民事权利义务关系的协议。"从《鲁疃刘某李某房产继承》行文第 1~7 条，所涉内容是全家共同出资，因政府拆迁获利进行分配，并就安置房的所有权、使用权进行分配而达成的一致意见，性质明显是合同，具体如下：

1. 合同的主体及签订。

该合同系平等主体的李家全体成员通过开家庭会议，讨论达成一致意见后，将讨论协商一致的结果，以书面的形式表现出来，并最终由全体人员签字的结果。符合合同签订的过程。

2. 合同的内容。

（1）合同约定了出资、投入。合同约定了大家因政府拆迁这件事进行投资，签约人都有对应的出资，具体出资是由李某、刘某两位老人出房，由李家四个子女出钱。

（2）合同约定了收益的分配。合同约定了大家做这件事会得到收益及收益具体如何分配，即所得房产归原告所有，购房剩余的钱由李某等七人各占一股分配。出资方式和收益分配的约定，符合民法上合同的特点。

3. 合同已经实际展开履行。

（1）实际履行了出资义务。签订合同后，家庭成员按照合同的约定进行了出资，两位老人出了房，子女出了钱，签约主体都履行了出资义务。

（2）合同履行后产生的收益进行了分配。政府拆迁以后，李家也确实获得了两套安置房，除购买涉诉房屋外，还有剩余安置款，剩余安置款已经按照合同进行了分配。

基于以上几点，原告认为，《鲁疃刘某李某房产继承》性质上就是一份合同。

二、《鲁疃刘某李某房产继承》性质上不是遗嘱

《继承法》第3条规定："遗产是公民死亡时遗留的个人合法财产。"

《继承法》第16条规定："公民可以依照本法规定立遗嘱处分个人财产，并可以指定遗嘱执行人。公民可以立遗嘱将个人财产指定由法定继承人的一人或者数人继承。公民可以立遗嘱将个人财产赠给国家、集体或者法定继承人以外的人。"

根据上述法律的规定，遗嘱应当是自然人生前对于其死亡后事务所作的安排和处置。

《鲁疃刘某李某房产继承》全文共7条，所述内容均是生前拆迁资金如何投入，拆迁获利如何分配，何人享有居住权、何人享有所有权，没有任何一条是关于人死后财产或事项如何安排的表述，明显不属于遗嘱。具体如下：

1. 判定《鲁疃刘某李某房产继承》的性质不能仅仅因为标题中带有"继承"二字就认定其性质是遗嘱，尤其案件当事人均是普通老百姓，并非法律上的专业人士，在标题的用词上并不十分严谨，《鲁疃刘某李某房产继承》性质的认定仍需审查其实质内容，在充分了解当事人真实意思表示的情况下加以判断。

2. 可以通过以下几点确定《鲁疃刘某李某房产继承》性质是合同而非遗嘱：

（1）遗嘱是立遗嘱人的意思表示，只需立遗嘱人签字即可，无需继承人签字。本案中，《鲁疃刘某李某房产继承》是由全部家庭成员签字，这与常理不符。

（2）《鲁疃刘某李某房产继承》通篇连“立遗嘱人”这几个字都没出现过，把它解释成遗嘱，太过牵强。

（3）遗嘱自被继承人死亡之日起生效，但《鲁疃刘某李某房产继承》第7条明确载明：以上几条特此为证，自签字之日起生效。从生效时间上看，明显不属于遗嘱范畴。

（4）遗嘱在处分财产时，正常的表述是被继承人百年之后，财产归某个继承人所有，但《鲁疃刘某李某房产继承》的表述却是，如果分得房产，产权就归原告，财产处理的时间点明显和法律上所指的遗嘱相矛盾。

（5）如果是遗嘱，内容牵扯到出资、回报等对价事项，与常理不符。

（6）关于父母有居住权利，子女要尽赡养义务等条款，双方对此并不持有异议，原告亦同意刘某居住涉诉房屋内，核心问题还是房屋权属确定。

三、《鲁疃刘某李某房产继承》应属合法有效的合同

（一）鉴定结论明显错误，不应被法院采信

1. 刘某在签订合同时的民事行为能力只能分为“完全”和“无”二级，不可能存在限制行为能力。

涉案鉴定意见书是依据《司法精神病学法律能力鉴定指导标准》对刘某在2009年12月17日签订诉争合同的民事行为能力进行鉴定，这显然属于上述指导标准中对特定的民事行为能力进行评定，根据该标准，鉴定结果理应只存在“完全”和“无”两种情况。而涉案鉴定意见书却显示鉴定结论为刘某在2009年12月17日签订诉争合同时为限制民事行为能力。这一鉴定结论明显不符合法律的规定，鉴定结论明显错误。

2. 刘某被评定为“心境障碍”不具体，且依据明显不足。

涉案鉴定意见书按照《中国精神障碍分类与诊断标准（第三版）》（CCMD-3），认为刘某诊断符合心境障碍。但依据CCMD-3第3条关于“心境障碍”的描述，“心境障碍”分为四种，分别是躁狂发作、双相障碍、抑郁发作以及持续性心境障碍，四种虽同属于“心境障碍”但差异明显，每一种都有相应的不同的症状标准，且要判定为某种心境障碍必须至少符合相应几项症状才能予以认定。

（1）涉案鉴定意见书中模糊地表述被鉴定人刘某诊断符合心境障碍，没有明确说明属于哪一种心境障碍。

（2）涉案鉴定意见书也没有列出得出具有心境障碍这一结论的症状依据。

由此可见，涉案鉴定意见书诊断结论不明确，诊断依据明显不足。

3. 鉴定检材不齐全，且未经过质证。

刘某在北京回龙观医院的病历记载其于2009年5月出现情绪低落，于2009年10月在安定医院就诊，鉴定机构实际上是在完全认可前述内容的基础上，评定刘某在2009年12月17日签订诉争合同为限制行为能力人，该认定明显错误：

（1）前述病例记载内容并不是医院的诊断记录，仅是患者病史自述，并无检材。

（2）前述病例记载内容所涉及的内容，鉴定申请人并未提供2009年5月及2009年10月的病历予以佐证，双方也未对此展开质证，鉴定机构依据什么认定记载内容真实、合法、有效？

因此，法大法庭科学技术鉴定研究所出具的《法医学鉴定意见书》（法大［2015］医鉴字第1207号）明显错误，不应当被法院采信。刘某在签订合同时具备完全民事行为能力。

（二）退一步讲，即使鉴定结论无误，也不影响法院认定合同合法有效

1. 刘某的监护人已经追认签订合同的行为。

《民法通则》第13条第2款规定："不能完全辨认自己行为的精神病人是限制民事行为能力人，可以进行与他的精神健康状况相适应的民事活动；其他民事活动由他的法定代理人代理，或者征得他的法定代理人的同意。"[1]

《民法通则》第14条规定："无民事行为能力人、限制民事行为能力人的监护人是他的法定代理人。"[2]

《民法通则》第17条规定："无民事行为能力或者限制民事行为能力的精神病人，由下列人员担任监护人：①配偶；②父母；③成年子女；④其他近亲属；⑤关系密切的其他亲属、朋友愿意承担监护责任，经精神病人的所在

［1］ 该条款对应自2017年10月1日起实施的《民法总则》第22条。《民法总则》第22条　不能完全辨认自己行为的成年人为限制民事行为能力人，实施民事法律行为由其法定代理人代理或者经其法定代理人同意、追认，但是可以独立实施纯获利益的民事法律行为或者与其智力、精神健康状况相适应的民事法律行为。

［2］ 该条款对应自2017年10月1日起实施的《民法总则》第23条。《民法总则》第23条　无民事行为能力人、限制民事行为能力人的监护人是其法定代理人。

单位或者住所地的居民委员会、村民委员会同意的。"[1]

根据前述的法律规定，刘某的配偶李某以及全部成年子女均在《鲁疃刘某李某房产继承》签字，视为刘某的法定代理人代理刘某行使了民事权利，所签合同合法有效。

2. 刘某本人已经追认签订合同的行为。

刘某在2011年与北京某开发建设有限公司签订《鲁疃村集体土地住宅房屋拆迁货币补偿合同》时，其所谓的"抑郁症"已经恢复，具备相应的民事行为能力，至少截至本案2015年1月22日第一次开庭，在长达近四年的时间里，刘某没有以任何形式任何行为否认诉争合同，甚至还委托申请人代办签订《鲁疃村集体土地住宅房屋拆迁货币补偿合同》等相关手续。2011年7月26日，刘某从开发商处领取了拆迁补偿款，按照诉争合同的约定，将各项款项分配给各个子女，并自己保留了近六十万元自行支配。因此，即使在签订诉争合同时刘某为限制行为能力人，但此后刘某已经以其行为对诉争合同进行了追认，诉争合同仍为合法有效的合同。现在刘某受个别子女的挑唆，违背其自身真实意愿进行答辩，企图否认合同效力，本身也不符合诚实信用原则。

法院裁判

北京市昌平区人民法院认为：

限制民事行为能力人订立的合同，经法定代理人追认后，该合同有效，但纯获利益的合同或者与其年龄、智力、精神健康状况相适应而订立的合同，不必经法定代理人追认。相对人可以催告法定代理人在一个月内予以追认。法定代理人未作表示的，视为拒绝追认。合同被追认之前，善意相对人有撤销的权利。撤销应当以通知的方式作出。本案中，2009年12月17日，刘某在与李某、李甲、李乙、李丙、李丁签订《鲁疃刘某李某房产继承》协议时系限制民事行为能力，具有法定监护权的人为其配偶和成年子女。虽然签订

[1] 该条款对应自2017年10月1日起实施的《民法总则》第28条。《民法总则》第28条　无民事行为能力或者限制民事行为能力的成年人，由下列有监护能力的人按顺序担任监护人：①配偶；②父母、子女；③其他近亲属；④其他愿意担任监护人的个人或者组织，但是须经被监护人住所地的居民委员会、村民委员会或者民政部门同意。

该协议时未确定刘某的实际监护人，但刘某的所有具有监护权的人员均知道刘某在签订协议书时处于发病期，并未对该协议提出异议，且刘某在2010年年底恢复精神状态后，在2011年7月26日按照《鲁曈刘某李某房产继承》约定的第3、5、6条内容分钱并得知协议内容后也未提出异议，故可以推定为是刘某本人对协议内容的追认。由于该协议系各方当事人的真实意思表示，协议内容并未违反法律及行政法规的强制性规定，应认定合法有效，当事人均应全面履行合同义务。对于李甲要求确认《鲁曈刘某李某房产继承》合法有效的诉讼请求，于法有据，本院予以支持。综上，依据《合同法》第8条、第47条、第60条之规定，判决：确认刘某、李某、李甲、李乙、李丙、李丁于2009年12月17日达成的《鲁曈刘某李某房产继承》协议有效。

律师点评

1. 本案是典型的家庭内部矛盾引发的纠纷。女儿为了能多分财产，唆使老母亲与儿子决裂，矛盾无法协调后对簿公堂。律师提示，家庭成员之间，还是要秉承谦让、恭敬的心态，相互理解，毕竟家和万事兴。

2. 回到案子本身，被告一方企图通过老太太在签约时没有行为能力一举推翻协议的效力，达到全家人重新分配拆迁利益的目的，本书作者为此设计了重重防御方案：首先针对鉴定报告效力提出质疑，其次从监护人追认角度论证了合同的效力已被补正，最后从老人自己的行为追认合同的角度再次论证合同的有效性。法院最终的认定也都在律师的认知范围内。即使是处理合同效力这样看似简单的案件，律师也要发散思维，多从不同的角度分析论证，切实保障当事人的合法权益。

2. 善意取得的认定与房屋买卖网签合同的性质

何某、王某与孙某、孙小某确认合同无效纠纷案

本案思维导图

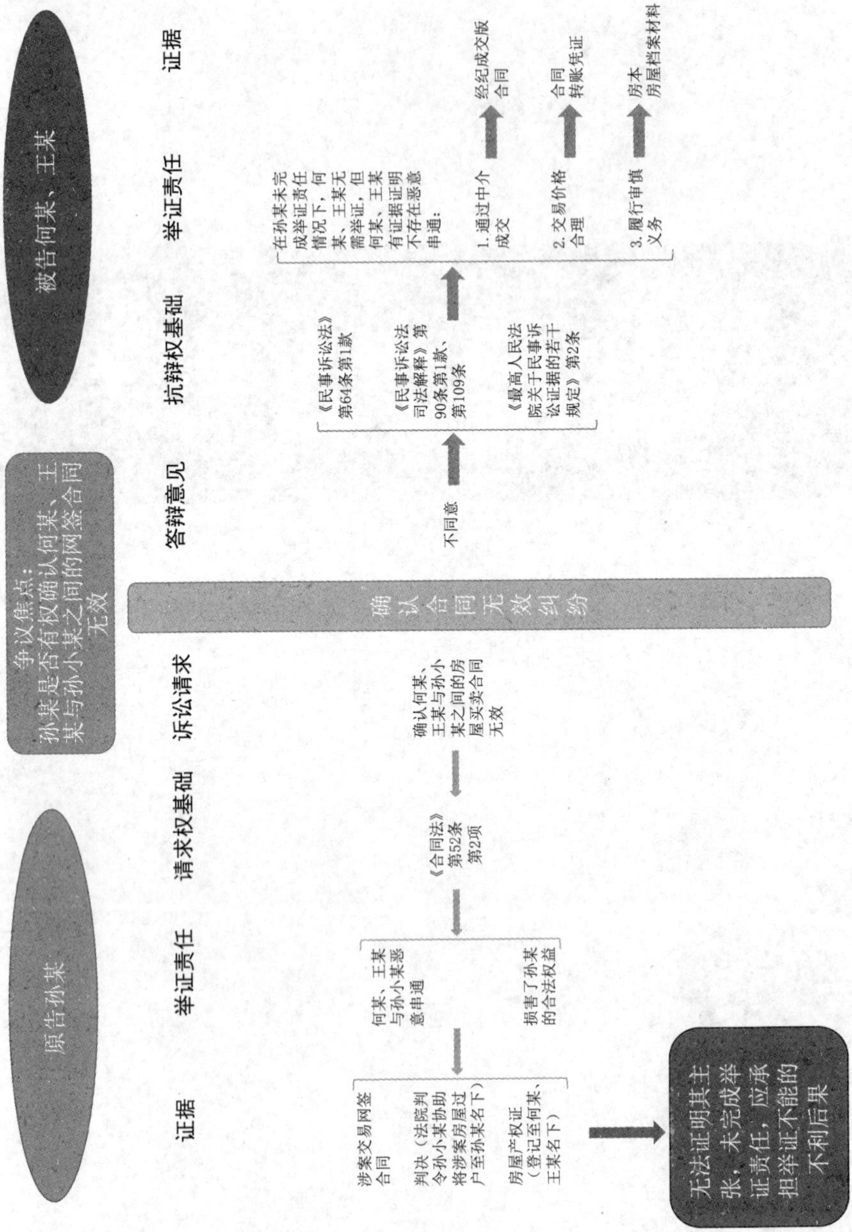

原告孙某

争议焦点：孙某是否有权确认何某、王某与孙小某之间的网签合同无效

被告何某、王某

确认合同无效纠纷

原告孙某

诉讼请求：确认何某、王某与孙小某之间的房屋买卖合同无效

请求权基础：《合同法》第52条第2项

举证责任：
- 何某、王某与孙小某恶意串通
- 损害了孙某的合法权益

证据：
- 涉案交易网签合同
- 判决（法院判令孙小某协助将涉案房屋过户至孙某名下）
- 房屋产权证（登记至何某、王某名下）

→ 无法证明其主张，未完成举证责任，应承担举证不能的不利后果

被告何某、王某

答辩意见：不同意

抗辩权基础：
- 《民事诉讼法》第64条第1款
- 《民事诉讼法司法解释》第90条第1款、第109条
- 《最高人民法院关于民事诉讼证据的若干规定》第2条

举证责任：在孙某未完成举证责任情况下，何某、王某无需举证，但何某、王某有证据证明不存在恶意串通：

证据：
- 1. 通过中介成交 → 经纪成交版合同
- 2. 交易价格合理 → 合同、转账凭证
- 3. 履行审慎义务 → 房本、房屋档案材料

案情介绍

孙某与孙小某系父女关系。何某与王某系夫妻关系，二人于2005年2月1日登记结婚。2012年9月27日，孙小某取得北京市东城区涉案房屋的所有权。

2015年8月17日，孙某与孙小某签订《房屋买卖合同》。2016年5月5日，孙某以房屋买卖合同纠纷为由将孙小某诉至北京市东城区人民法院，要求孙小某协助孙某办理涉案房屋的买卖过户手续，将该房屋所有权变更登记至孙某名下。2016年12月8日，北京市东城区人民法院作出判决，判令孙小某于判决生效后10日内协助孙某办理涉案房屋的买卖过户手续，将该房屋所有权变更登记至孙某名下。该判决已生效。

2016年6月26日，孙小某作为出售方（甲方）与何某、王某作为买受方（乙方）签订《北京市存量房屋买卖合同（经纪成交版）》。该合同约定，甲方所售房屋坐落在北京市东城区涉案房屋，建筑面积55.99平方米。该房屋成交总价为164万元。同日，孙小某与何某、王某及北京某爱某家房地产经纪有限公司（以下简称“中介公司”）签订《补充协议》。2016年7月29日，孙小某作为甲方与何某、王某作为乙方签订《装修款补充协议》，该协议约定，甲方出售给乙方标的房屋总价款为164万元，包含标的房屋配套设施折价款64万元，甲方出售该房屋的合同价格为100万元。2016年8月17日，孙小某与何某、王某签订《存量房屋买卖合同（经纪成交版）》，合同编号为×。该合同约定，出卖人所售房屋坐落为东城区涉案房屋，建筑面积为55.99平方米，该房屋成交价格为100万元，买受人向银行申办抵押贷款，贷款金额为50万元。

何某于2016年6月26日向孙小某支付定金4万元，于2016年8月22日通过银行转账的方式支付50万元，于2016年9月8日通过银行转账的方式支付32万元，于2016年9月12日支付28万元，于2016年9月30日通过银行贷款方式支付50万元，购房款164万元已经全部付清。2016年9月12日，何某、王某取得涉案房屋不动产权证书。

后孙某起诉至北京市东城区人民法院，请求确认孙小某与何某、王某于2016年8月17日签订的《存量房屋买卖合同（经纪成交版）》（合同编号为

×）无效；诉讼费由何某、王某与孙小某负担。孙某称：孙某与孙小某系父女关系，孙某之前起诉孙小某房屋买卖合同纠纷一案中，法院已经判决孙小某协助孙某办理涉案房屋的过户手续，将该房屋所有权登记在孙某名下，现该判决已经发生法律效力。但孙小某隐瞒孙某，将该房屋卖与何某、王某，成交价格为100万元，市场价格是280万元左右。何某、王某与孙小某的行为损害孙某的合法权益，故孙某起诉。

庭审中，法院询问何某、王某与孙小某之间关于涉案房屋的实际履行情况，何某、王某与孙小某均称实际履行的是何某、王某与孙小某于2016年6月26日签订的《北京市存量房屋买卖合同（经纪成交版）》及2016年7月29日签订的《装修款补充协议》，合同总成交价为164万元。法院向孙某释明，何某、王某与孙小某明确表示涉案房屋的实际交易价格为164万元，且履行的房屋价款为164万元，孙某诉请的合同为网签备案合同，非何某、王某与孙小某之间实际履行的合同，孙某表示坚持诉讼请求。法院再次向孙某释明，根据相关法律规定，孙某坚持诉讼请求要求确认网签合同无效可能得不到法院支持，孙某表示仍坚持诉讼请求。

孙小某辩称：①孙某起诉案由有误，本案案由应为确认合同无效纠纷。②何某、王某与孙小某之间无利害关系，何某、王某与孙小某在房屋交易之前并不认识，房屋交易的价格与市场价格相当。③涉案房屋的交易价格为164万元，孙某的诉讼请求为要求确认交易价格为100万元的存量房屋买卖合同无效，实际履行的价格是164万元，孙某起诉的价格没有实际履行。综上，孙小某不同意孙某的诉讼请求。

何某辩称：①孙小某是涉案房屋的合法产权人，享有涉案房屋的完全处分权。涉案房屋在2015年通过中介公司在网上宣传出售，2016年，何某、王某与孙小某通过中介公司居间介绍，签订合同前孙小某与何某、王某是不认识的，不存在恶意串通的基础。②何某、王某支付了中介服务费39 688元，房屋成交的价格是164万元，何某、王某已经将房款全部支付给孙小某。③涉案房屋在2016年9月27日就已经过户给何某、王某，对于孙某与孙小某的家庭内部纠纷，何某、王某不知情。④何某、王某与孙小某之间进行房屋交易时完全合法有效，不存在恶意串通的行为，交易价格为100万元的存量房屋买卖合同是备案合同，实际双方履行的是交易价格为164万元的合同。综上，何某不同意孙某的诉讼请求。

王某辩称，2016年8月17日的网签合同本质上并不是合同法上的合同，并不是双方设立、变更、消灭民事权利义务的协议，仅仅是一个备案手续，该网签不是合同，也就不具备评价合同有效无效的意义。何某、王某与孙小某签订房屋买卖合同时，孙小某是房屋的登记产权人，其有权处分涉案房屋，交易的价格及过程都是正常的，且房屋已经办理过户手续，并交付给何某与王某，何某与王某的权利应当受到保护。

本书作者系何某、王某的诉讼代理人。

律师思路

抗辩权的基础

本案中，孙某以何某、王某与孙小某构成《合同法》第52条第2项为由主张何某、王某与孙小某之间的网签合同无效。

针对孙某的诉讼请求，假设何某、王某根据《民事诉讼法》第64条第1款〔1〕、《最高人民法院关于适用〈中华人民共和国民事诉讼法〉的解释》（以下简称《民诉解释》）第90条〔2〕和第109条〔3〕、《最高人民法院关于民事诉讼证据的若干规定》第2条〔4〕享有抗辩权。

1. 那么首先该抗辩权必须已经成立。

根据上述法条，该抗辩权成立的前提条件是：

（1）孙某提出了何某、王某与孙小某恶意串通，损害孙某利益的主张。

（2）孙某未举证证明：由于孙某主张何某、王某与孙小某恶意串通，根据上

---

〔1〕《民事诉讼法》第64条第1款　当事人对自己提出的主张，有责任提供证据。

〔2〕《民诉解释》第90条　当事人对自己提出的诉讼请求所依据的事实或者反驳对方诉讼请求所依据的事实，应当提供证据加以证明，但法律另有规定的除外。在作出判决前，当事人未能提供证据或者证据不足以证明其事实主张的，由负有举证证明责任的当事人承担不利的后果。

〔3〕《民诉解释》第109条　当事人对欺诈、胁迫、恶意串通事实的证明，以及对口头遗嘱或者赠与事实的证明，人民法院确信该待证事实存在的可能性能够排除合理怀疑的，应当认定该事实存在。

〔4〕《最高人民法院关于民事诉讼证据的若干规定》第2条　当事人对自己提出的诉讼请求所依据的事实或者反驳对方诉讼请求所依据的事实有责任提供证据加以证明。没有证据或者证据不足以证明当事人的事实主张的，由负有举证责任的当事人承担不利后果。

述法律规定，孙某的举证应当使得人民法院确认该待证事实存在的可能性能够排除合理怀疑。本案中多处存在合理怀疑：①签约时，涉案房屋仍登记在孙小某名下；②何某、王某与孙小某通过中介成交，签约前双方并不认识彼此；③交易价格为 164 万元，系合理市场价格；④涉案房屋的房源核验结果为无抵押、无查封、无其他阻碍交易情形。

即主张何某、王某与孙小某之间存在恶意串通，无法排除上述合理怀疑，且在存在价格为 164 万元的交易合同及相应转账凭证的前提下，孙某以涉案房屋买卖的网签备案合同载明交易价格为 100 万元主张双方恶意串通，属于举证不足，应承担举证不能的不利后果；

故该抗辩权产生了。

2. 何某、王某未放弃该抗辩权。

3. 故何某、王某依据上述法条对孙某的诉讼请求享有抗辩权。

律师代理词及法院裁判

代理词

一、孙小某与何某、王某之间的房屋买卖合同关系合法有效

（一）孙小某有权处分涉案房屋

根据物权公示公信原则，结合孙某提交的×京房权证东字第××××号产权证，孙小某与何某、王某签订涉案房屋买卖合同时，孙小某系涉案房屋的登记产权人，孙小某有权处分涉案房屋。

（二）孙小某与何某、王某不存在恶意串通的基础

何某、王某与孙小某之前并不认识，双方是在买卖涉案房屋时，在中介公司从事居间活动过程中才认识，双方之间的房屋买卖合同也是通过中介公司居间促成，故双方不存在恶意串通的基础。

另，《最高人民法院关于民事诉讼证据的若干规定》第 2 条规定："当事人对自己提出的诉讼请求所依据的事实或者反驳对方诉讼请求所依据的事实有责任提供证据加以证明。没有证据或者证据不足以证明当事人的事实主张的，由负有举证责任的当事人承担不利后果。"孙某若主张孙小某与何某、王某恶意串通，其对自己的主张有举证责任，如不能证明，应承担相应的举证

不能的后果。

（三）孙小某与何某、王某均为完全民事行为能力人，双方之间的房屋买卖合同系当事人真实意思表示，不违反法律法规的强制性规定

孙某要求确认孙小某与何某、王某之间的房屋买卖合同关系无效，其依据为《合同法》第 52 条的规定："有下列情形之一的，合同无效：①一方以欺诈、胁迫的手段订立合同，损害国家利益；②恶意串通，损害国家、集体或者第三人利益；③以合法形式掩盖非法目的；④损害社会公共利益；⑤违反法律、行政法规的强制性规定。"

现孙小某与何某、王某之间的房屋买卖合同关系不构成《合同法》第 52 条规定的任意一种情形。

（四）涉案房屋交易价格合理

《最高人民法院关于适用〈中华人民共和国合同法〉若干问题的解释（二）》[以下简称《合同法解释（二）》] 第 19 条第 1 款规定："对于合同法第 74 条规定的'明显不合理的低价'，人民法院应当以交易当地一般经营者的判断，并参考交易当时交易地的物价部门指导价或者市场交易价，结合其他相关因素综合考虑予以确认。"

《合同法解释（二）》第 19 条第 2 款规定："转让价格达不到交易时交易地的指导价或者市场交易价 70% 的，一般可以视为明显不合理的低价；对转让价格高于当地指导价或者市场交易价 30% 的，一般可以视为明显不合理的高价。"

涉案房屋的合同价为 164 万，根据中介公司提交的房屋信息，该价格为 2016 年 6 月同等地段、同等条件房屋的市场价格，是比较合理的价格。

故，孙小某与何某、王某之间的房屋买卖合同关系合法有效。

二、孙小某与孙某之间的债权债务关系系其内部关系，该合同关系无法对抗第三人何某、王某

基于孙某与孙小某之间的债权债务关系，孙某对孙小某仅享有合同法上的债权请求权。现该房屋已过户至何某、王某名下，根据物权优于债权的原则，孙小某无法履行其与孙某之间的合同义务时，孙某可以主张其对孙小某所享有的损害赔偿请求权，其无权要求确认孙小某与何某、王某之间的房屋买卖合同关系无效。

三、退一步说，即使孙小某对涉案房屋无处分权，何某、王某也构成善

意取得

《物权法》第 106 条第 1 款规定："无处分权人将不动产或者动产转让给受让人的，所有权人有权追回；除法律另有规定外，符合下列情形的，受让人取得该不动产或者动产的所有权：①受让人受让该不动产或者动产时是善意的；②以合理的价格转让；③转让的不动产或者动产依照法律规定应当登记的已经登记，不需要登记的已经交付给受让人。"

本案中，何某、王某符合《物权法》第 106 条规定的条件，构成善意取得，理由如下：

（一）何某、王某受让涉案房屋时是善意的

《物权法司法解释》第 18 条第 1 款规定："物权法第 106 条第 1 款第 1 项所称的'受让人受让该不动产或者动产时'，是指依法完成不动产物权转移登记或者动产交付之时。"

1. 何某、王某主观上是善意的。

（1）何某、王某在 2017 年 3 月接到法院通知其被起诉时才得知涉案房屋存在产权纠纷，孙小某可能无权处分涉案房屋，但何某、王某已于 2016 年 9 月 12 日获得涉案房屋不动产权证书，即何某、王某受让涉案房屋时并不知道第三人在该房屋上存在他人权利。

（2）孙小某于 2017 年 3 月 31 日向何某发短信，内容为："何先生！万分抱歉！没想到会给您和家人带来麻烦。我这边会积极配合解决事情的！之前因为家丑不好意思说，您也不知情！没想到我复杂的家庭情况让您跟着糟心！对不起您"，表示何某、王某对涉案房屋存在产权纠纷一直不知情。

故何某、王某在受让涉案房屋时主观上是善意的。

2. 何某、王某客观上履行了谨慎的审查义务。

（1）签约前，何某、王某多次在中介公司、孙小某陪同下实地检查过涉案房屋的房屋状况，孙某并不在涉案房屋内居住。

（2）签约前，何某、王某仔细审查过孙小某的身份证及房产证是否真实，登记信息是否一致，并询问过孙小某本人及中介公司，二者均保证信息真实一致。

（3）签约前，何某、王某检查过房产证上登记的房屋的共有情况为单独所有，且孙小某的配偶在办理银行贷款面签时本人出面签字确认，表明其同意出售涉案房屋给何某、王某。

（4）签约后，中介公司对涉案房屋进行过房源核验，涉案房屋不存在抵押、查封或其他阻碍交易的情形。

故何某、王某客观上履行了谨慎的审查义务。

（二）以合理的价格转让

以上已经提到涉案房屋的合同价为当时的市场价格，该交易价格较为合理，符合合理价格转让的条件。

（三）涉案房屋已经办理了权属转移登记手续

《北京市高级人民法院关于审理房屋买卖合同纠纷案件适用法律若干问题的指导意见（试行）》第19条规定："……③房屋善意取得以房屋所有权已经转移登记到买受人名下为生效要件。房屋已经办理转移登记但尚未交付的不影响善意取得的构成，但该事实可以作为判断买受人是否构成善意的因素之一。"

2016年9月12日，何某、王某已经取得了涉案房屋的不动产权登记证书，现何某、王某已经实际占有、使用、控制涉案房屋，故何某、王某已经取得涉案房屋的所有权。

即退一步说，即使孙小某对涉案房屋无处分权，何某、王某对涉案房屋也构成善意取得。

另，实践中，网签合同是备案合同，系办理房屋转移登记过程中的一道手续，并非双方之间所签订并实际履行的基础房屋买卖合同，不能反映当事人的真实意思表示，不具有独立评价的意义。在何某、王某与孙小某之间实际履行的基础房屋买卖合同合法有效，且已履行完毕的前提下，单独确认网签合同无效并无意义。

综上，孙某的诉讼请求无事实及法律依据，请求法院依法驳回孙某的全部诉讼请求，保护何某及王某的合法权益。

法院裁判

北京市东城区人民法院经审理认为：

当事人对自己提出的主张，有责任提供证据。没有证据或者证据不足以证明当事人的事实主张的，由负有举证责任的当事人承担不利后果。根据查明的事实，2016年8月17日，孙小某与何某、王某签订合同编号为×《存量

房屋买卖合同（经纪成交版）》。孙某诉请该合同无效，但该合同仅为网签合同，系办理房屋转移登记过程中的一道手续，并非双方之间所签订的基础房屋买卖合同。何某、王某与孙小某均认可涉案房屋交易实际履行的是何某、王某与孙小某于2016年6月26日签订的《北京市存量房屋买卖合同》及2016年7月29日签订的《装修款补充协议》，而非孙某诉请网签合同。何某、王某与孙小某均认可涉案房屋总成交价为164万元，且涉案房屋实际交易价格为164万元，而非网签合同中约定的100万元。网签合同系备案合同，非实际履行合同，不能反映当事人的真实意思表示，故孙某要求以价格偏低构成恶意串通为由，要求确认何某、王某与孙小某之间签订的网签合同无效的诉讼请求，缺乏事实及法律依据，本院不予支持。综上所述，依照《合同法》第52条，《民事诉讼法》第64条第1款，《最高人民法院关于民事诉讼证据的若干规定》第2条之规定，判决驳回孙某的诉讼请求。

律师点评

1. 无论是原告提出诉讼请求，还是被告提出抗辩理由，都应该紧紧围绕请求权基础和抗辩权基础展开，而且要结合自己的证据展开，绝不能想当然。本案原告主张合同无效，到底是基于《合同法》第52条的哪一款来主张，从头到尾都没有很明确地向法庭表述清楚，也没有什么有效的证据证明合同无效。而被告的抗辩权则非常明确，两个层面，即有权处分合同有效、无权处分也构成善意取得，证据体系也是围绕着抗辩权架构，最终法院没有支持原告的主张。

2. 网签合同能否作为民事领域的合同去评价其效力。我们认为，不是带个“合同”的字眼就一定是民事上的合同，关键还是要回到合同的概念上，《合同法》第2条规定：“本法所称合同是平等主体的自然人、法人、其他组织之间设立、变更、终止民事权利义务关系的协议。”网签合同只是满足行政机关的备案要求，单就网签合同而言，双方有设立民事权利义务关系的意思表示吗？实际上是没有的，设立民事权利义务关系的意思表示体现在纸质合同上。所以本书作者认为：网签合同不能作为民事领域的合同去评价其效力，也就不存在所谓“网签合同是否变更了纸质合同约定”的说辞了。

3. 房屋买卖网签合同的性质

李某与姚某房屋买卖合同纠纷案

本案思维导图

原告姚某

争议焦点：
姚某是否有权确认合同无效

被告李某

房屋买卖合同纠纷

证据 | 举证责任 | 请求权基础 | 诉讼请求 | 答辩意见 | 抗辩权基础 | 举证责任 | 证据

确认姚某与李某之间的房屋买卖网签合同无效

《民法通则》第13条第2款

签约时姚某系限制民事行为能力人

周小某系姚某的法定代理人

李某已经举证证明姚某签约时具有相应民事行为能力，姚某仅提供签约后法院确认姚某系限制民事行为能力人的判决

判决错误

未完成举证责任，应承担举证不能的不利后果

不同意

《民事诉讼法》第64条第1款

《民事诉讼法司法解释》第90条第1款，第109条

《最高人民法院关于民事诉讼证据的若干规定》第2条

姚某未举证证明其签约时不具备相应的民事行为能力，其主张不能成立，李某自然享有相应的抗辩权

案情介绍

姚某与郭某曾系夫妻关系，双方生育子女五人即郭某1、郭某2、郭某3、郭某4、周小某（曾用名郭某5）。1980年左右双方离婚。1982年姚某与周某再婚，婚后未生育子女。1990年姚某与周某离婚，1995年7月7日双方复婚，2006年12月12日，双方经法院调解离婚。1997年12月8日姚某被评定为精神残疾人，姚某的残疾人证上记载的监护人为周小某。

1999年3月9日，姚某与北京市某房地产开发公司根据国务院《关于深化城镇住房制度改革的决定》和北京市《关于1999年向职工出售公有住宅楼房的价格及有关政策的通知》的规定签订购房合同，约定姚某享受1999年优惠售房的各项优惠政策，以购房款24 800元购买位于北京市西城区涉案房屋，2000年7月19日，坐落于北京市西城区涉案房屋的房屋所有权人登记为姚某。

2015年12月16日，出卖人姚某与买受人李某签订《存量房屋买卖合同（自行成交版）》，约定由李某购买姚某的涉案房屋，成交价为260万元。2015年12月18日，李某、姚某办理涉案房屋所有权转移登记。上述合同签订及办理涉案房屋所有权转移登记时，姚某的监护人周小某均未在场，亦未征得周小某同意。2015年12月22日，涉案房屋的所有权人登记为李某，现涉案房屋未交付李某。

2015年11月19日，李某经北京银行向姚某账户转账支付20万元，其中，14万元为李某账户支付，另6万元为李某某账户支付。

2016年1月6日，姚某之女郭某4向北京市公安局石景山分局某派出所报案称："母亲姚某从家出走至今未回，监护人是周小某。"

2016年1月7日，北京市公安局西城分局接到报警人报警称："涉案房屋因房产纠纷门被撬。"

2016年3月21日，天津市公安局蓟州分局接到报警，报警人称："在该地有80岁左右老人找不到家，求助民警，请核处。"蓟州文安派出所民警赵某、许某出警处置，得知"报警人系某小区物业工作人员，民警抵达现场后发现一老妇在某小区物业门口的椅子上坐着，经了解得知该老妇名叫姚某，姚某称找不到家，民警与物业工作人员了解到姚某与老伴租住该小区1304号，民警想送姚某回住处，但姚某拒绝，要求民警与其女儿联系，后民警与其女儿周小某取得联系，周小某称马上从北京往蓟县赶来接姚某，后经民警做工作将姚某送回住处，并得知姚某的老伴叫周某，当日15时30分，周小某给民警赵某打电话称在某小区1304号想接姚某走，但周某不同意，双方发生纠纷，民警赵某、许某出警，告知双方纠纷法院诉讼解决。”

2016年5月13日，北京市西城区人民法院受理申请人周小某申请宣告被申请人姚某为限制民事行为能力人一案，经审理，于2016年7月1日作出（2016）京0102民特×××号民事判决：“①宣告姚某为限制民事行为能力人。②指定周小某为姚某的监护人。”

后周小某以姚某的法定代理人身份代姚某将李某起诉至北京市西城区人民法院，并提出诉讼请求：请求判令李某与姚某签订的房屋买卖合同无效。姚某称：姚某为周小某的母亲，今年80岁，早年因受刺激患上精神疾病，离婚后与女儿周小某共同生活，后因当时居住的房屋拆迁而取得涉案房屋。由于该房产处于出租状态，从2015年11月下旬开始，租客连续多日深夜遭到敲门恐吓，被迫提前退租。周小某将钥匙托管给某A中介公司，却发现门锁被人更换。2016年1月7日，又发现有人撬门试图闯入，遂报警，一自称是买房人姐姐的中年妇女在某B中介公司工作人员的陪同下来到派出所，声称该房已由自己的弟弟李某购买，房价款是260万元，某B中介公司的工作人员还在派出所说“老太太是出于经济困难才同意卖房的”，买房人姐姐也是说“可怜老太太觉得她困难才买的这房子，过户那天有个叫周某的老头带老太太一起去办的手续”。姚某在2015年11月19日从北京家中消失了，周小某向警方报失踪。2016年3月21日，周小某突然接到天津蓟县某派出所的电话，警察在电话里告诉周小某是姚某托物业公司向公安机关报的警，老人想回北京。周小某当即赶往天津去接姚某，却被周某通过威胁方式阻拦。2016年3月25日，周小某及家人再次赶往天津，依靠刑警力量将姚某解救回北京。原来是姚某被周某控制而与李某签订的房屋买卖合同及办理的过户手续，自己并不知晓签字意味着房子已经不属于自己了，还以为能回到该房居住，姚某根本没有卖房的想法，卖房的钱也未见到一分。姚某不仅在周某和崔某等人的哄骗加威逼下签了字，还被拉到西城区房屋交易大厅办理了过户登记，很快又被崔某安排的车带到了天津蓟县某小区一直控制，根据《民法通则》第13条规定："不能辨认自己行为的精神病人是无民事行为能力人，由他的法定代理人代理民事活动。不能完全辨认自己行为的精神病人是限制民事行为能力人，可以进行与他的精神健康状况相适应的民事活动；其他民事活动由他的法定代理人代理，或者征得他的法定代理人的同意。"姚某一个人没有能力与他人签订合同，更不要说签订处置重大财产的合同，也没有能力承担相应的法律责任，不能准确辨别自己的行为意味着什么样的后果，故诉请法院判如所请。

李某辩称，不同意姚某的诉讼请求：①李某同姚某订立的房屋买卖合同是双方自愿订立的。②姚某具有完全民事行为能力，根据李某与姚某当面洽谈房屋买卖事宜和同其签订该合同时李某所见到的任何情景，凭借李某的社会生活经历，没有发现和察觉姚某存在缺乏行为能力问题。同时，据李某所指，姚某与周某于2006年通过诉讼并在人民法院的主持下调解离婚，其诉讼和离婚时，姚某为完全行为能力人，其签订房屋买卖合同的行为也是有效的。③姚某出卖房屋符合共有人的意愿，据李某所知，姚某同李某协议买卖的房屋，系2000年姚某同周某夫妻关系存续期间所购买，该房屋属于姚某和周某共同财产，于房屋买卖合同签订前，姚某曾同周某共同商议，并经过周某同意后才出卖房屋的。④房屋过户手续早已完结，姚某同李某按着各自的意愿和商议的房屋买卖约定，共同到房屋所在地的房屋交易管理机构依法办理了房屋买卖和产权变更登记手续，现已过户到李某名下。⑤在购买此房屋的过程中，李某3次到姚某的居住地，多次到税务和不动产登记大厅从未见到姚某的监护人，在此期间一直都是前夫周某在陪同。综上，李某同姚某订立的房屋买卖合同是合法有效的，请求法院驳回姚某的诉讼请求。

在本案诉讼中，周小某申请对姚某在2015年12月份是否具有民事行为能力进行鉴定。依当事人申请并经随机抽取鉴定机构，法院委托首都医科大学附属北京安定医院精神疾病司法鉴定科（以下简称"鉴定科"）进行鉴定。2016年7月6日，鉴定科致函本院称："鉴定材料不够完整、充分，根据《司法鉴定程序通则》第15条之规定，不能受理鉴定。"

北京市西城区人民法院经审理认为：已为人民法院发生法律效力的裁判所确认的事实，当事人无须举证证明。当事人对自己提出的主张有义务出示证据加以证明。在二手房交易过程中，存在中介公司居间服务交易及买卖双方自行交易的方式，因此，当事人在房屋登记机关办理房屋所有权转移登记时，备案的存量房屋买卖合同有自行成交版和经纪成交版之分。李某称购买涉案房屋是经房地产经纪居间进行，但李某与姚某就涉案房屋办理房屋所有权转移登记时所签存量房屋买卖合同却为自行成交版，李某的陈述与之存在矛盾。

《民法通则》规定，不能辨认自己行为的精神病人是限制民事行为能力人，可以进行与他的精神健康状况相适应的民事活动；其他民事活动由他的法定代理人代理，或者征得他的法定代理人的同意。限制民事行为能力人依法不能独立实施的民事行为无效。限制行为能力的精神病人（包括痴呆症人）由其配偶、父母、成年子女担任监护人。以上监护人均为法律直接规定的法定监护人。记载姚某为精神残疾人的残疾人证始于1997年12月且一直延续，并有监护人为周小某的信息记录，2016年7月，人民法院判决宣告姚某为限制行为能力人。本案涉及的二手房买卖交易属复杂事务，已超出限制行为能力人的认知能力，姚某无法独立进行，故姚某在2015年12月16日与李某就涉案房屋设立房屋买卖合同关系的行为不能独立实施，应在监护人周小某的监护下实施。现姚某与李某签订《存量房屋买卖合同（自行成交版）》时，姚某的法定代理人周小某不知道且不认可，故该合同存在因姚某为限制民事行为能力人实施的行为而无效的法定情形。如姚某坚持认为涉案房屋交易过程中涉嫌犯罪，可自行向公安机关报案。综上，姚某的诉讼请求存在法律依据，本院予以支持。依照《民法通则》第13条第2款、第58条，《民事诉讼法》第64条，《最高人民法院关于贯彻执行〈中华人民共和国民法通则〉若干问题的意见（试行）》第5条，《最高人民法院关于民事诉讼证据的若干规定》第2条、第72条规定，判决如下：姚某与李某2015年12月16日签订的《存量房屋买卖合同（自行成交版）》无效。

后李某不服一审判决，向北京市第二中级人民法院提起上诉。

本书作者系李某二审的诉讼代理人。

抗辩权的基础

本案中，姚某提出一项诉讼请求，请求确认姚某与李某之间的《存量房屋买卖合同（自行成交版）》无效，其理由为姚某为限制民事行为能力人，周小某作为其法定代理人，对姚某所做的处分涉案房屋的行为不予追认，故姚某与李某签订的房屋买卖合同为无效合同。

假设姚某根据《民法通则》第 13 条第 2 款〔1〕享有确认合同无效的请求权。

1. 那么首先该请求权必须已经产生。

根据《民法通则》第 13 条第 2 款，该请求权产生的前提条件是：

（1）姚某签约时为限制民事行为能力人。本案中，李某主张姚某签约时系完全民事行为能力人，并举证说明：1999 年 3 月 9 日姚某自行购买涉案房屋的事实；2006 年 12 月，姚某自行参加离婚诉讼，并无法定代理人；2015 年 1 月姚某挂失、补办涉案房本；2015 年 12 月涉案房屋过户时，姚某亲自去房管局办理过户手续。但是周小某仅凭法院于 2016 年 7 月作出的认定姚某为限制民事行为能力人的判决主张姚某于 2015 年 12 月系限制民事行为能力人是无法成立的，且在庭审中，无法鉴定出姚某签约时是否是限制民事行为能力人，故周小某未举证证明。

（2）周小某系姚某的法定代理人。在（2016）京 0102 民特×××号判决书中，案由为申请宣告公民为限制民事行为能力，而不是申请确定监护人。且案件中仅姚某的一儿一女到庭，而姚某有 5 个子女，法院并未审查其他子女对指定监护人的意见，因此，在该案中只能处理当事人的行为能力，不能处理监护人的指定。（2016）京 0102 民特×××号判决书存在明显错误。

故，姚某以自己签约时系限制民事行为能力人为由主张享有确认合同无效请求权是无法成立的。那么，李某就对姚某的确认合同无效的诉讼请求享有抗辩权。

---

〔1〕**《民法通则》第 13 条第 2 款**　不能完全辨认自己行为的精神病人是限制民事行为能力人，可以进行与他的精神健康状况相适应的民事活动；其他民事活动由他的法定代理人代理，或者征得他的法定代理人的同意。该条款对应自 2017 年 10 月 1 日起实施的《民法总则》第 22 条。**《民法总则》第 22 条**　不能完全辨认自己行为的成年人为限制民事行为能力人，实施民事法律行为由其法定代理人代理或者经其法定代理人同意、追认，但是可以独立实施纯获利益的民事法律行为或者与其智力、精神健康状况相适应的民事法律行为。

2. 李某并未放弃该抗辩权。

3. 故李某依据上述法条对姚某的确认合同无效的诉讼请求享有抗辩权。

律师代理词及法院裁判

代理词

补充的上诉意见（一）

一审法官漏查了以下重要事实：

一、涉案房屋系周某与姚某共同共有

1. 涉案房屋系姚某与周某婚姻关系存续期间购买。

2. 周某作为共同共有人，有权处分涉案房屋。

3. 姚某与周某购买涉案房屋时是否折抵了周某四十多年的工龄。

二、有关姚某的民事行为能力的事实

1. 1999 年 3 月 9 日姚某自行购买涉案房屋的事实。

2. 2006 年 12 月，姚某诉讼离婚时是否具有完全民事行为能力。

3. 2015 年 1 月姚某挂失、补办涉案房本是否系姚某亲自所为。

4. 2015 年 12 月涉案房屋过户时，姚某是否亲自去房管局办理过户手续。

5. 姚某残疾人证是否真实，是否已过期。

三、一审法官未调取重要证据

一审法官未审查涉案纸质版合同。

四、一审法官遗漏当事人

1. 未追加周某为当事人。

2. 涉案房屋买卖交易系通过中介公司促成，未追加中介公司为第三人。

补充的上诉意见（二）

一、一审法院遗漏审查了房屋的权属

（一）姚某与周某共同共有涉案房屋

法律依据：

《婚姻法》第 17 条规定："夫妻在婚姻关系存续期间所得的下列财产，归夫妻共同所有：①工资、奖金；②生产、经营的收益；③知识产权的收益；④继承或赠与所得的财产，但本法第 18 条第 3 项规定的除外；⑤其他应当归共同所有的财产。”

1982 年，姚某与周某结婚，1990 年，姚某与周某离婚，1995 年 7 月 7 日，姚某与周某复婚，2006 年 12 月 12 日，姚某与周某经法院调解离婚。1999 年 3 月 9 日，姚某与周某向北京某房地产开发公司以成本价购买了涉案房屋，且折算了周某四十多年工龄，2000 年 7 月 19 日，涉案房屋下发房屋产权证。

签订房屋买卖合同以及下发房屋产权证均发生在姚某与周某夫妻关系存续期间，根据《婚姻法》第 17 条的规定，涉案房屋系姚某与周某的夫妻共同财产。两人于 2006 年 12 月 12 日通过法院调解离婚时，均表示不要求法院处理房产，双方后续又未对涉案房屋进行分割，因此，签订涉案房屋买卖合同时，姚某与周某共同共有涉案房屋。一审法院漏查了涉案房屋权属的事实。

（二）即使姚某不具备缔结合同的能力，涉案房屋买卖合同也应当认定为合法有效

法律依据：

《物权法》第 102 条规定了因共有的不动产或者动产产生的债权债务，在对外关系上，共有人享有连带债权、承担连带债务。

《关于审理买卖合同纠纷案件适用法律问题的解释》第 3 条规定：“当事人一方以出卖人在缔约时对标的物没有所有权或者处分权为由主张合同无效的，人民法院不予支持。”

1. 周某作为共有权人，其已经同意卖房，根据《物权法》的规定，姚某应承担连带责任，故买卖合同有效。

2. 周某作为出卖人已经在纸质合同上签字，且已经同意售房，退一步讲，即使姚某无法表达处分房屋的意愿，根据《关于审理买卖合同纠纷案件适用法律问题的解释》的规定，房屋买卖合同也应当有效。

二、一审遗漏当事人程序严重违法

法律依据：

《民事诉讼法》第 56 条规定：“对当事人双方的诉讼标的，第三人认为有独立请求权的，有权提起诉讼。对当事人双方的诉讼标的，第三人虽然没有

独立请求权，但案件处理结果同他有法律上的利害关系的，可以申请参加诉讼，或者由人民法院通知他参加诉讼。”

《民事诉讼法》第170条规定：“第二审人民法院对上诉案件，经过审理，按照下列情形，分别处理：……④原判决遗漏当事人或者违法缺席判决等严重违反法定程序的，裁定撤销原判决，发回原审人民法院重审。”

1. 周某已经在纸质房屋买卖合同上签字，其系房屋买卖合同的主体之一，一审法院未将周某作为被告追加，遗漏了当事人，程序严重违法。

2. 虽然周某未在网签合同上签字，但因周某系涉案房屋的权利人，且完全同意出售涉案房屋，周某有权分配售房所得款项，周某有独立的请求权，即使不追加其为被告，也应当将周某作为有独立请求权第三人追加参加诉讼。一审中姚某及周某均申请追加周某参加诉讼，周某本人也到庭表述意见，但一审法院拒绝追加其参加诉讼，程序明显违法。

3. 本案房屋买卖系经中介公司工作人员及北京某投资担保有限公司居间撮合，为查明案件事实，理应追加中介公司参加诉讼，一审法院拒绝追加程序明显违法。

因一审法院遗漏当事人，程序严重违法，导致实体结果出现严重错误，本案应发回重审。

三、买卖双方实际履行的是纸质合同，网签合同无评判效力的意义，一审判决宣告网签合同无效错误

法律依据：

《合同法》第2条规定：“本法所称合同是平等主体的自然人、法人、其他组织之间设立、变更、终止民事权利义务关系的协议。”此条定义了合同的概念，强调的是设立、变更、终止民事权利义务关系的协议。

（一）一审判决认定的是网签合同

一审法院判决：“姚某与李某于2015年12月16日签订的《存量房屋买卖合同（自行成交版）》无效”，该合同系网签合同，编号为×，该信息可在建委网上存量房交易服务平台中查询到。

（二）一审判决认定的是网签合同无效，但网签合同无评判效力的意义

房屋买卖纸质合同是买卖双方友好协商后确定权利义务的载体。

网签合同系国家为了监管房屋买卖交易，办理缴税、进行统计时办理的

一道行政备案登记手续。

很显然，房屋买卖纸质合同体现的是买卖双方的真实意思表示，本案中双方实际履行的也是房屋买卖纸质合同。

而在签订网签合同时，一方未发出新的要约，另一方也未作出承诺，没有形成新的合意，双方不是就房屋买卖关系另行设立、变更、终止新的民事权利义务关系，网签合同也未反映当事人的真实意思表示，买卖双方履行的也不是网签合同，因此，其作为行政备案的手续，不是《合同法》上的合同，现在一审判决用《合同法》的规定去评判一个根本不是民事合同领域的行政备案手续，明显对网签合同性质的认知和法律适用错误。

上述观点已被北京各级法院所采纳，一审判决认定网签合同无效明显错误。

（三）即使法院宣告了网签合同无效，也不能推翻房屋买卖合同关系

基于上述（一）、（二）点内容可知，网签合同仅是一道行政备案手续，即使法院宣告了网签合同无效，纸质合同效力并未处理，整个房屋买卖合同关系的效力也未审查。姚某提出的是房屋买卖合同纠纷，在该案中仅仅处理网签合同效力没有实际意义。

（四）网签是自行成交版，与李某的说辞并不矛盾

一审判决中以李某称购买涉案房屋系经中介公司居间进行，但网签合同却为自行成交版，认定李某的陈述与之矛盾，一审判决该认定不能成立。

1. 李某确实通过中介公司居间签订的房屋买卖合同。

2. 之所以网签走自行成交版，是因为如果走经纪成交版，按照建委要求，购房资金必须通过建委资金监管账户划转，姚某不同意以该方式划转资金，而网签走自行成交版，交易资金可以自行划转。经买卖双方协商后，双方同意采取自行成交版办理网签手续。这与李某称购买涉案房屋系经中介公司居间进行并不矛盾。

四、李某有大量新证据证明姚某在签约时具备完全民事行为能力

1. 1997 年 6 月 27 日，姚某进入某医院治疗，于 1997 年 7 月 10 日出院，出院总结中记载：“出院评估：临床治愈”，表明姚某所谓的精神疾病已被治愈，即 2015 年姚某与李某签订涉案房屋买卖合同时，已不患精神疾病，具备完全民事行为能力。有对应的新证据。

2. 1999 年 3 月 9 日，姚某自行与北京某房地产开发公司签订购房合同，购买涉案房屋，说明在该时间点姚某已具备完全民事行为能力。有对应的新证据。

3. 2006 年 12 月 12 日，姚某自行与周某经法院调解离婚，调解离婚的方式说明姚某有相应民事行为能力。有对应的新证据。

4. 2015 年 1 月初，姚某自行到房管局挂失了房屋所有权证，并于 2015 年 1 月 18 日自行前往《北京日报》办公处办理了遗失声明登报公告手续，缴纳了办理公告所需费用 430 元，且在登报费凭证上签字，并自行领取了补办的新房本，说明姚某具备完全民事行为能力。有对应的新证据。

5. 出售涉案房屋系姚某自行将售房信息提交给中介，表明其有意出售涉案房屋，具备相应民事行为能力。有对应的新证据。

6. 中介曾多次带购房人去姚某家中商讨购房事宜，中介及购房人均未发现姚某行为有异常。有对应的新证据。

7. 姚某曾自行到房管局配合办理房源核验手续，并在核验回执单上签字，房管局相关工作人员并未发现其行为异常。有对应的新证据。

8. 姚某曾自行配合办理涉案房屋交易缴税手续，税务机关工作人员未曾发现姚某行为有异常。有对应的新证据。

9. 姚某曾自行配合办理过户手续，建委和房管局工作人员曾询问姚某，姚某明确了卖房意愿，建委和房管局工作人员未曾发现姚某行为有异常。有对应的新证据。

综上，正如一审判决所述，房屋交易是一项复杂的事情，然而姚某与中介公司、买方、税务部门、房管局、报社、法院等多个主体为法律行为时，这些主体的工作人员均未发现其行为异常，并最终完成了过户手续。从 1999 年至涉案房产过户至李某名下，期间近二十年，这么多主体，尤其是法院，在姚某与周某离婚一案中，审查了姚某的民事行为能力，都未发现姚某有异常，根据日常经验法则，姚某能够独立完成如此复杂的事项，反证其具备完全民事行为能力。

五、姚某主张签约时为限制民事行为能力人缺少直接证据支持

（一）姚某应当承担证明其签约时不具备完全民事行为能力的举证责任

法律依据：

《最高人民法院关于民事诉讼证据的若干规定》第 2 条规定：“当事人对

自己提出的诉讼请求所依据的事实或者反驳对方诉讼请求所依据的事实有责任提供证据加以证明。”

本案中，启动并主张房屋买卖合同无效的一方是姚某，且在一审2016年6月13日的庭审中，法官依法向姚某释明，要求其提供其在签约时的民事行为能力的证据。因此，证明姚某签约时无相应民事行为能力的举证责任应当由姚某自行承担。

（二）姚某未举证证明其签约时不具备相应民事行为能力

1. 姚某未举证证明姚某在1997年后至今看过精神方面疾病的材料。

按照一审判决的说辞，姚某自1997年后精神残疾持续至今，那么至少应当有1997年后至今姚某看过精神方面疾病的材料，包括诊断证明、病例材料。但在本案中，并未见到这方面的证据。一审判决的说辞明显不符合常理。

2. 姚某应承担无法进行鉴定的不利后果。

法律依据：

《民通意见》第7条规定：“当事人是否患有精神病，人民法院应当根据司法精神病学鉴定或者参照医院的诊断、鉴定确认。”

在2016年11月14日的庭审中，姚某明确无法提供签约时的病例，无法对签约时的民事行为能力进行鉴定，精神鉴定科作退案处理，那么姚某应当承担举证不能的不利后果，其主张姚某签约时不具备相应民事行为能力的说辞不应被法院采信。

（三）姚某以精神残疾证和宣告限制民事行为能力人的判决书主张姚某所签合同无效，但上述两份证据均属于间接证据，无法直接证明姚某在签约时不具备相应民事行为能力

1. 关于精神残疾证。

（1）据其前夫周某陈述，之所以姚某有精神残疾证，是因为当年姚某系西郊百货商场的职工，因早年与该商场领导有矛盾，周某托人在1997年为其办理了精神残疾证，目的是为了商场领导不与姚某一般见识，好有个台阶下，姚某并没有精神残疾。

（2）根据姚某自己提交的病例，早在1997年7月10日其所谓的精神病已被治愈，却在1997年12月8日办理了精神残疾人证，显然姚某是在治愈后才办理的精神残疾人证，残疾人证明显虚假。

（3）残疾证未明确精神残疾等级。

（4）姚某并未换新的精神残疾证，根据残联颁发的相关规定，1997 年的精神残疾证未换新证，早在 2009 年 12 月 31 日就已经失效作废了。

2. 关于限制民事行为能力的判决书。

（1）涉案房屋买卖合同签订在前，姚某被宣告为限制民事行为能力人在后，中间相隔半年之久，（2016）京 0102 民特×××号判决书不能得出签约时姚某不具备相应民事行为能力的结论。

（2）申请宣告公民限制行为能力与指定监护人分属于不同的法律关系。

第一，在民事案由分类上不同。前者分属认定公民无民事行为能力、限制民事行为能力案件，后者分属监护权特别程序案件。

第二，在处理事项方面不同。前者处理的是公民行为能力认定的问题，后者处理的是监护人人选存在争议时，由谁行使监护权的问题。

第三，启动前提不同。前者由近亲属或者其他利害关系人向法院申请；后者则是在对担任监护人有争议时，经由精神病人的所在单位或者住所地的居民委员会、村民委员会在近亲属中指定后，对指定仍然不服的，才能提起诉讼，由人民法院裁决。

在（2016）京 0102 民特×××号判决书中，案由为申请宣告公民为限制民事行为能力，而不是申请确定监护人。且案件中仅姚某的一儿一女到庭，而姚某有五个子女，法院并未审查其他子女对指定监护人的意见，因此，在该案中只能处理当事人的行为能力，不能处理监护人的指定。（2016）京 0102 民特×××号判决书存在明显错误。

3. （2015）西民初字第×号裁定书并未认定姚某不具备相应民事行为能力。

西城法院作出的（2015）西民初字第×号裁定书，系以姚某是否具有民事行为能力尚待确定为由，裁定驳回起诉，并未像姚某一审所述的“其民事活动由她的法定代理人代理或征求她的法定代理人同意”。

六、《民诉解释》明确规定此种情况应如何处理，一审判决认定事实适用推定是错误的

法律依据：

《民诉解释》第 108 条规定：“对负有举证证明责任的当事人提供的证据，

人民法院经审查并结合相关事实，确信待证事实的存在具有高度可能性的，应当认定该事实存在。对一方当事人为反驳负有举证证明责任的当事人所主张事实而提供的证据，人民法院经审查并结合相关事实，认为待证事实真伪不明的，应当认定该事实不存在。法律对于待证事实所应达到的证明标准另有规定的，从其规定。”

《最高人民法院关于民事诉讼证据的若干规定》第 73 条规定：“双方当事人对同一事实分别举出相反的证据，但都没有足够的依据否定对方证据的，人民法院应当结合案件情况，判断一方提供证据的证明力是否明显大于另一方提供证据的证明力，并对证明力较大的证据予以确认。因证据的证明力无法判断导致争议事实难以认定的，人民法院应当依据举证责任分配的规则作出裁判。”

根据上述法律规定可知，证据的高度盖然性是在证据无法达到充分证明的情况下，如果一方当事人提供的证据已经证明事实的发生具有高度盖然性，法官即可予以确认该事实。在适用高度盖然性规则推定事实时毕竟没有直接证据证明待证事实，因此，在适用推定时，必须排除合理怀疑。

本案中，姚某并未提交任何直接证据证明其签约时不具备民事行为能力，一审判决适用推定认定其签约时不具备相应民事行为能力，一审判决如此认定明显违背了高度盖然性原则。

1. 姚某宣称签约时不具备相应的民事行为能力，但在签约时却没有任何进行精神治疗的记录，姚某签约时不具备相应的民事行为能力并未达到高度盖然性。

2. 在上述论证中，李某已经提出九个观点（本意见第四点）来证明姚某自 1997 年以后具备完全民事行为能力，且均有相应证据支持。一审法院适用推定，根本无法排除上述如此之多的合理怀疑，认定姚某签约时不具备相应的民事行为能力明显无法成立。

因此，姚某在签约时不具备相应民事行为能力的待证事实真伪不明的，法院应当依法认定该事实不存在，即姚某在签约时具备相应民事行为能力。

七、李某系善意买受人，合法权益应受保护

本案纠纷之所以发生，根本原因在于签订房屋买卖合同后，涉案房屋价格上涨，姚某及周小某图利房屋增值利益，为达到恶意毁约之目的，恶意制造不具备缔约能力的假象，以摧毁整个交易，形成本案诉讼，姚某宣告合同无效的目的是极其不正当的。

李某作为购房人，尽到了审慎义务，交易过程中不存在任何过错，涉案房屋也已经过户至其名下，李某作为善意买受人，买卖合同应当认定为有效。

法院裁判

北京市第二中级人民法院经审理认为：

首先，一审法院未能查明李某与姚某之间的真实民事法律关系。一审查明，姚某与李某于2015年12月16日签订《存量房屋买卖合同（自行成交版）》（以下简称“自行成交版合同”）。二审审理中，李某提交其与姚某于2015年11月19日签订的《存量房屋买卖合同（经纪成交版）》（以下简称“经纪成交版合同”），主张经纪成交版合同才是双方之间真实履行的合同，自行成交版合同仅系办理网签手续签订的合同。一审法院在案件审理中尽管已注意到该情况并向当事人进行了释明，但在未查明认定经纪成交版合同相关事实的情况下仅就自行成交版合同的效力问题单独进行审理并作出认定，依然存在不妥。本案李某、姚某之间系因房屋买卖合同关系产生的纠纷，双方在同一房屋买卖法律行为中签订了自行成交版合同、经纪成交版合同两份合同，与两份合同相关的事实，均系作为本案诉讼标的的同一法律关系下的基本事实，互相联系构成整体，只有在判断两份合同中哪一份是当事人真实意思的前提下，才能准确查明当事人之间的真实权利义务关系。况且，本案对姚某是否为限制民事行为能力人的认定实质上也关乎经纪成交版合同的效力认定。因此，即使姚某坚持仅就自行成交版合同请求确认无效，一审法院亦应当对全部事实予以查明认定。

其次，一审判决未能查清涉案房屋的权属状况等事实。涉案房屋系姚某在与案外人周某婚姻存续期间购买，故涉案房屋存在系二人夫妻共同财产之可能。同时，上述经纪成交版合同甲方落款处有姚某、周某二人签字。故一审法院宜追加案外人周某参加诉讼，以进一步查明涉案房屋权属及交易情况。

最后，一审判决对于在无法司法鉴定情况下限制民事行为能力人的认定标准及举证责任分配未能进行充分论证。

依照《民事诉讼法》第170条第1款第3项规定，裁定撤销北京市西城区人民法院一审民事判决，发回北京市西城区人民法院重审。

律师点评

1. 实际上，本案姚某一审提起诉讼时，李某曾找过本书作者，希望本书作者代理该案，通过审查相关材料，我们初步判断房屋买卖合同是有效的，并给李某报了律师费的价格，李某自己觉得律师费高，加上本身又是合同效力的案件，故决定不请律师自己处理。结果一审认定房屋买卖合同无效，二审上诉后，二审法官看完一审卷宗，直接给李某打电话，让其撤诉，这时李某才意识到事情的严重性，赶紧联系本书作者，恳请我们做其二审的代理人，好在通过律师的努力，扭转了法官的定式思维，二审裁定发回重审。即使是看上去极其简单的确认合同效力的案件，里面也大有学问，不是一般老百姓翻翻法条查查案例就搞得明白的，专业上的事项还是应当交给专业的人士处理。

2. 前面已经提到，二审法官已经形成了思维定式，认为一审判决并无不当，为了扭转二审法官的思维，本书作者采取了很多措施：

（1）准备有利的新证据。如果二审仍固守在一审的证据体系内，没有新的足以推翻一审判决的事实，二审要翻案的难度是非常大的，所以在一审的基础之上，本书作者提交了大量证据，包括直接证据和间接证据，佐证房屋买卖合同的有效性。

（2）撰写代理意见。代理意见太详细，法官没时间看；代理意见太简略，无法引起法官的重视，法官也不容易发现一审的问题。在策略上，我们准备了代理意见的提纲，让法官第一时间知道律师要表达的观点，同时准备了详尽的代理意见，牢牢扣住我们的二审新证据。一简一繁相结合，产生了非常好的效果，为二审发回重审起到了重要的推动作用。

4. 农村房屋买卖合同的效力认定

黄某、周某与孙某房屋买卖合同纠纷案

本案思维导图

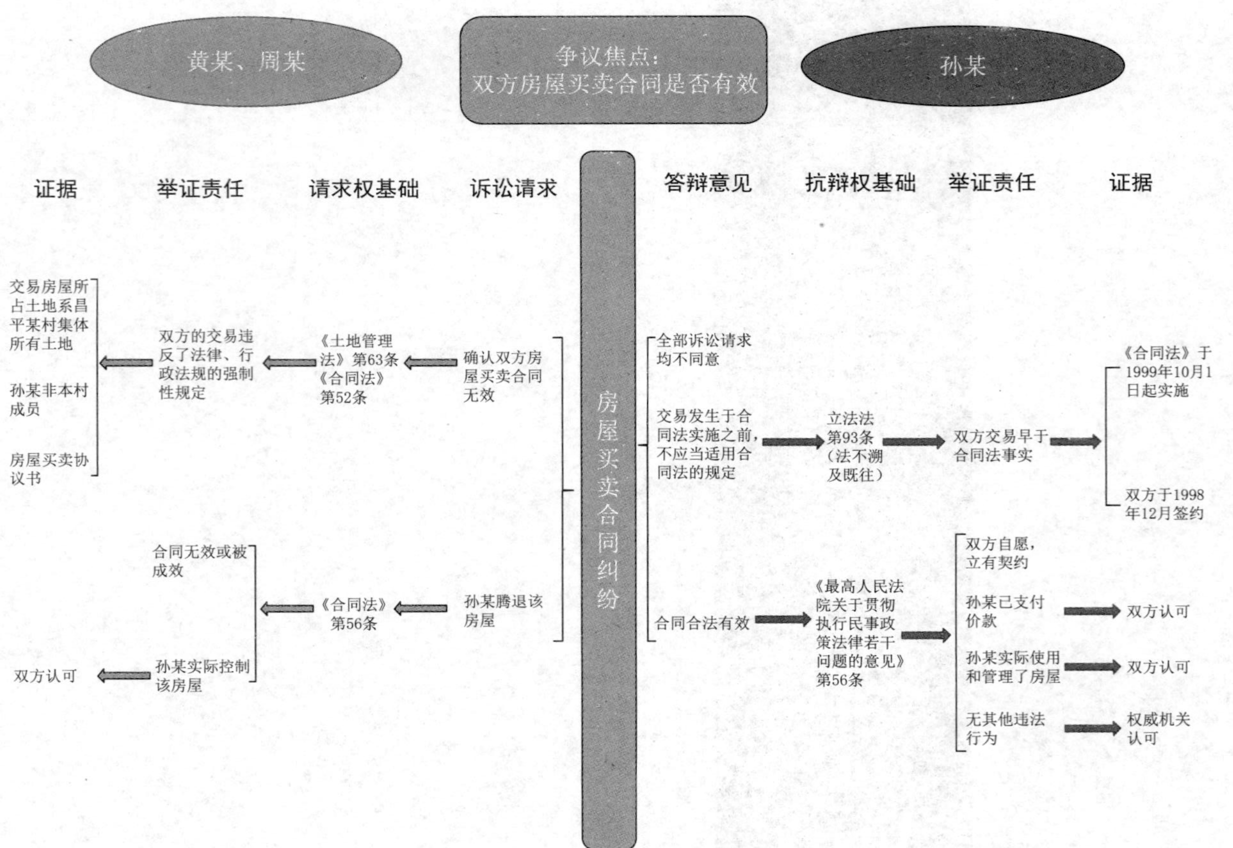
黄某、周某
争议焦点：
双方房屋买卖合同是否有效
孙某
证据
举证责任
请求权基础
诉讼请求
房屋买卖合同纠纷
答辩意见
抗辩权基础
举证责任
证据
交易房屋所占土地系昌平某村集体所有土地
孙某非本村成员
房屋买卖协议书
双方的交易违反了法律、行政法规的强制性规定
《土地管理法》第63条
《合同法》第52条
确认双方房屋买卖合同无效
合同无效或被成效
孙某实际控制该房屋
双方认可
《合同法》第56条
孙某腾退该房屋
全部诉讼请求均不同意
交易发生于合同法实施之前，不应当适用合同法的规定
立法法第93条（法不溯及既往）
双方交易早于合同法事实
《合同法》于1999年10月1日起实施
双方于1998年12月签约
合同合法有效
《最高人民法院关于贯彻执行民事政策法律若干问题的意见》第56条
双方自愿，立有契约
孙某已支付价款
双方认可
孙某实际使用和管理了房屋
双方认可
无其他违法行为
权威机关认可

案情介绍

黄某、周某系夫妻关系，是北京市昌平区某村村民。1998年12月11日，黄某、周某（合同甲方）与孙某（合同乙方）双方签订了《房屋买卖协议书》。该协议约定，甲方将坐落于北京市昌平县（现昌平区）某村中某院内北瓦房七间、西瓦房二间、东瓦房三间（共12间房，以下简称“涉案房屋”）卖给乙方所有，房屋价值金额为8万元。当日，双方当事人在北京市昌平县公证处就上述协议进行了公证。1999年2月4日，孙某付清全部房款，黄某、周某向其交付了房屋。之后，孙某在此居住至今，并在原有房屋的基础上进行了增建、装修和扩建的行为。此前，孙某长期居住在昌平区某村其他院落内，其不是该村村民。

后黄某、周某将孙某起诉至北京市昌平区人民法院，二人认为：双方于1998年签订了房屋买卖协议，该协议已经履行完毕，由于我国法律规定了房地的一体性，房屋的转让必然涉及房屋所附宅基地使用权的转让，而宅基地属于农民集体所有，由集体经济组织或村民委员会经营、管理，宅基地使用权是集体经济组织成员享有的权利，与特定身份相连。依据《土地管理法》第63条之规定，农民集体所有的土地的使用权不得出让、转让或者出租用于非农业建设。孙某并非本村村民，是门头沟区潭柘寺南村人，黄某、周某与孙某之间的房屋买卖合同违反了法律、行政法规的强制性规定，根据《合同法》第52条，有下列情形之一的，合同无效：……⑤违反法律、行政法规的强制性规定。因此，黄某、周某与孙某之间签订的房屋买卖合同是无效的，不受法律保护，根据《合同法》第56条之规定，无效的合同或者被撤销的合同自始没有法律约束力，孙某应当将房屋及宅基地腾退给黄某、周某，请求判令：①黄某、周某与孙某于1998年12月11日签订的房屋买卖合同无效；②孙某立即向原告腾退涉案房屋。

孙某辩称：双方签订的《房屋买卖协议》是符合法律规定的有效合同：①依据《民法通则》第55条规定，签订本协议书的主体，即双方当事人具有完全行为能力；双方所签订本协议书的客体，即协议书内容确属意思表示真实，且不违反法律或者社会公共利益，并早已实际履行。②依据《物权法》

第9条规定，考虑到现行法律的规定以及我国的实际情况尤其是农村的实际情况，本法并没有规定对不动产物权的设立、变更、转让和消灭必须经依法登记才发生法律效力。例如，在“宅基地使用权”一章，也没有规定宅基地使用权必须登记才发生效力，只是规定“已经登记的宅基地使用权转让或者消灭的，应当及时办理变更登记或者注销登记”。也就是说，宅基地使用权不以登记为生效要件。本案中，双方当事人在签订《房屋买卖协议书》的当时，不仅办理了公证手续，而且经过两级人民政府办理了变更宅基地使用权的登记手续。③依据《物权法》第153条，并参见《土地管理法》第62条第4款，显然法律并未禁止“农村村民出卖”农村宅基地上的房屋，而是禁止“再申请宅基地”。综上，黄某、周某与孙某签订的并已完全履行的《房屋买卖协议书》是合法有效的，请求法院依法驳回黄某、周某的诉讼请求。

法院裁判

北京市昌平区人民法院认为:

十分珍惜、合理利用土地和切实保护耕地是我国的基本国策。国家严格限制农用地转为建设用地，控制建设用地总量，对耕地实行特殊保护。使用土地的单位和个人必须严格按照土地利用总体规划确定的用途使用土地。农村集体组织成员的住宅用地所利用的是该集体组织成员共有的土地，该组织成员仅对此宅基地具有使用权。房屋依附于其所在的土地而存在，其流转应一并进行。黄某、周某与孙某签订的《房屋买卖协议书》的相关内容违反了我国相关法律规定，不利于我国上述基本国策的实现，协议应属无效，双方应当相互返还。协议签订后，孙某对上述房屋进行了增建、装修及扩建，其现有房屋的价值已不能等同于双方实际买卖时所约定的价值，由于双方在审理中均未要求对争议房屋的现有价值进行评估，法院对争议房屋的价值无法确定，故对于相互返还一节，当事人可自行协商或另行起诉。对协议双方责任的认定与承担亦应随其一并解决。综上，依据《合同法》第52条第5项之规定，判决：①黄某、周某与孙某于1998年12月11日签订的《房屋买卖协议书》无效；②驳回黄某、周某的其他诉讼请求。

孙某不服一审判决，向北京市第一中级人民法院提起上诉称：一审民事判决认定事实不清，所作判决缺乏法律依据，双方签订的《房屋买卖协议书》不存在无效的情形；该《协议书》系双方当事人真实意思表示，合法有效，请求二审法院撤销一审判决，驳回黄某、周某的诉讼请求。

黄某、周某同意原判。

法院裁判

北京市第一中级人民法院认为：

宅基地使用权是集体经济组织成员享有的权利，与特定的身份关系相联系，非本集体经济组织成员无权取得或变相取得。农村房屋买卖必然涉及宅基地买卖，而宅基地买卖是我国法律、法规所禁止的。本案中，黄某、周某、孙某并非同一集体经济组织成员，双方签订的《房屋买卖协议书》的相关内容亦违反了我国法律的规定，一审法院据此确认上述协议无效，并无不妥之处。因孙某对诉争房屋进行了增建、装修及扩建等行为，而双方当事人在一审审理中均未提出对争议房屋的现有价值进行评估，故对于合同无效后的相互返还以及双方责任的认定及承担一节，双方可另行解决。综上，上诉人孙某的上诉请求，缺乏法律依据，本院不予支持。依据《民事诉讼法》第 153 条第 1 款第 1 项之规定，作出判决：驳回上诉，维持原判。

孙某不服二审判决，向北京市高级人民法院申请再审，孙某称：①当事人双方于 1998 年 12 月 11 日签署的《房屋买卖协议书》是符合法律规定的有效合同。原审法院仅以“协议书的内容违反了我国相关法律”为由认定协议无效，属于认定事实不清，适用法律错误，没有任何法律依据。②即使按照北京市高院关于农村私有房屋买卖纠纷合同效力认定的相关会议纪要精神，本案也不应当认定《房屋买卖协议书》无效。该判决显失公平与公正，根本没有保护真正的弱者权益。综上，我申请再审，请求撤销二审判决。

黄某、周某认为：一审、二审判决证据材料属实，事实清楚，适用法律正确，法律依据明确。

法院裁判

北京市高级人民法院认为：

黄某、周某、孙某并非同一集体经济组织成员，双方签订的《房屋买卖协议书》的相关内容亦违反了我国法律的规定。一、二审法院认定上述协议无效，并无不妥之处。孙某申请再审的理由不能成立。依照《民事诉讼法》第181条第1款的规定，裁定驳回孙某的再审申请。

孙某向北京市人民检察院申请抗诉，本书作者系孙某抗诉阶段的代理人。

律师思路

抗辩权基础

本案中，因黄某、周某与孙某之间的合同签订和履行完成均在《合同法》颁布实施之前，且不属于法律另有规定的情形，根据《立法法》第93条的规定："法律、行政法规、地方性法规、自治条例和单行条例、规章不溯及既往"，本案不适用1999年颁布实施的《合同法》。

假设孙某依据《最高人民法院关于贯彻执行民事政策法律若干问题的意见》第56条[1]对黄某、周某请求确认合同无效的请求享有抗辩权：

1. 那么首先该抗辩权必须已经产生。

根据《最高人民法院关于贯彻执行民事政策法律若干问题的意见》第56条，该抗辩权存在的前提条件是：

（1）买卖双方自愿，并立有契约：黄某、周某与孙某签订合同时均系双方真实意思表示，并签订了《房屋买卖协议书》。

（2）买方已交付了房款，并实际使用和管理了房屋：孙某已经实际交付房款，并从1999年入住涉案房屋至纠纷发生时，对涉案房屋进行了改、扩建。

（3）没有其他违法行为：根据相关法律法规，涉案房屋的交易行为并未受限，双方也并无其他违法行为。

（4）故黄某、周某与孙某之间的房屋买卖合同关系合法有效。

由此，该抗辩权产生了。

2. 孙某并未放弃该抗辩权。

---

〔1〕《最高人民法院关于贯彻执行民事政策法律若干问题的意见》第56条　买卖双方自愿，并立有契约、买方已交付了房款，并实际使用和管理了房屋，又没有其他违法行为，只是买卖手续不完善的，应认为买卖关系有效，但应着其补办房屋买卖手续。

3. 故孙某依据《最高人民法院关于贯彻执行民事政策法律若干问题的意见》第56条对黄某、周某请求确认合同无效的请求享有抗辩权。

检察院意见

北京市人民检察院另查明：根据昌平县公证处1998年度昌证内民公证登记第××××公证卷宗记载内容，原昌平县涉案房屋所在村委员会和昌平县涉案房屋所在乡人民政府同意黄某和孙某之间的房屋买卖行为，并在标注房屋四至图的证明材料上加盖公章。

北京市人民检察院认为：

本案所涉房屋买卖行为时的法律法规并未禁止农村私有房屋买卖，未规定交易双方须为同一经济组织成员，且《房屋买卖协议书》的签订和履行不存在无效情形，北京市第一中级人民法院二审判决认定协议无效，系适用法律错误。

一、涉案房屋买卖行为发生和完成时的法律法规未禁止农村私有房屋买卖，亦未将交易主体身份限定为同一集体经济组织成员

1. 《土地管理法》和《土地管理法实施条例》均未禁止农村私有房屋买卖。1987年1月1日至1998年12月31日期间施行的《土地管理法》第38条规定，农村居民出卖、出租住房后再申请宅基地的不予批准。1999年1月1日实行的《土地管理法》第62条同样规定村民使用宅基地需经乡镇政府审核，县级政府批准，村民出卖、出租住房后再申请宅基地的，不予批准。《土地管理法实施条例》第6条规定，因依法转让地上建筑物、构筑物等附着物导致土地使用权转移的，必须向土地所在地的县级以上人民政府土地行政主管部门提出土地变更登记申请，由原土地登记机关依法进行土地所有权、使用权变更登记。土地所有权、使用权的变更，自变更登记之日起生效。

2. 农村私有房屋出售后其对应的宅基地使用权需经审批程序才发生权属转移效力。根据《土地管理法实施条例》第6条以及国家土地管理局《关于对贯彻〈中华人民共和国土地管理法实施条例〉几个问题的答复》（［1991］国土函字第53号），村民房屋出卖的法律后果，一是该村民不能再次依据其村民身份申请另批宅基地，二是购买村民房屋的交易方不当然享有房屋对应宅基地的使用权，该使用权的合法获得需经集体经济组织认可并经乡镇人民政府审核确认程序，否则购房合同的效力不能当然延伸于该房屋所占用的宅基地使用权。

3. 农村房屋买卖双方不是同一集体经济组织成员身份，不必然导致合同无效。《土地管理法》和《土地管理法实施条例》未禁止农村私有房屋买卖，同时亦未对农村私有房屋交易双方的身份作出限定。根据《国务院办公厅关于加强土地转让管理严禁炒卖土地的通知》（国办发［1999］39号），其明确禁止农民的住宅向城市出售。据此，对于农村房屋买卖的交易方，国家政策限制的是城市居民，而并未限制农民购买农村房屋。故两审判决仅以孙某与黄某等非同一集体经济组织成员身份，违反国家政策，而认为房屋买卖合同无效，缺乏法律依据。

4. 两审判决适用《合同法》的相关规定，属于适用法律错误。《最高人民法院关于适用〈中华人民共和国合同法〉若干问题的解释（一）》第1条规定，合同法实施以前成立的合同发生纠纷起诉到人民法院的，除本解释另有规定的以外，适用当时的法律规定，当时没有法律规定的，可以适用合同法的有关规定。本案所涉合同签订和履行完成均在《合同法》颁布实施之前，且不属于法律另有规定的情形，两审法院依据《合同法》作出判决，应属适用法律错误。

二、黄某、周某在交易完成14年后请求确认合同无效，有违诚实信用原则

1. 本案合同签署和履行完成早在1999年，孙某购买涉案房屋后一直在此居住，其购房目的并非《土地管理法》所禁止的炒卖农村土地的非法行为。且孙某购买后对涉案房屋进行了改、扩建，其对合同效力的合理预期应予保护。

2. 1998年的房屋交易行为系双方真实意思表示，当时的交易价款8万元应为适当。黄某、周某夫妇现已是居民身份，其在房屋出售14年后以合同无效为由提起诉讼，有悖于诚实信用原则。

3. 涉案房屋作为不动产，其性质与一般商品房不同，属于为保障农民权益而在农村宅基地上加盖的农村房屋，黄某、周某现已不具备享有该利益的身份条件。

4. 孙某除涉案房屋外，在其户籍所在村无其他住所。

综上，北京市第一中级人民法院二审判决，适用法律错误。依据《民事诉讼法》第208条第1款、第200条第6项之规定，向北京市高级人民法院提出抗诉，请依法再审。

律师代理词及法院裁判

代理词

一、对于法律条文的补充

本案发生的时间为1998年12月11日，在法律的适用上应以当时的法律为准。北京市人民检察院在论述法律法规未禁止农民私有房屋买卖时列举了1987的《土地管理法》、1999年的《土地管理法》、《土地管理法实施条例》以及《国务院办公厅关于加强土地转让管理严禁炒卖土地的通知》。现补充上述时间段的相关法律法规如下，以进一步证明当时的法律并未禁止农民私有房屋买卖：

1. 1963年3月20日的《中央关于对社员宅基地问题作一些补充规定的通知》第2条规定："社员有买卖房屋或租赁房屋的权利。房屋出卖以后，宅基使用权即随之转移给新房主，但宅基地的所有权仍归生产队所有。"

《中央关于对社员宅基地问题作一些补充规定的通知》明确规定农村社员有买卖房屋的权利，法律并不禁止农村房屋买卖。

2. 1993年6月29日的《村庄和集镇规划建设管理条例》第18条规定："城镇非农业户口居民在村庄、集镇规划区内需要使用集体所有的土地建住宅的，应当经其所在单位或者居民委员会同意后，依照前款第1项规定的审批程序办理。回原籍村庄、集镇落户的职工、退伍军人和离休、退休干部以及回乡定居的华侨、港澳台同胞，在村庄、集镇规划区内需要使用集体所有的土地建住宅的，依照本条第1款第1项规定的审批程序办理。"

《村庄和集镇规划建设管理条例》既然承认城镇非农业户口的居民可以通过"申请-审批"方式取得集体土地使用权，按照民法举重以明轻的规则可知，《村庄和集镇规划建设管理条例》当然不禁止农村房屋买卖。

3. 1989年7月5日的《关于确定土地权属问题的若干意见》第6条规定："农民集体经济组织将原集体土地上的建筑物出售给全民所有制单位、城市集体所有制单位或城镇非农业户口居民，其用地属于国家所有。城镇及市郊农民集体土地上的房屋出售给本集体以外的农民集体或个人，其所售房屋占用的土地属于国家所有。"

《关于确定土地权属问题的若干意见》不但没有禁止农村房屋买卖，甚至是认可农村房屋可以出卖给城市居民。

4. 1984 年 8 月 30 日的《最高人民法院关于贯彻执行民事政策法律若干问题的意见》第 56 条规定："买卖双方自愿，并立有契约、买方已交付了房款，并实际使用和管理了房屋，又没有其他违法行为，只是买卖手续不完善的，应认为买卖关系有效，但应着其补办房屋买卖手续。"

《最高人民法院关于贯彻执行民事政策法律若干问题的意见》认可了只要房屋买卖是双方真实意思表示，并签有协议，协议已经履行，且无其他违法行为，就应当认定房屋买卖关系有效。本案情形正是如此，故应当认定黄某、周某与孙某之间的房屋买卖合同关系合法有效。

二、法院应避免同案不同判

在常某某诉赵某某、宋某某房屋买卖合同纠纷一案中，案件的基本情况与本案几乎完全一样：①均是外村村民购买本村房屋；②均是签订了书面房屋买卖合同；③均经过村委会、乡镇政府的书面认可；④双方均全面、及时地履行了合同义务；⑤时间均发生在 1998 年；⑥出卖人起诉均在合同履行完毕的十年后。然而两个案件的判决结果却截然相反。北京市怀柔区人民法院作出一审民事判决书，北京市第二中级人民法院作出二审民事判决书，两份判决中均认可常某某与赵某某、宋某某之间签订的房屋买卖合同合法有效。

我国虽然不是判例法国家，但是同案不同判必然引发社会矛盾，引起公民对法院公信力的怀疑；对于信赖国家生效判决而实施购房行为的公民来说，判决合同无效对其而言显然是严重的不公平。

三、对诚实信用原则的补充

《民事诉讼法》第 13 条规定："民事诉讼应当遵循诚实信用原则。当事人有权在法律规定的范围内处分自己的民事权利和诉讼权利。"

《民事诉讼法》修改以后，诚实信用原则被引入诉讼法中，表明法律对诚实信用原则的进一步重视，公民在启动诉讼程序，维护自己合法利益时必须遵循诚实信用原则。

1. 本案中，《房屋买卖协议书》已经履行完毕十余个年头，社会结构已经趋于稳定。在此种情况下推翻合同，显然不利于社会的稳定。

2. 我国民法理论中历来就有不使过错方受益的原则，即任何一方不能因其过错而获得利益。倘若认定买卖合同无效，作为出卖方，其对诉争房屋的性质更为清楚，其对合同无效应承担更多的责任，却反而获得了更多的利益，显然违背上述原则。

3. 黄某、周某十年后要求确认合同无效，其目的并非是解决自己的住房问题，而是图利诉争房屋将来的拆迁利益。本案中，黄某、周某在他处均有住房，而孙某有且仅有诉争房屋一处住房，认定合同无效显然有失公平。中央历来倡导要保障老百姓的住房问题，要做到老有所依、住有所居，如果判决买卖合同无效，孙某势必会流落街头，这与我国社会主义理念和宗旨严重不符。

四、三中全会欲开放农村房屋市场

2013 年 11 月 12 日，中国共产党第十八届中央委员会第三次全体会议通过了《中共中央关于全面深化改革若干重大问题的决定》，《中共中央关于全面深化改革若干重大问题的决定》提出，在符合规划和用途管制的前提下，允许农村集体经营性建设用地出让、租赁、入股，实行与国有土地同等入市、同权同价。这表明，在宏观政策上，国家欲逐步放开农村房产市场，促进经济快速发展。在此阶段，法院更应当积极认定合同有效，以响应国家政策号召。

北京市高级人民法院作出民事裁定：由本院提审；再审期间，中止原判决执行。

北京市高级人民法院再审过程中认定：孙某的户口为农业户口。双方当事人于 1998 年 12 月 11 日签订《房屋买卖协议书》，后在昌平县公证处办理了（98）昌证内民字第××××号公证书，在昌平区档案馆中存放的该公证卷中有证明一份，该证明载明："某村（涉案房屋所在村）委会同意孙某继续使用此房宅基地"。该证明下方分别盖有昌平县涉案房屋所在村村民委员会和昌平县涉案房屋所在乡乡人民政府的印章。

法院裁判

北京市高级人民法院再审认为：

当事人应当遵循自愿、平等、诚实信用的原则从事民事活动。孙某与黄某、周某的《房屋买卖协议书》于1998年12月11日签订，系双方当事人真实意思表示，并经过了昌平县公证处公证，该《协议》已经实际履行多年。孙某系农业户口，公证卷里的证明表明其对诉争房屋的宅基地使用权经过昌平县涉案房屋所在村村民委员会和昌平县涉案房屋所在乡乡人民政府两级同意，符合当时的法律规定。且孙某一直在诉争房屋居住，在他处并未分得宅基地，无违反国家法律和政策的行为。故孙某与黄某、周某之间达成的《房屋买卖协议》有效，黄某、周某要求确认双方签订的《房屋买卖协议》无效，并要求孙某腾退诉争房屋的诉讼请求，缺乏事实及法律依据，本院不予支持。

综上，依照《民事诉讼法》第207条第1款、第170条第1款第2项的规定，判决：撤销北京市第一中级人民法院二审民事判决及北京市昌平区人民法院一审民事判决；驳回黄某、周某的诉讼请求。

律师点评

1. 本案可谓几经波折。一审、二审、再审均未支持孙某的抗辩，但孙某并未放弃，虽然孙某是一名普通的出租车司机，却凭借坚强的毅力，通过申请检察院抗诉，依法维护了自己的合法权益，对于其坚持不懈、勇于抗争的精神，我们律师都表示非常敬佩。

2. 回到案件本身，涉案纠纷系一起宅基地上房屋的买卖纠纷，关于此类纠纷，目前国家把控得非常严格，除本村集体经济组织成员之间进行交易外，原则上均认定买卖合同无效。但本案发生在1998年，当时并没有法律限制农村房屋买卖。一审、二审法院更是援引所谓的“相关法律”不支持孙某的抗辩，让人贻笑大方。本案同样也给律师一个启示：律师作为专业的法律工作者，在援引法律依据时必须具体明确，要具体到哪部法律、哪个法条、具体款项，切记不能草率地根据“相关法律”来发表律师的意见。

5. 亲属间房屋买卖交易的特殊性

何甲、何乙与余某、何丁、何戊确认合同无效纠纷案[1]

〔1〕 注：本案发生于2016年11月30日前。

本案思维导图

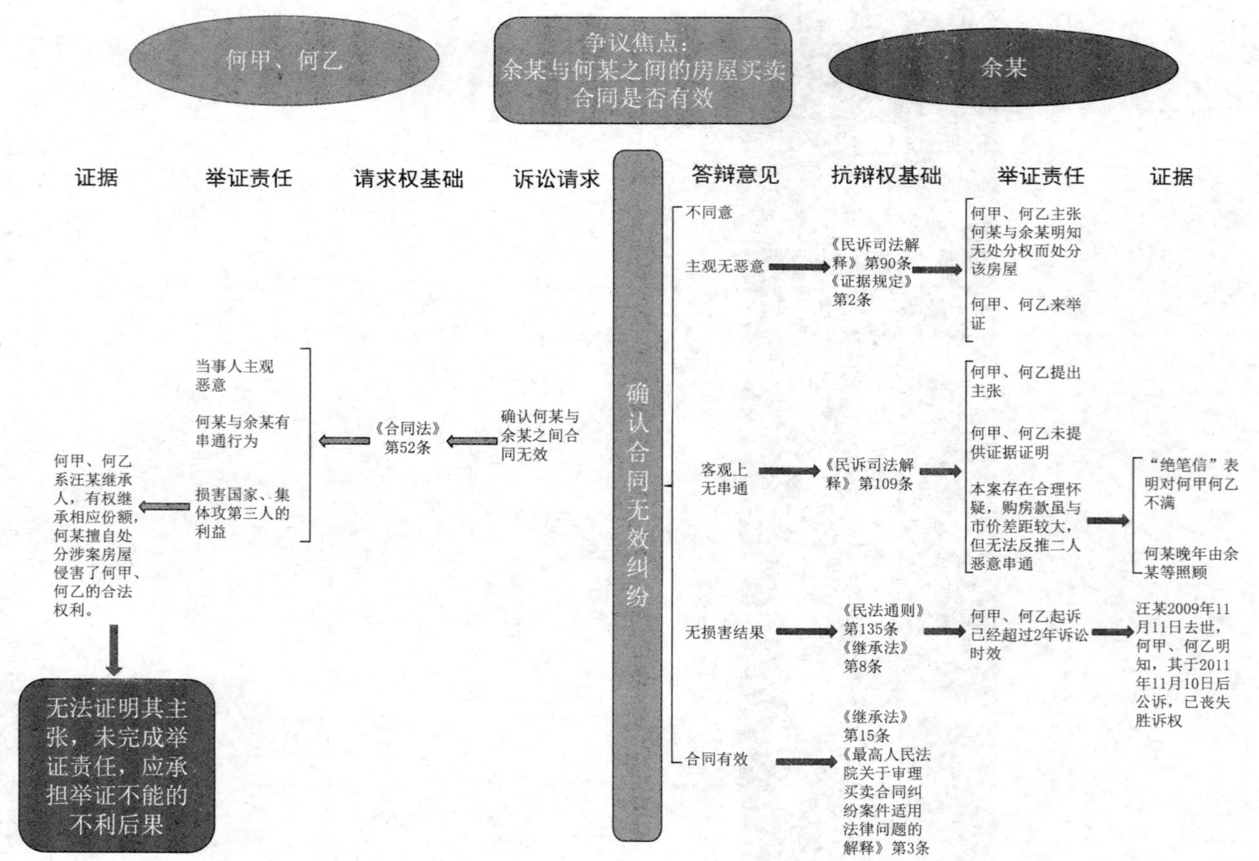
何甲、何乙
争议焦点：余某与何某之间的房屋买卖合同是否有效
余某
证据
举证责任
请求权基础
诉讼请求
答辩意见
抗辩权基础
举证责任
证据
确认合同无效纠纷
当事人主观恶意
何某与余某有串通行为
损害国家、集体攻第三人的利益
《合同法》第52条
确认何某与余某之间合同无效
何甲、何乙系汪某继承人，有权继承相应份额，何某擅自处分涉案房屋侵害了何甲、何乙的合法权利。
无法证明其主张，未完成举证责任，应承担举证不能的不利后果
不同意
主观无恶意
《民诉司法解释》第90条
《证据规定》第2条
何甲、何乙主张何某与余某明知无处分权而处分该房屋
何甲、何乙来举证
客观上无串通
《民诉司法解释》第109条
何甲、何乙提出主张
何甲、何乙未提供证据证明
本案存在合理怀疑，购房款虽与市价差距较大，但无法反推二人恶意串通
"绝笔信"表明对何甲何乙不满
何某晚年由余某等照顾
无损害结果
《民法通则》第135条
《继承法》第8条
何甲、何乙起诉已经超过2年诉讼时效
汪某2009年11月11日去世，何甲、何乙明知，其于2011年11月10日后公诉，已丧失胜诉权
合同有效
《继承法》第15条
《最高人民法院关于审理买卖合同纠纷案件适用法律问题的解释》第3条

案情介绍

何某与汪某系夫妻关系，二人共育有四子一女，分别为长子何甲、次子何乙、三子何丙、四子何丁及长女何戊。余某系何戊之子，何某与汪某之外孙。何丙于1983年2月因死亡注销户口，死亡时未婚，无子女。汪某于2009年11月死亡，何某于2014年10月死亡。汪某与何某死亡后遗产均未发生继承。

2012年2月21日，何某出具书面材料，载明“我自愿将朝阳区涉案房屋卖给余某，房费壹佰万元整”。何某另出具收据，载明“今收到卖房款壹佰万元整”，收据尾部有何丁及案外人孙某签字。

2012年2月28日，何某（出卖人）与余某（买受人）签订《存量房买卖合同（自行成交版）》，约定出卖人所售房屋为楼房，坐落为朝阳区××××号，建筑面积共70.78平方米；经买卖双方协商一致，该房屋成交价格为：人民币1 000 000元。当日，涉案房屋自何某名下过户至余某名下。就该交易，北京市朝阳区地方税务局出具发票，显示涉案房屋评估价为1 303 122.09元，二手房交易价格为100万元，实际缴纳税费为1%，即13 031.22元。

后何甲、何乙将余某作为被告、何戊与何丁作为第三人起诉至北京市朝阳区人民法院。何甲、何乙诉称：何某去世后，经向北京市朝阳区房屋管理局查询后发现，何某于2012年2月28日将其与汪某婚内购买的涉案房屋，以买卖形式过户给余某。由于汪某未立遗嘱，继承人未对遗产进行分割，该房屋属于继承人共有。何某和余某在未通知其他继承人的情况下，擅自处分涉案房屋的行为直接侵害了他们的合法权益，要求确认余某与何某签订的《存量房屋买卖合同（自行成交版）》无效。

余某辩称：余某与何某就涉案房屋的交易是双方真实意思表示，合法有效，且已根据登记机关要求，办理了网签申请，提交了合同。余某与何某所签合同不存在《合同法》第52条任何一种合同无效的情形。余某已按合同支付价款100万元，何某也出具了收款证明。涉案房屋已通过登记机关审查，批准了房屋产权转移登记，已登记在余某名下。综上，余某的合法物权应得到法律保护，请求法院驳回何甲与何乙的全部诉讼请求。

第三人何戊、何丁称：①同意余某的答辩意见。②何甲、何乙长期拒绝履行赡养何某与汪某的法定义务，长期不支付赡养费用。③何某将涉案房屋卖给余某的行为并非《物权法》规定的无权处分情形，涉案房屋是何某与汪某的夫妻共同财产，汪某去世后该房屋为按份共有，何某占60%份额，我们二人及何甲、何乙各占10%份额，我们二人均同意何某将涉案房屋卖给余某。因此何某对涉案房屋的处分已经我们二人的同意，满足占份额2/3以上的按份共有人同意的条件，何某对涉案房屋的处分合法有效，何甲、何乙称何某无权处分涉案房屋的主张不成立。综上，我们认为何某与余某签订的《存量房屋买卖合同（自行成交版）》合法有效，涉案房屋所有权属于善意取得，何某对涉案房屋的处分符合法律规定，请法院驳回二原告诉讼请求。

庭审中，余某申请证人孙某（系何丁的爱人）、张某到庭作证，证明何戊已实际代余某支付何某100万元房款。何甲、何乙对证人孙某的证言不予认可，表示其系本案第三人何丁妻子，也是家庭成员之一，与案件当事人有利害关系，加之何家兄弟姐妹素来不睦，建议法庭排除其证人证言效力。单凭此证言无法证明余某向何某支付房屋价款100万元，即使确有此事，也不能认定涉案房屋转让行为就是合法有效的。证人张某系孙某好友，孙某丈夫为本案当事人，所以其证言效力也有问题。何戊及何丁认可上述两位证人证言。

庭审中，何戊、何丁提交何某绝笔信，载明何甲、何乙不赡养何某及汪某，何某身后的产物全部归何丁、何戊所有，别人无权过问，落款时间为“2012年9月”，欲证明何甲、何乙不赡养两位老人，已经丧失继承权。二原告对该证据真实性认可，肯定是何某亲笔书写，但该信内容不属实。余某对该证据认可。

诉讼中，何甲、何乙申请对涉案房屋在2012年2月28日的市场价值进行评估，法院予以准许，经北京市高级人民法院确认案件评估机构为北京市国盛房地产评估有限责任公司。评估机构未进入房屋内部进行勘察，对室内装修及使用情况不详，但依旧按照室内普通装修进行评估，作出评估意见，评估结果为：确定评估对象在设定条件下于价值时点2012年2月28日的价值为人民币183.77万元，综合单价25 963元/平方米。何甲、何乙支付评估费，且认可该评估报告；余某、何丁及何戊对评估报告不予认可，认为房屋市场价值过高，余某对评估报告提出异议，申请鉴定人出具书面意见说明以下问题：①房屋评估报告载明价格与申请人交易时行政机关完税凭证载明（130.3122万元）评估价格差距巨大的原因；②仅进行室外评估是否可能导致出现上述巨大差异。2016年2月17日，评估机构回复：①本次评估估价目的与申请人交易时行政机关完税凭证载明的评估价格的估价目的、价值内涵不一致，因此评估结果存在差异，本次评估估价对象类似房地产的参照实例为价值时点前已经成交的同小区的房地产，成交均价为22 500元/平方米~28 500元/平方米，经过对市场因素、区域因素与个别因素修正后求得估价对象比准价格。②因当事人原因，评估人员未能进入房屋内部进行勘察，室内装修及使用情况不详，本次评估价值时点为2012年2月28日，评估委托人及当事人未能提供2012年2月28日时房屋装修情况证明资料，经由当事人介绍描述，估价对象室内装修情况符合普通装修标准；同时根据估价委托人出具的《北京市朝阳区人民法院委托鉴定函》，本次评估按照室内普通装修进行评估。申请人交易时行政机关完税凭证载明的评估价格所参考的装修标准不详，故我公司无法说明仅进行室外评估是否可能导致二者价格差异的问题。何甲、何乙对回复内容认可，表示是余某不让评估人员进屋；余某表示评估机构在异议回复中以笼统的价值不一致而认定两个结果存在差异是合理的，并未直接说明是否存在导致评估结果存在严重差异的问题，故其对异议回复不认可。何丁及何戊认为关于报告载明的价格和完税价格为什么存在巨大差异的问题，评估机构的理由是不充分的，而关于室内装修的问题，评估机构没有给出一个明确的答复。

法院裁判

北京市朝阳区人民法院经审理认为：

本案争议焦点在于余某与何某是否存在恶意串通签订《存量房买卖合同（自行成交版）》损害何甲、何乙利益之情形。余某系何戊之子，其在庭审中认可涉案房屋系何某与汪某之夫妻共同财产，且在汪某死亡之后汪某之遗产并未发生继承，何某作为汪某之夫，理当清楚上述情况，故可以确定余某与何某明知涉案房屋中有汪某的份额，汪某的遗产并未由各继承人继承的情况下为自己的私利签订了《存量房买卖合同（自行成交版）》。同时从合同履行的情况来看，何某出具了收据，显示收到余某购房款100万元，但该购房款与本案评估机构所给出的评估意见存在较大差距，故即使何某确收到余某给付的购房款100万元，该购房款也明显低于签订合同时涉案房屋的市场价值，虽余某、何丁及何戊对评估报告提出异议，但评估机构针对异议作出了合理的回复，故本院对评估报告之意见予以采纳。因此，余某与何某签订《存量房买卖合同（自行成交版）》之行为的确损害了何甲、何乙的合法权益。何甲、何乙之诉讼请求有事实及法律依据，依据《合同法》第52条第2项之规定，判决余某与何某签订之《存量房屋买卖合同（自行成交版）》无效。

后余某、何丁及何戊不服，上诉至北京市第三中级人民法院，请求撤销一审法院判决，依法改判驳回何甲、何乙的全部诉讼请求。

余某理由为：①一审法院根据《合同法》第52条第2项判决余某与何某之间的房屋买卖合同无效是错误的。余某与何某没有主观恶意，没有串通的客观行为，且没有损害第三人的合法权益，何某处分涉案房屋本身就是有权处分。②余某与何某之间的房屋买卖合同的效力毋庸置疑。即使何某在转让房屋时未征得何甲、何乙的同意，但不因此影响作为原因行为的买卖合同的效力。故何甲、何乙主张确认房屋买卖合同无效，缺乏事实及法律依据。③余某有新证据证明一审法院判决错误。④一审法院判决以评估报告作为定案依据是不合法的。⑤一审法院对于余某支付的100万元房款未予以认定是与事实不符的。

何丁及何戊的理由为：①汪某去世后，全部子女均未就房屋继承事宜主张权利，四子女对涉案房屋的权利均已消灭，房屋属何某一人所有，何某有权单独出售房屋，故何某将涉案房屋出卖给余某是合法的。②何甲、何乙不孝，何某已剥夺二人继承权，二人无权就涉案房屋主张权利。③何某一直由何丁及何戊、余某照顾生活，该三人尽了全部赡养义务，现何某将涉案房屋出卖给余某，何丁及何戊无任何意见，表示同意。

本书作者系余某二审程序的诉讼代理人。

律师思路

抗辩权的基础

假设余某对何甲、何乙的主张，即余某与何某之间的房屋买卖合同无效的诉讼请求享有抗辩权：

一、何甲、何乙主张余某和何某的行为构成《合同法》第52条第2项[1]的情形，假设余某享有抗辩权

1. 那么首先，该抗辩权必须已经成立。

何甲、何乙依据《合同法》第52条第2项主张何某与余某之间的房屋买卖合同无效，必须满足三个前提条件：

（1）当事人双方出于主观恶意。假设何某依据《民事诉讼法的司法解释》第90条[2]、《最高人民法院关于民事诉讼证据的若干规定》第2条[3]对该项主张享有抗辩权，则需满足以下条件：

❶何甲、何乙提出了何某与余某主观恶意的主张。

❷何甲、何乙对此未提供证据加以证明：本案中，何甲、何乙未提供证据证明何某与余某之间存在主观恶意。

故该条件不满足。

（2）当事人之间有互相串通的客观行为。依据《民事诉讼法的司法解释》第109条[4]，何甲、何乙主张余某与何某存在恶意串通，须满足以下前提条件：

❶何甲、何乙提出该项主张。

❷何甲、何乙对此提供证据加以证明：何甲、何乙未提供证据证明。

---

[1]《合同法》第52条　有下列情形之一的，合同无效：……②恶意串通，损害国家、集体或者第三人利益。

[2]《民诉解释》第90条　当事人对自己提出的诉讼请求所依据的事实或者反驳对方诉讼请求所依据的事实，应当提供证据加以证明，但法律另有规定的除外。在作出判决前，当事人未能提供证据或者证据不足以证明其事实主张的，由负有举证证明责任的当事人承担不利的后果。

[3]《最高人民法院关于民事诉讼证据的若干规定》第2条　当事人对自己提出的诉讼请求所依据的事实或者反驳对方诉讼请求所依据的事实有责任提供证据加以证明。没有证据或者证据不足以证明当事人的事实主张的，由负有举证责任的当事人承担不利后果。

[4]《民诉解释》第109条　当事人对欺诈、胁迫、恶意串通事实的证明，以及对口头遗嘱或者赠与事实的证明，人民法院确信该待证事实存在的可能性能够排除合理怀疑的，应当认定该事实存在。

❸排除合理怀疑：本案中，一审法院以购房款与市场价差距较大为由反推何某与余某存在恶意串通，未能排除合理怀疑：其一，何甲、何乙对何某不孝，何某留"绝笔信"表明不满，并将自己全部财产处分给何丁、何戊；其二，何某晚年全由余某、何丁、何戊照顾，亲情无法用金钱衡量。一审法院并未排除上述合理怀疑。

故该条件不满足。

(3) 要有损害国家、集体或者第三人利益的结果。本案中，根据《民法通则》第135条[1]、《继承法》第8条[2]，何甲、何乙主张何某与余某之间的房屋买卖合同无效是基于其对涉案房屋享有的继承权，但二人所享有的请求继承涉案房屋的请求权已超过了两年的诉讼时效，丧失了胜诉权，其享有的请求权已经转化为自然之债，自然之债又被何某拒绝，因此，何某处分涉案房屋本身就是有权处分，未损害任何人的利益。

故该条件不满足。

由此，余某对何甲、何乙主张的合同无效请求的抗辩权产生了。

2. 余某并未放弃该抗辩权。

3. 故余某对何甲、何乙的诉讼请求享有抗辩权。

二、何甲、何乙主张余某和何某的行为构成《合同法》第51条[3]的情形，假设余某根据《物权法》第15条[4]、《最高人民法院关于审理买卖合同纠纷案件适用法律问题的解释》第3条[5]享有抗辩权

---

[1] **《民法通则》第135条** 向人民法院请求保护民事权利的诉讼时效期间为2年，法律另有规定的除外。2017年10月1日起实施的《民法总则》将诉讼时效改为3年，该条款对应《民法总则》第188条。**《民法总则》第188条** 向人民法院请求保护民事权利的诉讼时效期间为三年。法律另有规定的，依照其规定。诉讼时效期间自权利人知道或者应当知道权利受到损害以及义务人之日起计算。法律另有规定的，依照其规定。但是自权利受到损害之日起超过20年的，人民法院不予保护；有特殊情况的，人民法院可以根据权利人的申请决定延长。

[2] **《继承法》第8条** 继承权纠纷提起诉讼的期限为2年，自继承人知道或者应当知道其权利被侵犯之日起计算。

[3] **《合同法》第51条** 无处分权的人处分他人财产，经权利人追认或者无处分权的人订立合同后取得处分权的，该合同有效。

[4] **《物权法》第15条** 当事人之间订立有关设立、变更、转让和消灭不动产物权的合同，除法律另有规定或者合同另有约定外，自合同成立时生效；未办理物权登记的，不影响合同效力。

[5] **《最高人民法院关于审理买卖合同纠纷案件适用法律问题的解释》第3条第1款** 当事人一方以出卖人在缔约时对标的物没有所有权或者处分权为由主张合同无效的，人民法院不予支持。

1. 那么首先该抗辩权必须已经成立。

根据上述法条，该抗辩权成立的前提条件是：

何某与余某已经签订变更不动产物权的合同：2012 年 2 月 28 日，何某与余某签订《存量房买卖合同（自行成交版）》，约定何某将涉案房屋出售给余某，该合同不违反相关法律法规规定，合法有效。

故余某对何甲、何乙主张的合同无效请求的抗辩权产生了。

2. 余某并未放弃上述抗辩权。

3. 故余某对何甲、何乙的诉讼请求享有抗辩权。

代理词

一、一审法院根据《合同法》第 52 条第 2 项判决余某与何某之间的房屋买卖合同无效是错误的

《合同法》第 52 条规定："有下列情形之一的，合同无效：……②恶意串通，损害国家、集体或者第三人利益。"要想适用此条必须满足以下三个构成要件：

1. 当事人双方出于主观恶意。

2. 当事人之间有互相串通的客观行为。

3. 要有损害国家、集体或者第三人利益的结果。

本案中并不存在上述三个构成要件：

1. 当事人没有主观恶意。

本案中何甲、何乙主张余某与何某之间存在主观恶意，其应提供证据证明，但根据现有的证据来看，何甲、何乙没有提供任何一项证据能够证明何某与余某之间存在主观恶意，何甲、何乙应当对此承担举证不能的不利后果。

2. 当事人没有串通的客观行为。

（1）何甲、何乙未提交任何证据证明余某与何某之间存在恶意串通的客观行为，应依法承担举证不能的不利后果。

（2）原一审法院以购房款与市场价差距较大为由反推余某与何某之间存

在恶意串通，未能排除合理怀疑。何某与余某之间的房屋买卖合同以他们的亲属关系为基础，不同于市场上陌生人之间的房屋买卖合同。一方面，何甲、何乙对其父亲何某不闻不问的行为，使何某倍感心痛，却无能为力，只有把自己的全部财产留给何丁、何戊来表达自己对何甲、何乙的不满，有何某的"绝笔信"为证。另一方面，在何某晚年，陪在其身边的是孝顺的女儿何戊和懂事的外孙余某，经历了老伴的死亡以及两个儿子的背叛，对于耄耋之年的何某来说，还能有什么比一个温暖的家以及亲人的陪伴更让人幸福与满足？这样的亲情是无法用金钱来衡量的。可见，何某把价值180多万的房子以100万的价格卖给余某是有合理的亲情基础和感情背景的。

因此，余某与何某之间不存在恶意串通的客观行为。

3. 没有损害第三人的合法权益。

（1）何甲、何乙二人主张何某与余某之间的房屋买卖合同无效是基于其对涉案房屋享有的继承权。

（2）汪某于2009年11月去世，何甲、何乙以及全部家人均参加了汪某的葬礼，葬礼完毕的第三天，何甲、何乙等四子女及其他家人朋友将何某从涉案房屋中接至某大酒店聚餐。说明：①何甲、何乙明确知道汪某已经去世的事实；②汪某去世后，涉案房屋已经被何某一人占有居住，何甲、何乙早在母亲去世时就已经知道自己的权利被何某侵害了，但自汪某去世后至今已近七年，两人未就其继承权提出过权利主张，故两人的继承权已过两年的诉讼时效，胜诉权已经丧失，其享有的请求权已经转化成自然之债。

（3）通过何某亲笔书写的"绝笔信"可知，何某已经以其明确的意思表示拒绝履行上述自然之债，何甲、何乙二人在涉案房屋上已经没有任何权益了。

因何甲、何乙在涉案房屋中主张继承权的胜诉权已经消灭，自然之债又被何某拒绝，因此，何某处分涉案房屋本身就是有权处分。

二、余某与何某之间的房屋买卖合同的效力毋庸置疑

何甲、何乙在一审中主张：汪某于2009年11月死亡，其对涉案房屋享有的份额发生继承，在该份额没有被继承之前，属于全体继承人共同共有，何某未经共有权人的同意，擅自把涉案房屋出售给余某构成《合同法》第51条规定的无权处分行为。

关于本案中所谓的何某"基于无权处分行为"签订的房屋买卖合同效力

问题，《物权法》第15条确立了不动产物权变动的原因与结果区分原则。具体而言，不动产转让合同是否有效，应当依据《合同法》来判断，而不应以合同能否履行、物权能否办理登记来判断。

根据《最高人民法院关于审理买卖合同纠纷案件适用法律问题的解释》第3条规定，出卖人因未取得房屋所有权或者处分权致使标的物所有权不能转移，买受人要求出卖人承担违约责任或者解除合同并主张损害赔偿的，人民法院应予支持。据此，何某与余某签订的房屋买卖合同是物权变动的原因行为。

退一步讲，即使何某在转让房屋时未征得何甲、何乙的同意，但不因此影响作为原因行为的买卖合同的效力。故何甲、何乙主张确认房屋买卖合同无效，缺乏事实及法律依据。

三、余某有新证据证明一审判决错误

综上所述，因一审法院在事实认定及法律适用方面均出现严重错误，故请求二审法院依法支持余某的上诉请求。

二审代理词

一、关于时效的补充意见

1. 何甲、何乙认为，法定继承人未放弃继承，遗产就形成了共同共有，其对遗产享有的是一种物权，而非债权，不适用诉讼时效的认知不能成立。

《继承法》第8条规定："继承权纠纷提起诉讼的期限为2年，自继承人知道或者应当知道其权利被侵犯之日起计算。但是，自继承开始之日起超过20年的，不得再提起诉讼。"

所谓"物权"、"债权"的说法，仅是理论上诸多认知中的一种。但《继承法》实施至今并未对第8条进行任何修正，《继承法解释》[1]也未对《继承法》第8条作任何限制解释。至少从现行法律的规定看，何甲、何乙在涉案房屋中的继承权，仍然受《继承法》第8条时效的限制。

汪某在2009年11月去世，去世时何甲、何乙均参加了汪某的葬礼，对汪某去世的事实是完全知情的。何甲、何乙理应在2011年11月前主张权利，

---

〔1〕《继承法解释》即《最高人民法院关于贯彻执行〈中华人民共和国继承法〉若干问题的意见》。——作者注

否则，超过时效则丧失胜诉权。

2. “自继承人知道或者应当知道其权利被侵犯之日起计算”的理解。

《物权法》第39条规定：“所有权人对自己的不动产或者动产，依法享有占有、使用、收益和处分的权利。”

根据前述法律规定，所有权的职能包括占有、使用、收益、处分。2009年11月何某即独自占有涉案房屋，此后又在2012年2月28日将房屋卖给余某。因此，如果说何某侵犯了何甲、何乙之权利，应当包括占有的权利和处分的权利。

很显然，无论“自继承人知道或者应当知道其权利被侵犯之日起计算”指的是“占有”的权利还是“处分”的权利，何甲、何乙在2014年11月24日起诉的行为早已过两年诉讼时效。

当然，何甲、何乙可能会抗辩称“自愿”让何某占有，且不知道房屋处分的时间。如此一来，对其有利就认可，对其不利不认可，明显违背了“禁反言”的原则。

3. 因何甲、何乙继承权已过时效，其继承涉案房屋的胜诉权已经消灭，因此，何某处分涉案房屋的行为，完全是有权处分。

二、即使认定何某处分涉案房屋构成无权处分，余某购买涉案房屋完全构成善意取得

《物权法》第106条规定：“无处分权人将不动产或者动产转让给受让人的，所有权人有权追回；除法律另有规定外，符合下列情形的，受让人取得该不动产或者动产的所有权：①受让人受让该不动产或者动产时是善意的；②以合理的价格转让；③转让的不动产或者动产依照法律规定应当登记的已经登记，不需要登记的已经交付给受让人。”

（一）余某购买涉案房屋时主观是善意的

民法意义上的“善意”是与“恶意”相对应的。“恶意”是指知道或应当知道不可为而为之。“善意”是指不知道或不应当知道不可为而为之，通常指行为人在从事民事行为时，认为其行为合法，或者认为相对方具有合法权利、行为合法的一种心理状态。

余某作为家庭成员，当然知道何甲、何乙是汪某的继承人之一，但需要强调的是，余某作为与何某共同生活的家庭成员，同样知道在汪某去世后两

年多的时间里，何甲、何乙从未主张过任何权利，基于时效制度，何甲、何乙已经丧失了继承涉案房屋的权利。

此外，余某作为普通老百姓，并不具备高深的法律功底，也区分不出债权物权的区别，朴实的老百姓的认知就是：根据《继承法》的规定，何甲、何乙两年内没去主张权利，何某就有权处分房子。基于这样的主观认知，余某并不认为其签约的行为侵犯了其他人的权益，完全符合民法意义上的“善意”。

（二）余某支付了合理对价

本案所涉及的房屋买卖合同，不同于市面上陌生人之间的房屋交易。前者的对价不但要考虑价格，更为重要的是要考虑家庭内部的伦理道德、晚辈对长辈所尽孝道、长辈对晚辈的关爱。而后者的对价仅仅体现在冰冷的金钱对价上。

一审法院以商事交易的思路去处理家事纠纷，办案思路本身就已经发生了重大偏离，错案自然避免不了。

（三）已经办理了产权登记

余某已于2012年2月28日取得涉案房屋产权证书，已经办理了物权登记，符合善意取得的第三个构成要件。

因此，即使何某处分涉案房屋的行为是无权处分，但余某已经善意取得涉案房屋的产权，何甲、何乙的主张明显不能成立。

二审补充意见

一审法院在本院认为阶段，以“即使”这样假设的字眼，未对余某支付购房款100万元的事实进行认定，严重错误。

1. 关于100万元购房款的支付，余某已经完成了相应的举证义务。

（1）余某提交了何某亲笔手写的收据一份。对于该组证据，何甲、何乙均认可其真实性。

（2）余某申请了证人孙某、张某到庭作证。

孙某和张某详细介绍了何戊代余某付款的过程。2012年2月12日，何戊带着100万元，何某清点了现金和存单后，出具了收据。

2. 一审法院存在基本事实没有查清。

《合同法》第12条规定：“合同的内容由当事人约定，一般包括以下条

款：……⑤价款或者报酬。”

本案系合同纠纷，根据上述法律的规定，合同价款系合同基本构成要素之一。尤其一审法院是以价格偏低推定合同签约双方存在串通，那么对于合同价款，包括价款约定和款项支付的情况，尤其是款项支付的情况，系本案应当予以查清的重大事项。一审法院没有审查款项支付情况，存在基本事实没有查清的问题。

案件结果

二审审理过程中，经北京市第三中级人民法院主持调解，当事人自愿达成协议：①余某支付何甲 20 万元；②余某支付何乙 20 万元；③双方就何某、汪某的遗产无其他争议。

律师点评

本案案由是确认合同无效纠纷，对方主张的也是房屋买卖合同无效，但本案与一般的存量房屋买卖合同案件明显不同。实践中比较典型的存量房屋买卖合同类型是毫不相识的买卖双方通过中介公司居间撮合进行交易，但本案的买卖双方是亲爷孙俩。随着法庭调查的步步深入，揭开房屋买卖的表象，本案本质上是一桩家事纠纷，家事纠纷背景下签订的买卖合同当然也要考虑对价等商事因素，但更重要的是要考查亲情等家事因素。本书作者在代理二审时，特意引导法官把审判思路围绕家事纠纷这一定性展开，为二审的调解做了重要的铺垫。

另，2016 年 11 月 30 日发布并实施的《第八次全国法院民事商事审判工作会议（民事部分）纪要》（以下简称《八民会议纪要》）第 25 条规定：“被继承人死亡后遗产未分割，各继承人均未表示放弃继承，依据《继承法》第 25 条规定应视为均已接受继承，遗产属各继承人共同共有；当事人诉请享有继承权、主张分割遗产的纠纷案件，应参照共有财产分割的原则，不适用有关诉讼时效的规定。”该规定明确表示主张享有继承权和分割遗产的纠纷案件不适用有关诉讼时效的规定，但本案纠纷的产生是在《八民会议纪要》出台之前，所以律师在代理词中表述对方起诉超过诉讼时效并不与法律法规规定相矛盾。

6. 央产房上市交易问题

邢某与鲍某房屋买卖合同纠纷案

本案思维导图

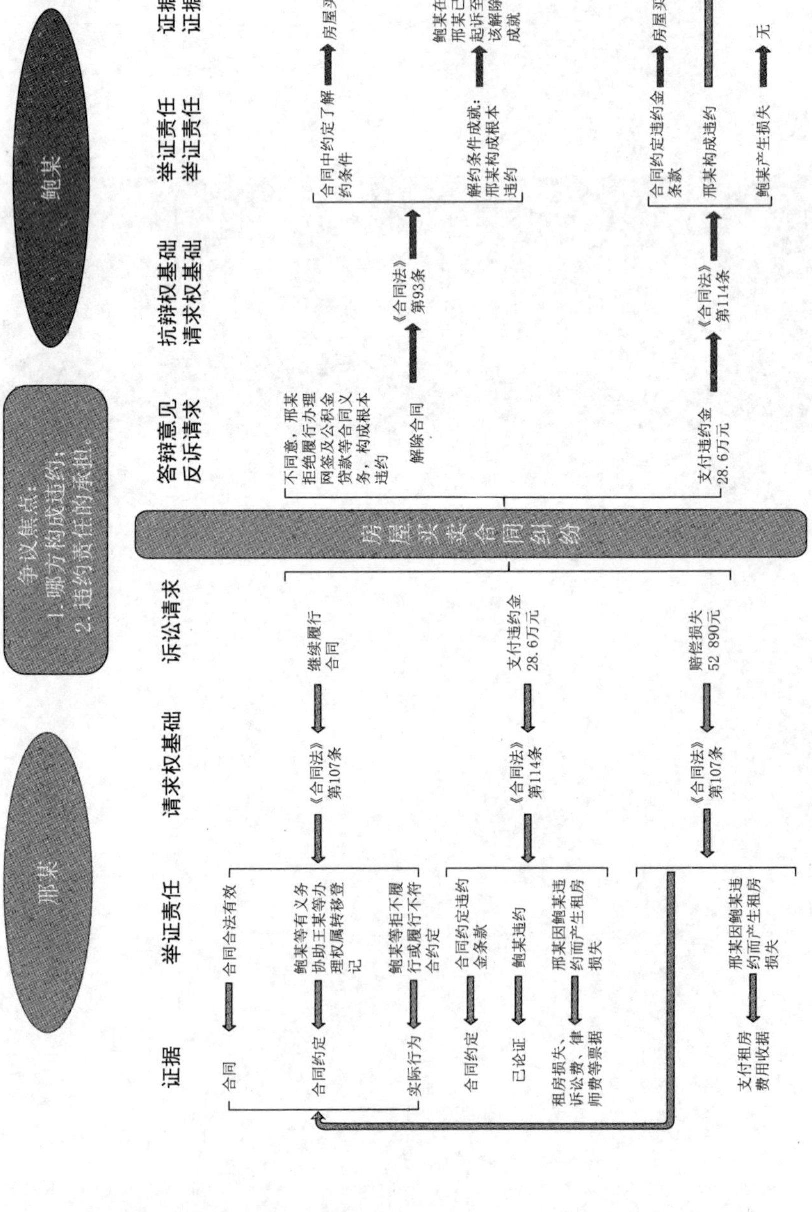

邢某 ｜ **争议焦点：1. 哪方构成违约；2. 违约责任的承担。** ｜ **鲍某**

房屋买卖合同纠纷

邢某（证据 ← 举证责任 ← 请求权基础 ← 诉讼请求）

- 诉讼请求：继续履行合同 ← 请求权基础：《合同法》第107条
  - 举证责任：合同合法有效 ← 证据：合同
  - 举证责任：鲍某等有义务协助王某等办理权属转移登记 ← 证据：合同约定
  - 举证责任：鲍某等拒不履行或履行不符合约定 ← 证据：实际行为
- 诉讼请求：支付违约金28.6万元 ← 请求权基础：《合同法》第114条
  - 举证责任：合同约定违约金条款 ← 证据：合同约定
  - 举证责任：鲍某违约 ← 证据：已论证
  - 举证责任：邢某因鲍某违约而产生租房损失 ← 证据：租房损失、诉讼费、律师费等票据
- 诉讼请求：赔偿损失52 890元 ← 请求权基础：《合同法》第107条
  - 举证责任：邢某因鲍某违约而产生租房损失 ← 证据：支付租房费用收据

鲍某（答辩意见/反诉请求 → 抗辩权基础/请求权基础 → 举证责任 → 证据）

- 答辩意见：不同意，邢某拒绝履行办理网签及公积金贷款等合同义务，构成根本违约
- 反诉请求：解除合同 → 《合同法》第93条
  - 举证责任：合同中约定了解约条件 → 证据：房屋买卖合同
  - 举证责任：解约条件成就：邢某构成根本违约 → 证据：鲍某在先违约，邢某已将鲍某起诉至法院，该解除条件不成就
- 反诉请求：支付违约金28.6万元 → 《合同法》第114条
  - 举证责任：合同约定违约金条款 → 证据：房屋买卖合同
  - 举证责任：邢某构成违约
  - 举证责任：鲍某产生损失 → 证据：无

案情介绍

2015年5月23日，邢某与鲍某在北京某爱某家房地产经纪有限公司（以下简称“中介公司”）的居间下签订了《北京市存量房屋买卖合同》及《补充协议》，约定鲍某将位于北京市朝阳区涉案房屋出售给邢某，房屋总价款为143万元。《北京市存量房屋买卖合同》中约定涉案房屋性质为：已购公有住房（若为中央在京单位已购公有住房，须取得《在京中央单位已购公房变更通知单》），《补充协议》中约定：如因国家政策导致该房产的《在京中央单位已购公房变更通知单》办理不下来，导致本合同无法履行，三方互不承担任何违约责任，所收款项如数退还。2015年5月31日，邢某通过转账支付给中介公司居间代理费用3.9万元。2015年6月1日，邢某与鲍某签订了第二份《补充协议》，其中约定：如果一方违约，违约方应向守约方支付房款的20%作为违约金，违约金总计28.6万元，邢某当天支付给鲍某定金3万元，鲍某出具了收条。当月，邢某提交了购房资质审核申请并支付了公积金评估费900元。邢某购房资质审核通过后，中介人员王某称鲍某要邢某给她一些时间办理央产房上市变更单。2015年7月4日，邢某发现涉案房屋在另一中介公司的网上出售，价格为150万元。之后鲍某通过中介公司以央产上市证明无法办理为由明确向邢某表示拒不履行合同，但邢某要求继续履行合同，邢某表示如因国家政策导致不能履行则需提供相应证据证明。2015年7月14日，中介王某告知邢某因2015年4月23日的政策而无法办理央产房上市证明。2015年7月20日，鲍某通过中介告知邢某，可以查询是否可以办理涉案房屋的央产房上市证明，但需先签署协议，内容为：如果查询结果为房子卖不掉就无条件解约。2017年7月21日，邢某将鲍某起诉至北京市朝阳区人民法院，请求：判令鲍某返还定金3万元，支付邢某已支付的居间费用损失3.9万元，违约金28.6万元。2017年8月5日，鲍某的央产房上市证明已办妥，中介王某告知邢某。邢某表示已起诉，一切按法律程序走。

鲍某提起反诉称：邢某拒绝办理房屋买卖合同网签手续与公积金贷款手续，已构成根本违约，请求：①判决解除《北京市存量房屋买卖合同》及

《补充协议》；②判决邢某赔偿鲍某违约金28.6万元。

2016年2月29日，邢某变更诉讼请求：①判令鲍某继续履行双方于2015年5月23日签订的《北京市存量房屋买卖合同》及《补充协议》；②判令鲍某赔偿违约金28.6万；③判令鲍某支付租房费用损失52 890元。

本书作者系邢某的诉讼代理人。

请求权的基础

本案中，邢某提出下列三项诉讼请求：①鲍某继续履行双方于2015年5月23日签订的《北京市存量房屋买卖合同》及《补充协议》；②鲍某赔偿违约金28.6万；③鲍某支付租房费用损失52 890元。

一、针对第1项诉讼请求，假设邢某对鲍某依据《合同法》第107条[1]享有继续履行合同请求权

1. 那么首先这个请求权必须已经产生。

根据《合同法》第107条，该请求权产生的前提条件是：

（1）邢某与鲍某之间存在合法有效的房屋买卖合同关系：邢某与鲍某均系完全民事行为能力人，双方签订合同均是真实意思表示，合同内容亦不违反国家法律强制性规定，故邢某与鲍某签订的合同合法有效。

（2）鲍某有义务协助邢某将涉案房屋转移登记至邢某名下：买卖双方签订房屋买卖合同后，买方有义务支付房款，卖方有义务协助买方将房屋转移登记至买方名下并交付房屋。鲍某作为卖方，应承担此义务。

（3）鲍某不履行合同义务或者履行合同义务不符合约定：现鲍某未依约将房屋转移登记到邢某名下，单方要求解除合同且恶意欲将涉案房屋一房二卖，已经属于履行合同义务严重不符合约定。

由此，邢某对鲍某享有的继续履行合同请求权产生了。

2. 该请求权并未消灭。

---

〔1〕《合同法》第107条　当事人一方不履行合同义务或者履行合同义务不符合约定的，应当承担继续履行、采取补救措施或者赔偿损失等违约责任。

3. 鲍某并不享有抗辩权，邢某起诉也并未过诉讼时效，并且本案不存在《合同法》第110条[1]的不能履行的情形。

4. 故邢某对鲍某依据《合同法》第107条享有继续履行合同请求权。

二、针对第2项诉讼请求，假设邢某对鲍某根据《合同法》第114条第1款[2]享有28.6万元的支付违约金请求权

1. 那么首先这个请求权必须已经产生。

根据《合同法》第114条第1款，请求权产生的前提条件是：

（1）邢某与鲍某之间存在合法有效的合同。

（2）双方约定一方违约时应当根据违约情况向对方支付一定数额的违约金，或约定因违约产生的损失赔偿额的计算方法：《补充协议》中双方约定，如果一方违约，违约方应向守约方支付房款的20%作为违约金，即双方约定了违约产生的损失赔偿额计算方法为房屋价款143万元的20%，即28.6万元。

（3）鲍某违约。

由此，邢某对鲍某所享有的支付违约金请求权产生了。

2. 该请求权并未消灭。

3. 邢某的起诉未过诉讼时效，鲍某也并无相应抗辩权。

4. 故邢某对鲍某依据上述法条享有28.6万元的支付违约金请求权。

三、针对第3项诉讼请求，假设邢某对鲍某依据《合同法》第107条享有赔偿租金损失52 890元请求权

1. 那么首先这个请求权必须已经产生。

根据《合同法》第107条，请求权产生的前提条件是：

（1）邢某与鲍某之间存在合法有效的房屋买卖合同关系。

（2）鲍某有义务协助邢某将涉案房屋转移登记至邢某名下，并交付房屋。

（3）鲍某不履行合同义务或者履行合同义务不符合约定：鲍某被刑事拘留无法配合办理过户手续，已经属于履行合同义务不符合约定。

（4）鲍某的违约行为给邢某造成了损失：邢某未入住涉案房屋，不得已在外

[1] 《合同法》第110条　当事人一方不履行非金钱债务或者履行非金钱债务不符合约定的，对方可以要求履行，但有下列情形之一的除外：①法律上或者事实上不能履行；②债务的标的不适于强制履行或者履行费用过高；③债权人在合理期限内未要求履行。

[2] 《合同法》第114条第1款　当事人可以约定一方违约时应当根据违约情况向对方支付一定数额的违约金，也可以约定因违约产生的损失赔偿额的计算方法。

租房，产生52 890元租金损失。

由此，邢某对鲍某享有的赔偿租金损失请求权产生了。

2. 该请求权并未消灭。

3. 鲍某并不享有抗辩权，邢某起诉也并未过诉讼时效。

4. 故邢某对鲍某依据上述法条享有赔偿租金损失52 890元请求权。

抗辩权的基础

本案中，鲍某提出下列反诉请求：①解除《北京市存量房屋买卖合同》及《补充协议》；②邢某赔偿鲍某违约金28.6万元。

一、针对第1项反诉请求，假设邢某对鲍某的解除合同请求享有抗辩权

（一）邢某可以鲍某主张的约定解除权不成立为基础抗辩

1. 那么首先这个抗辩权必须已经产生。

本案中，若鲍某依据《合同法》第93条第2款[1]主张合同解除权，根据该条第2款的规定，约定解除权产生的前提条件是：

（1）邢某与鲍某之间存在合法有效的合同。

（2）邢某与鲍某约定了一方解除合同的条件：双方在2015年5月23日签订的《补充协议》第2条中约定买方逾期履行贷款申办义务超过15日的，卖方有权以书面通知的方式解除合同。

（3）解除合同的条件成就：邢某并未违约，该解除权不成立。

（4）鲍某不享有合同解除权。

由此，邢某对鲍某的解除合同请求的抗辩权成立了。

2. 邢某并未放弃该抗辩权。

3. 故邢某对鲍某要求解除合同的诉讼请求享有抗辩权。

（二）邢某可根据《北京市高级人民法院关于审理房屋买卖合同纠纷案件适用法律若干问题的指导意见（试行）》第21条[2]主张鲍某不享有法定解除权来

---

〔1〕《合同法》第93条　当事人协商一致，可以解除合同。当事人可以约定一方解除合同的条件。解除合同的条件成就时，解除权人可以解除合同。

〔2〕《北京市高级人民法院关于审理房屋买卖合同纠纷案件适用法律若干问题的指导意见（试行）》第21条　房屋买卖合同履行过程中，一方当事人构成根本违约的，守约方有权解除合同，违约方不享有合同法定解除权。

抗辩

1. 那么首先这个抗辩权必须已经产生。

根据《北京市高级人民法院关于审理房屋买卖合同纠纷案件适用法律若干问题的指导意见（试行）》第21条，该抗辩权产生的前提条件是：

（1）鲍某构成根本违约：鲍某未依约交房、未依约将房屋转移登记到邢某名下，单方要求解除合同且恶意欲将涉案房屋一房二卖，已构成根本违约。

（2）鲍某要求解除合同：鲍某反诉要求解除合同。

由此，邢某对鲍某解除合同请求的抗辩权成立了。

2. 邢某并未放弃该抗辩权。

3. 故邢某对鲍某要求解除合同的反诉请求享有抗辩权。

故鲍某无权行使约定解除权或法定解除权，邢某对其解除合同的请求享有抗辩权。

二、针对第2项反诉请求，假设邢某对鲍某主张的支付违约金请求权享有抗辩权

1. 那么首先这个抗辩权必须已经产生。

本案中，邢某根据《合同法》第114条即双方约定主张请求权，该请求权产生的前提条件是：

（1）邢某与鲍某之间存在合法有效的合同。

（2）双方约定一方违约时应当根据违约情况向对方支付一定数额的违约金，或约定因违约产生的损失赔偿额的计算方法。

（3）邢某违约：本案中，邢某并未违约。

（4）邢某并不享有支付违约金请求权。

由此，邢某对鲍某主张的支付违约金请求权的抗辩权成立了。

2. 邢某并未放弃该抗辩权。

3. 故邢某对鲍某主张的支付违约金请求权享有抗辩权。

代理词

一、本案产生的背景

本案纠纷产生的背景，是双方签订房屋买卖合同后，涉案房屋价值暴涨，

鲍某借房屋无法办理上市为由，欲恶意解除合同，故而形成本案。

二、双方之间的买卖合同合法有效

三、鲍某存在多处违约

（一）单方要求解除合同

《补充协议》第4条第2款约定，鲍某拒绝将该房屋出售给原告的，构成根本性违约，应以相当于总房款的20%承担违约金。

1. 根据双方合同约定以及法院调取的《关于鲍某房屋问题的复函》，鲍某在2015年7月13日才去申请办理涉案房屋的上市手续，因此，有证据证明鲍某在此之前表示要求解除合同，则其行为明显构成违约。

2. 退一步讲，按照《关于鲍某房屋问题的复函》的说辞，鲍某在2015年8月4日办理完毕上市证明，在2015年7月13日~2015年8月4日办理期间，鲍某表示要求解约的，同样构成根本性违约。

（1）2015年7月14日，中介工作人员王某给邢某发送央产房2015年4月23日出台的政策，表示涉案房屋属于此种情形，无法上市交易，只能解约。

（2）2015年7月14日，王某与邢某电话沟通：王某称鲍某只能要求解约。

（3）2015年7月20日，胡某给邢某发短信，转达鲍某代理人骆某的意见，骆某要求先签署一个协议，如果蓝岛央产房那边说房子卖不掉，就无条件解约。

（4）2015年7月31日，王某给邢某发微信告知：对方代理人表示涉案房屋不能办理上市。

（二）恶意将涉案房屋一房二卖

邢某已经提交了录像、录音等证据，充分证明鲍某在将涉案房屋出售给邢某后，又委托中介公司将涉案房屋以150万元的价格对外出售，严重违反双方2015年5月23日签订的《补充协议》第4条第2点第5项的约定："将该房屋出售给第三方"，构成严重的根本性违约。

（三）未在合同签订90日内履行过户前的合同义务

《北京市存量房屋买卖合同》第9条第1项约定："当事人双方同意，自本合同签订之日起90日内，双方共同向房屋权属登记部门申请办理房屋权属转移登记手续。"

双方签约时间为2015年5月23日，故鲍某应在2015年8月20日前办理权属转移登记手续。鲍某未在2015年8月20日前履行合同义务，存在明显过错。

四、邢某依约履行合同不存在任何过错

（一）邢某在合同履行过程中依约支付定金，履行了前期的付款义务，不存在任何过错，不存在任何违约

（二）鲍某主张邢某不配合办理购房手续不能成立

1. 因鲍某违约，邢某已经在2015年7月21日提起诉讼，相关事项均应等待法院的最终认定。

2. 鲍某作为违约一方，本就无诚信可言，邢某亦无法确认继续履行合同是否为其真实意思表示。

五、邢某有权要求继续履行合同

《合同法》第107条规定："当事人一方不履行合同义务或者履行合同义务不符合约定的，应当承担继续履行、采取补救措施或者赔偿损失等违约责任。"

根据《合同法》第107条的规定，邢某有权要求继续履行合同，且涉案房屋又不存在任何法律或事实上的履行不能，故邢某要求继续履行合同的诉求应当得到法院支持。

六、法院应支持邢某的违约金主张

1. 根据2015年5月23日的《补充协议》第4条第2款第4、5项约定，鲍某不仅拒绝将房屋出售给邢某，还将涉案房屋一房二卖，明显构成违约，邢某有权要求解除合同，并要求鲍某承担总房款20%的违约金。该约定系双方真实意思表示，内容不违反法律的强制性规定，对双方有法律上的拘束力。

2. 合同履行前期，鲍某多次以政策原因无法办理央产房上市变更单为由要求解约，邢某多次催告鲍某调查其所谓的"政策原因"，鲍某却态度顽固，拒不配合调查。并且根据现有证据，可以证明鲍某系因为涉案房屋价值上涨一房二卖而恶意违约，因此，鲍某违约的主观恶性较大，应当对其行为加以制裁。

3. 对于鲍某违约应当承担总房款20%的违约金，这在合同中已经有极其明确的约定，鲍某对此有预期。

4. 邢某购房是刚需，2015年9月底因无法搬离旧房，家庭矛盾爆发。自2015年9月27日住进快捷酒店，2015年9月30日通过中介公司租房，鲍某

违约导致邢某产生巨大经济损失，鲍某的违约也从多方面给邢某造成了巨大压力。邢某身患重病，收入微薄，鲍某恶意违约给邢某造成了严重的财产损失和精神损失，主张总房款20%的违约金合情合理。

案件结果

经北京市朝阳区人民法院调解，双方自愿达成协议：①双方继续履行2015年5月23日就涉案房屋签订的《北京市存量房屋买卖合同》及《补充协议》，邢某支付鲍某剩余房款140万元；②鲍某配合邢某办理涉案房屋产权过户手续，相关税费由邢某负担；③鲍某于收到上述140万元房款后3日内将涉案房屋交付给邢某。

律师点评

1. 本案在诉讼进行过程中发生了非常戏剧性的一幕：邢某起诉时是要求解除合同，并要求鲍某承担违约金，鲍某答辩认为自己不存在违约，并要求继续履行合同。随着诉讼的进行，房价不断上涨，邢某见此立即提出变更诉讼请求，要求继续履行合同并主张违约金，但此时鲍某见房价飞涨，合同解除承担违约责任后仍旧有的赚，立即提出反诉要求解除合同。俗话说，当事人是自己利益的最佳判断者，用在本案再合适不过。

2. 好在本案事实清楚，鲍某违约非常明显，承办法官耐心做通原被告双方工作，案件最终以和解收尾，双方均同意按照原合同继续履行，互不追究违约责任。邢某已经办理完毕产权转移登记手续，并入住涉案房屋，现如今涉案房屋市场价格已经翻了近两倍，邢某对本书作者的工作和案件处理的结果亦表示认可和非常满意。

7. 共有权人以不知情为由拒不出售房屋的处理

郭某某与鲜于某某房屋买卖合同纠纷案

本案思维导图

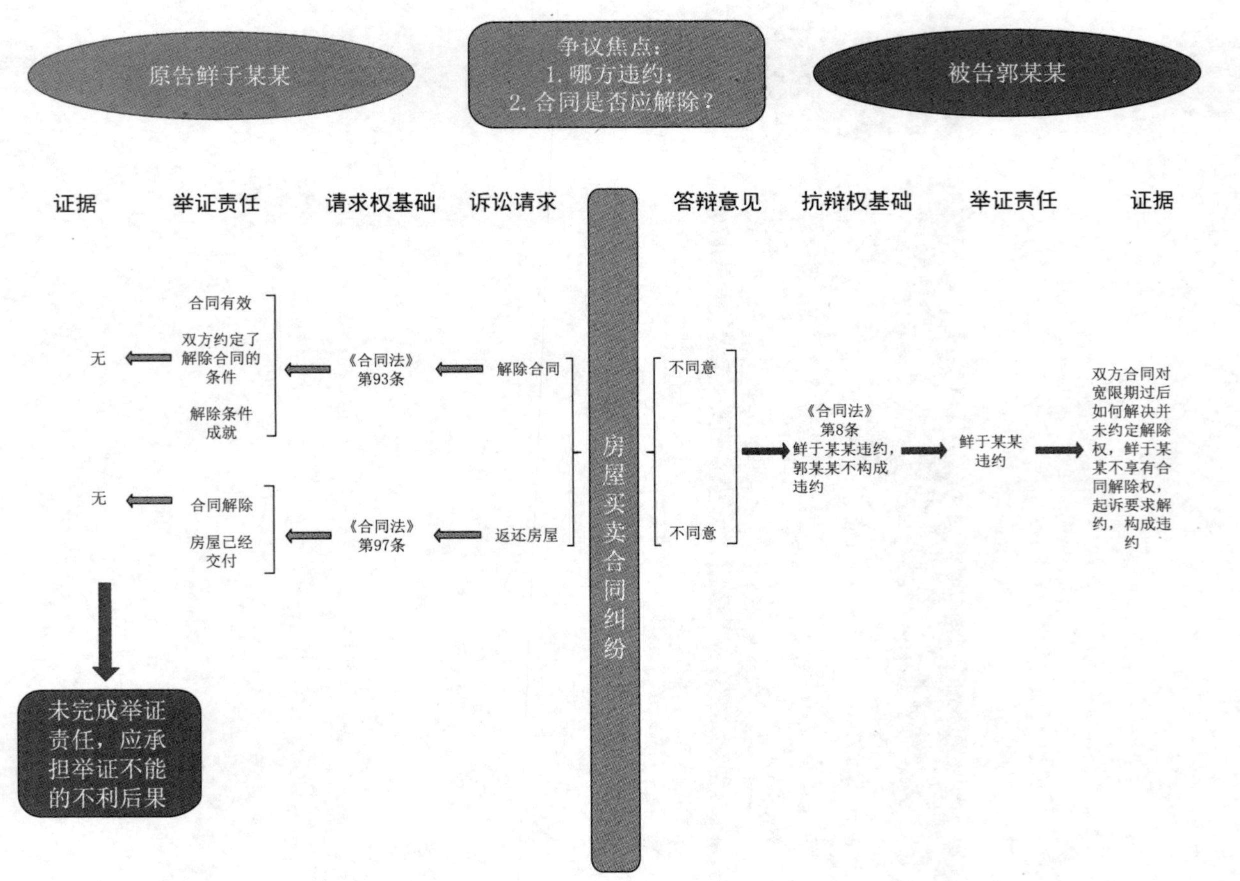
原告鲜于某某
争议焦点：
1. 哪方违约；
2. 合同是否应解除？
被告郭某某
证据
举证责任
请求权基础
诉讼请求
房屋买卖合同纠纷
答辩意见
抗辩权基础
举证责任
证据
无
合同有效
双方约定了解除合同的条件
解除条件成就
《合同法》第93条
解除合同
无
合同解除
房屋已经交付
《合同法》第97条
返还房屋
不同意
不同意
《合同法》第8条
鲜于某某违约，郭某某不构成违约
鲜于某某违约
双方合同对宽限期过后如何解决并未约定解除权，鲜于某某不享有合同解除权，起诉要求解约，构成违约
未完成举证责任，应承担举证不能的不利后果

案情介绍

2014年12月13日，案外人胡某某作为鲜于某某（买受人）的委托代理人与北京某置业股份有限公司（出卖人，以下简称“某公司”）签订《北京市商品房预售合同》（合同编号为×××）。该合同约定，鲜于某某购买某公司开发的北京市丰台区涉案房屋，按照套内建筑面积计算，商品房单价每平方米40 315.94元，总价款7 842 660元，同时约定出卖人应当在2015年6月30日前向买受人交付该商品房，出卖人应当在2016年12月30日前，取得该商品房所在楼栋的权属证明。同日，涉案房屋办理商品房预售备案登记手续。

2015年3月19日，鲜于某某（出卖人）与郭某某（买受人）签订《北京市存量房屋买卖合同》。该合同约定，出卖人所售房屋坐落为丰台区涉案房屋，该房屋性质为商品房，该房屋成交价格为1068万元，购房定金20万元；出卖人应当在开发商交完房，买受人支付完首付款时将该房屋交付给买受人；同时约定，出卖人应当保证该房屋没有产权纠纷，因出卖人原因造成该房屋不能办理产权登记或发生债权债务纠纷的，由出卖人承担相应责任。上述合同第6页载明“出卖人委托代理人：胡某某”。

同日，鲜于某某（甲方、出卖人）与郭某某（乙方、买受人）签订《补充协议》，其第2条约定，上述房屋的房产证尚在办理中，暂时无法办理产权过户手续，甲乙双方知晓以上事实，为保障甲乙双方的利益及房屋交易的安全性，特此商定：①房屋总价款：1068万元。此价款不因房产证的面积与签订本协议当天业主提供的产权文件上注明的面积不一致而增减。……③甲方在取得房屋产权证之日起3个工作日内将产权证原件、上市审批及过户需要的资料交到某中介公司处。同时甲、乙双方应按照某中介公司提出的要求及通知的时间，相互配合提供资料及办理上市审批、买卖过户等相关手续。……⑤双方同意上述房产的最迟过户时间以本协议签订之日起12个月为界，即最迟在2016年3月20日之前办理完过户手续。如在上述日期前因第2条的原因仍然无法办理完过户手续，乙方给予甲方100日的宽限期，在宽限期内仍无法办理完毕产权证的，双方应在友好协商的基础上处理解决，如果双方协议解除买卖合同及本协议的，甲乙双方应当共同承担居间方的居间服务费。第3

条约定，如甲乙双方确定《北京市存量房屋买卖合同》以及本《补充协议》无法履行的，而不能履行的原因不能归责于任意一方时，《北京市存量房屋买卖合同》以及本《补充协议》解除，合同当事人不承担任何相关法律责任，乙方已经实际支付甲方的购房款等款项，甲方须在双方确认无法履行的15日内如数无息返还乙方。如超过15日的，每日按照同期银行贷款利率三倍的标准赔偿乙方。但是因《北京市存量房屋买卖合同》已经成立，故居间方的居间服务费用依约支付。

鲜于某某（甲方、出卖人）与郭某某（乙方、买受人）另于同日签订《资金划转补充协议》。其中第1条约定，甲、乙双方约定的房屋主体价格为568万元，在此基础上乙方自支付给甲方500万元作为对甲方房屋装饰、装修和相关设施的补偿。第2条约定，甲方承诺对交易房屋有完全处分权、房屋无产权纠纷、未被采取查封、冻结等强制措施、未进行除产权证登记信息外的抵押和对外提供担保，乙方知晓并认可甲方的承诺，经甲、乙双方协商一致，不使用居间方推荐的资金监管方式付款，由乙方按以下方式将款项自行划转给甲方：①定金：总额20万元，由甲、乙双方于2015年3月20日自行交接；全部定金的最终处理方式为转化为购房款的一部分。②首付款（不含定金）：总额480万元，乙方于甲方从开发商处收房后3日内支付给甲方。③尾款（不含定金）：总额568万元，乙方于甲方房本下来双方完成网签时支付至双方开立的资金监管账户。

上述合同签订后，郭某某于2015年3月20日向户名为胡某某的银行账户内转账定金20万元，2015年6月30日向户名为胡某某的银行账户内转账购房款100万元，2015年7月3日向户名为胡某某的银行账户内转账购房款380万元，2016年2月1日向户名为胡某某的银行账户内转账购房款100万元，鲜于某某认可收到了上述购房款共计600万元。

2015年7月，鲜于某某与某公司办理房屋交接手续后将涉案房屋交付给郭某某，交付时涉案房屋为毛坯房，现涉案房屋由郭某某装修并居住使用。

后双方就合同应否履行产生分歧。

鲜于某某认为：

《补充协议》约定因上述房屋的房产证尚在办理中，暂时无法办理产权过户手续的情况下，双方同意最迟应于2016年3月20日前办理过户手续，如仍无法办理过户手续，双方约定100日的宽限期，宽限期内仍无法办理的，双方应在友好协商的基础上处理解决，并可协议解除买卖合同。现已经过100日的宽限期，涉案房屋的房产证开发商不能办理，因此，按照双方合同的约定，鲜于某某有权解除合同。另，鲜于某某与郭某某签订合同时，鲜于某某配偶苏某对此不知情且不予追认，郭某某不符合善意取得要件，鲜于某某有权解除合同。

郭某某则认为：

双方房屋买卖合同应当继续履行。开发商已经取得楼栋产权证，且涉案房屋同一楼栋的业主已经取得了产权证，郭某某支付超过总房款一半的购房款，已经装修并入住该房屋两年之久，所以不应解除。即使超过100日宽限期，根据合同约定，鲜于某某也无权解除合同。鲜于某某恶意要求涨价，其作为违约方不享有合同解除权。未经配偶同意出售房屋的说辞不成立。

双方就此无法协商达成一致，鲜于某某将郭某某诉至北京市丰台区人民法院，要求判令解除房屋买卖合同，判令郭某某返还房屋。

本书作者系郭某某的诉讼代理人。

律师思路

本书作者接手本案后，梳理出三个问题：

一、鲜于某某是以合同约定期限内其未能取得房屋产权证为由，动用约定解除权要求解除合同，那么首先应搞清楚，是谁的原因导致鲜于某某未能取得房屋产权证?

为查明该问题，本书作者向法院申请了调查令，分别向开发商某公司以及北京市国土资源局丰台分局调查涉案房屋未办理产权证的具体情况及原因。

开发商某公司向本院回复函称："①2014年12月13日，鲜于某某购买我公司开发的丰台区涉案房屋，于北京市房地产交易管理网签订《北京市商品房预售合同》（合同编号×××）并联机备案（联机备案编号×××）。②房款缴纳情况：2014年8月11日，胡某某刷卡交款640 000元；梁某某刷卡交款2 982 660元；2014年9月25日，胡某某刷卡交款3 920 000元；2015年6月30日，胡某某刷卡交款3628元。我公司2015年6月30日向买受人鲜于某某交付上述房屋。③上述房屋现行政地址为：北京市丰台区×××号。④上述房屋所在楼栋2016年11月1日取得《不动产权证书》，证号：京（2016）丰台区不动产权第×××号。⑤上述房屋可以办理房屋不动产登记，买受人未申请办理。”

北京市国土资源局丰台分局回复称：本单位经查询2016年11月1日开发商某公司取得涉案房屋所在楼栋的权属证明。

二、合同约定期限内其未能取得房屋产权证，鲜于某某有无约定解除权？

实际上，合同约定期限内其未能取得房屋产权证，合同中并未约定某一方有权解除房屋买卖合同。

三、鲜于某某配偶是真的不知情，还是双方在打配合想借此解除合同？

庭审中，苏某作为第三人到庭，本书作者故意询问其如下问题：

1. 两人是否共同生活？

2. 两人是否都生活在北京？

3. 两人有无离婚纠纷？有没有因离婚纠纷形成诉讼？

4. 苏某是否知道鲜于某某向开发商购买涉案房屋的事宜？

5. 苏某是否知道开发商已经交付房屋？

苏某的回答是：苏某与鲜于某某系夫妻，于2000年5月8日登记结婚，认可二人一直共同生活，且在北京居住，没有离婚纠纷，夫妻对于财产没有约定。苏某知晓鲜于某某向开发商某公司购买涉案房屋且开发商某公司已交付涉案房屋，但因系鲜于某某处理相关事宜，其不清楚具体情况。

根据苏某的回答，其不知道涉案房屋已经出售给郭某某并交付，与常理不符。

抗辩权的基础

本案中，鲜于某某提出诉讼请求：解除合同返还房屋。

假设郭某某对鲜于某某的解除合同请求享有抗辩权：

1. 那么首先这个抗辩权必须已经产生。

本案中，鲜于某某依据《合同法》第93条第2款〔1〕主张合同约定解除权，根据该条第2款的规定，解除权产生的前提条件是：

---

〔1〕《合同法》第93条第2款　当事人可以约定一方解除合同的条件。解除合同的条件成就时，解除权人可以解除合同。

（1）郭某某与鲜于某某之间存在合法有效的合同：郭某某与鲜于某某签订的房屋买卖合同均为双方真实意思表示，内容也不违反相关法律规定，故该合同合法有效。

（2）郭某某与鲜于某某约定了一方解除合同的条件：2015 年 3 月 19 日《补充协议》第 5 条全文为："双方同意上述房产的最迟过户时间以本协议签订之日起 12 个月为界，即最迟在 2016 年 3 月 20 日之前办理完过户手续。如在上述日期前因第 2 条的原因仍然无法办理完过户手续，乙方给予甲方 100 日的宽限期，在宽限期内仍无法办理完毕产权证的，双方应在友好协商的基础上处理解决，如果双方协议解除买卖合同及本协议的，甲乙双方应当共同承担居间方的居间服务费。"

根据该条款，双方约定的是宽限期届满后友好协商，并未约定宽限期届满后一方有权解除合同，关于解除权缺少合同约定。

（3）故鲜于某某不享有约定解除权。

由此，郭某某对鲜于某某的解除合同请求的抗辩权成立了。

2. 郭某某并未放弃该抗辩权。

3. 故郭某某对鲜于某某要求解除合同的诉讼请求享有抗辩权。

一审、二审律师代理词及法院裁判

律师代理词

一、本案产生的背景

买卖双方签订房屋买卖合同后，涉案房屋价格暴涨，原告图利房屋增值利益，找各种理由拒不履行合同，双方产生争议，形成本案纠纷。

这一点，从双方之间的通话录音中完全可以体现出来。录音中，原告多次强调，房价已经涨了 50%，即使违约，赔偿 30%的违约金，还有 20%的赚。即使违约还能赚 200 万，这是原告拒不配合履行合同的根本原因。

二、双方签订的《北京市存量房屋买卖合同》、《资金划转补充协议》及《补充协议》合法有效

双方之间房屋买卖合同关系系当事人真实意思表示，内容不违反法律的强制性规定，房屋买卖合同关系合法有效，双方均应按照合同的约定及法律

的规定及时全面地履行合同义务。

三、被告在履约过程中不存在任何违约行为

1. 合同签订后，被告依约支付了购房定金 20 万元以及首付款 480 万元，不存在任何违约和过错。

2. 合同约定剩余尾款 568 万元由被告于网签时通过资金监管方式支付，但在合同履行过程中，原告以亟须资金为由，提出提前收取其中的 100 万元，被告充分体谅原告，提前支付了 100 万元购房尾款，被告不存在任何过错。

四、原告起诉要求解除合同，理由不能成立

（一）原告主张涉案房屋未能在宽限期内下发原始产权证，故其有权解除合同，该说辞不能成立

理由如下：

1. 办理原始产权证书系原告的合同义务。

涉案房屋买卖合同关系性质上系次新房交易，房屋的产权须先由开发商登记至原告名下，再由原告为被告办理产权过户手续。原告作为出卖方，有保证取得原始登记并配合办理过户手续的合同义务。

2. 未能在宽限期内办理产权证系因原告拒不配合所致。

被告已经充分举证证明，涉案房屋所在小区早在 2015 年 10 月 16 日就已经具备办理房屋产权证的条件，且同小区已经有业主办理了房屋所有权证书，涉案房屋之所以迟迟未能办理原始登记，根本原因在于原告故意拖延不配合开发商办理相关手续，责任应由原告承担。

3. 即使超过期限未办理产权证，原告也不享有合同解除权。

《补充协议》第 2 条第 5 项约定："在宽限期内仍无法办理完毕产权证的，双方应在友好协商的基础上处理解决，如果双方协议解除买卖合同及本协议的，甲乙双方应当共同承担居间方的居间服务费。"

上述条款说明：

（1）即使超过期限未办理产权证，双方应协商处理，该条款并未赋予原告可以单方解除合同的权利。

（2）协商处理并不必然导致合同解除，原告主张超期未办理原始产权证则合同解除，明显是曲解合同内容。

（3）上述条款中的合同解除仅限"协议解除"，说明合同的解除必须征

得被告同意，现被告不同意解除合同，不产生合同解除的效力。

（4）中介公司系合同的起草方，中介公司已经到庭明确表示，该条款并不赋予原告单方解除合同的权利。

4. 即使超过期限未办理产权证，原告后续行为亦表示同意继续履行合同。

超过期限未办理产权证后，双方协商的内容是，原告要求提前拿到购房款项，说明其同意履行买卖合同，而不是要求解除合同。现在原告又以超过期限未办理产权证为由要求解除合同，其主张与其行为明显是矛盾的。

5. 原告起诉状中称无法办理产权证，但实际上，在原告提起诉讼时，涉案房屋已经具备办理产权登记的条件，只是原告不去积极配合办理罢了。

6. 原告从未告知被告涉案房屋不能办理一手房产权证的原因，也未向被告提供涉案房屋不能办理一手房产权证的证据。

（二）原告主张其配偶对交易不知情不同意，借此阻却合同的履行，没有立足点

1. 根据日常生活经验法则，即一般生活常理，原告配偶苏某对交易完全知情认可。

法律依据：

《最高人民法院关于民事诉讼证据的若干规定》第 9 条规定："下列事实，当事人无需举证证明：……③根据法律规定或者已知事实和日常生活经验法则，能推定出的另一事实。"

（1）原告背着苏某卖房，缺少合理的基础。按苏某所述，其与原告于 2000 年结婚。结婚至今长达 17 年之久，且苏某及原告也未提交其存在离婚诉讼等感情不和的证据，说明原告与苏某夫妻感情良好。既然夫妻感情和谐，原告又为什么要背着苏某卖房？这明显缺少合理的基础。

（2）据被告了解，原告及苏某均为普通工薪阶层。从开发商购买涉案房屋时，全款支付了约 784 万元款项，可谓举全家之力购买涉案房屋。此后，又以 1068 万元高价卖出。无论是买进还是卖出，均是对家庭重大资产的处置，整个家庭必然会极其审慎，关于价款、付款方式、过户时间、违约责任等必然会同家人仔细商议。买房售房这么大的事，原告不可能未与其配偶沟通就私自处分。

（3）原告是在 2014 年 12 月份将涉案房屋挂在网上公布售房信息的，直

到2015年3月19日原被告签订涉案房屋买卖合同，中间时间长达4个月之久，期间还有多个客户来涉案房屋中看房，原告配偶苏某主张对售房完全不知情，不符合常理。

（4）合同签订后，被告依约支付了购房款项及物业费共计6 013 656元。对于原告家庭而言，其账户里一下子多出六百多万元款项，作为原告的配偶却全然不知？这明显与常理不符。

（5）被告购买房屋后，立即对房屋展开装修，且装修时间长达4个月，装修还要到物业开装修证明办理垃圾清运手续，整个楼层甚至整个单元的动静都很大，邻里邻居、物业都知道卖房之事，单单原告的配偶不知情？自己家上千万的房子被人砸墙装修，苏某就能这么心大到不闻不问、漠不关心？明显与常理不符。

（6）装修完成后，被告即入住涉案房屋，并占有控制涉案房屋至今，时间长达两年之久。作为原告的配偶，购买了千万豪宅，却两年之久完全不关心房子的占有状态，直到产生纠纷才得知卖房的事，这明显与常理不符。

（7）从原告及其配偶居住的地址到涉案房屋所在地，间隔仅十几公里，即使乘坐地铁都无需换乘且仅需半小时，苏某想要查看房屋情况，从交通的角度看是极其便利的。毫无夸张地说，千万豪宅几乎就在苏某身边，对于房屋的情况完全不知情，明显与常理不符。

（8）涉案房屋买卖合同签订时间为2015年3月19日，至今已有两年之久。两年里苏某从未就此提出任何异议，如此长的时间足以证明其对签约行为是认可而无异议的。

（9）涉案房屋产权证一直没有办理，如果苏某确实对房屋再次出售不知情，那么其作为原始购房人，理应非常关心千万豪宅产权证办理的情况，开发商迟迟没有办本，其应当不停催告开发商履行办理产权登记的手续。但苏某至今未提供这方面的证据，明显与常理不符。

（10）原告提交的民事起诉状中，其主张解除合同的理由是因为房本超期未能办理，而非其配偶苏某对交易不知情不认可。如果苏某确实对交易不知情不认可，最为首要的解约理由理应在起诉状中第一时间予以体现。因此，从起诉状的表述看，苏某主张其对交易不知情不认可明显不能成立。

（11）本案纠纷形成的导火索，系原告2016年3月6日打电话要求提前以自行交割方式支付剩余尾款中的400万元，否则就一房二卖，准备毁约。被告考虑到交易安全以及合同的约定，没有同意，原告借此找茬拒不履行合同。原告自始至终未提出其配偶不同意卖房的情形，很显然，如果确因配偶不同意交易导致纠纷产生，原告理应在第一时间提出。现在形成诉讼，原告配偶跳出来主张权利，明显是为达到恶意解约之目的而巧设言辞。

（12）据胡某某称，涉案房屋系其借原告名义购买。如果确实是借名买房，原告仅仅是一个表面上的登记人，不享有实体权利，其配偶苏某更无权对房屋主张任何权利。

因此，无论从哪个角度看，结合日常经验法则，显然原告是在征求了苏某的同意后才出售房屋的，在后续履约过程中，为达到摧毁合同的恶意目的，苏某恶意主张其不知情不认可交易，这是原告精心策划的诡计。

我国民法学泰斗梁慧星教授告诫咱们的法官："我们的法官要有法律智慧，要有社会经验，遇到反常的、奇怪的、可疑的案件，一定要根究当事人的目的，不能就事论事、死抠法律条文，要运用我们的法律智慧和社会生活经验，识破当事人的诡计，不上当事人的圈套！一句话，凡事要多问为什么，要靠法律智慧和社会经验，做聪明的法官，不受当事人愚弄，不落入当事人精心策划的圈套。"（详见梁慧星《生活在民法中》一书第272页）

2. 被告在交易过程中已经尽到审慎的注意义务。

（1）被告系通过中介公司居间签订的房屋买卖合同，对于原告是否有权处分涉案房屋，中介公司已经进行了审查，确认其具备缔约资格后才撮合双方签订的房屋买卖合同。

（2）在交易过程中，被告同样尽到了审查义务。被告签约时审查了原告的身份证原件、购房合同原件、实地察看了房屋，询问了原告及代理人胡某某关于原告的婚姻状况，原告称自己单身，有权处分涉案房屋。因此，被告已经尽到了合理、审慎的注意义务。

（3）原告在从开发商处购买涉案房屋时，提供了（2014）京国信内民证字第×××××号公证的委托书。该委托书中委托人仅原告一人，没有其配偶苏某。基于对公证书的信任，且原告又是委托胡某某买房又卖房，被告有理由相信原告有全权处分涉案房屋的权利，已经尽到审慎的注意义务。

（4）被告作为善意的第三方，其权利应当得到法律的保护。原告及其配偶如确有内部纠纷，只能另案解决，不能在本案中产生对外对抗善意第三方的效力。

五、原告存在根本性违约，无权解除合同

法律依据：

《合同法》第60条第1款规定：“当事人应当按照约定全面履行自己的义务。”

《北京市高级人民法院关于审理房屋买卖合同纠纷案件适用法律若干问题的指导意见（试行）》第21条规定：“房屋买卖合同履行过程中，一方当事人构成根本违约的，守约方有权解除合同，违约方不享有合同法定解除权。”

（一）拒不配合办理房屋的原始产权登记

《补充协议》第2条第5款约定：“双方同意上述房屋的最迟过户时间以本协议签订之日起12个月为界，即最迟在2016年3月20日之前办理完过户手续，如在上述期限前因第2条的原因仍然无法办理过户手续，乙方给予甲方100日的宽限期。”

根据前述约定，原告至少应当在2016年6月28日前办理完毕涉案房屋的原始登记。但原告一直拖延拒不配合开发商办理相关手续，存在严重违约。

（二）单方提出变更合同约定

《资金划转补充协议》第2条第3款约定：“尾款总额人民币568万元于甲方房本下来双方出完网签时支付至双方开立的资金监管账户。”

根据上述约定，尾款568万元的支付时间为网签时，支付方式为资金监管。但原告在2016年3月6日，以恶意毁约为要挟，单方提出变更合同，要求上述款项中的400万元立即以自行交割方式支付给原告。原告的行为构成严重违约。

（三）在不具备解除合同的情况下，恶意起诉要求解约

本案中，原告并不享有合同解除权。而原告在不具备解除合同权利的情况下，起诉要求解除房屋买卖合同，性质上是以其行为拒不履行合同，根据《合同法》第94条第2项之规定“在履行期限届满之前，当事人一方明确表示或者以自己的行为表明不履行主要债务”，原告的行为明显构成根本性违约，应承担相应的违约责任。

根据《北京市高级人民法院关于审理房屋买卖合同纠纷案件适用法律若

干问题的指导意见（试行）》第21条的规定，原告作为根本性违约一方，无权要求解除合同。

六、被告已经对涉案房屋进行了装修，解除合同不利于纠纷的解决

被告装修涉案房屋花费近200万元，且已实际入住涉案房屋近两年之久，若双方合同解除，不仅会使被告产生极大的损失，也会激化双方的矛盾，致使被告继续起诉要求赔偿涉案房屋装修款项，等等，增加诉累，造成社会资源、司法资源的极大浪费。

综上所述，在合同合法有效、被告不存在任何违约的情况下，原告单方以房产证超期未办理、配偶不同意交易为由要求解除合同，无论在事实上还是法律上均没有任何立足点。故法院应当依法驳回其全部的诉讼请求。

补充代理词

一、鲜于某某仅是借名人，其与其配偶均无权对涉案交易提出异议

涉案房屋真实权利人为胡某某，是胡某某借鲜于某某的名义购买的涉案房屋，鲜于某某仅仅是借名人，对涉案房屋并不实际享有相关的权利，其配偶苏某更没有权利对涉案交易提出异议。

二、根据2015年3月19日的《补充协议》，鲜于某某无权单方要求解除合同

（一）通过文义解释，鲜于某某无权单方要求解除合同

2015年3月19日《补充协议》第5条全文为："双方同意上述房产的最迟过户时间以本协议签订之日起12个月为界，即最迟在2016年3月20日之前办理完过户手续。如在上述日期前因第2条的原因仍然无法办理完过户手续，乙方给予甲方100日的宽限期，在宽限期内仍无法办理完毕产权证的，双方应在友好协商的基础上处理解决，如果双方协议解除买卖合同及本协议的，甲乙双方应当共同承担居间方的居间服务费。"

该条文实际上分为三个部分：

第一，双方同意上述房产的最迟过户时间以本协议签订之日起12个月为界，即最迟在2016年3月20日之前办理完过户手续。

第二，如在上述日期前因第2条的原因仍然无法办理完过户手续，乙方

给予甲方100日的宽限期，在宽限期内仍无法办理完毕产权证的，双方应在友好协商的基础上处理解决。

第三，如果双方协议解除买卖合同及本协议的，甲乙双方应当共同承担居间方的居间服务费。

第一和第二部分均没有提及任何关于合同“解除”的字眼，唯一提及“解除”字眼的条款是第三部分，而第三部分约定的是居间费用如何承担的问题，合同的解除仅仅是居间费用如何承担的假定条件。

中介公司系合同的起草方，且中介公司是作为经办二手房居间业务长达22年之久的专业居间服务公司，其已经到庭明确表示，2015年3月19日《补充协议》第5条并不赋予原告享有单方解除合同的权利。

（二）从解除权的角度无法解读出鲜于某某有单方解除合同的权利

我国《合同法》将合同的解除分为三大类：法定解除、约定解除、协商解除。

法定解除是指合同当事人依据《合同法》第94条的规定主张解除合同，本案中，鲜于某某并未动用法定解除权，法定解除的情形排除。

约定解除是指合同当事人约定一方解除合同的条件，解除合同的条件成就时，解除权人选择解除合同。约定解除权系形成权，必须在合同中就“一方解除合同的条件”进行明确的约定。本案中，《补充协议》第5条并未约定“超过宽限期，鲜于某某有权解除合同”，因此，约定解除的情形排除。

协商解除是指合同双方经过协商，就合同的解除达成一致意见，予以解除合同的情形。本案中，《补充协议》第5条第三部分约定“如果双方协议解除买卖合同及本协议的，甲乙双方应当共同承担居间方的居间服务费”。很明显，该条款指的就是协商解除。但在履约过程中，缔约双方从未就合同的解除进行协商，反而是就合同的继续履行进行过沟通，郭某某一直坚持要求继续履行合同，双方从未就合同的解除达成一致意见，本案中不存在协商解除的情形。

因此，在本案中，《合同法》规定的三种合同解除的情形均不存在，鲜于某某要求解除合同没有任何基础。

（三）根据《合同法》第107条，鲜于某某无权解除合同

《合同法》第107条规定：“当事人一方不履行合同义务或者履行合同义

务不符合约定的，应当承担继续履行、采取补救措施或者赔偿损失等违约责任。”

涉案房屋买卖合同关系性质上系次新房交易，房屋的产权须先由开发商登记至鲜于某某名下，再由鲜于某某为郭某某办理产权过户手续。鲜于某某作为出卖方，负有在宽限期内取得原始登记并配合办理过户手续的合同义务。

《合同法》上的违约责任采用严格责任，开发商作为本案房屋买卖合同之外的第三方，其未能为鲜于某某办理一手房产权证，并不因此而免除鲜于某某应当履行的合同义务。鲜于某某未在宽限期内将涉案房屋产权过户至郭某某名下，鲜于某某就构成违约。

而根据《合同法》第107条的规定，鲜于某某应当承担继续履行的违约责任，当然无权要求解除合同。

三、鲜于某某在行使解除权之前已经存在根本性违约

退一步讲，即使《补充协议》第5条赋予了鲜于某某单方解除合同的权利，其在行使解除权之前已经存在根本性违约，根据《北京市高级人民法院关于审理房屋买卖合同纠纷案件适用法律若干问题的指导意见（试行）》，其作为根本性违约一方无权解除合同。

《北京市高级人民法院关于审理房屋买卖合同纠纷案件适用法律若干问题的指导意见（试行）》第21条规定：“房屋买卖合同履行过程中，一方当事人构成根本违约的，守约方有权解除合同，违约方不享有合同法定解除权。”

2016年6月28日系合同宽限期届满日，而早在2016年3月6日，鲜于某某就已经明确提出因房价已经上涨了50%，即使承担了总房款30%的违约金，还能赚得20%，并明确提出不履行合同，欲将房屋另行转卖给其他人，其行为显然已经构成根本性违约，根据《北京市高级人民法院关于审理房屋买卖合同纠纷案件适用法律若干问题的指导意见（试行）》，其作为根本性违约一方无权解除合同。

四、鲜于某某解除合同的目的不正当

鲜于某某之所以要求解除合同，根本目的在于涉案房屋价格暴涨，其图利房屋增值利益，所以才想方设法想要解除合同。法院不应支持其非法解除合同的诉求。

法院裁判

北京市丰台区人民法院认为:

根据已查明的事实,原告于2015年3月19日与被告签订《北京市存量房屋买卖合同》将涉案房屋出售给被告,被告给付原告购房款600万元并自2015年7月起一直占有使用涉案房屋,鲜于某某和苏某作为夫妻,一直共同生活在北京,且没有离婚纠纷,故苏某称对家中涉案房屋这种大额财产的买卖不知情的表述,不符合常理,本院不予采信。原告出售房屋时虽未提交苏某的授权委托书,但在被告自2015年7月起实际占有使用涉案房屋的较长时间内,苏某一直未提出异议,应视为其以实际行动默认了原告出售涉案房屋给被告的行为,并予以认可。原告向被告出售涉案房屋的行为应视为鲜于某某与苏某夫妻双方的共同意思表示。故原被告就涉案房屋的买卖事宜签订的《北京市存量房屋买卖合同》及《补充协议》系双方真实意思表示,内容未违反相关法律规定,为有效合同。该合同一经签订,即对双方当事人均具有法律约束力,双方当事人应当按照约定履行自己的义务,不得擅自变更或者解除。据此,原告及第三人苏某以原告未经第三人苏某同意擅自转让夫妻共同财产为由要求解除合同及返还房屋的诉讼请求,缺乏依据,本院不予支持。当事人对合同条款的理解有争议的,应当按照合同所使用的词句、合同的有关条款、合同的目的、交易习惯以及诚实信用原则,确定该条款的真实意思。关于《补充协议》第2条第5款约定,本院认为:首先,依据现有证据及当事人陈述,超过宽限期后原被告未就在宽限期内无法办理完毕产权证问题进行协商处理解决,且原告于2016年9月仍与被告就提前支付尾款事宜进行协商。其次,2016年11月1日,某公司已取得涉案房屋所在楼栋的权属证明,某公司亦证明涉案房屋可以办理房屋所有权证。宽限期后,在双方未就后续事宜协商处理解决的情形下,原告应当依约履行合同。在涉案房屋具备办理房屋所有权证的条件后,原告以宽限期内无法办理完产权证为由要求解除合同及返还房屋的诉讼请求,缺乏依据,本院不予支持。综上所述,依照《合同法》第8条、第60条,《最高人民法院关于适用〈中华人民共和国婚姻法〉若干问题的解释(一)》第17条之规定,判决如下:驳回原告鲜于某某的诉讼请求。

鲜于某某不服一审判决提出上诉。

二审代理词

一、鲜于某某不享有约定解除权

2015 年 3 月 19 日的《补充协议》原文表述为："如果双方协议解除买卖合同及本协议的，甲乙双方应当共同承担居间方的居间服务费。"该条款并未赋予鲜于某某单方解除权，"解除"字眼仅是居间服务费承担的假定条件。

二、即使鲜于某某享有了解除权，也以行为放弃了解除权

退一步讲，按鲜于某某所述，鲜于某某于 2016 年 6 月 29 日（2016 年 3 月 20 日加 100 天）享有了解除权，但其在 2016 年 9 月 20 日还在要求郭某某支付剩余房款，其以行为表示放弃了解除权，该观点得到了最高法（2016）最高法民终 639 号生效判决的支持。

三、一审推定苏某认可房屋买卖并无不当

1. 苏某与鲜于某某于 2000 年结婚，结婚至今长达 17 年之久，双方无离婚诉讼，缺少鲜于某某背着苏某卖房的合理基础。

2. 苏某与鲜于某某同住，苏某对卖房不可能不知情。

3. 房屋是重大家庭资产，买入卖出苏某不可能不知情。

4. 郭某某购房后，于 2015 年 7 月份开始装修，装修了 4 个月后入住至今，近两年时间里，苏某未提出任何异议，不可能不知情。

5. 郭某某支付了房款共 600 万，大额款项进账，苏某不可能不知情。

6. 鲜于某某在电话中自认因房价上涨了 50%，按合同承担 30%违约金，还能赚得 20%，所以决定毁约，未提及配偶不同意交易，甚至在提起诉讼时，诉状中仍未提及配偶不同意交易。可见配偶不同意只是一种托辞。

7. 据胡某某称，涉案房屋系其借鲜于某某名义购买，如果确实是借名买房，鲜于某某仅仅是一个表面上的登记人，不享有实体权利，其配偶苏某更无权对房屋主张任何权利。

四、原审法院援引法律并无错误

郭某某有上述充分理由相信鲜于某某出售涉案房屋经过了苏某的同意，原审法院援引《婚姻法司法解释一》第 17 条并无不当，全面履行原则是《合

同法》的法定原则，原审法院援引《合同法》第 8、60 条是正确的。

五、一审法院诉讼费计算错误，鲜于某某应补缴诉讼费

鲜于某某原审中主张解除合同、返还房屋，原审法院按普通程序审理，应按照 1068 万元足额收取诉讼费 85 880 元，原审法院只收取了一半，存在错误，鲜于某某应当补缴 42 940 元诉讼费（后附法律依据）。

《北京市高级人民法院关于规范合同纠纷级别管辖及案件受理费问题的意见》第 2 条第 1 款规定："当事人的诉讼请求仅为确认合同效力、继续履行合同或者变更、解除、撤销合同的，应以合同标的总额作为诉讼请求标的额，据以确定级别管辖并收取案件受理费。"第 3 条第 1 款规定："当事人在请求确认合同效力或者变更、解除、撤销合同的同时，又提出返还财产、支付违约金、赔偿损失等其他诉讼请求的，应按照诉讼请求标的额较高的一项确定级别管辖并收取案件受理费。"

《诉讼费用交纳办法》第 13 条第 1 款第 1 项规定：案件受理费分别按照下列标准交纳：①财产案件根据诉讼请求的金额或者价额，按照下列比例分段累计交纳：

1. 不超过 1 万元的，每件交纳 50 元。
2. 超过 1 万元至 10 万元的部分，按照 2.5%交纳。
3. 超过 10 万元至 20 万元的部分，按照 2%交纳。
4. 超过 20 万元至 50 万元的部分，按照 1.5%交纳。
5. 超过 50 万元至 100 万元的部分，按照 1%交纳。
6. 超过 100 万元至 200 万元的部分，按照 0.9%交纳。
7. 超过 200 万元至 500 万元的部分，按照 0.8%交纳。
8. 超过 500 万元至 1000 万元的部分，按照 0.7%交纳。
9. 超过 1000 万元至 2000 万元的部分，按照 0.6%交纳。
10. 超过 2000 万元的部分，按照 0.5%交纳。

最终，鲜于某某撤回上诉，一审判决已经生效。

律师点评

1. 本案是房价上涨后，出卖方欲毁约的典型案件。双方签约时的总房价为1068万元，形成诉讼时，房价已经上涨至近2000万元，正如出卖方电话中所说的，就算按照合同约定承担30%违约金，自己还有得赚，所以想尽一切办法要解除买卖合同。可见在利益面前，人心是难以经得起考验的。在房价出现大幅波动的情况下，买卖双方应当提高警觉，一方出现违约意图后，另一方应当及时取证。

2. 合同的解除是交易过程中极其重要的事项，如果一方要解除合同，务必审查自己是否有相应的解除权，对应的是哪一类解除权，有无相应的法律、事实、证据依据。在确保符合法律规定或合同约定可以行使解除权的情况下，再启动合同解除程序，否则，像本案原告明显无解除权的情况下贸然起诉要求解约，一定会陷入对其不利的被动局面。

3. 关于诉讼费的承担，是法院依职权进行分配的，一般不允许当事人就诉讼费的承担上诉。但是，不能上诉不代表不能利用。本案一审判决并无不当，如果鲜于某某坚持，二审法院维持的可能性非常大，此时，二审法官需要一个可以做通鲜于某某工作让其撤回上诉的理由。本案二审阶段，本书作者故意提出诉讼费存在计算错误，鲜于某某应当补缴一审和二审的诉讼费用，金额高达十余万元。二审法官会心一笑，当庭明确告知上诉人鲜于某某，勒令其庭后补缴诉讼费。庭审结束后，法官单独留下鲜于某某一方，很显然，是做工作劝其撤诉，坚持上诉要补缴高额诉讼费，撤回上诉，法院还可以退回部分诉讼费。果然，没过多久，本书作者就收到了鲜于某某撤回上诉的裁定书。

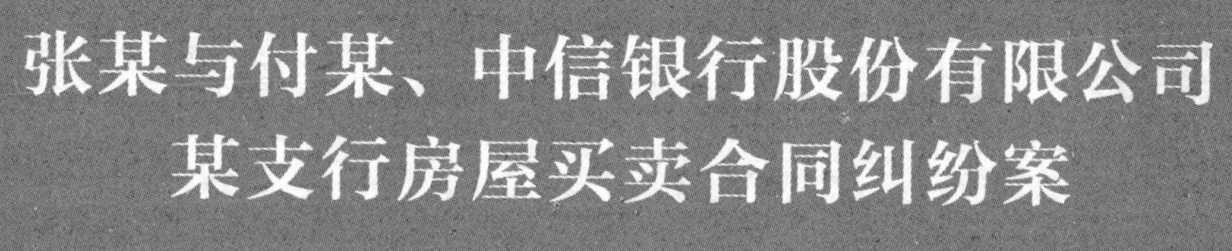

张某与付某、中信银行股份有限公司某支行房屋买卖合同纠纷案

本案思维导图

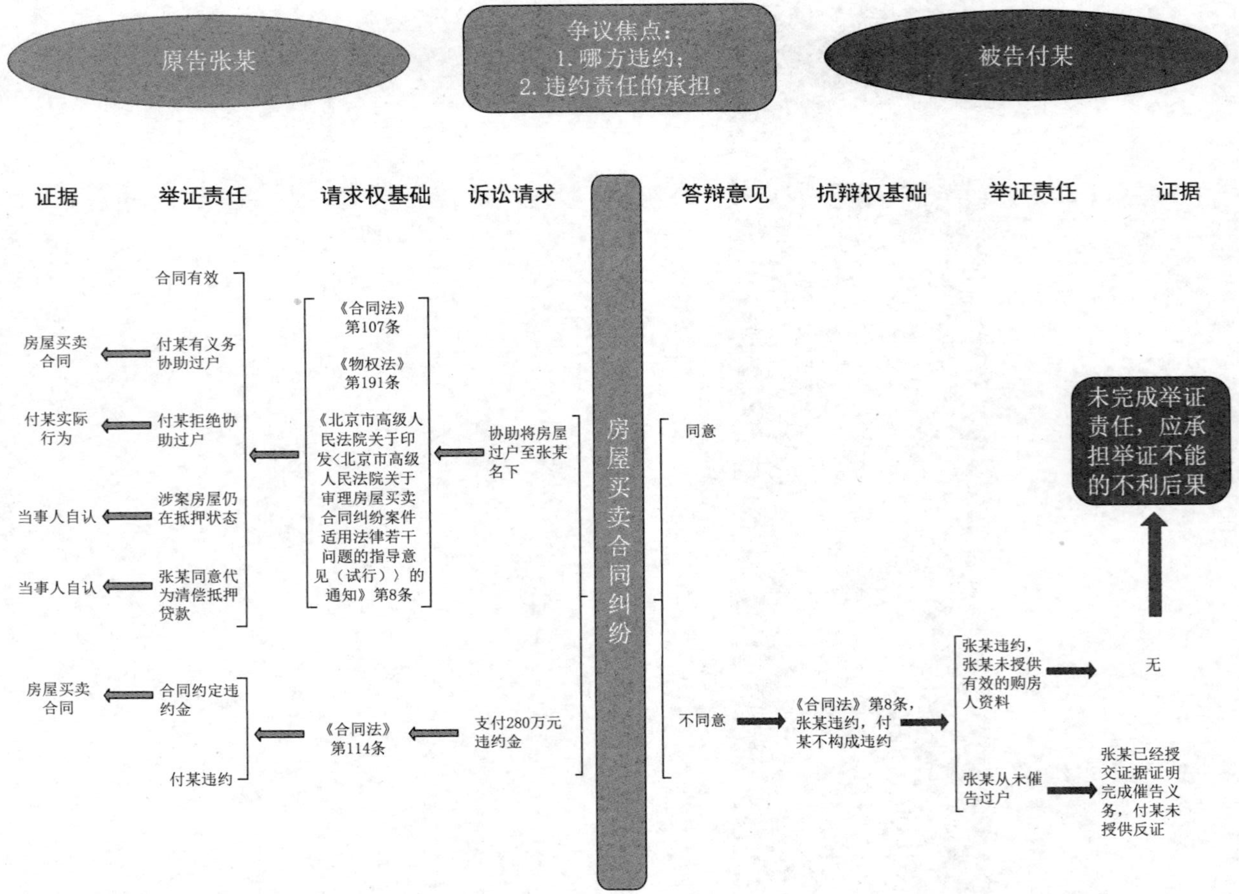

原告张某

争议焦点：
1. 哪方违约；
2. 违约责任的承担。

被告付某

房屋买卖合同纠纷

原告张某：证据 ← 举证责任 ← 请求权基础 ← 诉讼请求

诉讼请求：协助将房屋过户至张某名下

请求权基础：《合同法》第107条；《物权法》第191条；《北京市高级人民法院关于印发<北京市高级人民法院关于审理房屋买卖合同纠纷案件适用法律若干问题的指导意见（试行）>的通知》第8条

举证责任及证据：
- 合同有效
- 付某有义务协助过户 ← 房屋买卖合同
- 付某拒绝协助过户 ← 付某实际行为
- 涉案房屋仍在抵押状态 ← 当事人自认
- 张某同意代为清偿抵押贷款 ← 当事人自认

诉讼请求：支付280万元违约金

请求权基础：《合同法》第114条

举证责任及证据：
- 合同约定违约金 ← 房屋买卖合同
- 付某违约

被告付某：答辩意见 → 抗辩权基础 → 举证责任 → 证据

答辩意见：同意

答辩意见：不同意 → 抗辩权基础：《合同法》第8条，张某违约，付某不构成违约

举证责任及证据：
- 张某违约，张某未提供有效的购房人资料 → 无 → 未完成举证责任，应承担举证不能的不利后果
- 张某从未催告过户 → 张某已经提交证据证明完成催告义务，付某未提供反证

案情介绍

付某与金某系夫妻关系。2009 年 7 月 14 日，付某作为买受人签订房屋买卖合同，付某以贷款方式购买了位于北京市朝阳区涉案房屋。

2011 年 1 月 7 日，张某（买受人）与付某（出卖人）签订《北京市存量房屋买卖合同》，双方约定，出卖人出售涉案房屋，房屋建筑面积 88.57 平方米；该房屋已经设定抵押，抵押权人为中信银行；该房屋成交价格为 310 万元；出卖人应当在约定时间将涉案房屋交付给买受人，逾期超过 10 日，买受人有权退房。买受人退房的，出卖人应当自退房通知送达之日起 10 日内退还全部已付款，并按照买受人全部已付款的 100% 向买受人支付违约金；若买受人不退房，出卖人应自约定的交付期限届满之次日起至实际交付之日止，按日计算向买受人支付已交付房价款 0.05% 的违约金，并于该房屋实际交付之日起 10 日内向买受人支付违约金，合同继续履行；买受人若未能在约定条件内取得房屋所有权证书的，如因出卖人的责任，买受人不退房的，自买受人应当取得房屋所有权证书的期限届满之次日起至实际取得房屋所有权证书之日止，出卖人按日计算向买受人支付全部已付款 0.05% 的违约金，并于买受人实际取得房屋所有权证书之日起 30 日内向买受人支付。后该房屋买卖合同未经房屋管理部门办理网上签约。

当日，张某（买受人，乙方）与付某（出卖人、甲方）签订《关于涉案房屋购房合同补充协议》。双方约定，在签订本合同当日，乙方向甲方支付首付款 90 万元；在 2011 年 2 月 28 日之前，乙方向甲方支付首付款余款 190 万元；在签订本协议 10 日内，甲方向乙方提供所有相关原购房资料原件，同时向乙方办理交房手续；开发商办好房产证和办理完银行解押后 1 个月内，甲方向乙方办理过户手续，当日乙方需向甲方支付尾款 30 万元。

合同签订后，张某分别于 2011 年 1 月 7 日、2011 年 1 月 10 日、2011 年 3 月 1 日给付付某购房款 90 万元、120 万元、70 万元、以上总计 280 万元，余款 30 万元尚未给付。2011 年 3 月 1 日，付某向张某交付涉案房屋。

2011 年 12 月 16 日，付某取得涉案房屋的所有权证，该房屋所有权人登记在付某名下。付某为购买涉案房屋，向中信银行借款 106 万元。后付某将该房屋进行抵押登记，抵押权人为中信银行。

合同履行过程中，双方出现争议，张某起诉至北京市朝阳区人民法院，称：2011年1月7日，我与付某签订了《北京市存量房屋买卖合同》及《补充协议》，约定我购买北京市朝阳区涉案房屋，房价款310万元，我采用自行交割方式并支付购房款，付某须在2011年1月17日前提供原购房资料并交付房屋，须在办好涉案房屋产权证和办理解押后1个月内将涉案房屋过户至我或我指定的人名下。合同签订后，我依约支付了购房款，涉案房屋产权证下发后，付某迟迟不去办理银行贷款解押手续，也不协助我办理房屋过户手续。付某迟延交付涉案房屋，亦应承担违约责任。现我起诉，要求付某协助我将涉案房屋过户至我名下；要求付某支付违约金280万元。

付某辩称：张某长期以倒卖房产盈利为目的，其名下无北京市购房资格。涉案房屋于2012年6月13日解押，我于2013年5月11日取得房屋产权证，直至张某起诉，双方只通过一次电话，对方没有提出立即过户，张某称迟迟不办理过户与事实不符。涉案房屋的过户手续和银行解押还贷工作可同期完成，张某未给我提供有效的购房人资料，导致我未还银行贷款。涉案房屋属于夫妻共同财产，我在出售时未经夫妻双方共同签字，房屋买卖合同无效。我于2011年1月向张某交付涉案房屋，房屋由张某使用及出租，张某已得到收益，我没有给张某造成经济损失。我主观上一直在履行合同义务，未有违约情形，故我同意协助张某办理涉案房屋的过户手续，不同意支付违约金。

付某的委托代理人金某述称：2012年10月，在付某与张某通话时，我才得知涉案房屋出售。当时我和付某在大兴租房居住，我没问过涉案房屋的情况，我们已经没有购房资质了，希望将涉案房屋收回。

中信银行述称：涉案房屋已经抵押给我行，我行对涉案房屋买卖没有意见，如过户需先将银行贷款结清。

涉案房屋抵押登记尚未解除。截至庭审，付某尚欠银行本金90万余元。张某表示同意代付某清偿债务消灭抵押权。

审理中，张某主张其多次催付某为其办理房屋过户手续，并向法院提供双方于2014年3月的录音。付某主张双方曾于2012年4月、5月间协商解除房屋买卖合同，张某对此予以否认。

本书作者系张某的诉讼代理人。

律师思路

请求权的基础

本案中，张某提出以下两项诉讼请求：①付某协助将涉案房屋过户至张某名下；②要求付某支付违约金280万元。

一、针对第1项诉讼请求，假设张某对付某根据《合同法》第107条[1]、《物权法》第191条第2款[2]、《北京市高级人民法院关于印发〈北京市高级人民法院关于审理房屋买卖合同纠纷案件适用法律若干问题的指导意见（试行）〉的通知》第8条[3]享有协助办理产权转移登记请求侵权

1. 那么首先该请求权必须已经产生。

根据《合同法》第107条，该请求权产生的前提条件是：

（1）张某与付某之间存在合法有效的合同：张某与付某签订的房屋买卖合同系双方当事人真实意思表示，内容不违反法律的强制性规定，房屋买卖合同关系合法有效。

（2）付某有义务协助张某将涉案房屋过户至张某名下：买卖双方签订房屋买卖合同后，买方有义务支付房款，卖方有义务协助买方将房屋权属转移登记至买方名下。付某作为卖方，应承担协助过户义务。

（3）付某不履行合同义务或者履行合同义务不符合约定：付某违反合同中关于房屋产权的承诺、迟延交房、拒绝办理解押手续、拒绝将房屋过户给张某，已经构成根本违约。

（4）涉案房屋上存在抵押：涉案房屋已经抵押给中信银行，且尚未解押。

（5）张某同意代为清偿涉案房屋上的抵押。

---

〔1〕《合同法》第107条　当事人一方不履行合同义务或者履行合同义务不符合约定的，应当承担继续履行、采取补救措施或者赔偿损失等违约责任。

〔2〕《物权法》第191条第2款　抵押期间，抵押人未经抵押权人同意，不得转让抵押财产，但受让人代为清偿债务消灭抵押权的除外。

〔3〕《北京市高级人民法院关于审理房屋买卖合同纠纷案件适用法律若干问题的指导意见（试行）》第8条　出卖人在合同约定的履行期限届满时仍未履行消灭抵押权的义务……买受人要求继续履行合同，办理房屋所有权转移登记，经法院释明后仍坚持不变更的，对其诉讼请求，不予支持，但买受人同意并能够代为清偿债务消灭抵押权的除外。

由此，张某对付某享有的协助办理权属转移登记请求权产生了。

2. 该请求权并未消灭。

3. 付某并不享有抗辩权，张某起诉也并未过诉讼时效，并且本案不存在《合同法》第110条[1]的不能履行的情形。

4. 故张某对付某根据《合同法》第107条、《物权法》第191条第2款、《北京市高级人民法院关于印发〈北京市高级人民法院关于审理房屋买卖合同纠纷案件适用法律若干问题的指导意见（试行）〉的通知》第8条第1款享有协助办理权属转移登记请求权。

二、针对第2项诉讼请求，假设张某对付某根据《合同法》第114条[2]享有支付违约金请求权

1. 那么首先这个请求权必须已经产生。

根据《合同法》第114条，请求权产生的前提条件是：

（1）张某与付某之间存在合法有效的合同。

（2）双方约定一方违约时应当根据违约情况向对方支付一定数额的违约金，或约定因违约产生的损失赔偿额的计算方法：双方签订的《北京市存量房屋买卖合同》第7条第1款第1项约定："出卖人应当在约定时间将涉案房屋交付给买受人，逾期超过10日，买受人有权退房。买受人退房的，出卖人应当自退房通知送达之日起10日内退还全部已付款，并按照买受人全部已付款的100%向买受人支付违约金。"本案中，付某的行为已经构成根本违约，故张某比照根本违约情形向付某主张已付房款280万元100%的违约金，张某的诉讼请求应得到法院的支持。

（3）付某违约。

由此，张某对付某所享有的支付违约金请求权产生了。

2. 该请求权并未消灭。

3. 付某并不享有抗辩权，张某起诉也并未过诉讼时效，并且本案不存在《合同法》第110条的不能履行的情形。

---

[1]《合同法》第110条　当事人一方不履行非金钱债务或者履行非金钱债务不符合约定的，对方可以要求履行，但有下列情形之一的除外：①法律上或者事实上不能履行；②债务的标的不适于强制履行或者履行费用过高；③债权人在合理期限内未要求履行。

[2]《合同法》第114条　当事人可以约定一方违约时应当根据违约情况向对方支付一定数额的违约金，也可以约定因违约产生的损失赔偿额的计算方法。约定的违约金低于造成的损失的，当事人可以请求人民法院或者仲裁机构予以增加；约定的违约金过分高于造成的损失的，当事人可以请求人民法院或者仲裁机构予以适当减少。当事人就迟延履行约定违约金的，违约方支付违约金后，还应当履行债务。

4. 故张某对付某依据上述法条享有支付违约金请求权。

代理词

一、本案产生的背景

买卖双方签订房屋买卖合同后，涉案房屋价格暴涨，付某图利房屋增值利益，找各种理由拒不履行合同，双方形成争议。故张某诉至法院。

二、张某与付某之间的《北京市存量房屋买卖合同》及《补充协议》合法有效

张某与付某之间的房屋买卖合同关系系当事人真实意思表示，内容不违反法律的强制性规定，房屋买卖合同关系合法有效，双方均应按照合同的约定及法律的规定及时全面地履行合同义务。

三、张某在履约过程中不存在任何过错

本案中，张某积极履行合同义务，不存在任何过错。

1. 双方签约后，张某依约支付了280万元房款，占总房款310万元的90%以上。

2. 积极与付某及中介公司沟通推进合同进程，在付某拒不配合的情况下向付某发送履约通知函，积极履行催告义务。

四、付某构成根本性违约

《合同法》第60条第1款规定："当事人应当按照约定全面履行自己的义务。"

（一）违反合同中关于房屋产权的承诺

《北京市存量房屋买卖合同》第5条约定："出卖人应当保证该房屋没有产权纠纷，因出卖人原因造成该房屋不能办理产权登记或发生债权债务纠纷的，由出卖人承担相应责任。"

现金某主张涉案房屋系付某和金某的夫妻共同财产，拒不同意出售涉案房屋，付某违反了上述合同约定，构成严重违约。

（二）未在约定时间内交付房屋

《补充协议》第3条约定："在签订本协议10日内，甲方向乙方提供所有相关原购房资料原件，同时向乙方办理交房手续。"

根据上述约定，付某应当在2011年1月17日前将涉案房屋交付给张某，但实际上付某于2011年3月1日才完成交付，迟延履行交房义务已达43天，已经构成根本违约。

（三）拖延办理涉案房屋抵押注销手续

涉案房屋房本于2013年5月已经下发，付某至今未办理涉案房屋的抵押注销手续，拖延履行合同义务，构成违约。

（四）拒不配合办理产权过户手续

本案中，双方于2011年1月7日签订房屋买卖合同，2013年5月涉案房屋房本下发，张某一直催告付某协助办理过户，付某始终拒绝办理，无奈之下张某于2015年7月6日起诉至贵院，要求付某履行过户义务。付某的行为已经构成根本违约。

五、张某有权要求继续履行合同

《合同法》第107条规定："当事人一方不履行合同义务或者履行合同义务不符合约定的，应当承担继续履行、采取补救措施或者赔偿损失等违约责任。"

《合同法》第110条规定："当事人一方不履行非金钱债务或者履行非金钱债务不符合约定的，对方可以要求履行，但有下列情形之一的除外：①法律上或者事实上不能履行；②债务的标的不适于强制履行或者履行费用过高；③债权人在合理期限内未要求履行。"

涉案房屋交易不存在《合同法》第110条规定的情形，张某要求继续履行合同不存在任何障碍。付某本诉中提出的合同无法履行也与事实不符。

六、张某的违约金主张应当得到法院的支持

（一）违约金条款约定合法有效

《合同法》第114条第1款规定："当事人可以约定一方违约时应当根据违约情况向对方支付一定数额的违约金，也可以约定因违约产生的损失赔偿额的计算方法。"

《北京市存量房屋买卖合同》第7条第1款第1项约定："出卖人应当在约定时间将涉案房屋交付给买受人，逾期超过10日，买受人有权退房。买受人退房的，出卖人应当自退房通知送达之日起10日内退还全部已付款，并按照买受人全部已付款的100%向买受人支付违约金。"

上述合同约定合法有效，对双方都具有法律上的拘束力。本案中，付某的行为已经构成根本违约，故张某比照根本违约情形向付某主张已付房款280万元100%的违约金，张某的诉讼请求应得到法院的支持。

（二）付某违约的主观恶意极大

《合同法》第6条规定："当事人行使权利、履行义务应当遵循诚实信用原则。"

本案中，合同未能推进的原因并非客观上无法履行，而是付某因房价上涨而既不配合办理抵押注销手续，也不配合办理网签手续。很显然，付某的主观恶性极大。

（三）张某损失巨大

因付某的违约，张某额外花费了诉讼费、律师费等。且张某为此事投入了大量的时间、精力，付某的违约给张某造成了巨大损失。

（四）法院裁判应考虑社会效应

买卖双方签订房屋买卖合同后，一方以各种理由拒绝履行合同，这种行为本质上是一种严重的扰乱交易秩序的行为，法院应当对此种行为进行严厉的惩罚，惩罚的力度应与违约行为的恶劣性对等。建立一个法制社会，需要每个公民都遵纪守法，此种情况下才能营造良好的和谐社会。卖方的违约行为是对诚实信用原则的严重挑战。诚实信用是社会稳定并进步的基石，是司法机关必须维护的准则。每个公民必须信守诚实信用原则，否则其行为不会受到法律保护。如果法院对本案仅施以轻微的惩戒，违约一方的毁约代价、成本太低，根本无法形成威慑作用。在没有严厉惩戒的情况下，裁判机构无疑在变相鼓励当事人毁约牟取暴利，此种情况下，通过裁判文书规范人们遵守诚信的目的就完全落空了。基于裁判社会效应的考虑，法院应当对付某恶劣的违约行为施以严厉的制裁。

综上所述，为了维护当事人的合法权益以及基本的交易秩序，请求法院依法支持张某的全部诉讼请求。

法院裁判

北京市朝阳区人民法院经审理认为：

张某与付某之间的《北京市存量房屋买卖合同》及《补充协议》系双方当事人真实意思表示，且不违反法律法规强制性规定，合法有效。对付某关于合同无效的抗辩意见，本院不予采纳。现张某表示同意代付某清偿债务，消灭在涉案房屋上设立的抵押权，本院不持异议。在张某代付某清偿债务，解除涉案房屋的抵押登记后，付某应为张某办理该房屋的过户手续。根据《补充协议》，“开发商办好房产证和办理完银行解押后1个月内，甲方向乙方办理过户手续。”付某已于2011年12月16日取得涉案房屋的房产证，但此后未及时办理涉案房屋解除抵押手续。根据张某提供的证据，张某已于2014年3月催告付某履行合同义务，付某自催告后仍未履行，故应承担违约责任。但张某主张之逾期办理产权证违约金过高，对此本院予以酌定。根据《补充协议》，付某应于2011年1月17日之前向张某交付涉案房屋，付某未履行该约定，亦应承担违约责任，违约金具体数额由本院确定。综上，根据《合同法》第60条、第107条、第114条之规定，判决：张某代付某向中信银行清偿付某与中信银行所签订的《个人购房借款合同》项下借款本息，以消灭中信银行对涉案房屋的抵押权；付某在涉案房屋上的抵押解除后协助张某办理涉案房屋过户至张某名下的产权过户手续；付某给付张某违约金40万元。

律师点评

出卖方以配偶不知情不同意为由拒绝履行合同的策略，在早些年的时候，可能还有法官会上套。但现在的认知认为：夫妻之间感情良好常年生活在一起，房产交易这么大的事都不商量下，着实让人无法相信。从最近几年的判例来看，这种思路实际上会让法官感到反感，尤其是法官有自由裁量权的情况下，让法官反感是非常危险的，房产标的动辄百万，责任划分的刀稍微切偏一点，可能就是几万几十万的差距。所以很多客户上网搜搜案例，发现有人以配偶不知情不同意为由拒绝履行合同，法院最后支持了，就觉得自己的案子也可以如法炮制，这种想法是幼稚的。实践中的认知是一个动态的过程，只有长期跟进案件的专业律师才能把握住其中的精髓，妄图翻翻法条查查案例就想成为专家的当事人，本书作者建议您还是要慎重考虑。

8. 交房后未过户仍存在风险

廖某与周某房屋买卖合同纠纷案

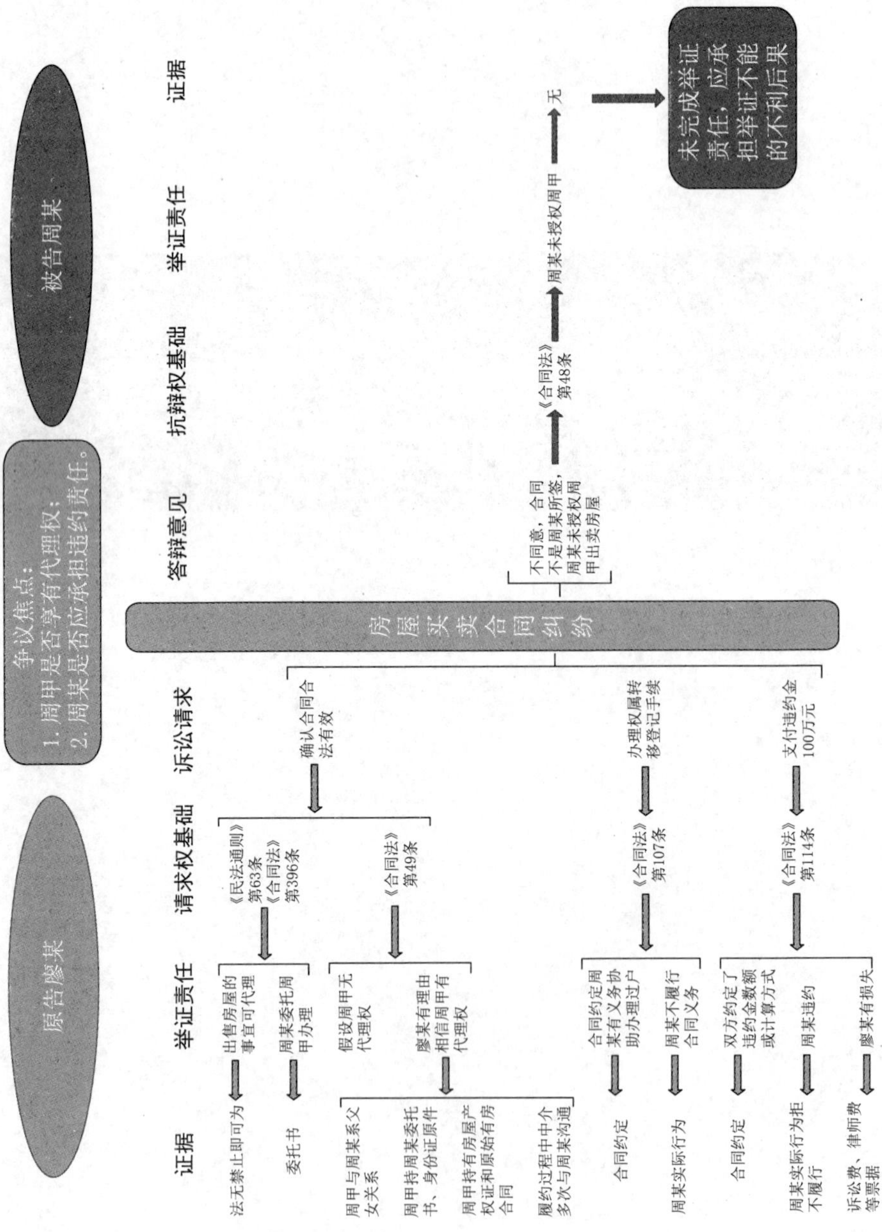

原告廖某

争议焦点：
1. 周甲是否享有代理权；
2. 周某是否应承担违约责任。

被告周某

房屋买卖合同纠纷

原告廖某

诉讼请求	请求权基础	举证责任	证据
确认合同合法有效	《民法通则》第63条 《合同法》第396条	出售房屋的事宜可代理	法无禁止即可为
		周某委托周甲办理	委托书
	《合同法》第49条	假设周甲无代理权	
		廖某有理由相信周甲有代理权	周甲与周某系父女关系 周甲持周某委托书、身份证原件 周甲持有房屋产权证和原始有房合同 履约过程中中介多次与周某沟通
办理权属转移登记手续	《合同法》第107条	合同约定周某有义务协助办理过户	合同约定
		周某不履行合同义务	周某实际行为
支付违约金100万元	《合同法》第114条	双方约定了违约金数额或计算方式	合同约定
		周某违约	周某实际行为拒不履行
		廖某有损失	诉讼费、律师费等票据

被告周某

答辩意见	抗辩权基础	举证责任	证据
不同意，合同不是周某所签，周某未授权周甲出卖房屋	《合同法》第48条	周某未授权周甲	无

未完成举证责任，应承担举证不能的不利后果

案情介绍

2009年6月15日，周某作为甲方与乙方廖某签订《房屋买卖合同》，该合同约定：廖某以170万元的价格购买周某名下位于北京市丰台区大瓦窑北路涉案房屋；廖某于签订本合同之日给付定金2万元，签订本合同5个工作日内给付105万元，剩余房款于办理房屋转移登记手续时给付。该合同第7条第3项约定：甲、乙任何一方不按照本合同办理手续或不提供相应证件、资料等（含贷款所需相关材料），致使本合同无法按期顺利履行的，每延误一日应向对方支付房价款0.3%的违约金，逾期超过10个工作日，守约方有权解除合同。该合同系周某之父周甲代签。当日，周甲出具一份书面证明，载明："我所购买的丰台区大瓦窑北路涉案房屋的住房，已办理了房屋产权登记手续，承诺6个月内可以领到产权证，将及时过户给买方廖某。房主周某代理人周甲。"2009年6月14日，周甲出具收条两张，载明其收到廖某支付的购房定金2万元及首付款105万元。2009年9月，廖某入住涉案房屋。此后，在长达近四年的时间里，周某一直未配合办理涉案房屋的过户手续。

2013年6月，廖某诉至北京市丰台区人民法院，要求：①确认《房屋买卖合同》有效，周某继续履行合同协助我将涉案房屋转移登记至我名下；②周某给付2009年12月15日起至2015年12月9日止的违约金100万元。

周某辩称：《房屋买卖合同》并非我签订，不同意廖某的诉讼请求。

庭审中，廖某主张其系与周某的代理人周甲签订合同，并提交2009年5月18日的《委托书》予以佐证。该《委托书》的主要内容为：周某因短期内不能回国，故委托父亲周甲全权代表办理出售北京市丰台区大北窑北路涉案房屋及归还中国银行某支行贷款等全部相关事宜。周某对《委托书》真实性不予认可，并称：该《委托书》委托处理的房屋系"大北窑"而非"大瓦窑"，不是涉案房屋。但周某认可其在大北窑并没有房屋。

本书作者系廖某的诉讼代理人。

律师思路

鉴于廖某已经入住涉案房屋近四年之久，且已经支付大部分房款，加之涉案房屋从2009年至2013年，房价一直是上升趋势，产生了巨大的增值利益，因此，廖某的意见是得到涉案房屋，并追究周某的违约责任。为保证将来债权得以实现，本书作者立即采取了保全措施，查封了涉案房屋，并提出两项诉讼请求：

1. 确认《房屋买卖合同》有效，周某继续履行合同协助廖某将涉案房屋转移登记至廖某名下。

2. 周某给付廖某违约金100万元。

请求权的基础

一、假设廖某依据《民法通则》第63条〔1〕、《合同法》第396条〔2〕享有确认合同有效请求权

1. 那么首先该请求权已经产生。

根据上述法条，请求权产生的前提条件是：

（1）出售涉案房屋的事宜可以代理：出售房屋的行为非法律约定，双方也并未约定一定需要通过本人行使，故该条件满足。

（2）周某委托周甲办理出售涉案房屋的事宜：廖某购买涉案房屋时，周甲出具了一份周某委托周甲代为办理出售涉案房屋事宜的《委托书》，且被法院认可该委托书系真实的。

（3）周某应当对周甲的代理行为承担民事责任。

（4）故廖某与周某之间的房屋买卖合同关系系双方真实意思表示，合法有效，廖某有权请求确认合同有效。

2. 该请求权并未消灭。

3. 廖某起诉未过诉讼时效，虽周某主张授权行为不真实，但其未举证证明，故周某不享有抗辩权。

---

〔1〕《民法通则》第63条　公民、法人可以通过代理人实施民事法律行为。代理人在代理权限内，以被代理人的名义实施民事法律行为。被代理人对代理人的代理行为，承担民事责任。依照法律规定或者按照双方当事人约定，应当由本人实施的民事法律行为，不得代理。注：本条款对应自2017年10月1日起实施的《民法总则》第161、162条。《民法总则》第161条　民事主体可以通过代理人实施民事法律行为。依照法律规定、当事人约定或者民事法律行为的性质，应当由本人亲自实施的民事法律行为，不得代理。《民法总则》第162条　代理人在代理权限内，以被代理人名义实施的民事法律行为，对被代理人发生效力。

〔2〕《合同法》第396条　委托合同是委托人和受托人约定，由受托人处理委托人事务的合同。

4. 廖某依据上述法条享有确认合同有效请求权。

二、本案中，周某主张授权行为不真实，假设周某主张成立，廖某依旧可以依据《合同法》第49条[1]享有确认合同有效请求权

1. 那么首先该请求权已经成立。

根据《合同法》第49条，该请求权产生的前提条件是：

（1）周甲没有以周某名义与廖某订立合同、出售涉案房屋的代理权：这是此种情况的假设条件。

（2）相对人廖某有理由相信周甲有代理权：本案中，①周某与周甲系父女关系；②签订合同时，周甲持有周某的授权委托书、身份证原件及复印件，该授权经过认证；③父亲周甲持有涉案房屋的产权证以及原始购房合同；④合同履行过程中，中介公司人员多次电话、邮件联系周某本人，要求周某尽快回京办理过户手续，周某均予以认可，并表示愿意配合过户。

故廖某有理由相信周甲有代理权，且廖某是善意且无过失的。

（3）周甲的代理行为构成表见代理，代理行为有效，故廖某与周某之间的房屋买卖合同合法有效，廖某有权请求确认合同有效。

2. 该请求权并未消灭。

3. 廖某起诉未过诉讼时效，虽周某主张授权行为不真实，但其未举证证明，故周某不享有抗辩权。

4. 廖某依据上述法条享有确认合同有效请求权。

三、假设廖某对周某依据《合同法》第107条[2]享有过户请求权

1. 那么首先这个请求权必须已经产生。

根据《合同法》第107条，请求权产生的前提条件是：

（1）廖某与周某之间存在合法有效的房屋买卖合同关系：廖某与周某均系完全民事行为能力人，双方签订合同均是真实意思表示，合同内容亦不违反国家法律强制性规定，故廖某与周某签订的合同合法有效。

（2）周某有义务协助廖某将涉案房屋过户至廖某名下：买卖双方签订房屋买卖合同后，买方有义务支付房款，卖方有义务协助买方将房屋转移登记至买方名

---

〔1〕《合同法》第49条　行为人没有代理权、超越代理权或者代理权终止后以被代理人名义订立合同，相对人有理由相信行为人有代理权的，该代理行为有效。

〔2〕《合同法》第107条　当事人一方不履行合同义务或者履行合同义务不符合约定的，应当承担继续履行、采取补救措施或者赔偿损失等违约责任。

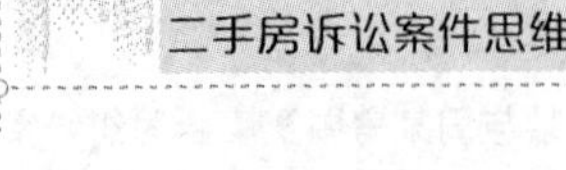

下。周某作为卖方，也应承担此义务。

(3) 周某不履行合同义务或者履行合同义务不符合约定：周某以各种理由拒绝将涉案房屋过户给廖某，属不履行合同义务。

由此，该请求权已经产生。

2. 该请求权尚未消灭。

3. 周某并不享有抗辩权，廖某起诉也并未过诉讼时效，并且本案不存在《合同法》第110条[1]的不能履行的情形。

4. 故廖某对周某依据《合同法》第107条享有过户请求权。

四、假设廖某对周某根据《合同法》第114条第1款[2]享有支付100万元违约金请求权

1. 那么首先这个请求权必须已经产生。

根据《合同法》第114条，请求权产生的前提条件是：

(1) 廖某与周某之间存在合法有效的合同。

(2) 双方约定一方违约时应当根据违约情况向对方支付一定数额的违约金，或约定因违约产生的损失赔偿额的计算方法：《房屋买卖合同》第7条第3项约定："甲乙双方任何一方不按照本合同办理手续或不提供相关证件、资料等（含贷款所需相关材料），致使本合同无法按期顺利履行的，每延误一日应向对方支付房价款0.3%的违约金。"根据该约定，周某应于2009年12月16日前配合廖某办理过户手续，但周某迟延履行该义务已经超过1359天（截至2013年9月5日），依此计算出的违约金为693万元。

(3) 周某违约：周某未依约履行过户义务。

由此，该请求权产生了。廖某秉着公平的原则，并未按照693万元予以主张，结合周某给廖某造成的损失，廖某仅主张100万元违约金，合情合理合法。

2. 该请求权并未消灭。

3. 周某并不享有抗辩权，廖某起诉也并未过诉讼时效。

4. 故廖某对周某依据上述法条享有支付100万元违约金请求权。

---

[1] 《合同法》第110条　当事人一方不履行非金钱债务或者履行非金钱债务不符合约定的，对方可以要求履行，但有下列情形之一的除外：①法律上或者事实上不能履行；②债务的标的不适于强制履行或者履行费用过高；③债权人在合理期限内未要求履行。

[2] 《合同法》第114条第1款　当事人可以约定一方违约时应当根据违约情况向对方支付一定数额的违约金，也可以约定因违约产生的损失赔偿额的计算方法。

律师代理词及法院裁判

代理词

一、周某系涉案房屋的产权人，周某有权处分涉案房屋

周某于 2007 年 8 月 18 日从北京某房地产开发有限公司处购得涉案房屋，并且涉案房屋产权已经登记在周某名下，周某作为涉案房屋的产权人，其有权处分涉案房屋。

二、周某父亲有权代周某与廖某签订《房屋买卖合同》

1. 周某已经依法授权其父亲代为签订《房屋买卖合同》。

《合同法》第 396 条规定："委托合同是委托人和受托人约定，由受托人处理委托人事务的合同。"

本案中，由于周某在签订合同时正在美国学习，短期内不能回国，故其委托其父亲周甲全权代理周某办理出售涉案房屋等相关事宜，而周甲系完全民事行为能力人，其亦接受了其女儿的委托，故周甲有权代其女儿签订《房屋买卖合同》。

2. 退一步讲，即使授权不是真实的，周某父亲周甲代周某售房的行为也构成表见代理。

《合同法》第 49 条规定："行为人没有代理权、超越代理权或者代理权终止后以被代理人名义订立合同，相对人有理由相信行为人有代理权的，该代理行为有效。"根据上述法条可知，构成表见代理须满足客观、主观两个要件，即客观上须有使相对人相信行为人具有代理权的事实或理由，相对人主观上善意无过失。

本案中，从客观表象上有足够的情形使廖某相信周某父亲有代理权限，具体如下：

（1）周某与周甲系父女关系，在正常的交易过程中，女儿委托父亲卖房符合一般常理。

（2）签订《房屋买卖合同》时，周甲持有周某的授权委托书、身份证原件以及复印件，并且该授权系经过认证的，廖某基于认证授权的权威性，有足够的理由相信该授权委托是真实的。

（3）周甲持有涉案房屋的产权证以及原始购房合同。如果不是要出售涉案房屋，产权证及原始购房合同应当由房屋所有权人自己保管。在签订《房屋买卖合同》时，周某父亲持有涉案房屋的产权证及原始购房合同，周某父亲又声称周某要出售房屋，这在整个逻辑上与常理相符。

（4）合同履行过程中，中介公司人员多次电话、邮件联系周某本人，要求周某尽快回京办理过户手续，周某均认可其父亲出售房屋的行为，并且表示愿意配合过户，只是以工作忙等理由一直拖延至今。

本案亦符合表见代理的主观要件，即相对人主观上善意无过失。

退一步讲，即使授权委托书真的不是周某所签，在整个交易过程中，廖某基于上述事实，廖某主观上亦不可能知晓周某父亲周甲无代理权。廖某在整个交易过程中是不存在任何过错的。

因此，即使授权不是真实的，根据《合同法》第49条的规定，结合以上事实可以得出，周甲代周某售房的行为构成表见代理，该代理权有效，周甲有权代周某签订《房屋买卖合同》。

三、周某与廖某之间签订的《房屋买卖合同》合法有效

周某与廖某均系完全民事行为能力人，双方签订合同均是真实意思表示，合同内容亦不违反国家法律强制性规定，故廖某与周某签订的合同合法有效。合法有效的合同对签订双方具有法律上的拘束力，双方应当严格按照合同的约定及时、全面地履行各自的义务。

四、廖某积极履行合同义务，不存在过错

合同签订后，廖某积极履行付款义务，按照合同的约定于2009年6月14日支付了定金2万元及前期购房款105万元。至此，在房产过户前的阶段，廖某已经履行了全部付款义务，不存在任何过错。

五、周某未按约定协助配合廖某办理产权转移登记手续，构成违约

由于签订合同时涉案房屋还未下发产权证，故周某与廖某沟通后，周某于2009年6月15日做出承诺，承诺6个月内（即2009年12月16日）办理涉案房屋的过户手续。2009年12月9日，涉案房屋产权证下发，周某却迟迟不配合办理过户手续，廖某与中介公司人员多次催告周某要求配合过户，周某均以各种理由予以推脱。直到现在，周某还未配合廖某办理涉案房屋的过户手续，周某的行为已经严重侵犯廖某的合法权益，亦违反了周某与廖某双

方之间的约定，其行为构成违约，理应承担相应的违约责任。

六、廖某有权要求周某继续履行合同，配合廖某办理过户手续，并要求周某承担相应的违约金

涉案房屋不存在灭失等合同无法继续履行的情形，作为守约方的廖某，其有权要求继续履行合同，要求周某协助廖某办理过户手续。

根据《房屋买卖合同》第7条第3项约定："甲乙双方任何一方不按照本合同办理手续或不提供相关证件、资料等（含贷款所需相关材料），致使本合同无法按期顺利履行的，每延误一日应向对方支付房价款0.3%的违约金。"根据本条的约定以及周某的承诺，周某应于2009年12月16日前配合廖某办理过户手续，但直至今日周某都未履行配合过户的义务，迟延履行已经超过1359天（截至2013年9月5日），依此计算出的违约金高达693万。廖某秉着公平的原则，并未按照该数额予以主张，结合周某给廖某造成的损失，廖某仅主张100万元违约金，合情合理合法。

综上所述，周某与廖某签订的《房屋买卖合同》合法有效，廖某已经积极履行完毕了过户前的全部义务，周某却迟迟不履行配合办理权属转移登记的合同义务，周某的行为已经构成违约，理应承担相应的违约责任。

在本案第一次的庭审中，周某对《委托书》真实性不予认可，甚至申请对上述《委托书》上签字的真实性进行鉴定，并坚持拒绝履行房屋买卖合同。但在庭审中，本书作者详尽陈述了代理意见，打动了法官，同时也击碎了周某恶意毁约的妄想。最终，周某决定撤回鉴定申请，并在最后一次庭审过程中，明确表示同意协助廖某办理涉案房屋所有权转移登记手续，仅就违约金过高提出了抗辩。

法院裁判

北京市丰台区人民法院经审理认为：

当事人对自己提出的诉讼请求所依据的事实有责任提供证据加以证明。没有证据或者证据不足以证明当事人的事实主张的，由负有举证责任的当事人承担不利后果。现周某主张《委托书》并非本人签字，但其申请鉴定后又撤回鉴定，应视为其没有尽到举证义务，故周某应当承担不利后果。法院认

定《委托书》系周某本人所签。虽然该《委托书》上所载房屋地址与涉案房屋地址不尽相同，但从现有情况来看，该处应为笔误。综上，周甲代周某所签订的《房屋买卖合同》系双方真实意思表示，内容不违反法律行政法规强制性规定，系有效合同，双方均应依约履行。法院对廖某要求确认合同有效，予以支持，依据合同约定内容，廖某已经依约履行了付款义务，房屋亦具备转移登记条件，且周某最后一次庭审时同意协助办理转移登记，故法院对廖某上述请求，予以支持。廖某同意在转移登记时给付剩余房款，本案一并予以处理。依据周甲签署的收条可知，剩余房款数额为 63 万元。关于违约金一节，首先，《房屋买卖合同》并未约定转移登记时间，周某做出的承诺仅是约定 6 个月内周某取得房屋所有权证书，然后“及时”协助廖某办理转移登记，故法院认定双方并未明确转移登记时间。廖某可以随时要求周某转移登记，但应当留下合理期限。因廖某提交的邮件等证据不足以证明系周某所为，故法院无法认定廖某在起诉前曾经向周某主张了权利，进而不宜认定周某违约。廖某诉至法院要求周某转移登记，应当视为向周某主张权利，但周某仍然予以拒绝，且拒绝的理由并未被法院采信，直至 2015 年 12 月 9 日庭审才同意继续履行协助转移登记，故基于该情形周某应当给付违约金。周某提出违约金计算标准过高，廖某亦未提交损失的证据，故法院结合本案具体情况酌情对违约金予以调整。综上，依据《合同法》第 60、107、114 条，《最高人民法院关于民事诉讼证据的若干规定》第 2 条之规定，判决：确认廖某与周某签订的《房屋买卖合同》有效，周某继续履行《房屋买卖合同》，协助廖某将涉案房屋转移登记至廖某名下，周某给付廖某违约金 10 万元。

一审判决作出后，周某企图通过上诉拖延时间，以此作为筹码与廖某进行谈判，廖某坚决不同意。于是，周某上诉至北京市第二中级人民法院，请求二审法院撤销原审判决关于违约金的内容，依法改判其向廖某支付违约金 9 万元。周某的主要上诉理由为：《房屋买卖合同》中并未明确约定过户的具体期限，且廖某亦未提交合法有效的证据证明曾向其提出过要求过户的主张；在廖某起诉后，其不同意过户，系因《房屋买卖合同》并非其本人所签，且廖某提供的《委托书》上载明的房屋住址和内容均不能证明系本案涉案房屋，故其在原审诉讼中不同意过户属于充分行使答辩的权利，且案件历时之久并非其单方所为，故原审法院将结果全部归责于其，判决其向廖某支付 10 万元违约金，处理结果明显不公平。廖某同意原判。

法院裁判

北京市第二中级人民法院经审理认为：

根据本案现已查明的事实，2009年6月15日，周某之父周甲代其与廖某就本案涉案房屋签订《房屋买卖合同》，周甲亦于合同签订当日出具书面证明，承诺涉案房屋在6个月内可以领到房产证，并将及时过户给买方廖某。合同签订后，周甲代收了廖某支付的部分购房款，廖某亦已入住涉案房屋。虽然周某在原审审理中曾对周甲的代理权限提出异议，并主张2009年5月18日的《委托书》并非其本人签字，但鉴于其在提出鉴定申请后又撤回了该申请，故原审法院认定周某对此应承担举证不能的不利后果，且周某在2015年12月9日的庭审中亦明确表示同意将涉案房屋过户至廖某名下，故原审法院据此判决周甲代周某与廖某签订的《房屋买卖合同》有效及周某协助廖某将涉案房屋所有权转移登记至廖某名下，处理正确，本院予以确认。

关于违约金一节，鉴于涉案的《房屋买卖合同》及周甲出具的书面证明中均未明确约定办理房屋所有权转移登记手续的具体时间，故原审法院认定廖某可随时要求周某协助办理房屋所有权转移登记手续，但应当留下合理期限，认定正确，本院予以确认。因廖某亦未提交充分有效的证据证明其在提起本案诉讼前曾向周某主张了相关权利，故在廖某提起本案诉讼之前不宜认定为周某已构成违约。但考虑到廖某于2013年6月26日提起本案诉讼后，周某仍拒绝办理房屋所有权转移登记手续，且其抗辩意见亦未被法院采信，直至2015年12月9日庭审时方才同意协助廖某办理房屋所有权转移登记手续，故原审法院基于上述情形酌情确定周某应向廖某支付违约金10万元，处理结果正确，应予维持。

综上，周某的上诉请求，依据不足，本院不予支持。原审法院所作判决处理结果正确，本院予以维持。依照《民事诉讼法》第170条第1款第1项之规定，判决：驳回上诉，维持原判。

律师点评

1. 在普通老百姓眼里，买下了房子，也实际入住，房子就应该是自己的，卖方迟迟没有配合办理转移登记手续买方也一点都不着急。本案中，廖某自2009年6月签订房屋买卖合同，2009年9月交付房屋，周某找了各种理由推脱直到2013年都未配合办理过户，廖某却一点都没着急。直到本书作者披露相关风险后，廖某才意识到其面临着对方一房二卖、恶意抵押等诸多重大法律风险，遂紧急提出本案诉讼。老百姓买房往往举全家之力，在交易过程中需要极其谨慎，不能凭借自己的想象来认知法律。

2. 本案之所以顺利进行，得益于在本书作者的建议下及时采取了保全措施，查封了涉案房屋。即使周某百般抵赖，先不认可《房屋买卖合同》，后又否认授权委托，甚至想以笔迹鉴定、故意上诉等手段拖延时间，但均未得偿所愿，生效判决不但支持了廖某办理产权转移登记的诉求，而且对周某施以惩戒，支持了廖某违约金的主张，现如今廖某已经成功将涉案房屋产权证书办理在自己名下。

3. 律师的首要目标是说服自己的承办法官，说服法官采信律师的观点，支持本方当事人的诉求或抗辩理由，但更为精明和优秀的律师，绝不仅仅局限于此，除了“打动”法官之外，还要尽力去“打动”对方当事人，通过严密的分析、推演、预测、评估，打消其不切实际的诉求，驱使其放弃抵抗，为己方当事人赢得更大的胜利。

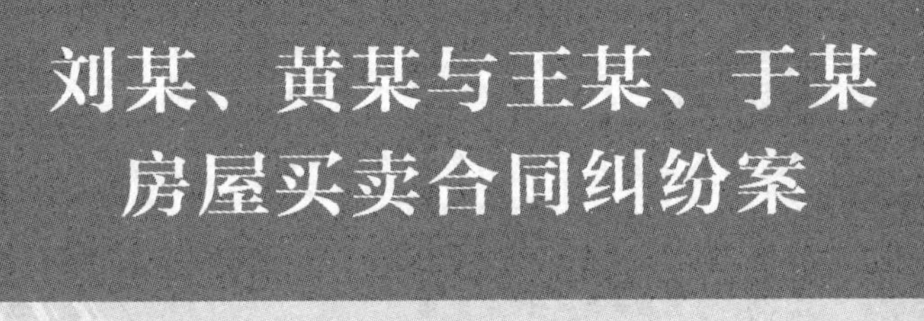

刘某、黄某与王某、于某
房屋买卖合同纠纷案

本案思维导图

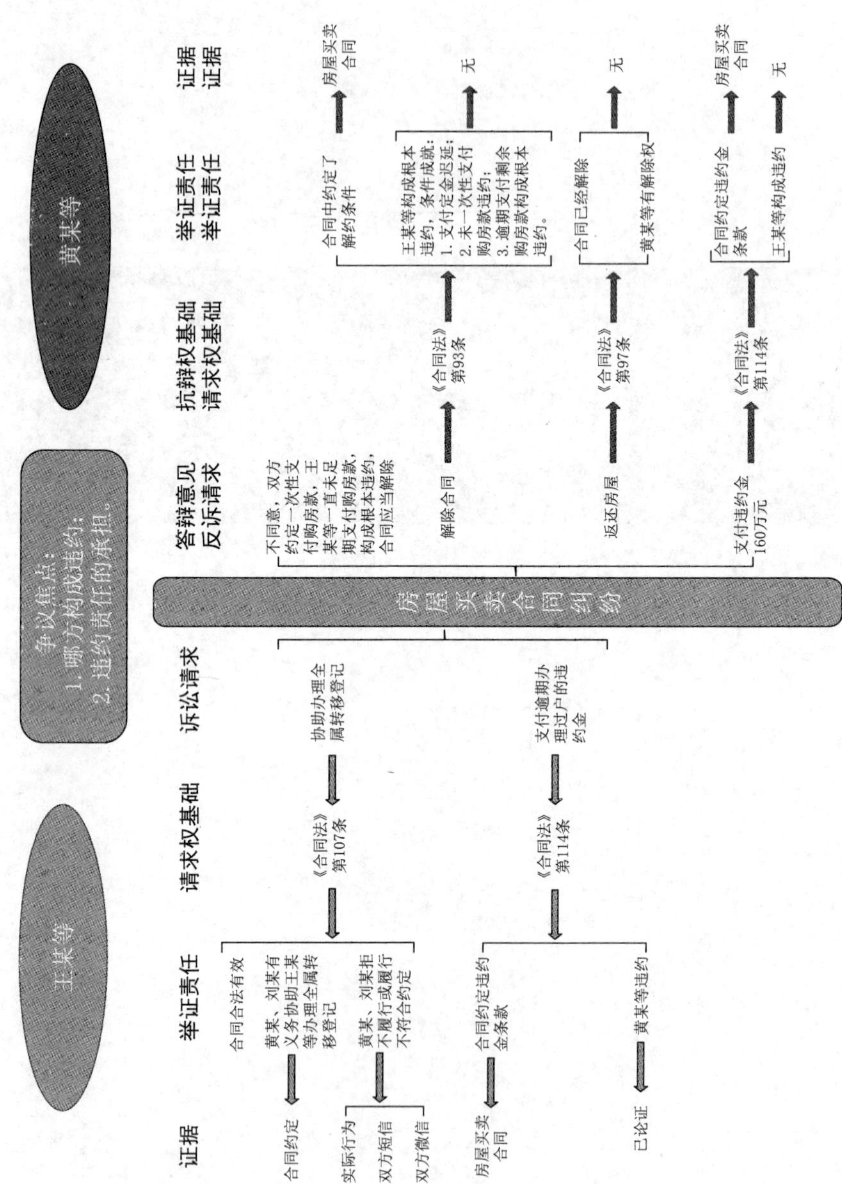
王某等
争议焦点：
1.哪方构成违约；
2.违约责任的承担。
黄某等
房屋买卖合同纠纷
证据
举证责任
请求权基础
诉讼请求
答辩意见
反诉请求
抗辩权基础
请求权基础
举证责任
举证责任
证据
证据
协助办理全属转移登记
《合同法》第107条
合同合法有效
黄某、刘某有义务协助王某等办理全属转移登记
合同约定
黄某、刘某拒不履行或履行不符合约定
实际行为
双方短信
双方微信
支付逾期办理过户的违约金
《合同法》第114条
合同约定违约金条款
房屋买卖合同
黄某等违约
已论证
不同意，双方约定一次性支付购房款，王某等一直未足期支付购房款，构成根本违约，合同应当解除
解除合同
《合同法》第93条
合同中约定了解约条件
房屋买卖合同
王某等构成根本违约，条件成就：
1.支付定金迟延；
2.未一次性支付购房款违约；
3.逾期支付剩余购房款构成根本违约。
无
返还房屋
《合同法》第97条
合同已经解除
黄某等有解除权
无
支付违约金160万元
《合同法》第114条
合同约定违约金条款
房屋买卖合同
王某等构成违约
无

案情介绍

2013年6月23日，黄某、刘某作为出卖人与买受人王某、于某签订《北京市存量房屋买卖合同（经纪成交版）》，该合同约定，买受人购买出卖人名下位于北京市大兴区涉案房屋，第2条约定：该房屋未设定抵押。第3条约定：房屋成交价格为530万元整，定金30万元由买受人直接支付给出卖人。第5条约定：出卖人应当保证该房屋没有产权纠纷，因出卖人原因造成房屋不能办理产权登记或发生债权债务纠纷的，由出卖人承担相应责任。第6条约定：出卖人应当在过户当日前将该房屋交付给买受人。第7条违约责任约定：①逾期交房责任除不可抗力外，出卖人未按照第6条约定的期限和条件将该房屋交付买受人的，按照下列方式处理：按照逾期时间，分别处理［(a)和（b）不作累加］。(a）逾期在15日之内，自第6条约定的交付期限届满之次日起至实际交付之日止，出卖人按日计算向买受人支付已交付房价款0.05%的违约金，并于该房屋实际交付之日起15日内向买受人支付违约金，合同继续履行；（b）逾期超过15日［该日期应当与第（a）项中的日期相同］后，买受人有权退房。买受人退房时，出卖人应当自退房通知送达之日起15日内退还全部已付款，并按照买受人全部已付款的5%向买受人支付违约金。②逾期付款责任：买受人未按照补充协议约定的时间付款的，按照下列方式处理：按照逾期时间，分别处理［（a）和（b）不作累加］。(a）逾期在15日之内，自约定的应付款期限届满之次日起至实际支付应付款之日止，买受人按日计算向出卖人支付逾期应付款0.05%的违约金，并于实际支付应付款之日起15日内向出卖人支付违约金，合同继续履行；（b）逾期超过15日［该日期应当与第（a）项中的日期相同］后，出卖人有权解除合同。出卖人解除合同的，买受人应当自解除合同通知送达之日起15日内按照累计的逾期应付款的5%向出卖人支付违约金，并由出卖人退还买受人全部已付款。第10条约定：①当事人双方同意，自合同签订之日起60日内，双方共同向房屋权属登记部门申请办理房屋转移登记手续。②买受人未能在自本合同签订之日起60日内取得房屋所有权证书的，双方同意按照下列方式处理：如因出卖人的责任，买受人有权退房。买受人退房的，出卖人应当自退房通知送达之日起1日内退还买受人全部已付款，并按照央行现行存款利率给付利息。买受人不退房的，自买受人应当取得房屋所有权证书的期限届满之次日起至实际取得房屋所有权证书之日止，出卖人按日计算向买受人支付全部已付款0.05%的违约金，并于买受人实际取得房屋所有权证书之日起15日内向买受人支付。第13条约定：对本合同的解除，应当采用书面形式。

同日黄某、刘某作为甲方与乙方王某、于某签订《补充协议》，其中：第2条约定，乙方于2013年6月23日向甲方支付定金人民币30万元整，乙方支付首付款时，该定金视为首付款的一部分。甲乙双方应当在过户当日自行办理物业交割手续。第4条约定：①甲乙双方任何一方逾期履行本《补充协议》第2条约定义务的，每逾期一日，违约方应按日计算向守约方支付房屋总价款0.05%的违约金。②甲方若出现下列情形之一的，甲方构成根本违约，且乙方有权以书面通知的方式解除房屋买卖合同：……（d）拒绝将该房屋出售给乙方或者擅自提高房屋交易价格的。甲方出现上述违约情形之一的，甲方应在违约行为发生之日起15日内，以相当于该房屋总价款的20%向乙方支付违约金。③乙方若出现下列情形之一的，乙方构成根本违约，且甲方有权以书面通知的方式解除房屋买卖合同：……乙方出现上述违约情形之一的，乙方应在违约行为发生之日起15日内，以相当于该房屋总价款的20%向甲方支付违约金。

2013年6月23日，于某支付黄某20万元；2013年6月29日，于某支付黄某10万元；2013年7月27日，于某分两次支付黄某50万元、50万元；2013年9月21日，王某分两次支付黄某70万元、280万元。上述款项均通过银行转账方式支付。

2013年9月29日，黄某、刘某将涉案房屋交付给王某、于某。

2013年11月22日，双方办理涉案房屋网签手续。网签合同第4条关于成交价格、付款方式及资金划转方式约定：买受人向出卖人支付定金，定金金额为人民币20万元，定金支付方式为直接支付给出卖人，支付日期为2013年6月23日。

此后王某、于某多次催告黄某、刘某办理涉案房屋的过户手续，黄某、刘某一直未予以配合。

本书作者系王某、于某的诉讼代理人。

律师思路

实际上，王某、于某签订房屋买卖合同没多久，双方履行就产生了争议。当时王某、于某就咨询过本书作者，鉴于当时房价处于上涨状态，出卖方很大程度上有毁约的想法，本书作者曾强烈建议王某、于某立即提起诉讼，采取保全措施。然而王某、于某比较信任黄某、刘某，在长达两年多的时间里，黄某、刘某总共找了还银行贷款需要排队、本人住院、办理解押手续、在欧洲办事、在天津出差、黄某及刘某出国、在乌鲁木齐、本人做手术、把房产证弄丢挂失、老人去世在老家、在美国做手术、手术延期、要办理公证手续13种理由推脱，王某、于某考虑到已经实际入住涉案房屋并进行了装修，也不太在意房屋过户的时间，而且提起诉讼会有律师费和诉讼费等成本产生，故一直未启动诉讼。直到2015年12月初，在中介公司已经撤店，中介经办人员相继离职，经办人手里包括短信、微信等大量证据已经灭失的情况下，王某、于某才意识到问题的严重性，不得不提起诉讼。

鉴于王某、于某已经入住涉案房屋长达两年之久，且已经支付大部分房款，加之涉案房屋从2013年至2015年，房价一直是上升趋势，产生了巨大的增值利益，因此，王某、于某的明确意见是得到涉案房屋，并追究黄某、刘某的违约责任，为保证将来债权得以实现，本书作者仍建议王某、于某采取保全措施查封涉案房屋，但王某、于某考虑到房屋已经网签，保全需要提供担保财产等成本问题，放弃采取保全措施，因此，王某、于某的诉讼请求为：

1. 判令黄某、刘某继续履行双方于2013年6月23日签订的《北京市存量房屋买卖合同（经纪成交版）》及《补充协议》，协助王某、于某将涉案房屋过户至王某、于某名下。

2. 请求判令黄某、刘某支付王某、于某逾期过户违约金，违约金以王某、于某已实际支付的房款480万元为基数，自2013年8月23日起至王某、于某实际取得涉案房屋所有权证书之日止按日0.05%计算。

黄某、刘某提起反诉，认为：王某、于某未在合同约定时间内支付定金30万元，剩余房款50万元至今未支付，逾期已超过15日，构成根本违约。黄某、刘某有权解除涉案房屋买卖合同及相关补充协议并要求王某、于某承担违约责任，请求：

1. 判决解除王某、于某与黄某、刘某于2013年6月23日签署的《北京市存量房屋买卖合同（经纪成交版）》及《补充协议》。

2. 判令王某、于某将涉案房屋交还给黄某、刘某。

3. 判令王某、于某支付黄某、刘某违约金人民币106万元。

请求权的基础

本诉中，王某、于某提出两项诉讼请求：①继续履行合同，黄某、刘某协助将涉案房屋过户给王某、于某；②支付逾期过户违约金。

一、针对第1项诉讼请求，假设王某、于某对黄某、刘某依据《合同法》第107条〔1〕享有过户请求权

1. 那么首先这个请求权必须已经产生。

根据《合同法》第107条，请求权产生的前提条件是：

(1) 王某、于某与黄某、刘某之间存在合法有效的房屋买卖合同：王某、于某与黄某、刘某均系完全民事行为能力人，双方签订合同均是真实意思表示，合同内容亦不违反国家法律强制性规定，故王某、于某与黄某、刘某签订的合同合法有效。

(2) 黄某、刘某有义务协助王某、于某将涉案房屋过户至王某、于某名下：买卖双方签订房屋买卖合同后，买方有义务支付房款，卖方有义务协助买方将房屋权属转移登记至买方名下。黄某、刘某作为卖方，也应承担此义务。

(3) 黄某、刘某不履行合同义务或者履行合同义务不符合约定：黄某、刘某以各种理由拒绝将涉案房屋转移登记至王某、于某名下，属不履行合同义务。

由此，该请求权已经产生。

2. 该请求权尚未消灭。

3. 黄某、刘某并不享有抗辩权，王某、于某起诉也并未过诉讼时效，并且本案不存在《合同法》第110条〔2〕的不能履行的情形。

---

〔1〕《合同法》第107条　当事人一方不履行合同义务或者履行合同义务不符合约定的，应当承担继续履行、采取补救措施或者赔偿损失等违约责任。

〔2〕《合同法》第110条　当事人一方不履行非金钱债务或者履行非金钱债务不符合约定的，对方可以要求履行，但有下列情形之一的除外：①法律上或者事实上不能履行；②债务的标的不适于强制履行或者履行费用过高；③债权人在合理期限内未要求履行。

4. 故王某、于某对黄某、刘某依据上述法条享有过户请求权。

二、支付违约金：假设王某、于某对黄某、刘某根据《合同法》第114条[1]享有支付违约金请求权

1. 那么首先这个请求权必须已经产生。

根据《合同法》第114条，请求权产生的前提条件是：

（1）王某、于某与黄某、刘某之间存在合法有效的合同。

（2）双方约定一方违约时应当根据违约情况向对方支付一定数额的违约金，或约定因违约产生的损失赔偿额的计算方法：《北京市存量房屋买卖合同（经纪成交版）》第10条约定：……②买受人未能在自本合同签订之日起60日内取得房屋所有权证书的，双方同意按照下列方式处理：如因出卖人的责任……买受人不退房的，自买受人应当取得房屋所有权证书的期限届满之次日起至实际取得房屋所有权证书之日止，出卖人按日计算向买受人支付全部已付款0.05%的违约金，并于买受人实际取得房屋所有权证书之日起15日内向买受人支付。双方约定了违约产生的损失赔偿额计算方法为每日按照已付房款（480万元）的0.05%（2400元/日）支付违约金，从2013年8月23日（合同约定最晚过户期限）起至实际取得所有权证书之日止。

（3）黄某、刘某违约。

由此，该请求权产生了。

2. 该请求权并未消灭。

3. 黄某、刘某并不享有抗辩权，王某、于某起诉也并未过诉讼时效，并且本案不存在《合同法》第110条的不能履行的情形。

4. 故王某、于某对黄某、刘某依据上述法条享有支付违约金请求权。

抗辩权的基础

黄某、刘某提出反诉，要求解除合同，并由王某、于某赔偿违约金。

假设王某、于某对黄某、刘某的解除合同请求享有抗辩权：

1. 那么首先这个抗辩权必须已经产生。

---

[1] 《合同法》第114条第1款　当事人可以约定一方违约时应当根据违约情况向对方支付一定数额的违约金，也可以约定因违约产生的损失赔偿额的计算方法。

本案中，黄某、刘某依据《合同法》第 93 条第 2 款[1]主张合同约定解除权，根据该条款的规定，解除权产生的前提条件是：

(1) 王某、于某与黄某、刘某之间存在合法有效的合同。

(2) 王某、于某与黄某、刘某约定了一方解除合同的条件：双方在《北京市存量房屋买卖合同（经纪成交版）》第 7 条中约定买方逾期付款超过 15 日的，卖方有权以书面通知的方式解除合同。

(3) 解除合同的条件成就：黄某、刘某在先违约，迟延交房、拒绝过户，在合同履行过程中从未催告过王某、于某支付剩余 50 万元房款，虽然客观上王某、刘某逾期付款超过 15 日，但系黄某、刘某造成，故该解除条件不成就。

(4) 黄某、刘某不享有合同解除权。

由此，王某、于某对黄某、刘某的解除合同请求的抗辩权成立了。

2. 王某、于某并未放弃该抗辩权。

3. 故王某、于某依据上述法条对黄某、刘某要求解除合同的诉讼请求享有抗辩权。

一审代理词

一、王某、于某与黄某、刘某之间签订的《北京市存量房屋买卖合同（经纪成交版）》及《补充协议》系当事人真实意思表示

内容不违反法律的强制性规定，合同应属合法有效，对双方均具有法律拘束力。

二、王某、于某在履约过程中不存在任何过错

本案中，王某、于某积极履行合同义务：双方签订购房合同当日，王某、于某即向黄某、刘某支付了 20 万元定金，之后又积极通过转账、汇款等方式分批支付给黄某、刘某 460 万元的购房款项，王某、于某不存在任何过错。

[1] 《合同法》第 93 条第 2 款　当事人可以约定一方解除合同的条件。解除合同的条件成就时，解除权人可以解除合同。

三、黄某、刘某在履约过程中存在多处违约

（一）恶意隐瞒房屋已经设定最高额抵押的事实

由王某、于某申请法院调查取证的《房屋最高额抵押贷款合同（抵押登记专用）》和《注销抵押登记协议》显示，黄某、刘某于2013年5月29日在涉案房屋上设定了最高额抵押，一直到2014年7月17日才予以解除。双方签合同之日为2013年6月23日，处于房屋抵押期间，但黄某、刘某恶意隐瞒王某、于某，并在合同中承诺“该房屋未设定抵押”。很明显这是恶意欺骗王某、于某。

（二）迟延交付房屋

本案中，双方在《北京市存量房屋买卖合同（经纪成交版）》第10条中约定：“当事人双方同意，自本合同签订之日起60日内，双方共同向房屋权属登记部门申请办理房屋转移登记手续。”即黄某、刘某最晚应当在2013年8月22日前将房屋过户给王某、于某，根据该合同第6条的约定：“出卖人应当在过户当日前将该房屋交付给买受人。”即黄某、刘某应于2013年8月22日前将房屋交付给王某、于某。但事实情况是，黄某、刘某于2013年9月29日才将涉案房屋交付给王某、于某，迟延交付房屋38天，并无任何证据证明黄某、刘某迟延交付房屋有合法合理的理由。

（三）迟延办理产权过户手续

根据合同中的约定，黄某、刘某最晚应当在2013年8月22日前将房屋过户给王某、于某，虽然王某、于某多次催促，但黄某、刘某以各种理由推脱，到开庭之日黄某、刘某仍未办理产权过户手续，已迟延1105天。

以上三种行为都是典型的违约行为，而且黄某、刘某都是有意为之，更是加重了黄某、刘某的主观恶意。

四、王某、于某有权要求继续履行合同

根据《合同法》第107、110条的规定，王某与于某要求继续履行合同不存在任何障碍。

另，王某与于某已经入住该房屋三年之久，入住后就对其进行了装修，并根据房屋的状况定制了家具，花费几百万元。继续履行合同有利于法院定分止争。

五、王某、于某的违约金主张应当得到法院的支持

（一）违约金条款约定合法有效

《合同法》第114条第1款规定："当事人可以约定一方违约时应当根据违约情况向对方支付一定数额的违约金，也可以约定因违约产生的损失赔偿额的计算方法。"

本案中，双方当事人通过《北京市存量房屋买卖合同（经纪成交版）》第10条约定："买受人未能在自本合同签订之日起60日内取得房屋所有权证书的，双方同意按照下列方式处理……买受人不退房的，自买受人应当取得房屋所有权证书的期限届满之次日起至实际取得房屋所有权证书之日止，出卖人按日计算向买受人支付全部已付款0.05%的违约金，并于买受人实际取得房屋所有权证书之日起15日内向买受人支付。"该约定是合法有效的，对双方都具有法律上的拘束力。

（二）黄某、刘某对其违约要承担的责任有预期

合同中关于黄某、刘某违约要承担违约金的约定具体、明确。黄某、刘某对其违约要承担违约金的情形有明确的预期。

（三）黄某、刘某违约的主观恶意极大

《合同法》第6条规定："当事人行使权利、履行义务应当遵循诚实信用原则。"

本案中，合同约定王某、于某最晚应于2013年8月22日取得房屋所有权证书，但是黄某、刘某在履行期限届满后的一千多天里以还银行贷款需要排队、本人住院、办理解押手续、在欧洲办事、在天津出差、黄某及刘某出国、在乌鲁木齐、本人做手术、把房产证弄丢挂失、老人去世在老家、在美国做手术、手术延期、要办理公证手续13种理由推脱，并最终无理提出反诉要求解约，很明显，黄某、刘某的真实目的就是想恶意毁约，其主观恶性极大。

此外，合同签订时该房屋处于抵押状态，黄某、刘某却在合同中承诺"该房屋未设定抵押"，恶意欺瞒王某与于某，主观恶意极大。

（四）黄某、刘某自认构成违约，并愿意支付违约金

双方在沟通过程中，黄某、刘某明确表示过己方构成违约，愿意向王某、于某支付一部分违约金作为赔偿。

（五）王某、于某损失巨大

因黄某、刘某的违约，王某、于某花费了律师费、诉讼费共计十几万元，并且为此事投入了大量的时间、精力，黄某、刘某的违约给王某、于某造成了巨大的损失。

（六）法院裁判应考虑社会效果

买卖双方签订房屋买卖合同后，一方以各种理由拒绝履行合同，这种行为本质上是一种严重扰乱交易秩序的行为，法院应当对此种行为进行严厉的惩罚，惩罚的力度应与违约行为的恶劣性对等，此种情况下才能营造良好的社会效果。如果法院仅施以轻微的惩戒，违约一方的毁约代价、成本太低，根本无法形成威慑作用。在没有严厉惩戒的情况下，裁判机构无疑在变相鼓励当事人毁约牟取暴利，此种情况下，通过裁判文书规范人们遵守诚信的目的就完全落空了。基于裁判社会效果的考虑，法院应当对黄某、刘某恶劣的违约行为施以严厉的制裁。

反诉的代理意见

一、黄某、刘某要求解除合同返还房屋的请求不能成立

黄某、刘某要求解除合同，返还房屋，其所谓的理由归纳为三点：

第一，王某、于某未按时支付定金 30 万元构成违约。

第二，定金合同约定了一次性支付，但王某、于某是分几笔支付，构成违约。

第三，王某、于某未支付尾款 50 万元构成根本性违约。

但上述三点理由均不能成立。

（一）王某、于某支付定金不存在任何违约

虽然双方在 2013 年 6 月 23 日签订的《北京市存量房屋买卖合同》以及《补充协议》约定了王某、于某应于 2013 年 6 月 23 日支付定金 30 万元，但在后续履约过程中，双方对定金金额进行了变更，由 30 万元变更为 20 万元。因此，王某、于某于 2013 年 6 月 23 日支付定金 20 万元并不构成任何违约，具体有以下三项证据可以佐证：

1. 双方在 2013 年 11 月 22 日办理网签合同时，以书面形式明确了定金变

更为20万元，见网签合同第4条。

2. 中介公司经办人员知晓定金变更事宜，可以出庭作证。

3. 从常理分析，黄某、刘某的说辞与常理不符，定金确实由30万元变更为20万元。

(1) 王某、于某支付20万定金时，黄某、刘某未因王某、于某未足额支付定金而提出任何异议，反而主动为王某、于某出具20万元收条。在王某、于某支付后续购房款项时，黄某、刘某亦每次均出具相应的收据，未就定金的支付提出任何异议。

(2) 除本次反诉之外，在整个履约过程中，黄某、刘某从未就定金的支付向王某、于某提出异议。

(二) 黄某、刘某以定金合同约定了一次性付款，王某、于某未一次性支付购房款项构成违约的说辞不能成立

1. 本案是房屋买卖合同纠纷，并非定金合同纠纷。

2. 定金合同权利义务已经终止，对双方有拘束力的仅是主合同、附件及补充协议。

《合同法》第91条规定："有下列情形之一的，合同的权利义务终止：①债务已经按照约定履行；……"

房屋买卖定金合同是当事人约定买受方预先支付给出卖方一定数额的货币，以保证房屋买卖主合同签订的协议书。本案中的房屋买卖定金协议性质是成约定金合同。房屋买卖合同一经签订，定金合同即履行完毕。

本案中，双方于2013年6月23日签订房屋买卖定金协议后，于当日签订了房屋买卖主合同及补充协议，根据《合同法》第91条的规定，主合同签订后，定金合同已经履行完毕，定金合同中的权利义务已经终止，房款的支付应以主合同及补充协议的约定为准。主合同及补充协议中并未约定购房款项的支付时间，黄某、刘某主张王某、于某迟延付款存在违约的反诉请求缺少合同依据。

3. 双方真实的约定是过户时全款给齐即可。

双方之间真实的约定是过户时全款付清即可，并不要求必须一次性支付全部的购房款项，后续履行也是按照前述约定进行。

王某、于某分4笔支付了后续共计450万元的购房款项，黄某、刘某不

但没有对此提出任何异议，反而主动出具了包括定金在内的每笔款项对应的5张收条（分别于2013年6月23日、7月27日两次、9月21日两次）。除本次反诉外，在整个交易过程中，黄某、刘某从未因款项分次支付而向王某、于某主张过违约责任，说明双方对于款项分次支付不存在任何争议。

4. 即使认定付款方式是一次性支付，该约定也不明确。

《合同法》第61条规定："合同生效后，当事人就质量、价款或者报酬、履行地点等内容没有约定或者约定不明确的，可以协议补充；不能达成补充协议的，按照合同有关条款或者交易习惯确定。"

《合同法》第62条规定："当事人就有关合同内容约定不明确，依照本法第61条的规定仍不能确定的，适用下列规定：……④履行期限不明确的，债务人可以随时履行，债权人也可以随时要求履行，但应当给对方必要的准备时间。⑤履行方式不明确的，按照有利于实现合同目的的方式履行。……"

退一步说，即使认定双方约定的是一次性支付全部价款，但对于应该在哪个时间点将价款一次性支付双方仍未进行约定，仍属于约定不明，根据《合同法》第61、62条的规定，黄某、刘某与王某、于某应当签订协议补充，或者按照合同有关条款或者交易习惯确定，仍不能确定的，黄某、刘某可以行使催告权在给王某、于某合理准备期限的情况下要求王某、于某履行合同义务，但通过双方的短信来往记录可知，黄某、刘某一直未提此事，现黄某、刘某直接要求解除合同，明显缺少依据。

（三）王某、于某未支付尾款50万元构成根本性违约的说辞不能成立

1. 因黄某、刘某在履约过程中存在迟延交房、迟延过户、恶意隐瞒房屋已设定最高额抵押等诸多违约行为，王某、于某已经不敢轻易将剩余尾款50万元支付给黄某、刘某。

2. 王某、于某未支付剩余50万元尾款，完全是得到了黄某、刘某的认可。从双方38页的短信往来记录上看，黄某、刘某一直未向王某、于某催缴过该笔款项，也从未向王某、于某主张过违约，反而多次自认自己已经构成违约，并愿意支付违约金给王某、于某，此举与其主张明显矛盾。

（四）王某、于某已实际入住多年，并对涉案房屋进行了装修，解除合同不利于案件定分止争

王某、于某自2013年9月29日便实际入住涉案房屋，至今已有近三年

之久，入住后，王某、于某还对涉案房屋展开装修并定制家具，花费了几百万元。如果此时法院判决解除合同返还房屋，显然不利于定分止争、化解矛盾。

（五）黄某、刘某作为违约方，无权要求解除合同

（六）黄某、刘某要求解除合同的方式不产生法律效力

根据《补充协议》第4条第3款第3项："……乙方构成根本性违约，且甲方有权以书面通知的方式解除房屋买卖合同……"，黄某、刘某解除合同应当以书面通知的方式通知王某、于某，黄某、刘某直接向法院起诉要求解除合同不符合合同的约定，不产生合同解除的法律效力。

二、黄某、刘某主张违约金已过诉讼时效

《民法通则》第135条[1]规定："向人民法院请求保护民事权利的诉讼时效期间为2年，法律另有规定的除外。"

黄某、刘某主张违约金106万元性质上是一种债权请求权，受诉讼时效的约束。如按其主张，购房款项须一次性支付，那么早在2013年6月23日王某、于某支付20万元定金时，黄某、刘某就应当及时行使其主张违约责任的权利。但直到其2016年7月10日提起反诉，时间已长达3年之久，且期间黄某、刘某从未以任何形式主张过权利，即使其有权主张违约金，也已因过诉讼时效而丧失胜诉权。

案件结果

案件审理过程中，经北京市大兴区人民法院主持调解，当事人自愿达成如下协议：①黄某、刘某于2017年3月15日前协助王某、于某将涉案房屋的房屋产权变更登记至王某、于某名下；②王某、于某于产权变更登记至其名下后3日内给付黄某、刘某剩余房款10万元；③双方就此事再无其他纠葛。

---

〔1〕 该条款对应自2017年10月1日起实施《民法总则》第188条第1款。《民法总则》第188条第1款 向人民法院请求保护民事权利的诉讼时效期间为3年。法律另有规定的，依照其规定。

律师点评

1. 本案中，买卖双方于2013年6月23日签订了房屋买卖合同，2013年年底合同的履行出现了争议，但购房人迟迟没有通过法院主张权利，一方面是过分信任出卖方，盲目相信出卖方会配合办理过户手续；另一方面是自己实际占有控制涉案房屋，自觉将来办理权属转移登记不成问题。一直到2016年8月，中介具体经办人员已经离职，中介公司也关店倒闭了，出卖方仍在找各种理由推脱不配合办理过户手续，购房人方才决定向法院提起诉讼，这中间拖了整整3年之久，这直接导致很多经办人手里的证据，包括短信、微信无法向法院提交。好在涉案房屋未发生被法院查封的情形（如黄某、刘某对外欠债，其他债权人提起诉讼并查封尚登记在黄某、刘某名下的涉案房屋），否则王某、于某极有可能无法得到涉案房屋。因此本书作者在此奉劝各位，房屋交易标的额巨大，交易过程中，一旦双方出现争议无法协商解决，在咨询了专业律师后，应当尽快向法院主张权利，以免本身有利却陷入被动。

2. 律师在代理案件过程中，一定要有意识地关注诉讼时效的问题。本案中，黄某、刘某提出反诉，按其逻辑，在王某、于某“违约”后近三年之久才提出违约金主张，王某、于某当然有权提出诉讼时效的抗辩。

3. 律师在陈述案件意见的时候，一定要兼顾案件基本事实，不能顾头不顾尾。黄某、刘某在庭审中主张王某、于某“违约”，但在双方之间的短信、微信记录中却多次自认构成违约，并愿意承担违约金，其主张和此前的行为存在严重矛盾和冲突的情况下，其说辞的可信度骤然降低，法院自然不会轻易采信。

张某与何某房屋买卖合同纠纷案

本案思维导图

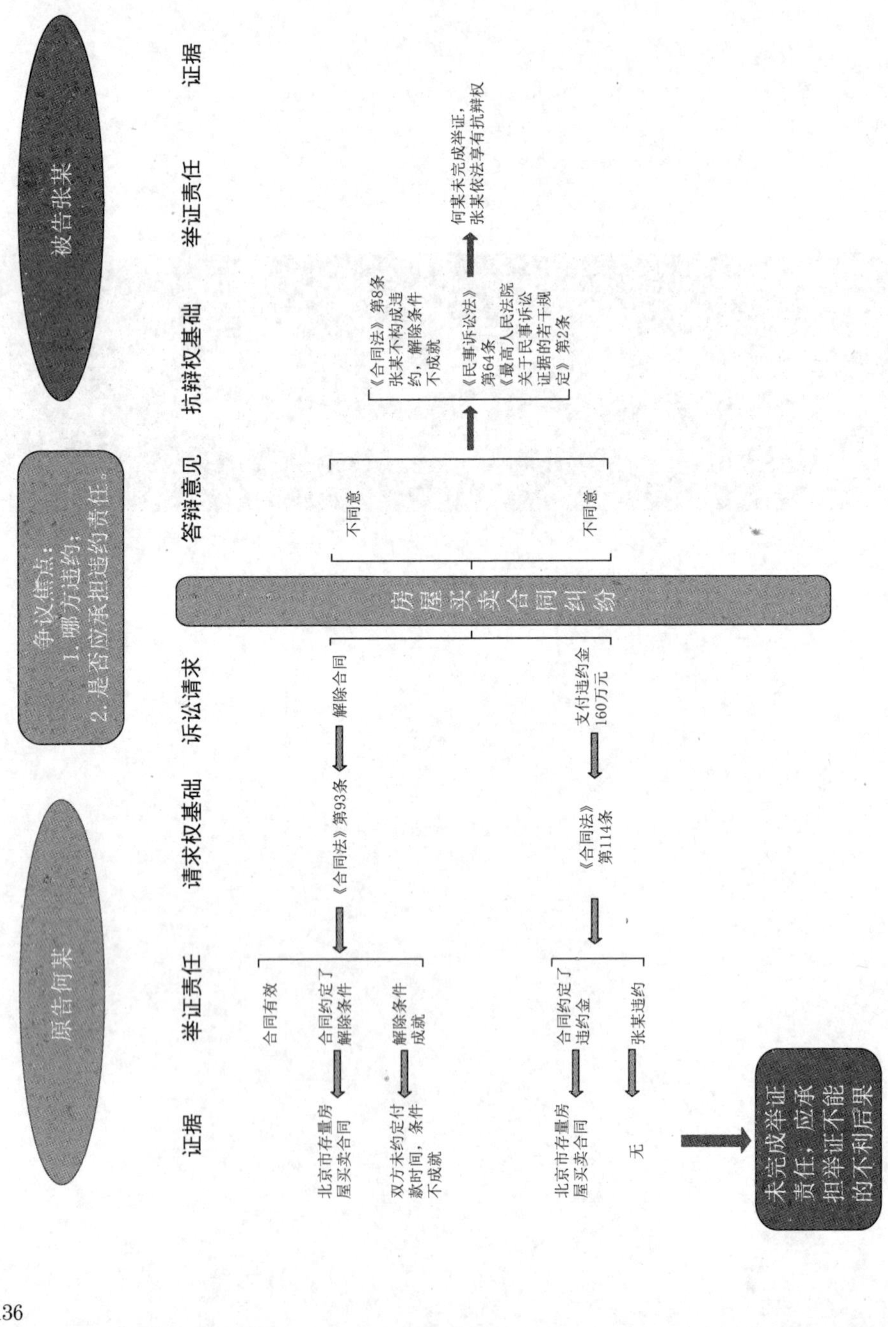

原告何某

争议焦点：
1. 哪方违约；
2. 是否应承担违约责任。

被告张某

证据 | 举证责任 | 请求权基础 | 诉讼请求 | 房屋买卖合同纠纷 | 答辩意见 | 抗辩权基础 | 举证责任 | 证据

诉讼请求：解除合同 ⟸ 请求权基础：《合同法》第93条 ⟸ 举证责任：合同有效；合同约定了解除条件 ⟸ 证据：北京市存量房屋买卖合同；解除条件成就 ⟸ 证据：双方未约定付款时间，条件不成就

诉讼请求：支付违约金160万元 ⟸ 请求权基础：《合同法》第114条 ⟸ 举证责任：合同约定了违约金 ⟸ 证据：北京市存量房屋买卖合同；张某违约 ⟸ 证据：无

→ 未完成举证责任，应承担举证不能的不利后果

答辩意见：不同意；不同意 ⟹ 抗辩权基础：《合同法》第8条 张某不构成违约，解除条件不成就；《民事诉讼法》第64条《最高人民法院关于民事诉讼证据的若干规定》第2条 ⟹ 何某未完成举证，张某依法享有抗辩权

案情介绍

2016年1月17日，原告何某（出售方、甲方）与被告张某（买受方、乙方）签订了《北京市存量房屋买卖合同》，约定甲方出售丰台区涉案房屋，房屋成交总价800万元，乙方全款购房，定金80万元通过自行交接方式划转。同日，张某某出具同意出售声明书，内容为张某某与何某系配偶关系以及共有权人关系，张某某同意原告何某出售涉案房屋。2016年1月31日，何某（出售方、甲方）、张某（买受方、乙方）与中介公司（见证方、丙方）签订了《补充协议》，约定经甲乙双方友好协商同意：甲方出售标的房屋另有一产权车位，车位号A-087，双方约定车位售价为人民币65万元整，双方约定车位过户时间为2016年5月30日之前。任何一方违反本条约定，另一方有权解除房屋买卖合同，违约方支付标的房屋合同价20%的违约金。双方约定于2016年8月15日之前，共同到房屋权属登记部门办理房屋权属转移登记手续。甲方在2016年7月10日前自行偿还全部债务，并解除标的房屋的抵押登记。当日，张某向何某支付定金80万元。

2016年5月27日，何某、张某以及中介公司的工作人员共同到丰台区建委办理车位过户手续，了解到车位过户需要签订车位买卖合同，并在房屋网签完毕后才能进行车位的网签及过户。次日，何某、张某在中介公司处商谈签订车位买卖合同，何某要求签订车位买卖合同的内容必须与《补充协议》中的约定一致，即2016年5月30日之前办理完毕车位过户；张某要求根据实际情况变更车位过户时间相关约定。双方对此未达成一致。

2016年5月27日，张某向何某邮寄告知函，告知函的内容为："……协议中约定之车位过户时间流程与建委规定冲突，无法办理车位过户。鉴于此情况，我愿在2016年5月30日前支付车位款65万元，请你方提供银行账号……"

中介公司于2016年6月8日提交张某的购房人资格核验，2016年6月22日，张某的购房资格核验通过。中介公司要求何某提供资金监管账户，以为房屋买卖合同做网签，何某以张某违约为由拒绝提供资金监管账户。

何某认为：在合同履行过程中，由于建委规定产权车位过户需要以房屋网签为前提，我与张某协商重新签订车位买卖合同，张某要求变更《补充协议》约定的车位过户时间至2016年8月房屋过户后，对此双方未能达成一致。至今张某未能履行《补充协议》第4条关于车位买卖的约定，未在2016年5月30日完成车位的过户以及车位款支付已经构成违约，故将张某诉至北京市丰台区人民法院，并提出以下诉讼请求：

1. 解除我与张某签订的《北京市存量房屋买卖合同》以及与张某、中介公司签订的《补充协议》。

2. 张某向我支付违约金160万元。

本书作者系张某的诉讼代理人。

抗辩权的基础

何某的诉求是要求解除合同，并由张某赔偿违约金。

一、假设张某对何某的解除合同请求享有抗辩权

1. 那么首先这个抗辩权必须已经产生。

本案中，何某依据《合同法》第93条第2款[1]主张合同约定解除权，根据该条第2款的规定，解除权产生的前提条件是：

（1）张某与何某之间存在一个合法有效的合同：张某与何某签订的房屋买卖合同均为双方真实意思表示，内容也不违反相关法律规定，故该合同合法有效。

（2）张某与何某约定了一方解除合同的条件：双方在《北京市存量房屋买卖合同》中约定"车位过户时间为2016年5月30日之前。任何一方违反本条约定，另一方有权解除房屋买卖合同，违约方支付标的房屋合同价20%的违约金"。

双方并未约定2016年5月30日之前支付车位款，何某以张某未在2016年5月30日之前支付车位款为由要求解除合同，缺少关于付款的约定。

（3）解除合同的条件成就：协助办理房屋的过户手续系双方的合同义务，2016年5月27日，买卖双方以及居间方共同在丰台区建委了解到房屋买卖合同网签完毕后才能进行车位过户且需要另行签订车位买卖合同，属于签订合同之时

〔1〕《合同法》第93条第2款　当事人可以约定一方解除合同的条件。解除合同的条件成就时，解除权人可以解除合同。

各方并未掌握的新情况。双方应当积极协商推进合同履行，虽然客观上导致 2016 年 5 月 30 日之前未能完成车位过户，但并非张某原因所致，故该解除条件不成就。

（4）何某不享有合同解除权。

（5）张某对何某的解除合同请求的抗辩权成立了。

2. 张某并未放弃该抗辩权。

3. 故张某对何某要求解除合同的诉讼请求享有抗辩权。

一审、二审律师代理词及法院裁判

代理词

一、交易的背景

1. 张某购买涉案房屋系换房，只有出售房产腾出购房资格后涉案房屋才能开始办理网签办理过户手续。当时初步预计出售房产是在 6 月底办理过户，再预留出富余的时间，故最后双方商定涉案房屋过户时间为 2016 年 8 月 15 日，因具体售房过户时间尚不确定，故未约定网签时间。对于张某换房需要腾购房资格一事，双方在缔约时就明确谈到过，何某对此不持任何异议。

2. 双方买卖合同系中介公司居间促成，因中介经办人员缺少车位买卖方面的经验，以为车位可以随时过户，遂促成双方达成在 2016 年 5 月 30 日前办理车位过户的约定。同年 4 月份通过建委了解到，车位过户须先办完房屋网签，2016 年 5 月 30 日前张某不可能腾出购房资质，因此，客观上不可能在 2016 年 5 月 30 日前办理车位过户，这一点何某也是非常清楚的。

二、张某未在 2016 年 5 月 30 日前办理车位过户不构成违约

1. 2016 年 5 月 30 日前办理车位过户的约定不是双方真实意思表示。

因中介经办人员缺少车位买卖方面的经验，以为车位可以随时过户，中介公司存在一定责任。买卖双方均信任中介公司的专业意见，故约定 2016 年 5 月 30 日前办理车位过户，而客观上，本案根本不可能在 2016 年 5 月 30 日前办理车位过户，此约定是建立在双方错误认知的基础上，并不是双方真实意思表示，对双方无法律拘束力。

2. 车位过户出现问题后，双方应本着诚实信用的原则，积极友好协商解

决此事。

（1）张某一直积极沟通。2016 年 4 月底，张某得知上述情况后，第一时间联系何某及其代理人，协商沟通车位过户事宜，并多次通过面谈、短信、挂号信、EMS 等方式提议提前支付车位款，表明购买诚意，不给对方造成损失，但何某均拒绝，在此过程中张某并不存在任何过错。

（2）何某却恶意拖延，假意协商，实为恶意涨价。2016 年 4 月底出现车位过户问题后一直到 5 月 26 日前，何某一直拒绝出面协商，授意代理人殷某以工作繁忙为由，一再拖延时间，表明此时面谈无意义，5 月 30 日以后再说。——恶意拖延

5 月 26 日，在张某再三要求下，何某同意见面协商。当日何某却突然带领两位律师和代理人共四人与张某夫妇谈判，拒绝接受张某提前支付车位款的提议，执意要求 5 月 30 日过户车位。——假意协商

5 月 28 日，何某突然提出签署车位买卖合同，见面后得知何某真实意图为表面上配合签署车位买卖合同，但实质上仍坚持要求 5 月 30 日之前办理车位过户，且不同意修改补充协议中关于车位过户时间的条款。协商中多次利用如“尽量缩小大家对这个事的一个差距，那么这个事情就走到了”等语言暗示张某涨价。协商未果后，张某先行离开，何某代理人殷某和其带来的律师蔡某要求中介经办人员钱某关闭手机，并将其叫到店外隐蔽处，在纸上手写涨价 60 万，明确表示要求涨价。——恶意涨价

综上，因北京市二手房价格年后大幅上涨，何某觉得卖亏了找各种理由不配合履行合同。从 4 月底消极的不见面不沟通到 5 月 26 日在两个律师陪同下假装见面沟通为涨价进行铺垫，再到 5 月 28 日避免被录音录像不留痕迹地提出涨价，何某显然是做足了“功课”，是在有计划、有手段、有准备地规避法律、恶意违约。

3. 除了积极进行沟通，张某也努力推进合同的履行。

张某 2016 年 1 月 31 日签署该涉案房屋买卖协议后，由于适逢 2 月 6 日春节，2 月整月房市基本处于停滞状态。此后，张某积极卖房，于 3 月 12 日售出自己名下房屋，按照对方预估批贷时间约定 2016 年 6 月 17 日前过户。察觉何某违约意图后，张某与案外中介公司、买家积极沟通，做了大量工作，比合同约定提前 10 天，即 2016 年 6 月 7 日办理了前述房屋的过户手续，并于过

户当日立即提交购房资格核验，2016 年 6 月 22 日购房资格审核通过。张某一直在积极努力地推进合同的履行。

4. 车位延后过户并未给何某造成任何影响或损失。

在车位买卖合同中，何某作为出卖方，其目的是得到车位款，张某已多次通过电话、短信、告知函、面谈、委托中介沟通等方式表明提前支付车位款，其合同目的不但可以完全实现，而且是提前实现，不对其利益造成任何损害。

与此相反，张某冒着提前支付巨额车位款，却不能取得车位所有权和使用权的极大风险，依然竭尽全力保障何某利益，恰恰体现出了张某履行合同的善意和诚意。

三、张某未在 2016 年 5 月 30 日前支付车位款不构成违约

何某第一次诉状中主张张某未在 2016 年 5 月 30 日前履行支付 65 万元的合同义务，构成违约，该说辞不能成立。

1. 签约时，双方口头约定 65 万元款项于车位过户后支付，但合同中并未书面约定车位款 65 万元的具体支付时间。现何某要求在 2016 年 5 月 30 日支付车位款 65 万元，缺少合同依据。

2. 何某在整个交易过程中，从未催告张某履行车位款的付款义务，而是直接主张解除合同，不符合《合同法》第 62 条第 4 款的规定，主张缺少法律依据。

3. 2016 年 5 月至何某起诉前，张某多次通过电话、短信、发函、委托中介协商等方式明确表达了提前支付车位款并要求继续履行合同，但何某明确予以拒绝，现其又主张张某未支付车位款，缺少事实依据。

四、何某无权要求解除合同

《北京市高级人民法院关于审理房屋买卖合同纠纷案件适用法律若干问题的指导意见（试行）》第 21 条规定："房屋买卖合同履行过程中，一方当事人构成根本违约的，守约方有权解除合同，违约方不享有合同法定解除权。"

1. 何某早在 5 月 28 日明确提出涨价 60 万时起，已构成违约，作为违约一方，无权解除合同。

2. 主合同约定，如一方依照本合同的约定单方解除本合同，应当以书面的方式进行。何某主张解除合同，但并未以书面方式通知张某，合同并不产

生解除的效力。

3. 现在双方争议焦点是车位过户问题，房屋买卖并不存在争议，何某仅因车位过户问题就要求主张解除整个房屋买卖合同关系，明显有失公允。

4. 在何某不具备解除权的情况下，其明确提出要求解除合同，根据《合同法》第94条第2项之规定“在履行期限届满之前，当事人一方明确表示或者以自己的行为表明不履行主要债务”，其行为性质上是一种根本性违约，应承担相应的违约责任。

五、何某的行为极其恶劣，法院应当对其加以严厉的制裁

本案中，何某作为出卖方，倚仗有法律专业人士的支撑，有准备、有预谋、有手段的恶意违约，更恶劣的是，其在法律“高人”的指点下，不动声色、不留痕迹的恶意涨价，其行为已不仅仅是简单的违约行为，而是对诚信原则和法律尊严的恶性挑战。

在另案中，张某已经提起诉讼要求追究其违约责任，法院应当对何某恶劣的行为加以严厉的制裁。

综上，恳请法官能够查明案件事实，拨开表象看清本质，对何某极其不诚信的恶意违约行为加以制裁，以维护最基本的交易秩序，还张某以公道。

补充代理意见

张某在2016年5月30日之前不具备购房购车资格并不构成违约。理由如下：

一、交易中两个不可忽视的背景

1. 关于2016年5月30日前车位过户的约定。

（1）中介误认为车位可随时过户，但车位过户须以房屋网签为前置程序。

（2）买卖双方均充分信任中介，在误解之下，故有5月30日的约定。

（3）如以5月30日作为违约认定的依据，与双方真意及客观事实不符。

（4）张某5月30日之前无法办理车位网签无主观违约之故意。

2. 关于2016年8月15日前办理房产过户的约定。

（1）张某系换房，中间腾出购房资格需要时间，因此，双方才会约定8月15日前办理房产过户，中间为腾出购房资格预留了7个月的时间。对于张

某何时具备购房资格，何某完全是有预期的。

（2）房屋网签未约定具体时间。

二、张某在2016年5月30日之前不具备购房购车资格并不构成违约

1. 经法院查明及双方自认，房屋网签在前，车位网签在后。通观整个合同，双方并未约定房屋网签的时间，根据举轻明重之规则，何某以车位网签主张张某违约，明显缺少合同依据，也不符合逻辑。

2. 基于建委的政策和本案张某换房之情形，张某客观上不可能在2016年5月30日前具备购房资格。“2016年5月30日办理车位过户”的约定已经完全超出了签约时双方的预期，客观上不可能实现。此种情况下，秉承诚信履约之原则，双方理应友好协商变更过户时间。张某愿意提前支付车位款，而何某却是死死拽住“2016年5月30日办理车位过户”这一客观上无法实现的约定，以此为借口主张张某违约，很明显，何某一方存在主观恶意。

三、何某是违约在先的一方

即使认定张某在2016年5月30日前应当具备资格，但在2016年5月28日，何某就已经要求涨价60万，且中介公司已经到庭详细阐述了涨价的经过，且与张某提交的录音证据相互印证。因何某违约在先，张某当然享有暂不履行合同的正当权利。

法院裁判

北京市丰台区人民法院认为：

依法成立的合同，受法律保护。何某与张某签订的《北京市存量房屋买卖合同》及何某与张某、中介公司签订的《补充协议》均系各方真实意思表示，不违反法律、行政法规的强制性规定，应为合法有效。双方均应当依照合同的约定履行各自的权利和义务。双方合同曾约定于2016年5月30日之前办理车位过户，但签约之前双方当事人并不知晓，车位过户需于办理房屋网签之后。2016年5月27日，买卖双方以及居间方共同在丰台区建委了解到房屋买卖合同网签完毕后才能进行车位过户且需要另行签订车位买卖合同，属于签订合同之时各方并未掌握的新情况。此时买卖双方应本着诚实信用的原则以及继续履行合同的态度协商过户事宜。考虑到无法于约定时间完成房屋

买卖合同的网签并进行车位过户并非张某的违约行为造成，张某提出变更车位过户时间系合理要求。再者，何某出售车位的目的系获得车位款，张某多次主张提前支付车位款，何某的合同目的完全能够得以实现，不存在合同无法继续履行的障碍。张某多次要求继续履行合同，并于2016年6月通过购房资格核验，何某坚持以车位未按照《补充协议》中约定的2016年5月30日之前过户为由不配合继续履行合同，导致本案合同未能继续履行。现何某以上述理由要求解除《北京市存量房屋买卖合同》以及《补充协议》，综合考虑本案合同履行情况，张某并不存在根本违约行为且不同意解除合同，何某无其他解除合同之理由，本院亦认为合同继续履行为宜。故何某要求解除合同以及违约金的诉讼请求，本院不予支持。综上，依照《合同法》第6条、第60条的规定，判决驳回何某的诉讼请求。

何某不服一审判决提出上诉，上诉理由主要有三点：

1. 张某未在2016年5月30日之前办理车位过户。

2. 张某未在2016年5月30日之前支付车位款65万。

3. 抵押权人不同意张某出售涉案房屋，亦不同意张某代何某清偿贷款、解除抵押。

二审律师代理意见

何某的上诉理由均不能成立。

一、关于车位过户，张某不存在违约

1. 车位过户须先办理房屋网签，未办理房屋网签责任在何某一方。

房屋网签有两个前提条件：一是房屋核验完成；二是何某提供资金监管账户。何某既没有办理房屋核验手续，也未提供资金监管账户，房屋网签无法完成，责任在何某一方。

2. 何某抹除交易的背景，胡乱曲解合同约定。

交易中两个不可忽视的背景：

（1）关于5月30日前车位过户的约定。

❶中介误认为车位可随时过户，但车位过户须以房屋网签为前置程序。

❷买卖双方均充分信任中介，在误解之下，故有5月30日的约定。

❸如以5月30日作为违约认定的依据，与双方真意及客观事实不符。

❹张某5月30日之前无法办理车位网签无主观违约之故意。

（2）关于8月15日前办理房产过户的约定。

❶张某系换房，中间腾出购房资格需要时间，因此，双方才会约定8月15日前办理房产过户，中间为腾出购房资格预留了7个月的时间。对于张某何时具备购房资格，何某完全是有预期的。

❷基于要换房腾资格，双方未约定房屋网签的具体时间。何某解释合同得出所谓的“2016年5月30日要完成房屋网签”的结论，明显是其完全抹除上述背景的情况下对合同约定所做的曲解，其结论与交易的背景完全矛盾。

二、张某未在2016年5月30日前支付车位款不构成违约

（一）双方未约定在2016年5月30日前支付车位款65万元

合同中并未书面约定车位款65万元的具体支付时间。现何某要求在2016年5月30日支付车位款65万元，缺少合同依据。

（二）何某未履行催告义务

《合同法》第62条规定：“当事人就有关合同内容约定不明确，依照本法第61条的规定仍不能确定的，适用下列规定：……④履行期限不明确的，债务人可以随时履行，债权人也可以随时要求履行，但应当给对方必要的准备时间。”

何某在整个交易过程中，从未催告张某履行车位款的付款义务，而是直接主张解除合同，不符合《合同法》第62条第4项的规定，主张缺少法律依据。

（三）张某多次要求提前支付车位款，何某却拒绝接受

2016年5月至何某起诉前，张某多次通过电话、短信、发函、委托中介协商等方式明确表达了提前支付车位款并要求继续履行合同，但何某明确予以拒绝，现其又主张张某未支付车位款，缺少事实依据。

三、合同履行不存在障碍

《物权法》第191条第2款规定：“抵押期间，抵押人未经抵押权人同意，不得转让抵押财产，但受让人代为清偿债务消灭抵押权的除外。”

《北京市高级人民法院关于印发〈北京市高级人民法院关于审理房屋买卖合同纠纷案件适用法律若干问题的指导意见（试行）〉的通知》第8条第2

款规定："出卖人在合同约定的履行期限届满时仍未履行消灭抵押权的义务……买受人要求继续履行合同，办理房屋所有权转移登记，经法院释明后仍坚持不变更的，对其诉讼请求，不予支持，但买受人同意并能够代为清偿债务消灭抵押权的除外。"

1. 根据上述法律的规定，张某代何某清偿债务消灭抵押权，行使涤除权，抵押权人无权拒绝。

2. 在张某起诉何某房屋买卖合同纠纷的二审庭审中，抵押权人已经明确表态同意一审法院判令张某代何某清偿银行贷款以解除抵押的判决内容。何某的说辞已经失去基础。

四、本案中，何某无权要求解除合同

（一）何某作为违约方无权要求解除合同

何某早在 2016 年 5 月 28 日明确提出涨价 60 万时起，已构成违约，作为违约一方，无权解除合同。

（二）何某主张解除合同的方式不符合双方约定

主合同约定，如一方依照本合同的约定单方解除本合同，应当以书面的方式进行。何某主张解除合同，但并未以书面方式通知张某，合同并不产生解除的效力。

（三）何某要求解除合同明显有失公允

本案中，双方争议焦点是车位过户问题，房屋买卖并不存在争议，何某仅因车位过户问题就主张解除整个房屋买卖合同关系，明显有失公允。

（四）何某构成根本性违约

何某在不具备解除权的情况下，明确提出要求解除合同，根据《合同法》第 94 条第 2 项的规定"在履行期限届满之前，当事人一方明确表示或者以自己的行为表明不履行主要债务"，其行为性质上是一种根本性违约，应承担相应的违约责任。

五、何某的行为极其恶劣，法院应当对其加以严厉的制裁

本案中，何某作为出卖方，倚仗有法律专业人士的支撑，有准备、有预谋、有手段的恶意违约，更恶劣的是，其在法律"高人"的指点下，不动声色、不留痕迹的恶意涨价，其行为已不仅仅是简单的违约行为，而是对诚信原则和法律尊严的恶性挑战。

在另案中，张某已经提起诉讼要求追究其违约责任，法院应当对何某恶劣的行为加以严厉的制裁。

综上，何某的上诉理由无任何事实依据及法律、法理依据，请求法院依法驳回何某的上诉请求，维护张某的合法权益。

二审中，何某撤回了上诉。

律师点评

1. 在北京、上海等一线城市，房产作为重大家庭资产，标的往往上百万甚至上千万，在交易的过程中，买卖双方应当尽到谨慎义务，充分了解交易的相关流程，即使有中介公司介入，也不能轻信中介的单方陈述，最好到建委、不动产登记中心等权威部门详细了解房屋交易的流程和要求，以免签约后出现签约时未能预料的情况发生，引发争议，给企图违约的一方可乘之机。

2. 交易过程中，一方要求解除房屋买卖合同的，务必仔细检查自己解除权的请求权是否有牢固的基础，例如，本案中何某的代理人以张某未支付车位款为由要求解除房屋买卖合同，但合同中根本没有约定车位款的支付时间，其动用的理由明显不成立，一旦解除权缺少基础，其要求解除的行为反而是一种拒绝履约的行为，便构成了根本性违约，率先提出解除的一方便会陷入被动。

3. 本案中，何某要求解除合同，张某同时提起诉讼要求继续履行合同，并采取了保全措施，房屋一旦被查封，违约方就很难再要出什么花招，只能老老实实静待法院的裁判。及时采取保全措施，在房屋买卖合同纠纷案件中有非常重大的意义。

10. 次新房交易引起的纠纷

张某与王某、北京某房地产开发有限公司房屋买卖合同纠纷案

本案思维导图

原告张某

争议焦点：
1. 哪方违约；
2. 违约责任的承担。

被告王某

证据 | 举证责任 | 请求权基础 | 诉讼请求 | 房屋买卖合同纠纷 | 答辩意见 | 抗辩权基础 | 举证责任 | 证据

涉案房屋转移登记至王某名下后，再转移登记至张某名下
请求权基础：《合同法》第107条；《北京市高级人民法院关于审理房屋买卖合同纠纷案件适用法律若干问题的指导意见（试行）》第14条
举证责任：合同有效；王某有义务协助过户 ← 证据：房屋买卖约定合同
王某拒绝协助过户 ← 证据：录音、微信、短信
涉及多手买卖；房屋尚未登记在王某名下 ← 证据：当事人自认
答辩意见：同意

支付184万元违约金
请求权基础：《合同法》第114条
举证责任：合同约定违约金；王某违约 ← 证据：合同
答辩意见：不同意

赔偿保险费4.6万元
请求权基础：《合同法》第107条
举证责任：王某违约；因王某违约产生保险费损失4.6万 ← 证据：收据
答辩意见：不同意 → 《合同法》第8条 张某违约，王某不构成违约 → 张某违约 → 无 → 未完成举证责任，应承担举证不能的不利后果

赔偿保全费5000元
请求权基础：《合同法》第107条
举证责任：王某违约；因王某违约产生保全费损失5000元 ← 证据：收据
答辩意见：不同意

案情介绍

王某与冷某系夫妻关系，二人于2013年1月4日登记结婚。

2012年4月13日，王某作为买受人与作为出卖人的北京某房地产开发有限公司（以下简称“开发商”）签订《北京市商品房预售合同》，约定王某购买开发商开发建设的某号涉案房屋，该房号为暂定编号，最终以公安行政管理部门审核的房号为准；房屋预测建筑面积为144.69平方米，单价为每平方米52 694.77元；开发商应于2014年7月15日前向王某交付该商品房，应于2015年7月15日前取得该商品房所在楼栋的权属证明，商品房交付使用后，王某同意委托开发商指定单位向权属登记机关申请办理房屋权属转移登记，如因开发商的责任，王某未能在商品房交付之日起720日内取得房屋所有权证书的，开发商应按约定标准向王某支付违约金。

2015年5月，王某出具《委托书》，委托冷某办理涉案房屋交易的相关事宜，包括：前往房地产管理部门协助查询上述房地产是否发生司法机关或行政依法裁定、决定查封或以其他形式限制房地产权利等情形；代本人签订买卖合同、办理上述房产的买卖交易手续；代本人办理上述房产的房源核验手续；代本人办理上述房产的网上签约登记备案和（或）撤销网签手续；在合法的前提下，全权代本人办理提前还款，解除抵押登记手续；协助买方办理贷款、抵押的相关手续，代为在《售房人银行开户情况说明》及划款协议上签字；代本人办理与出售上述房产相关的税务手续；代本人到房地产交易管理部门办理上述房产产权转移登记等一切手续；代收相关售房款；代为到银行办理提款手续；代为办理物业交验手续。

2015年5月，王某出具《无共有权人声明书》，载明王某系涉案房屋的所有权人，其承诺涉案房屋为其单独所有，无任何共有权人，由此产生的所有法律责任均由其承担。

2015年5月23日，在某一公司的居间服务下，张某作为买受人与王某作为出卖人（由冷某作为代理人）签订《房屋买卖约定合同》，约定：王某向张某出售涉案房屋，房屋建筑面积为144.69平方米（实际面积以《房屋所有权证》登记的面积为准）；王某已与售房单位签订了《北京市商品房预售合同》，王某尚未取得《房屋所有权证》，售房单位正在按购房合同的约定办理房屋登记，具体取得时间以开发建设单位实际办理而定；房屋成交价格为920万元（包括房价款、专项维修资金、装饰装修款等），张某以全款方式购买涉案房屋，合同签订当日张某向王某支付定金50万元，王某在得到领取该房屋《房屋所有权证》的通知后3日内通知张某和某一公司，张某在得到通知后15日内，买卖双方共同向房屋权属登记部门申请办理房屋权属转移登记手续；王某应在2015年7月10日前将该房屋交付张某使用；合同签订后，买卖双方应按照合同约定履行义务，因迟延履行合同义务，迟延履行方应按照每逾期一日赔偿守约方成交价款0.02%的逾期违约金，并于实际履行义务之日起3日内向守约方支付违约金，合同继续履行，逾期超过15日，守约方有权单方解除合同，违约方应自解除合同的通知送达之日起3日内按照本合同约定成交价的20%向守约方支付违约金。

同日，张某与王某（由冷某作为代理人）签订《补充协议》，双方对于房屋成交价格、房款支付、违约责任等作出补充约定。关于房屋成交价格，双方约定，房价款为319万元，房屋公共维修基金、装修及附属配套设施、搬迁费、综合补偿款等合计为601万元，房屋总价款为920万元。关于房款支付约定，①张某应于办理房屋所有权转移登记手续前一次性支付除定金外的剩余房款870万元；②张某应于签订买卖合同当日向王某支付定金50万元，应于2015年7月10日前再向王某支付剩余房款330万元，应于过户前一个工作日以资金监管形式向王某支付剩余房款540万元，王某应于2015年7月10日前收到张某支付房款330万元同时将钥匙交于张某，允许张某提前入住；③张某如不按时支付以上款项，每逾期1日，应按日向王某支付房屋成交价格的0.05%作为赔偿。关于违约责任，双方约定，王某的下列行为构成违约：①王某提供的相关房屋产权手续、合同或相关产权过户手续不真实、不完整、无效或房屋被查封等，导致房屋产权无法过户或无法领取新的产权证；②在签订本协议后，王某不将该房屋出售给张某，或者在签订本协议后，王某提高房屋交易价格，或者王某将房屋出售给第三方的情形；③若王某违约，则应在违约行为发生之日起5个工作日内，以相当于房屋总价款的20%数额向张某支付违约金；④某一公司收取张某的所有费用不予退还，由王某直接赔付张某；⑤王某构成违约的其他情形。

同日，张某、王某（由冷某作为代理人）与某一公司签订《居间服务合同》，就居间服务内容、居间费数额、各方权利义务关系及违约责任等进行了约定。

2015年5月25日，张某向王某支付定金50万元。2015年8月21日，张某向王某支付购房款330万元。2015年9月6日，张某向王某支付28 150元，备注为“利息王某”。

王某已将涉案房屋交付给张某居住使用，涉案房屋仍登记在开发商名下。

2016年8月18日，张某的购房资质审核通过。

某三公司系开发商委托的房屋所有权证代办公司。2016年8月3日，某三公司出具《情况说明》，内容为：“某某业主王某，于2016年2月4日向朝阳区房屋权属登记中心提交材料申请办理房屋所有权证。由于业主为部队军人身份无法提供户口本，需用部队证明代替，业主提供的部队证明不符合登记中心要求退件。我司再次为业主预约时间为4月初办理产权证，但此房屋已于2016年3月25日被北京市朝阳区人民法院申请司法查封，无法继续办理产权证，特此说明。”

合同履行过程中，双方出现争议。张某将王某起诉至北京市朝阳区人民法院，称：王某因房价暴涨而多次明确表示拒绝出售涉案房屋，并愿意向张某支付184万元违约金及中介费损失。请求：①要求开发商协助王某办理涉案房屋的权属转移登记手续，将该房屋转移登记至王某名下；②在涉案房屋转移登记至王某名下后，要求王某协助张某将涉案房屋转移登记至张某名下；③要求王某向张某支付违约金184万元；④要求王某赔偿张某申请诉前财产保全支付的保险费4.6万元；⑤要求王某承担保全费5000元。

王某辩称：同意在办理完毕涉案房屋的权属登记后，将该房屋转移登记至张某名下，但目前涉案房屋未完成权属登记，无法将房屋转移登记至张某名下。王某不存在违约行为，故不同意承担违约责任，也不应支付保险费和保全费，张某恶意拖欠最后一笔房款而申请查封涉案房屋，由此扩大的损失应由张某自行承担。

开发商辩称：开发商与王某之间确实存在房屋买卖合同关系，王某已付清全部购房款，但涉案房屋尚未取得房屋所有权证。为王某办理涉案房屋的权属登记手续是开发商的合同义务，在条件具备的情况下开发商同意协助王某办理涉案房屋的权属登记手续，张某的其他诉讼请求与开发商无关，不发表意见。

庭审中，张某申请证人程某出庭作证。程某表示：①某一公司系本案买卖合同的居间方，其曾系某一公司的员工，为买卖双方提供居间服务。②涉案房屋于2015年5月成交，合同签订后，张某向王某支付了50万元定金，后又支付了330万元购房款，王某出售涉案房屋时尚未取得房屋所有权证书，只是与开发商签订了买卖合同。涉案房屋的买卖合同和居间合同均是王某的配偶冷某签订的，故其一直是与冷某联系。③2016年春节前夕，冷某表示产权证马上办下来了，让其通知张某准备好尾款，其便通知张某准备尾款，张某表示尾款已经准备好，春节后，张某提交了购房资质审核申请，在审核结果没有出来之前，冷某告诉其不想卖房了，后其通过微信和电话多次与冷某沟通，冷某表示卖房也可以，但得加价。2016年3月底4月初，张某、张某的配偶、冷某、王某的父亲及其见面进行商谈，王某的父亲表示因房价上涨，不想再卖涉案房屋。此后也经过多次沟通，冷某的态度还是“如果张某要买的话需要加钱”。在法院查封涉案房屋后，冷某与其联系，表示希望尽快将涉案房屋过户至张某名下，按照合同约定的价格，让其与张某沟通一下，但其一直没有联系上张某。

王某提交某三公司于2016年5月11日出具的《证明》，内容为：“我公司接受北京某房地产开发有限公司委托，代为办理位于北京市朝阳区涉案房屋所在楼栋的房屋产权证。2016年4月初，涉案房屋已满足办理房产证条件。经我司查询，由于该套房屋于2016年3月22日被北京市朝阳区人民法院查封，现无法办理房屋产权登记。以上情况我司已如实向该房屋业主王某告知。”该《证明》用以证明涉案房屋于2016年4月满足办理产权证的条件，但因涉案房屋于2016年3月22日被北京市朝阳区人民法院查封，故无法办理产权登记。

本书作者系张某的诉讼代理人。

律师思路

请求权的基础

本案中，张某提出以下五项诉讼请求：①要求开发商协助王某办理涉案房屋的权属转移登记手续，将该房屋转移登记至王某名下；②在涉案房屋转移登记至王某名下后，要求王某协助张某将该房屋转移登记至张某名下；③要求王某向张某支付违约金 184 万元；④要求王某赔偿张某申请诉前财产保全支付的保险费 4.6 万元；⑤要求王某承担保全费 5000 元。

一、针对第 1、2 项诉讼请求，假设张某对王某和开发商根据《合同法》第 107 条〔1〕、《北京市高级人民法院关于审理房屋买卖合同纠纷案件适用法律若干问题的指导意见（试行）》第 14 条第 1 款〔2〕享有协助办理权属转移登记请求权（由开发商将涉案房屋转移登记至王某名下后，王某将该房屋转移登记至张某名下）

1. 那么首先该请求权必须已经产生。

根据上述法条，该请求权产生的前提条件是：

（1）张某与王某之间存在合法有效的合同：张某与王某签订的房屋买卖合同系双方当事人真实意思表示，内容不违反法律的强制性规定，房屋买卖合同关系合法有效。

（2）王某有义务协助张某将涉案房屋过户至张某名下：买卖双方签订房屋买卖合同后，买方有义务支付房款，卖方有义务协助买方将房屋权属转移登记至买方名下。王某作为卖方，应承担协助过户义务。

（3）王某不履行合同义务或者履行合同义务不符合约定：王某多次明确拒绝出售涉案房屋，不履行合同义务。

---

〔1〕《合同法》第 107 条　当事人一方不履行合同义务或者履行合同义务不符合约定的，应当承担继续履行、采取补救措施或者赔偿损失等违约责任。

〔2〕**《北京市高级人民法院关于审理房屋买卖合同纠纷案件适用法律若干问题的指导意见（试行）》第 14 条第 1 款**　房屋经多次转手买卖，均未办理转移登记，终局买受人以前手出卖人为被告提起诉讼，要求办理房屋所有权转移登记的，法院可以依申请或根据案件具体情况追加登记权利人（第一手出卖人）作为第三人参加诉讼，经审查诉讼请求应予支持的，可以判决当事人依次办理房屋所有权转移登记，但当事人另有约定的除外。

(4) 涉案房屋经多次转手买卖，均未办理转移登记：涉案房屋现登记在开发商名下，尚未转移登记至王某名下。

(5) 张某作为终局买受人以前手出卖人王某为被告提起诉讼，要求办理房屋所有权转移登记。

由此，张某对开发商和王某享有的协助办理权属转移登记请求权产生了。

2. 该请求权并未消灭。

3. 王某并不享有抗辩权，张某起诉也并未过诉讼时效，并且本案不存在《合同法》第110条[1]的不能履行的情形。

4. 故张某对开发商和王某依据上述法条享有协助办理权属转移登记请求权。

二、针对第3项诉讼请求，假设张某对王某根据《合同法》第114条第1款[2]享有支付违约金请求权

1. 那么首先这个请求权必须已经产生。

根据上述法条，请求权产生的前提条件是：

(1) 张某与王某之间存在合法有效的合同。

(2) 双方约定一方违约时应当根据违约情况向对方支付一定数额的违约金，或约定因违约产生的损失赔偿额的计算方法：双方签订的《房屋买卖约定合同》及其《补充协议》约定，王某不将该房屋出售给张某，或者提高房屋交易价格，或者将该房屋出售给第三方的，王某以相当于房屋总价款的20%向张某支付违约金，即人民币184万元。

(3) 王某违约。

由此，张某对王某所享有的支付违约金请求权产生了。

2. 该请求权并未消灭。

3. 王某并不享有抗辩权，张某起诉也并未过诉讼时效，并且本案不存在《合同法》第110条的不能履行的情形。

4. 故张某对王某依据上述法条享有支付违约金请求权。

---

[1] **《合同法》第110条** 当事人一方不履行非金钱债务或者履行非金钱债务不符合约定的，对方可以要求履行，但有下列情形之一的除外：①法律上或者事实上不能履行；②债务的标的不适于强制履行或者履行费用过高；③债权人在合理期限内未要求履行。

[2] **《合同法》第114条第1款** 当事人可以约定一方违约时应当根据违约情况向对方支付一定数额的违约金，也可以约定因违约产生的损失赔偿额的计算方法。

三、针对第4、5项诉讼请求，假设张某对王某根据《合同法》第107条享有赔偿5.1万元损失（保险费4.6万元及保全费5000元）的请求权

1. 那么首先这个请求权必须已经产生。

根据《合同法》第107条，请求权产生的前提条件是：

（1）张某与王某之间存在合法有效的合同。

（2）王某有义务协助张某将涉案房屋过户至张某名下。

（3）王某不履行合同义务或者履行合同义务不符合约定。

（4）张某可以要求赔偿损失：因王某恶意违约，张某为保障自己的合法权益申请财产保全，所产生的保全费5000元和保险费4.6万元系张某的实际损失，张某有权要求王某赔偿。

由此，张某对王某所享有的赔偿损失请求权产生了。

2. 该请求权并未消灭。

3. 张某的起诉未过诉讼时效，王某也并无相应抗辩权。

4. 故张某对王某依据上述法条享有赔偿5.1万元损失的请求权。

律师代理词及法院裁判

代理词

一、本案产生的背景

2016年春节后，涉案房屋价格暴涨。王某图利涉案房屋增值利益，其通过本人、其丈夫、其父亲、中介公司多次向张某表明不再履行双方签订的合同，愿意全额支付合同约定的20%违约金、赔偿中介服务费，并要求张某腾退房屋。张某拒不同意之下依法起诉到朝阳法院。

二、双方之间的房屋买卖合同系双方当事人真实意思表示

内容不违反法律的强制性规定，房屋买卖合同关系合法有效，双方均应按照合同的约定及法律的规定及时全面地履行合同义务。

三、王某拒绝履行合同的行为构成严重违约

其所谓的“只是协商”的说辞明显不能成立。

事实经过：

2016年2月29日，在中介告知王某如果违约要承担违约责任以及买家不

会同意解约的情况下，王某仍坚持表态不卖房。

2016 年 3 月 1 日，王某直接通知张某，明确表示房子不卖了，并要求张某腾退房屋，张某当即拒绝。

2016 年 3 月 11 日，王某通过中介传话，要求将房屋涨价部分的一半补给王某。

2016 年 3 月 19 日，王某通过中介表态，房屋价格已经涨到 1400 万元，坚持要求毁约。

2016 年 3 月 22 日，法院查封涉案房屋，但并未通知王某。

2016 年 3 月 27 日，张某与王某见面，王某尚不知晓房屋已被查封的事实，当时王某仍坚持表态要么涨价要么不卖房，态度强硬。

2016 年 4 月 11 日，张某正式立案。

2016 年 4 月 23 日，王某得知涉案房屋被查封后，短信表示可以继续履约。

1. 双方不存在协商的事实基础。

张某与王某在签订《房屋买卖约定合同》及《补充协议》之前，关于购房款金额等具体合同内容作了多次协商，并最终达成一致意见形成书面协议，双方不存在还需就合同内容进行协商的情形，王某所谓的“只是协商”的说辞缺少事实基础。

2. 王某系单方毁约行为。

从字面意思看，“协商”应为协调、沟通、商量之意，旨在双方相互交流意见并最终达成一致。而本案中，王某关于合同的意见是单方地、明确地要求坚决不再履行合同，这一点在王某与中介公司的微信记录中有充分的体现：中介公司在向王某表明如果王某违约要承担总房款 20% 的违约金，并再次询问王某是否坚持不卖房时，王某的答复为“是的”。很显然，王某系单方毁约行为。

3. 王某之所以妥协，完全是基于涉案房屋已被保全，其无计可施，而非“协商未能达成一致，愿意继续按约定履行合同”。

根据前述整理的事实经过可以看出：

（1）从 2016 年 2 月 29 日起，中介公司和张某已经通过短信、电话、见面沟通等多种方式表达了不同意王某涨价和解约的意见，此时王某不但未立即按原合同继续履行，反而态度坚决，要求要么涨价要么解约。

（2）王某得知涉案房屋被采取财产保全措施以后，于2016年4月23日表示同意正常履行合同。

很显然，如果是协商，张某于2016年3月1日第一时间表示不同意涨价或解约时，王某就应当第一时间按原合同继续履行，而不必等到房屋已被查封才同意履约。王某最终妥协并同意继续履行合同的原因，绝非基于其良心善念的发现，而是因为涉案房屋已经被采取保全措施，合同继续履行已成必然，王某故作配合履行以达到减轻其违约责任的目的。

4. 法律上已经界定王某的行为就是严重的违约行为。

《合同法》第108条规定："当事人一方明确表示或者以自己的行为表明不履行合同义务的，对方可以在履行期限届满之前要求其承担违约责任。"

根据上述法律的规定，在履行期限届满之前，当事人一方明确表示或者以自己的行为表明不履行合同义务的，就构成违约，应当按照合同约定承担违约责任。所谓"协商"的说辞，明显与法律的规定相违背，不能成立。

四、张某有权要求继续履行合同

根据《合同法》第107条以及2010年《北京市高级人民法院关于审理房屋买卖合同纠纷案件适用法律若干问题的指导意见（试行）》第14条的规定，当事人一方不履行合同义务或者履行合同义务不符合约定的，应当承担继续履行、采取补救措施或者赔偿损失等违约责任。现张某已经实际入住涉案房屋，涉案房屋又不存在任何法律或事实上的履行不能，故张某要求继续履行合同的诉求应当得到法院支持。

五、张某主张184万元违约金应得到支持

1. 违约金条款约定合法有效。

根据《合同法》第114条的规定，合同当事人可以约定一方违约时向对方支付违约金。双方签订的《房屋买卖约定合同》及其《补充协议》约定，王某不将该房屋出售给张某，或者提高房屋交易价格，或者将该房屋出售给第三方的，王某以相当于房屋总价款的20%向张某支付违约金即人民币184万元。该约定对双方具有法律上的拘束力。

2. 王某对其违约要承担的责任有预期。

双方对于一方违约要承担的责任约定得具体、明确，王某对其违约要承担184万元违约金的情形有预期。

3. 王某主观恶意极大。

本案纠纷系王某因近期房价暴涨，其图利房屋增值利益，而单方恶意违约所致，王某的主观恶性极大。

4. 张某损失巨大。

因王某的违约，张某花费了律师费、保全费、担保费、诉讼费共计几十万元，并且为此事投入了大量的时间、精力，王某的违约给张某造成了巨大的损失。

5. 法院裁判应考虑社会效果。

买卖双方签订房屋买卖合同后，一方因房价暴涨而找各种理由拒绝履行合同，这种行为本质上是一种严重的扰乱交易秩序的行为，法院应当对此种行为进行严厉的惩罚，惩罚的力度应与违约行为的恶劣性对等，如此才能营造良好的社会效果。如果法院仅施以轻微的惩戒，违约一方的毁约代价、成本太低，根本无法形成威慑作用。在没有严厉惩戒的情况下，裁判机构无疑在变相鼓励当事人毁约牟取暴利，此种情况下，通过裁判文书规范人们遵守诚信的目的就完全落空了。基于裁判社会效果的考虑，法院应当对王某恶劣的违约行为施以严厉的制裁。

六、王某主张张某迟延付款构成违约，明显不能成立

1. 2016年6月底，张某生产完正在坐月子，张某丈夫又在国外出差，马上面临支付购房款的问题，后在与王某及中介公司三方进行沟通后，王某明确表示同意张某延期支付购房款，并约定按王某贷款当月额度的银行利息计算了延期支付购房款的利息28 150元，后张某按照变更后的约定履行了支付购房款及利息的合同义务。关于上述合同变更及履行情况，中介公司工作人员已经到庭作证，证实了上述事实，王某的主张明显缺少事实依据。

2. 张某在2015年8月21日支付330万元购房款，在2015年9月6日支付利息28 150元后，直到本案2016年5月26日第一次开庭当日，这期间长达八个多月。在如此长的时间里，王某从未对这两笔款项的支付提出任何异议，且从王某的微信往来中可以看出，王某不但从未指责张某迟延付款构成违约，反而多次表示愿意承担总房款20%的违约金，王某的说辞明显与其行为相矛盾。

综上所述，为了保护当事人的合法权益，维护法律的权威，请求法院依法支持张某的诉讼请求。

法院裁判

北京市朝阳区人民法院经审理认为：

本院认为，当事人应当按照约定全面履行自己的义务。当事人一方不履行合同义务或者履行合同义务不符合约定的，应当承担继续履行、采取补救措施或者赔偿损失等违约责任。本案中，张某与王某签订的《房屋买卖约定合同》及《补充协议》系双方真实意思表示，且不违反法律、行政法规的强制性规定，内容合法有效，双方均应据此行使权利、履行义务。现张某要求开发商协助王某办理涉案房屋的权属转移登记手续，之后再由王某协助张某办理涉案房屋的权属转移登记手续，开发商和王某均表示同意，本院不持异议，客观上合同的继续履行也无其他障碍，故对于张某的该两项诉讼请求本院予以支持。

本案争议焦点在于王某的行为是否构成违约，是否应承担违约责任。根据《补充协议》约定，协议签订后，王某不将涉案房屋出售给张某或提高房屋交易价格均构成违约，并应按房屋总价款的20%支付违约金。从上述查明的事实可以看出，王某存在拒绝出售房屋及提高交易价格的行为，该行为已经违反了合同约定，应承担相应违约责任。关于违约金的具体数额，王某主张违约金过高并请求本院予以酌减，本院将以张某的实际损失为基础，兼顾合同的履行情况、王某的过错程度以及预期利益等综合因素，根据公平原则和诚实信用原则依法酌情确定，依照《合同法》第8条、第60条、第107条、第114条以及《合同法解释（二）》第29条之规定，判决：第三人北京某房地产开发有限公司协助王某办理涉案房屋的权属转移登记手续，将该房屋转移登记至王某名下；王某在前述判决履行完毕后协助张某办理涉案房屋的权属转移登记手续，将该房屋转移登记至张某名下，与此同时，张某向王某支付剩余购房款540万元；王某向张某支付违约金15万元；王某向张某支付保全费5000元。

律师点评

1. 本案是典型的次新房买卖，相较于一般的二手房交易，此类买卖更容易引发纠纷：一来次新房交易周期较长；二来前手房本下发后，往往带动房屋价格上涨，出卖方极有可能追求房屋增值而毁约；三来次新房没有房本，没办法通过网签锁定房屋，出卖方很有可能在房本下发后一房二卖或设定抵押。

2. 如果在次新房交易过程中，发现卖方想要毁约，建议买方即使采取保全措施，因为只要房屋的整个楼宇大产权已经办理，根据法律规定可以采取预查封措施。本案对方在诉讼中之所以服软同意配合过户，就在于本案及时采取了预查封措施。现在张某已经取得了涉案房屋的不动产权证书，并多次表示对本书作者的专业、敬业感到敬佩。

11. 买方以无购房资格为由要求解约

周某、王某与姜某房屋买卖合同纠纷案

本案思维导图

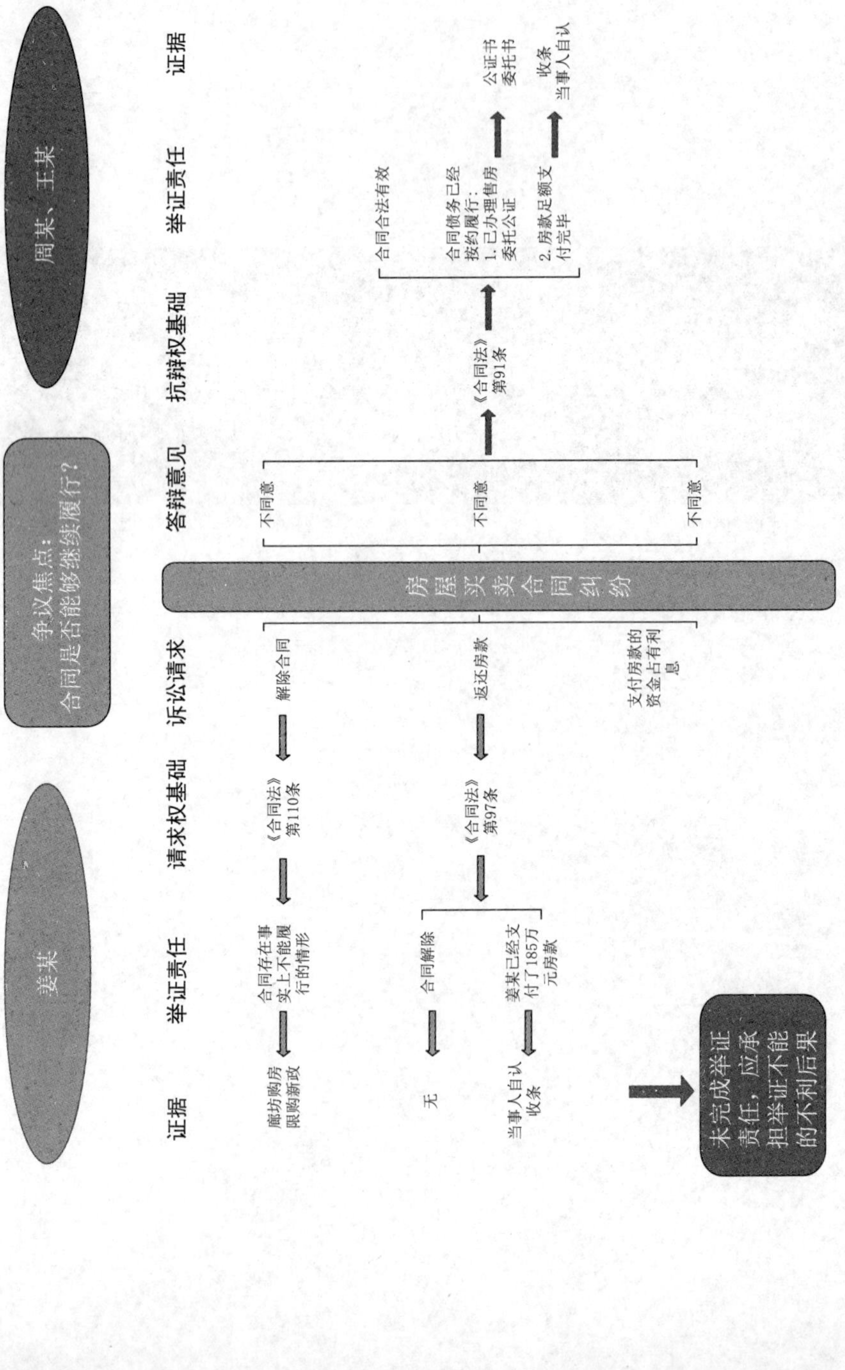

姜某

争议焦点：
合同是否能够继续履行？

周某、王某

证据 | 举证责任 | 请求权基础 | 诉讼请求 | 房屋买卖合同纠纷 | 答辩意见 | 抗辩权基础 | 举证责任 | 证据

廊坊购房限购新政 ← 合同存在事实上不能履行的情形 ← 《合同法》第110条 ← 解除合同

无 ← 合同解除

当事人自认 收条 ← 姜某已经支付了185万元房款

（合同解除；姜某已经支付了185万元房款）← 《合同法》第97条 ← 返还房款

支付房款的资金占有利息

不同意

不同意 → 《合同法》第91条 → 合同合法有效；合同债务已经按约履行：

1. 已办理售房委托公证 → 公证书 委托书

2. 房款足额支付完毕 → 收条 当事人自认

不同意

未完成举证责任，应承担举证不能的不利后果

案情介绍

周某与王某系夫妻关系，二人于2012年9月1日购买位于廊坊市大厂回族自治县涉案房屋。

2016年12月4日，周某作为出卖方与姜某作为买受方在大厂回族自治县某某房产经纪有限公司（以下简称“中介公司”）的居间服务下签订《房屋买卖合同》，约定：周某向姜某出售涉案房屋（签约时涉案房屋尚未办理一手房房屋产权证），房屋总价款为185万元，定金30万元，一次性转账支付；2016年12月20日前，自行支付120万元；涉案房屋一手房房屋产权证下发并且双方办理周某、王某委托姜某出售涉案房屋的委托公证后，姜某支付尾款35万元。姜某足额支付185万元房款起7日内，周某、王某将涉案房屋交付给姜某。周某、王某应于收到定金及房款总共150万元起320日内解除涉案房屋上的抵押。合同中约定：若周某、王某逾期交房，则每逾期一日，周某、王某支付姜某已付款项10%的违约金，超过30日的，姜某可解除合同，并向周某、王某主张房款10%的违约金；若姜某逾期付款，则每逾期一日，姜某支付周某、王某应付款项10%的违约金，超过30日的，周某、王某可解除合同，并向姜某主张房款10%的违约金。

当日，周某、王某将购买涉案房屋时的全部资料原件交由中介公司保管；周某、王某将房屋交付给姜某。

姜某于签约当日支付了150万元，含定金30万元及房款120万元。

2017年1月25日，姜某支付20万元房款。

2017年4月底，涉案房屋一手房房屋产权证下发。

2017年5月5日，周某、王某出具委托姜某代为出售涉案房屋、代为办理过户、按揭贷款还贷等手续的《委托书》。

2017年5月8日，周某、王某对2017年5月5日出具的委托书进行公证，北京市方正公证处出具了（2017）京方正内民证字第×××××号《公证书》。当日，姜某支付了剩余15万元房款。

2018年1月，姜某向河北省廊坊市大厂回族自治县人民法院提出诉讼请求：解除姜某与周某、王某签订的《房屋买卖合同》，判令周某、王某返还姜某185万元合同款；判令周某、王某支付姜某合同款利息损失。2016年12月4日，姜某与周某签订了《房屋买卖合同》，合同约定周某、王某将涉案房屋转让于我。周某和王某系夫妻关系，该房屋为二人共同共有。因廊坊市购房政策原因导致该《房屋买卖合同》事实上已不能实际履行。综上，根据《合同法》等规定，为维护姜某合法权益，故诉至法院。

周某、王某辩称：姜某所述并非属实，其购买涉案房屋目的系转手房屋获取差额利润，双方约定待房本下发后，周某、王某配合姜某办理委托其出售涉案房屋的公证手续，同时姜某支付购房尾款，合同即可履行完毕，不需办理过户手续。2017年5月8日，双方办理委托出售房屋的公证手续，涉案房屋及产权证书按约定完成了交付，姜某付清款项，双方权利义务终止。涉案房屋交易并非过户至姜某名下，合同目的已实现，姜某起诉目的系将房屋贬值损失进行无理转嫁。

周某、王某提出反诉请求：判令姜某支付违约金18.5万元。双方合同已经履行完毕，姜某假借廊坊市限购政策趋利避害，违反合同约定及诚实信用原则，应当承担违约责任。

姜某辩称：姜某积极履行合同付款义务，不存在违约行为，基于限购政策致使合同不能继续履行而非姜某原因致使合同不能履行，周某、王某不存在损失。

本书作者系周某、王某的诉讼代理人。

抗辩权的基础

本案中，姜某提出以下三项诉讼请求：①判令解除双方房屋买卖合同；②判令周某、王某返还姜某185万元合同款；③判令周某、王某支付姜某合同款利息损失。

姜某的三项诉讼请求均基于合同解除的情况，故周某、王某论证双方合同不应解除即可抗辩姜某的三项诉讼请求。

假设周某、王某对姜某的诉讼请求根据《合同法》第91条第1项[1]享有抗辩权：

1. 那么该抗辩权必须已经产生。

根据《合同法》第91条第1项，该抗辩权产生的前提条件是：

（1）周某、王某与姜某之间存在合法有效的合同：双方之间签订的房屋买卖合同均为双方真实意思表示，内容也不违反相关法律规定，故该合同合法有效。

（2）合同约定的债务已经按照约定履行完毕：双方约定周某、王某办理了委托姜某售房的公证、姜某足额支付房款后，涉案房屋买卖合同就履行完毕，现周某、王某已经办理了委托公证，姜某也足额支付了房款，债务已经按照约定履行，双方权利义务终止，姜某无权要求解约。

由此，该抗辩权产生了。

2. 周某、王某并未放弃该抗辩权。

3. 故周某、王某对姜某的三项诉讼请求均享有抗辩权。

请求权的基础

本案中，周某、王某提出反诉请求，要求姜某支付18.5万元违约金。

假设周某、王某对姜某根据《民法总则》第179条第1款第9项[2]享有支付18.5万元的违约金：

1. 那么首先该请求权必须已经产生。

根据上述法条，该抗辩权产生的前提条件是：

（1）周某、王某与姜某之间存在合法有效的合同。

（2）姜某违反合同约定：双方合同已经履行完毕，姜某起诉要求解约性质上系根本违约。

由此，周某、王某对姜某享有的支付违约金请求权产生了。

2. 该请求权并未消灭。

3. 周某、王某的起诉未过诉讼时效，姜某也并无相应抗辩权。

4. 故周某、王某对姜某依据上述法条享有支付18.5万元违约金请求权。

---

[1]《合同法》第91条　有下列情形之一的，合同的权利义务终止：①债务已经按照约定履行；……

[2]《民法总则》第179条第1款　承担民事责任的方式主要有：……⑨支付违约金；……

律师代理词及法院裁判

代理词

一、姜某购买涉案房屋系为获取转售利润，并非用于自住

姜某系“炒房客”，其购买涉案房屋的目的系为了转售涉案房屋获取差额利润，周某与姜某电话录音中姜某自认：“我这边是属于倒房。”

二、房屋买卖合同已履行完毕，双方合同权利义务已终止，姜某无权要求解除合同

（一）法律依据

《合同法》第91条规定：“有下列情形之一的，合同的权利义务终止：①债务已经按照约定履行；……”

（二）合同依据

《房屋买卖合同》第4条第3款第2项约定：“甲乙双方约定在本房房产证下发当日甲方配合乙方办理委托公证手续，乙方并一次性支付甲方尾款叁拾伍万元整。”

《房屋买卖合同》第9条权属转移登记约定：“当事人双方同意，符合下列第3项条件时，双方共同向房屋权属登记部门申请办理房屋权属转移登记手续。……③甲乙双方约定甲方取得房产证30日内甲方无条件配合乙方办理委托公证手续。”

2017年5月5日，周某、王某签署的《委托书》载明：“因委托人（周某、王某）工作繁忙，特委托姜某作为代理人，办理出售上述房产（涉案房屋）的相关事项……”

（三）具体理由

1. 由于姜某系“炒房客”，为了便于姜某出售涉案房屋，双方约定周某、王某办理委托姜某售房的公证，姜某足额支付房款后，涉案房屋买卖合同就履行完毕。

2. 双方的约定合法有效，不违反法律法规的强制性规定，对双方均有法律约束力。

3. 涉案房屋买卖合同已经履行完毕。

（1）2016 年 12 月 4 日，周某、王某将涉案房屋交付给姜某。

（2）2017 年 4 月底，涉案房屋不动产权登记证书下发，周某、王某依约将该证书交付给姜某。

（3）2017 年 5 月 5 日，周某、王某依约签署了委托姜某作为代理人、办理出售涉案房屋相关事项的《委托书》。

（4）2017 年 5 月 8 日，周某、王某配合姜某办理了上述委托书的公证手续，北京市方正公证处出具了（2017）京方正内民证字第××××号《公证书》。

（5）姜某已向周某、王某支付了全部购房款项。

故双方之间的合同已经全部履行完毕，依据《合同法》第 91 条的规定，双方的权利义务已经终止，姜某无权要求解除合同。

三、姜某起诉要求"解除合同"的真实原因系房价下跌，其将房屋贬值损失无理转嫁给周某、王某

姜某之所以起诉要求解除合同，真实目的系因廊坊购房新政的出台导致房屋价格下跌，姜某转售涉案房屋可能无法盈利甚至亏损，其想通过解除房屋买卖合同，要求周某、王某全额退款的方式，将房屋贬值损失无理转嫁给周某、王某。

本交易中，房价上涨了，姜某售房可以获得房屋增值利益；但是房价下跌了，姜某却要将贬值损失转嫁给周某、王某。姜某的行为严重违反了交易中的诚实信用原则，对周某、王某极其不公平。

四、周某、王某有权要求姜某支付 18.5 万元违约金

1. 涉案交易并非要将涉案房屋直接过户至姜某名下，因此不存在姜某因廊坊新政无法履行合同的前提，姜某明显是假借新政欲达到恶意毁约的目的，其起诉明显目的不正当。

2. 姜某起诉要求解约系为了摧毁整个交易，其行为性质上是根本性违约，周某、王某比照《房屋买卖合同》中的根本性违约条款主张总房款 10%的违约金，即 18.5 万元，有相应的依据。

3. 为了应对姜某的恶意起诉，周某、王某产生了误工费、交通费、律师费等额外费用成本，也因此牵扯了诸多精力，严重影响了自己正常的工作和生活，姜某理应承担相应的违约责任。

综上，姜某的诉讼请求毫无根据，周某、王某的反诉请求有事实和法律依据，为了维护当事人的合法权益和法律的权威，请求法院依法驳回姜某的诉讼请求，支持周某、王某的全部反诉请求。

法院裁判

河北省大厂回族自治县人民法院经审理认为：

当事人对自己提出的诉讼请求所依据的事实应提供充分证据予以证明，如证据不足以证明其主张，则应由其自行承担不利的法律后果。涉案房屋买卖合同约定不违背法律、行政法规禁止性规定，依法成立、生效后，买卖双方均应遵约守信，全面、诚信、善意履行合同义务。结合涉案合同第 4 条、第 9 条合同约定内容，以及 2016 年 12 月 4 日涉案房屋完成交付，2017 年 4 月房屋不动产权证下发、买卖双方签署、认可的《委托书》、《公证书》，至姜某交清购房尾款，合同内容均体现了双方真实意思表示，双方亦积极履行了合同的全部履约过程。依据双方达成合意的合同约定条款，基于涉案房屋买卖合同已经履行完毕，双方合同权利义务已经终止。故姜某对于已经终止的合同主张解除并返款、支付损失的诉求，理据不足，本院不予维护。且，对于廊坊市人民政府 2017 年 3 月 21 日、6 月 2 日颁布的本辖区房地产市场调控意见《通知》内容，政策调控对象并不适用于政策实施之前的房屋交易主体及行为，该政策效力亦不溯及既往。关于周某、王某主张的违约金损失，周某、王某并未提交充分证据证明周某、王某因姜某的违约行为致其损失已经产生或必然产生，周某、王某比照涉案房屋买卖合同约定的违约金条款进行主张，理据不足，本院亦不予维护。综上，依照《合同法》第 8 条、第 60 条、第 91 条第 1 款 1 项、第 113 条，最高人民法院《关于民事诉讼证据的若干规定》第 2 条之规定，判决：驳回姜某的全部诉讼请求。

律师点评

1. 本案是典型的房价暴跌背景下，买方毁约的案件。在某些特殊案件中，当事人的身份对案件最终的认定，有时候是有极其重大的影响的。本案中，本书作者就利用了这一点，首先将原告定位在“炒房客”这一身份中，老百姓对炒房客是什么态度？炒房客唯利是图、哄抬房价，老百姓对他们当然是厌烦的，而法官也是人，法官也会有这样的认知。再结合本案的情况，姜某作为买方是为了炒房赚差价，现在房价跌了，跑过来起诉要求解除合同，想把损失扣给周某、王某，房价涨了你赚了差价，房价跌了你甩给卖家，好事能让你原告全部占尽？这首先在态势上姜某就处于下风。

2. 姜某以没有购房资格，合同无法履行要求解除合同，而本书作者则采用釜底抽薪的策略，直接主张合同已经履行完毕，既然合同都履行完毕归于消灭了，何来解除之说？这一观点巧妙地回避了姜某购房资格的问题，也被法院欣然采信。法院最终直接驳回了姜某要求解除合同的诉求。

12. 合同前后约定矛盾引起的纠纷

刘某与于某房屋买卖合同纠纷案

本案思维导图

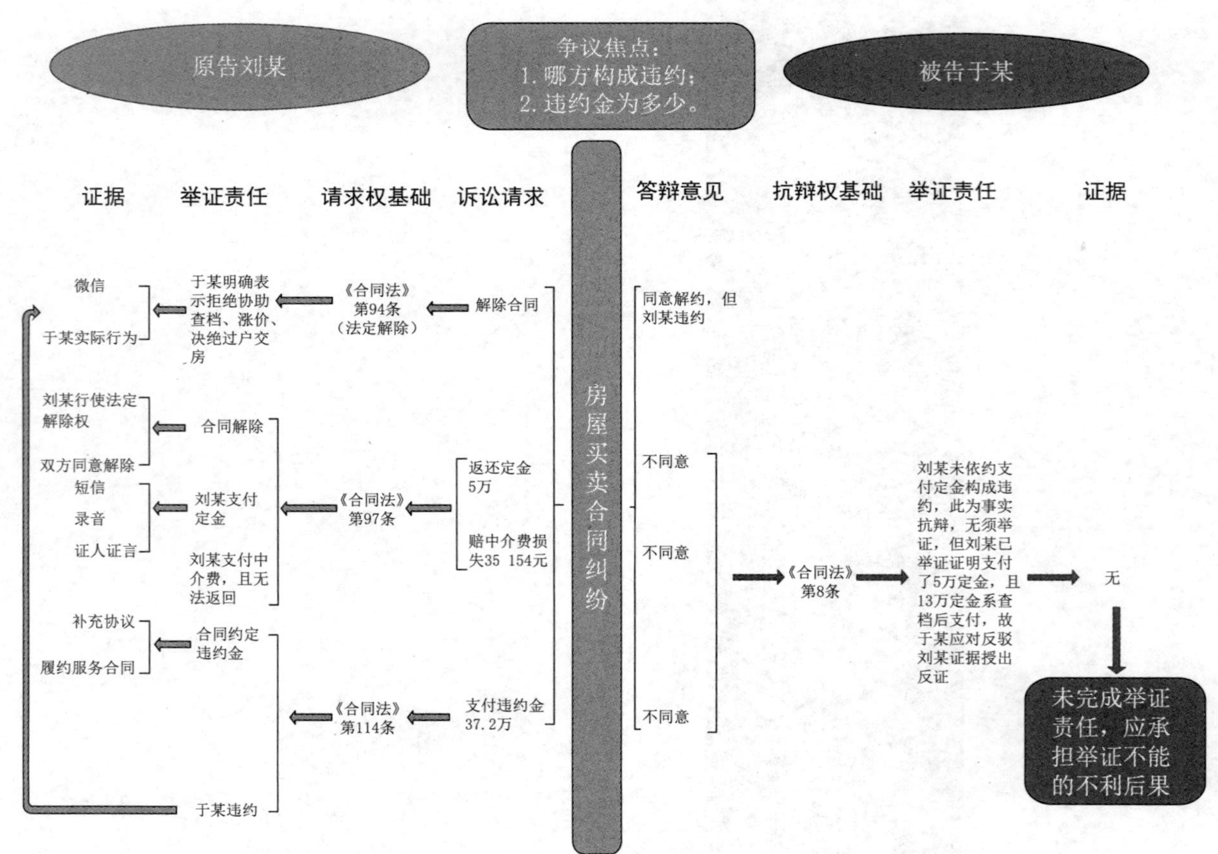
原告刘某
争议焦点：
1. 哪方构成违约；
2. 违约金为多少。
被告于某
证据
举证责任
请求权基础
诉讼请求
房屋买卖合同纠纷
答辩意见
抗辩权基础
举证责任
证据
微信
于某实际行为
于某明确表示拒绝协助查档、涨价、决绝过户交房
《合同法》第94条（法定解除）
解除合同
同意解约，但刘某违约
刘某行使法定解除权
双方同意解除
合同解除
短信
录音
证人证言
刘某支付定金
刘某支付中介费，且无法返回
《合同法》第97条
返还定金5万
赔中介费损失35 154元
不同意
不同意
补充协议
履约服务合同
合同约定违约金
于某违约
《合同法》第114条
支付违约金37.2万
不同意
《合同法》第8条
刘某未依约支付定金构成违约，此为事实抗辩，无须举证，但刘某已举证证明支付了5万定金，且13万定金系查档后支付，故于某应对反驳刘某证据授出反证
无
未完成举证责任，应承担举证不能的不利后果

案情介绍

位于北京市昌平区的涉案房屋登记权利人是于某，其单独所有。2016年9月10日，在北京链某房地产经纪有限公司居间下，于某与刘某签订《买卖定金协议书》，约定刘某购买涉案房屋。同日，刘某向于某支付购房定金5万元。后双方没有履行该《买卖定金协议书》。2016年9月13日，于某（甲方）与刘某（乙方）签订《解约协议书》，约定：甲乙双方此前签署的所有关于涉案房屋的协议均告解除，双方互不承担其他任何责任。甲乙双方互不追究对方关于《买卖定金协议书》中涉及的关于定金的任何责任，甲方已退还乙方定金。

2016年9月13日，于某（甲方、出卖方）和刘某（乙方、买受方）签订《北京市存量房屋买卖合同》，约定：双方通过某爱某家公司（以下简称“中介公司”）居间介绍成交，刘某购买涉案房屋，房屋已经设定抵押。房屋总价186万元，刘某应于签订本合同当日向甲方支付定金18万元，定金通过自行交付方式划转。刘某通过贷款方式支付房屋成交总价款，贷款120万元。刘某分两次向于某支付除定金与拟贷款金额外的所有成交总价款。《北京市存量房屋买卖合同》第6条第3款约定，本合同签署之日起，甲乙双方、共有人承诺积极履行该房屋交易过程中网签、解抵押、评估、贷款、交税、产权转移登记、抵押、放款、房屋交付等环节的义务并按要求提供材料，若任何一方违反本承诺，按本合同第10条第5款承担违约责任。双方最晚应于合同签订之日起90日内，共同向房屋权属登记部门申请办理房屋权属转移登记手续。《北京市存量房屋买卖合同》第10条第5款约定，除本合同另有约定的违约责任外，任何一方未履行本合同约定义务，经守约方催告后15日内仍未履行该义务，如合同可继续履行的双方继续履行，违约方须按房屋成交总价的10%向守约方承担违约责任。如构成本合同解除情形的，适用本合同第11条解除条款约定。《北京市存量房屋买卖合同》第11条第1款约定，①如于某依照本合同的约定单方解除本合同，应当以书面的方式进行。本合同自甲方向乙方发出的书面通知到达乙方之日起自动解除。乙方应按成交总价款的20%向甲方承担违约责任。甲方于合同解除之日退还抵扣违约金后剩余的乙方已付款。如已付款不足以抵扣，乙方应于解除之日支付不足部分。②如乙方依照本合同的约定单方解除本合同，应当以书面的方式进行。本合同自乙方向甲方发出的书面通知到达甲方之日起自动解除。甲方应于5个工作日内将其已经收取的乙方的全部付款返还给乙方，并按照房屋成交总价的20%向乙方支付违约金。如甲方逾期将乙方已经支付的款项返还给乙方，则每逾期一日，应按照未返还款项总额的0.05%每日向乙方支付违约金。

同日，于某（甲方、出卖方）和刘某（乙方、买受方）、中介公司（丙方、见证方）签订《补充协议》，约定：三方任何一方如对另一方或两方做出承诺，都会以《补充协议》、《证明》或《承诺书》等书面形式体现。三方不存在也不认可口头约定或承诺。《补充协议》第4条约定，由于刘某原因无法于签署本协议时缴纳足额定金，于某同意刘某暂交5万元，余额部分13万元在查档完成一个工作日内补齐。若逾期未补齐，则视为刘某违约，于某有权要求刘某按《买卖合同》中约定的定金金额双倍标准承担违约金，并且于某有权解除合同。《补充协议》第5条第1款约定，在签订合同当时，乙方交付甲方定金18万元。《补充协议》第9条约定，除对违约责任另有约定外，甲乙双方任何一方违反《补充协议》的约定，违约方应向守约方支付房屋成交总价款20%的违约金。

同日，于某（甲方、出售方）、刘某（乙方、买受方）、北京伟某某某投资管理有限公司（丙方、服务方）签订《履约服务合同》，约定丙方就涉案房屋买卖向甲乙双方提供服务。甲乙双方如未按照本合同约定履行义务，导致合同无法履行的，违约方应向守约方支付房屋成交价的20%的违约金。丙方已收取的服务费、评估费不予退还，守约方可作为己方损失向违约方主张赔偿。

2016年9月14日，于某给中介发微信，称："诚心买就打定金，今天不打，过完中秋就涨价，少于190万不卖了。"

2016年9月20日，北京伟某某某投资管理有限公司向于某发送《告知函》，写明：现因于某未按约定提交房屋产权证复印件（查档），请于某于2016年9月25日前与该公司联系，并尽快配合办理上述事宜。于某称收到该《告知函》，但是称已经履行了合同义务。

2016年9月25日，在中介和刘某的对话中，中介称，于某给的房产证复印件是两页在一起的，建委不收，查不了档。这事中介和于某说过，要去银行拿复印件和原件照片，于某就不给了，所以于某一直没有给中介提供正确的复印件。

2016年10月1日，于某、刘某、中介三方协商，中介要求于某提供房产证复印件，于某称不打定金对方违约，中介称合同上写明甲方同意乙方暂交定金，于某称不同意暂交。刘某称，接下来协商是解约还是继续履行，继续履行的话肯定有钱支付给于某。在后来谈话中，于某称把5万元退给刘某。最终三方没有协商一致。刘某尚未支付居间费。

后刘某以于某不提供符合中介要求的房屋所有权证复印件，导致中介无法进行查档，没有在合同约定的期限内完成过户，于某曾提出过要涨价、要解除合同等要求，认为于某违约，向北京市昌平区人民法院提出诉讼请求：①解除双方于2016年9月13日签订的《北京市存量房屋买卖合同》、《装修款补充协议》、《补充协议》；②于某退还刘某购房定金5万元；③于某赔偿刘某中介服务费损失35 154元；④于某支付刘某违约金37.2万元，按总房款20%计算。

于某同意解除合同，但辩称自己已经提交了房屋所有权证复印件，现中介要求重复提交，于某没有违约，反而是刘某没有支付合同约定的定金18万元，且合同约定是签订合同时支付18万元，而不是分次支付，刘某违约。

针对于某的抗辩，刘某称：《买卖定金协议书》中的5万定金于某实际并没有退还，而是直接转为后来在中介公司居间下买卖合同中的定金，双方约定定金分两次支付。于某不认可该主张。

庭审中，中介公司居间经办人高某出庭作证，称：刘某和于某约定，定金共18万元，其中5万元是在其他中介公司居间时已经支付的5万元定金，双方协议转为本次交易中的定金，剩余13万元定金刘某尚未支付，双方协议是查档当日确认无误再支付剩余13万元定金。高某称，建委查档一般要求买卖双方到场，有时可以不必双方当场，但根据先例，必须有房屋所有权证书的原版复印件，于某提供的是缩印版本的复印件，不符合建委查档要求，故多次要求于某提供符合要求的房屋所有权证复印件，于某均没有提供。

本书作者系刘某的诉讼代理人。

律师思路

请求权的基础

本案中，刘某提出以下四项诉讼请求：①解除双方于2016年9月13日签订的《北京市存量房屋买卖合同》、《装修款补充协议》、《补充协议》；②于某退还刘某购房定金5万元；③于某赔偿刘某中介服务费损失35 154元；④于某支付刘某违约金37.2万元，按总房款186万元的20%计算。

一、针对第1项诉讼请求，假设刘某根据《合同法》第94条第2、4项〔1〕享有法定解除权

1. 那么首先这个解除权必须已经产生。

根据《合同法》第94条第2、4项的规定，法定解除权产生的前提条件是：

（1）刘某与于某之间存在合法有效的合同：刘某与于某签订的房屋买卖合同均为双方真实意思表示，内容也不违反相关法律规定，故该合同合法有效。

（2）存在法定解除的情形：

❶在履行期限届满之前，于某明确表示或者以自己的行为表明不履行主要债务：于某恶意涨价，并明确表示少了190万不卖，系以实际行为拒绝履行。

❷于某迟延履行债务或者有其他违约行为致使不能实现合同目的：于某拒绝提供查档材料，导致房屋买卖合同无法继续履行，合同目的不能实现。

由此，刘某所享有的法定解除权产生了。

2. 该解除权并未消灭。根据《最高人民法院关于审理商品房买卖合同纠纷案件适用法律若干问题的解释》第15条，〔2〕刘某在法律规定的期限内行使了法定解除权，故该解除权未消灭。

---

〔1〕《合同法》第94条　有下列情形之一的，当事人可以解除合同：①因不可抗力致使不能实现合同目的；②在履行期限届满之前，当事人一方明确表示或者以自己的行为表明不履行主要债务；③当事人一方迟延履行主要债务，经催告后在合理期限内仍未履行；④当事人一方迟延履行债务或者有其他违约行为致使不能实现合同目的；⑤法律规定的其他情形。

〔2〕《最高人民法院关于审理商品房买卖合同纠纷案件适用法律若干问题的解释》第15条　根据《合同法》第94条的规定，出卖人迟延交付房屋或者买受人迟延支付购房款，经催告后在3个月的合理期限内仍未履行，当事人一方请求解除合同的，应予支持，但当事人另有约定的除外。法律没有规定或者当事人没有约定，经对方当事人催告后，解除权行使的合理期限为3个月。对方当事人没有催告的，解除权应当在解除权发生之日起1年内行使；逾期不行使的，解除权消灭。

3. 刘某的起诉未过诉讼时效。

4. 故刘某依据上述法条享有法定解除权。

二、针对第2、3项诉讼请求，假设刘某对于某根据《合同法》第97条〔1〕享有支付85 154元（退还5万元定金并赔偿35 154元中介费）的请求权

1. 那么首先这个请求权必须已经产生。

根据《合同法》第97条，请求权产生的前提条件是：

（1）刘某与于某之间存在合法有效的合同。

（2）双方合同解除：本案中，刘某享有解除权并行使了解除权，且刘某和于某均同意解除合同。

（3）刘某可以要求恢复原状、赔偿损失：

❶刘某已支付的5万元定金属于金钱债务，不存在不能履行的情形，可以恢复原状。

❷双方及中介约定，本次交易居间代理费35 154元用由刘某承担。

由此，刘某对于某所享有的该部分款项的支付请求权产生了。

2. 该请求权并未消灭。

3. 刘某的起诉未过诉讼时效，于某也并无相应抗辩权。

4. 故刘某对于某依据上述法条享有支付85 154元的请求权。

三、针对第4项诉讼请求，假设刘某对于某根据《合同法》第114条第1款〔2〕享有37.2万元的支付违约金请求权

1. 那么首先这个请求权必须已经产生。

根据《合同法》第114条，请求权产生的前提条件是：

（1）刘某与于某之间存在合法有效的合同。

（2）双方约定一方违约时应当根据违约情况向对方支付一定数额的违约金，或约定因违约产生的损失赔偿额的计算方法：《补充协议》第9条约定："甲乙任何一方违反本补充协议的约定，违约方应向守约方支付房屋成交总价款20%的违约金。"《履约服务合同》第4条第1款约定："甲乙双方如未按照本合同约定履行义务，导致合同无法履行的，违约方应向守约方支付房屋成交价的20%的违约

〔1〕《合同法》第97条　合同解除后，尚未履行的，终止履行；已经履行的，根据履行情况和合同性质，当事人可以要求恢复原状、采取其他补救措施，并有权要求赔偿损失。

〔2〕《合同法》第114条第1款　当事人可以约定一方违约时应当根据违约情况向对方支付一定数额的违约金，也可以约定因违约产生的损失赔偿额的计算方法。

金。”双方约定了违约产生的损失赔偿额计算方法为房屋价款的20%，即37.2万元。

（3）于某违约：于某拒绝履行查档义务、恶意涨价、拒绝履行过户和交房义务，构成根本违约。

由此，刘某对于某所享有支付37.2万元违约金的请求权成立了。

2. 该请求权并未消灭。

3. 刘某的起诉未过诉讼时效，于某也并无相应抗辩权。

4. 故刘某对于某依据上述法条享有支付37.2万元违约金请求权。

综上，刘某的四项诉讼请求均有相应的请求权基础，应得到法院的支持。

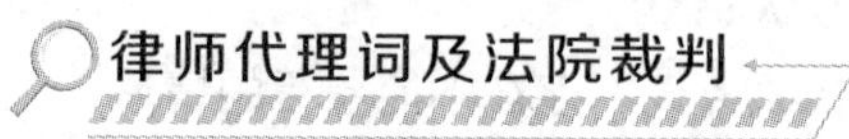

代理词

一、本案产生的背景

刘某与于某双方签订购房合同后，涉案房屋价格暴涨。于某图利涉案房屋增值利益，其向中介公司明确表明涨价意图，并多次向刘某及中介表明拒绝履行合同义务，终止合同履行。刘某及中介与于某多次协商沟通无果，无奈之下起诉。

二、刘某与于某之间签订的《北京市存量房屋买卖合同（经纪成交版）》、《补充协议》及《履约服务合同》合法有效

刘某与于某之间房屋买卖合同关系系当事人真实意思表示，内容不违反法律的强制性规定，合同应属合法有效，对双方均具有法律拘束力。

三、关于“余额部分130 000元在查档完成一个工作日内补齐”中“查档”应为去建委查档

（一）房屋买卖中查档的目的是保证交易安全

在房屋买卖交易全流程中，买方的购房资格核验和卖方的房源核验是双方签约后的第一步骤。签约前，双方通过中介公司的查询系统对房源真实性进行初步查询，但此查询非官方信息，仅作为交易参考。双方签约后，中介人员会去建委查询房屋信息，包括但不限于房屋权属状况、是否抵押、是否

出租等信息，该信息才是决定该房屋是否能够出售的依据。故去建委查档是为了保证交易安全，避免卖方恶意出售他人的或限制出售的房屋等。

（二）应当去建委查档

根据以上陈述，作为房屋交易房源信息依据的查档应当是去建委查档。

（三）查档对本交易的影响

对查档的理解是本案的争议焦点。

《补充协议》第3条约定："为了保障资金安全，甲乙双方未到建委进行房屋查档确权之前丙方建议定金自行交接不超过10万元，并建议您选择资金监管或者资金存管的方式进行交接，如未按照上述提示，甲乙双方自行划转的房款导致的风险将由甲乙双方自行承担。"

《补充协议》第4条约定："由于乙方原因无法于签署本协议时缴纳足额定金（不高于合同价的20%），甲乙同意乙方暂交50 000元，余额部分130 000元，在查档完成1个工作日内补齐。若逾期未补齐，则视为乙方违约，甲方有权要求乙方按《买卖合同》中约定的定金金额双倍标准承担违约金，并甲方有权解除合同。"

《补充协议》第5条约定："乙方以3次交付房款的方式交接房款：①在签合同当时，乙方交付甲方定金人民币180 000元；交付方式为：自行交接……"

根据上述约定，刘某与于某双方在《补充协议》中约定定金18万元支付方式为签约当日支付5万元，"余额部分130 000元在查档完成1个工作日内补齐。"于某拒不提供正规房本复印件的借口为：中介公司已经完成查档工作，刘某应当向于某交付剩余13万元定金，而刘某和中介公司均认为查档工作并未进行，故该处的"查档"的理解是本案争议焦点。

1. 双方各自对"查档"的理解。

于某认为的查档：中介业务员在签合同前，根据于某提供的房本复印件缩小版上的信息在中介公司系统内查询涉案房屋信息即为查档。

刘某认为的查档：在建委查档。

2. 刘某的理解正确合理。

根据本案事实，对该"查档"的正确理解应为刘某方的理解，理由如下：

（1）根据房屋交易实际情况（以上第三点第1点所述）及一般理性人的理解，中介公司系统所查询的信息并不具有权威性，而房屋交易买卖标的额巨大，动辄花费上百万，利益关系巨大。为了交易安全，理应去具有权威性的国家机关查询房屋信息。

（2）在后期沟通过程中，中介业务员多次向于某明确表示该“查档”为去“建委查档”，即就算刘某与于某双方之前对“查档”的理解有分歧，中介公司作为协议的起草方，其解释更具有权威性和说服力。

故，“余额部分130 000元在查档完成一个工作日内补齐”中“查档”应为去建委查档。

四、刘某在履约过程中不存在任何过错

本案中，刘某积极履行合同义务：双方签订购房合同当日，刘某即向于某支付了5万元定金，之后又积极与中介及于某沟通推进合同履行，刘某不存在任何过错。

五、于某在履约过程中存在多处违约

《合同法》第8条规定：“依法成立的合同，对当事人具有法律约束力。当事人应当按照约定履行自己的义务，不得擅自变更或者解除合同。依法成立的合同，受法律保护。”

《合同法》第60条第1款规定:“当事人应当按照约定全面履行自己的义务。”

（一）拒不提供房屋产权证书原件或正规复印件

《北京市存量房屋买卖合同（经纪成交版）》第6条第3款约定：“本合同签署之日起，甲乙双方、共有人承诺积极履行该房屋交易过程中网签、解抵押、评估、贷款、交税、产权转移登记、抵押、放款、房屋交付等环节的义务并按要求提供材料，若任何一方违反本承诺，按本合同第10条第5款承担违约责任。”

《履约服务合同》第3条第4款约定：“甲乙双方应遵守本合同的约定、政府相关部门和贷款机构的相关规定，积极向丙方提供办理各项手续的全部资料并积极办理各项手续，提供资料包括但不限于本人及配偶的身份及户口证明、暂住证、婚姻证明、房屋权属证明、个人资信证明、物业结清证明等。”

本案中，经刘某及中介公司多次催告，于某均拒不提供正规房产证复印件用于建委查档，导致合同无法往前推进，构成严重违约。

（二）恶意涨价

2016年9月14日，在于某并未按照合同约定向中介提供正规的房屋产权证复印件时，于某向中介明确表示要求刘某当天支付剩余 13 万元定金，不然“过完中秋就涨价，少了 190 万不卖了！”于某此种行为明显是恶意涨价，构成根本违约。

（三）拒不配合办理产权过户手续及交房手续

《北京市存量房屋买卖合同（经纪成交版）》第 7 条第 1 款约定：“甲方应当在过户当日将该房屋交付给乙方。”

《北京市存量房屋买卖合同（经纪成交版）》第 9 条第 1 款约定：“甲、乙双方最晚应于合同签订之日起 90 日内，共同向房屋权属登记部门申请办理房屋权属转移登记手续。”

本案中，双方于 2016 年 9 月 13 日签订房屋买卖合同，即于某最晚应于 2016 年 12 月 12 日协助将房屋过户给刘某，并将涉案房屋交付给刘某。于某并未履行过户和交房义务，构成严重违约。

六、刘某有权要求解除合同

《合同法》第 94 条规定：“有下列情形之一的，当事人可以解除合同：……②在履行期限届满之前，当事人一方明确表示或者以自己的行为表明不履行主要债务；③当事人一方迟延履行主要债务，经催告后在合理期限内仍未履行；④当事人一方迟延履行债务或者有其他违约行为致使不能实现合同目的；……”

本案中，于某拒绝履行合同义务，恶意涨价，拒绝配合过户交房，已经构成根本违约，刘某有权行使约定解除权解除合同。

七、刘某的违约金及主张应当得到法院的支持

（一）违约金条款约定合法有效

《合同法》第 114 条第 1 款规定：“当事人可以约定一方违约时应当根据违约情况向对方支付一定数额的违约金，也可以约定因违约产生的损失赔偿额的计算方法。”

《补充协议》第 9 条约定：“除甲方、乙方、丙方签署的《买卖合同》、《居间服务合同》、《履约服务合同》、《补充协议》等合同及协议中对违约责任另有约定外，甲乙任何一方违反本补充协议的约定，违约方应向守约方支付房屋成交总价款 20%的违约金。”

《履约服务合同》第 4 条第 1 款约定：“甲乙双方如未按照本合同约定履行义务，导致合同无法履行的，违约方应向守约方支付房屋成交价的 20%的

违约金。”

根据《合同法》规定，刘某与于某之间对于违约责任的约定合法有效，对双方均具有法律上的拘束力。

（二）于某对其违约要承担的责任有预期

双方合同中关于于某违约要承担违约金的约定具体、明确。于某对其违约要承担违约金的情形有明确的预期。

（三）于某违约的主观恶意极大

《合同法》第6条规定：“当事人行使权利、履行义务应当遵循诚实信用原则。”

本案中，并不存在客观上不能履行的情形，之所以产生争议系于某因房屋市场价值上涨而单方提出解除合同，于某主观恶性极大。

（四）刘某损失巨大

因于某违约，刘某花费了律师费、诉讼费等各项费用，并且为此事投入了大量的时间、精力，于某的违约给刘某造成了巨大的损失。

（五）法院裁判应考虑社会效果

买卖双方签订房屋买卖合同后，一方以各种理由拒绝履行合同，这种行为本质上是一种严重的扰乱交易秩序的行为，法院应当对此种行为进行严厉的惩罚，惩罚的力度应与违约行为的恶劣性对等，如此才能营造良好的社会效果。如果法院仅施以轻微的惩戒，违约一方的毁约代价、成本太低，根本无法形成威慑作用。在没有严厉惩戒的情况下，裁判机构无疑在变相鼓励当事人毁约牟取暴利，此种情况下，通过裁判文书规范人们遵守诚信的目的就完全落空了。基于裁判社会效果的考虑，法院应当对于某恶劣的违约行为施以严厉的制裁。

综上所述，为了维护当事人的合法权益，请求法院依法支持刘某的全部诉讼请求。

法院裁判

北京市昌平区人民法院经审理认为：

当事人行使权利、履行义务应当遵循诚实信用原则。当事人一方不履行合同义务或者履行合同义务不符合约定的，应当承担继续履行、采取补救措施或者赔偿损失等违约责任。本案的争议焦点主要有三个：其一，刘某是否已经支付了定金5万元。结合2016年9月22日的短信、2016年10月1日的录音以及证人证言，本院有理由相信双方确实同意原中介公司居间下的定金5万转为本案定金，刘某实际已经向于某支付了5万定金。其二，刘某未支付剩余定金13万元是否违约。本院认为，刘某并没有违约。《补充协议》中明确约定了刘某暂交定金5万元，剩余13万在查档完成后一个工作日内补齐。虽然该《补充协议》中还写有签订合同当时刘某支付定金18万，但是结合证人证言、微信记录、录音，本院有理由相信于某曾同意刘某之后再交定金13万，双方实际是约定查档后再交剩余定金。其三，于某是否违约。本院认为，于某违约。于某虽然在建委进行了咨询，但是其咨询情况的要求是否与房屋买卖过程中的中介查档要求一致，本院无法确认。且本案真正焦点并不是是否需要房屋所有权证原版大小复印件问题。虽然庭审中各方纠结于建委是否要求提供原版大小房屋所有权证复印件，但综观双方争议本质，实质是刘某支付5万定金未支付剩余13万定金时，于某认为刘某应当全额支付定金，在刘某没有全额支付定金情况下于某拒绝继续履行。且中介和刘某多次催要后，于某仍没有提供，在居间方提示有关定金约定是查档后支付时，于某仍不提供，故本院认定于某违约。现各方均同意解除合同，本院不持异议。刘某要求退还定金5万，本院不持异议。因刘某尚未支付居间费，故其要求于某支付居间费损失的请求，本院不予支持。如果事后就居间费产生损失，刘某可以另行起诉。关于违约金，于某称合同第10条约定的是总房价的10%而不是20%，但该条中的10%是在合同继续履行情况下的，违约方向守约方支付10%，在合同解除情况下，仍然是20%，且《北京市存量房屋买卖合同》和《补充协议》中均约定违约责任是总房价的20%。至于违约金的金额，本院将结合合同约定、各方履行情况、于某明确表示不履行时间以及刘某另行购买房屋会产生损失等因素综合判定。综上所述，依照《合同法》第6条、第60条、第107条之规定，判决：解除刘某与于某于2016年9月13日签订的《北京市存量房屋买卖合同》、《装修款补充协议》、《补充协议》；于某退还刘某购房定金5万元；于某向刘某支付违约金28万元。

律师点评

1. 当事人在缔结房屋买卖合同时，应当仔细审查合同条款是否存在矛盾冲突。本案中，买卖双方在定金的约定上，确实存在前后约定不一致，矛盾的约定很容易成为违约一方的托辞，借此来阻却交易的推进。所以，并不是说纠纷产生了，当事人才需要律师的介入。在合同订立之初，有专业律师介入把关，往往可以将大部分纠纷扼杀在摇篮里。

2. 在房屋买卖交易过程中，中介公司的证言非常重要。房屋买卖是一个封闭的交易，参与的主体就是买卖双方和中介第三方，交易的过程一般只有这三方主体清楚，如果买卖双方各执一词，中介的说辞就起到至关重要的作用。本案中，刘某找了中介公司具体经办人员出庭作证，且证言被法院采信，奠定了法院对于某违约行为的认定，判决的违约金数额也是非常可观的。

13. 签约后买方以无购房资格为由要求解约的应对

鲁某某与龚某某房屋买卖合同纠纷案

本案思维导图

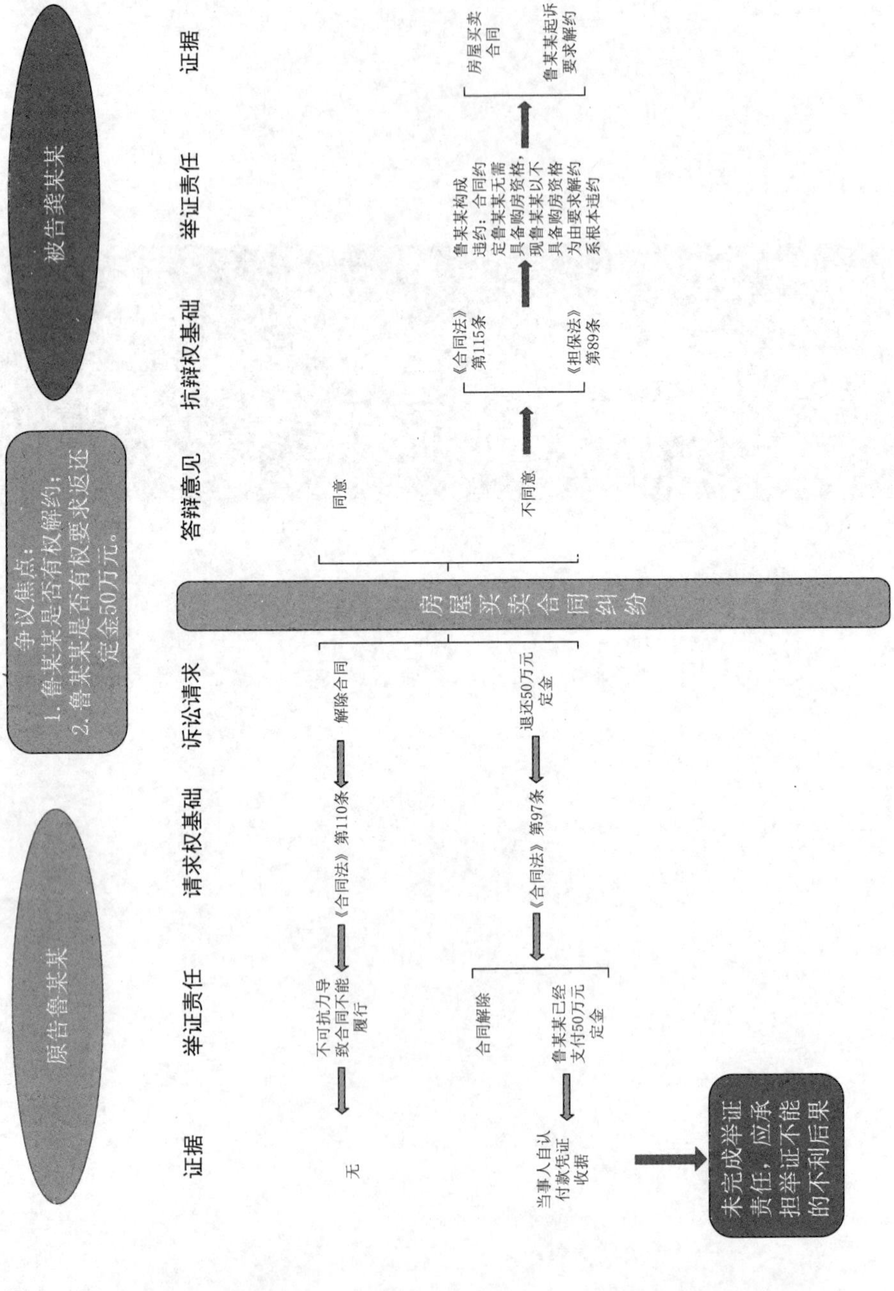

原告鲁某某

争议焦点：
1. 鲁某某是否有权解约；
2. 鲁某某是否有权要求返还定金50万元。

被告龚某某

房屋买卖合同纠纷

证据	举证责任	请求权基础	诉讼请求	答辩意见	抗辩权基础	举证责任	证据
无	不可抗力导致合同不能履行	《合同法》第110条	解除合同	同意			
当事人自认付款凭证收据	合同解除；鲁某某已经支付50万元定金	《合同法》第97条	退还50万元定金	不同意	《合同法》第115条；《担保法》第89条	鲁某某构成违约：合同约定鲁某某无需具备购房资格，现鲁某某以不具备购房资格为由要求解约系根本违约	房屋买卖合同；鲁某某起诉要求解约

未完成举证责任，应承担举证不能的不利后果

案情介绍

2017年4月30日，鲁某某与龚某某在某中介公司的居间下签订《北京市存量房屋买卖合同》、《房款支付协议》、《购房资格协议》，双方约定：由鲁某某购买龚某某名下的涉案房屋，建筑面积共70.86平方米；房屋成交总价为600万元；定金50万元分两笔支付，分别由鲁某某于2017年4月30日通过自行交接的方式支付给龚某某20万元，于2017年5月15日前通过自行交接的方式支付给龚某某30万元；龚某某同意将购房款1万元作为物业费用保证金，于物业费用结清当日支付；鲁某某拟贷款149万元，于2017年6月20日前办理申请贷款手续；剩余购房款分两笔支付，由鲁某某于2017年5月31日前支付龚某某175万元，于2017年7月30日前支付龚某某225万元；双方于2017年6月20日前提供办理网签备案登记手续所需的全部材料、签署全部文件；双方于贷款批准后3个工作日内办理缴税手续，于取得《缴税完税凭证》后7个工作日内办理房屋所有权转移登记手续。

双方签署的《购房资格协议书》约定：鲁某某确认其签约时不具备购房资格，出售其及家庭名下一套房屋后即具备购房资格，龚某某知晓鲁某某暂不具备购房资格，同意鲁某某于2017年5月30日前具备购房资格，若鲁某某未能于上述约定时间内具备购房资格，则龚某某同意将房屋所有权转移登记至鲁某某指定人员名下，鲁某某应于本协议第2条约定期限届满后7日内指定新产权人，并确保新产权人具备购房资格。

《北京市存量房屋买卖合同》附件二第2条约定50万元定金部分列明了关于定金及定金罚则的法律规定，包括《担保法》第89、91条、《最高人民法院关于适用〈中华人民共和国担保法〉若干问题的解释》第121条以及《合同法》第116条的具体条文。

合同签订后，鲁某某向龚某某支付了定金50万元。此后，因鲁某某所在的单位断缴其一个月社保导致其不具备购房资格，涉案房屋买卖合同没有继续履行。

后鲁某某将龚某某诉至北京市朝阳区人民法院，其故意没有提交《购房资格协议书》，以自己不符合北京市购房资格无法正常购买涉案房屋，虽经双方多次协商均未果为由，起诉要求解除《北京市存量房屋买卖合同》并要求龚某某退还购房定金50万元。

本书作者系龚某某的诉讼代理人。

律师思路

龚某某的意见是同意解除合同，但要求把50万元定金扣下，律师审查了相关合同，初步判断龚某某的目的可以实现。

抗辩权基础

鲁某某要求解除合同，龚某某同意解除合同，关于合同的解除双方并无争议。有争议的是鲁某某是否有权要求龚某某返还50万元定金。

假设龚某某对于鲁某某要求返还50万元定金的诉讼请求根据《合同法》第115条[1]、《担保法》第89条[2]享有抗辩权：

1. 那么首先这个抗辩权必须已经产生。

根据上述法条，龚某某动用定金罚则抗辩，其前提是：

（1）鲁某某与龚某某之间存在合法有效的合同：鲁某某与龚某某签订的房屋买卖合同均为双方真实意思表示，内容也不违反相关法律规定，故该合同合法有效。

（2）鲁某某与龚某某约定了定金罚则条款：《北京市存量房屋买卖合同》附件二第2条约定50万元定金部分列明了关于定金及定金罚则的法律规定，双方之间约定了定金罚则条款。

（3）鲁某某须构成根本性违约：本案中，鲁某某未取得购房资格，系其自身原因导致房屋买卖合同无法继续履行，鲁某某无权要求返还定金。

由此，龚某某享有的抗辩权产生了。

2. 龚某某并未放弃该抗辩权。

---

〔1〕《合同法》第115条　当事人可以依照《担保法》约定一方向对方给付定金作为债权的担保。债务人履行债务后，定金应当抵作价款或者收回。给付定金的一方不履行约定的债务的，无权要求返还定金；收受定金的一方不履行约定的债务的，应当双倍返还定金。

〔2〕《担保法》第89条　当事人可以约定一方向对方给付定金作为债权的担保。……给付定金的一方不履行约定的债务的，无权要求返还定金；收受定金的一方不履行约定的债务的，应当双倍返还定金。

3. 故龚某某依据上述法条对鲁某某要求返还定金的诉讼请求享有抗辩权。

代理词

一、双方之间的房屋买卖合同关系合法有效，对双方均具有拘束力

二、龚某某履行合同不存在过错

1. 双方签订房屋买卖合同后，龚某某积极配合鲁某某接收房款。

2. 龚某某催告鲁某某指定新产权人，已依约履行催告义务。

三、鲁某某构成根本违约

法律规定：

《合同法》第 8 条规定："依法成立的合同，对当事人具有法律约束力。当事人应当按照约定履行自己的义务，不得擅自变更或者解除合同。依法成立的合同，受法律保护。"

《合同法》第 60 条第 1 款规定："当事人应当按照约定全面履行自己的义务。"

（一）未依约指定有购房资格的新产权人

1. 合同约定。

《购房资格协议》第 2 条约定："（乙方）签约时不具备购房资格，满足下列条件后，即具备购房资格：出售乙方及家庭名下 1 套房屋。甲方知晓乙方暂不具备购房资格，并同意乙方于 2017 年 5 月 30 日前（含当日）满足上述条件，具备购房资格。"

《购房资格协议》第 3 条约定："若乙方于上述约定时间内具备购房资格，则甲方同意将房屋所有权转移登记至乙方指定人员名下。乙方应于本协议第 2 条约定期限届满后 7 日内指定新产权人，并确保新产权人具备购房资格。若经甲方催促乙方未于上述时间内指定新的产权人，则甲方有权解除《买卖合同》。"

根据上述约定可知，若鲁某某未依约取得购房资格，其应于 2017 年 6 月 6 日前指定新的具备购房资格的产权人，双方合同继续履行。

2. 履行情况。

2017年6月5日，龚某某与鲁某某以及中介三方面谈时，龚某某要求鲁某某指定新的产权人。

2017年6月9日，鲁某某通过电话明确告知龚某某拒绝购买涉案房屋，要求退还50万元定金。

2017年7月3日，鲁某某通过起诉的方式明确表示拒不履行合同，要求退还50万元定金。

鲁某某未依约于2017年6月6日前指定新的具备购房资格的产权人，构成违约。

（二）拒绝购买涉案房屋

1. 合同约定。

《附件二》第8条第3款约定："具备下列情形之一的，买受人构成根本违约：……②买受人拒绝购买该房屋；……④其他因买受人原因导致合同无法继续履行。"

2. 履行情况。

2017年6月9日，鲁某某通过电话明确告知龚某某拒绝购买涉案房屋，要求退还50万元定金。

2017年7月3日，鲁某某通过起诉的方式明确表示拒不履行合同，要求退还50万元定金。

鲁某某已经构成根本违约，应承担相应违约责任。

四、龚某某有权按照定金罚则扣下50万元定金，鲁某某无权要求返还50万元定金

1. 法律规定。

《合同法》第115条规定："当事人可以依照《担保法》约定一方向对方给付定金作为债权的担保。债务人履行债务后，定金应当抵作价款或者收回。给付定金的一方不履行约定的债务的，无权要求返还定金；收受定金的一方不履行约定的债务的，应当双倍返还定金。"

《合同法》第116条规定："当事人既约定违约金，又约定定金的，一方违约时，对方可以选择适用违约金或者定金条款。"

《担保法》第89条规定："当事人可以约定一方向对方给付定金作为债权

的担保。……给付定金的一方不履行约定的债务的，无权要求返还定金；收受定金的一方不履行约定的债务的，应当双倍返还定金。”

2. 合同依据。

《附件二》第2条第1款约定：“若一方违约，守约方可选择按定金罚则或本附件约定的违约金条款追究违约责任。”

3. 鲁某某主观恶意明显。

鲁某某提出解除合同系因2017年3月以来，北京房市限购限贷政策频密出台，房价一路下滑，涉案房屋现值已无法达到双方签约时的价格，鲁某某自觉买亏了，所以才以“无购房资格”为借口拒不购买涉案房屋，其主观恶意明显。

4. 鲁某某的违约行为给龚某某造成了损失。

2017年3月以来，北京房市限购限贷政策频密出台，房价一路下滑，涉案房屋现值已无法达到双方签约时的价格，鲁某某拒不购买涉案房屋的行为给龚某某造成了几十万元的损失。

综上，鲁某某的诉讼请求无事实和法律依据，为了维护当事人的合法权益和法律的权威，请法院依法驳回鲁某某的全部诉讼请求。

法院裁判

北京市朝阳区人民法院经审理认为：

当事人协商一致可以解除合同。本案中，鲁某某与龚某某签订的《北京市存量房屋买卖合同》、《房款支付协议》、《购房资格协议》系双方的真实意思表示，不违反法律法规的强制性规定，合法有效。现鲁某某主张解除与龚某某之间的房屋买卖合同关系，龚某某亦表示同意，本院对此不持异议。

当事人可以约定一方向对方给付定金作为债权的担保。债务人履行债务后，定金应当抵作价款或者收回。给付定金的一方不履行约定的债务的，无权要求返还定金；收受定金的一方不履行约定的债务的，应当双倍返还定金。本案中，鲁某某向龚某某支付的定金50万元系担保房屋买卖合同履行的履约定金，现因鲁某某的原因导致房屋买卖合同无法继续履行，鲁某某无权要求返还定金，其要求龚某某返还定金50万元的诉讼请求，没有法律依据，本院不予支持。综上所述，依据《合同法》第93条、《担保法》第89条之规定，判决：鲁某某与龚某某之间的房屋买卖合同关系解除；驳回鲁某某的其他诉讼请求。

律师点评

1. 具备购房资格是房屋买卖交易中买受方的重要合同义务。签订房屋买卖合同之前，买受方不应轻信中介公司所谓的根据经验认定买受方具备购房资格的说辞，最好到建委进行购房资格核验，以免因自己不具备购房资格导致合同无法履行而面临被索赔的局面。

2. 房屋买卖交易中，多数情况会对定金进行约定，但在表述上会有很大差异。有的只是表述为“定金的金额为××元”，没有约定定金产生双倍罚则的效果；有的则像本案一样，不仅约定了定金金额，而且约定了定金产生双倍罚则的效果，甚至附上了与定金相关的法律规定。本书作者已经遇到过好几起案件，法院以“合同虽约定了定金字样，但未约定定金产生双倍罚则的效果”而不支持守约方动用定金罚则索赔的诉求。所以，交易双方在订立合同时，务必要将定金产生双倍罚则的效果约定清楚，以免产生争议。

14. 房价上涨背景下买方违约，卖方如何主张解约

闫某某与尉某某、黄某 房屋买卖合同纠纷案

本案思维导图

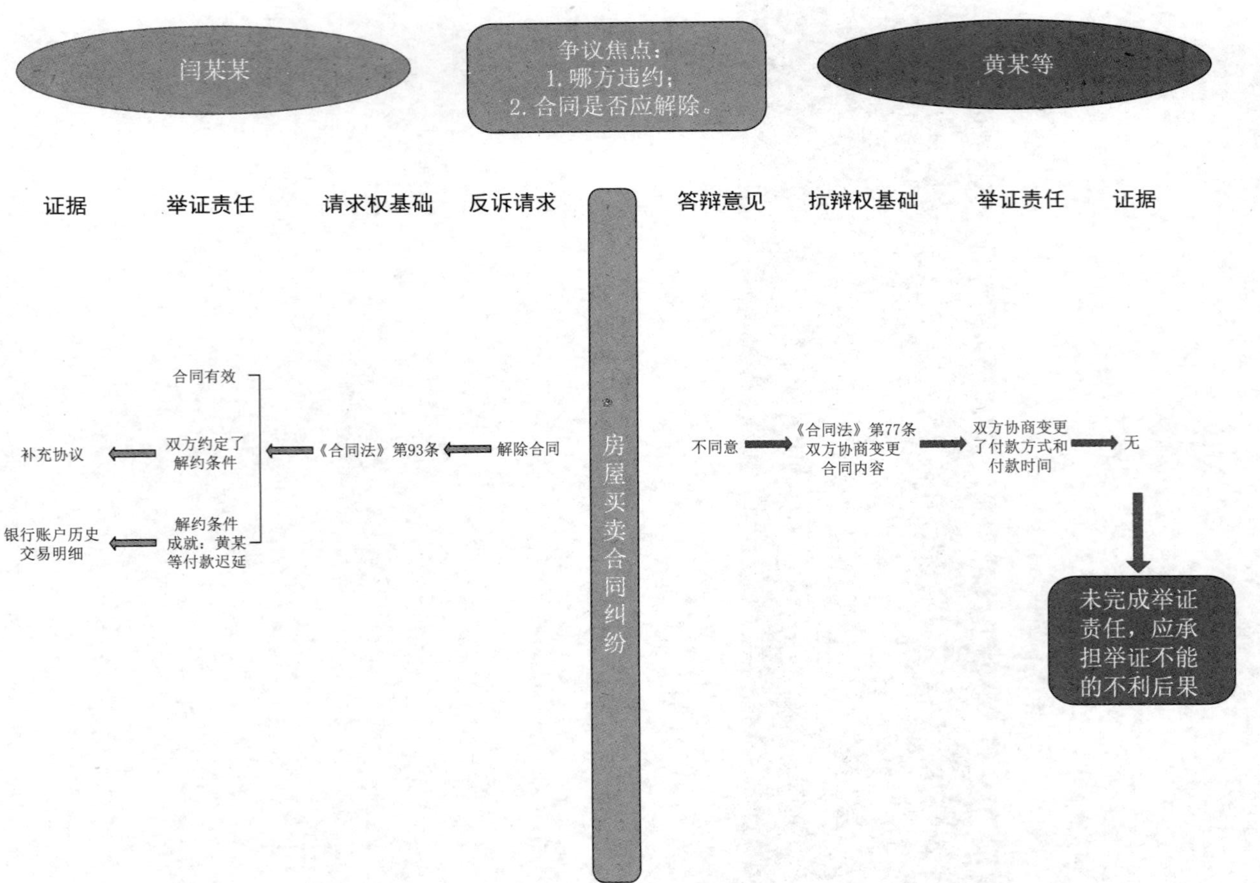
闫某某
争议焦点：
1.哪方违约；
2.合同是否应解除。
黄某等
证据
举证责任
请求权基础
反诉请求
房屋买卖合同纠纷
答辩意见
抗辩权基础
举证责任
证据
合同有效
补充协议
双方约定了解约条件
《合同法》第93条
解除合同
银行账户历史交易明细
解约条件成就：黄某等付款迟延
不同意
《合同法》第77条双方协商变更合同内容
双方协商变更了付款方式和付款时间
无
未完成举证责任，应承担举证不能的不利后果

案情介绍

2016年1月3日，黄某、尉某某与闫某某以及北京链某房地产经纪有限公司（以下简称“中介公司”）签订了《买卖定金协议书》，约定：交易房屋坐落于北京市朝阳区涉案房屋，建筑面积47.62平方米；交易房屋的性质为商品房；乙方（即黄某）经现场勘验甲方（即闫某某）上述房屋后，对甲方出售的该套房产的权属状况、设备、装修等情况进行了解，确认以人民币212万元整的总价款购买该房屋，此价款不包含依国家规定应当由甲方承担的税费；甲乙双方同意，本次房屋买卖涉及的税费由乙方承担；乙方的房款支付方式为贷款，乙方贷款方式为公积金贷款，且乙方首付款不低于人民币90万元整；乙方应于本协议签署时向甲方自行支付定金人民币5000元整，甲方收取定金时应向乙方出具收据；甲乙丙三方应于本协议签署的同时签署定金托管协议，乙方应当同时以资金托管的方式向甲方支付定金人民币49万元整。托管定金将按照本协议及托管协议的约定进行划转或退回，无需另行征得甲乙任何一方的同意；甲乙双方应于签署本协议后5个工作日内签署《北京市存量房屋买卖合同》等相关法律文件。甲乙双方应在本协议约定的期限内签署房屋买卖合同，如甲方违约，甲方应向乙方双倍返还定金；如乙方违约，则甲方已收取的定金不予退还。甲乙双方约定，乙方于2016年1月4日实地看房，看房确定无误后乙方同意购买，丙方（即中介公司）将第一笔定金5000元支付给甲方，定金金额以补充协议为准。

2016年1月4日，黄某、尉某某与闫某某以及中介公司签署了《北京市存量房屋买卖合同（经纪成交版）》及附件与《补充协议》，约定：出卖人（即闫某某）所售房屋坐落为北京市朝阳区涉案房屋，产权证所载建筑面积共47.62平方米；该房屋性质为商品房；经出卖人和买受人（即尉某某、黄某）协商一致，该房屋成交价格为150万元整；经出卖人和买受人协商一致，该房屋家具、家电、装饰装修及配套设施设备等作价为62万元，上述价格买受人一并另行支付给出卖人；买受人向出卖人支付定金5万元，定金支付方式为直接支付给出卖人；剩余房款如全部或部分通过存量房交易结算资金专用存款账户划转，买卖双方应签订相关存量房交易结算资金划转协议；买受人

向公积金管理中心申办抵押贷款，并由贷款机构按其规定将该部分房款直接支付给出卖人；买受人拟贷款金额为120万元；买受人因自身原因未获得贷款机构批准的（包括贷款未获得批准和未按照前述拟贷款金额足额批准的），双方同意买受人继续申请其他贷款机构贷款，至贷款批准，买受人自行负担其间已发生的及要产生的各项费用；出卖人应当在办理完毕该房屋所有权转移登记手续后15个工作日内将该房屋交付给买受人；逾期交房责任除不可抗力外，出卖人未按照第6条约定的期限和条件将该房屋交付买受人的，按照下列方式处理：按照逾期时间，分别处理（①和②不作累加）：①逾期在15日之内，自第6条约定的交付期限届满之次日起至实际交付之日止，出卖人按日计算向买受人支付已交付房价款0.05%的违约金，并于该房屋实际交付之日起15日内向买受人支付违约金，合同继续履行；②逾期超过15日（该日期应当与第1项中的日期相同）后，买受人有权退房，买受人退房的，出卖人应当自退房通知送达之日起15日内退还全部已付款，并按照买受人全部已付款的20%向买受人支付违约金。逾期付款责任：买受人未按照补充协议约定的时间付款的，按照下列方式处理：按照逾期时间，分别处理（①和②不作累加），①逾期在15日之内，自约定的应付款期限届满之次日起至实际支付应付款之日止，买受人按日计算向出卖人支付逾期应付款0.05%的违约金，并于实际支付应付款之日起15日之内向出卖人支付违约金，合同继续履行；②逾期超过15日（该日期应当与第1项中的日期相同）后，出卖人有权解除合同，出卖人解除合同的，买受人应当自解除合同通知送达之日起15日内按照累计的逾期应付款的20%向出卖人支付违约金，并由出卖人退还买受人全部已付款。当事人双方同意，自本合同签订之日起90日内双方共同向房屋权属登记部门申请办理房屋权属转移登记手续；买受人未能在办理房屋权属转移登记手续后5个工作日内取得房屋所有权证书的，双方同意按照下列方式处理：如因出卖人的责任，买受人有权退房，买受人退房的，出卖人应当自退房通知送达之日起15日内退还买受人全部已付款，并按照央行现行存款利率付给利息；买受人不退房的，自买受人应当取得房屋所有权证书的期限届满之次日起至实际取得房屋所有权证书之日止，出卖人按日计算向买受人支付全部已付款0.05%的违约金，并于买受人实际取得房屋所有权证书之日起15日内向买受人支付；出卖人应当在该房屋所有权转移之日起30日内，向房屋所在地的户籍管理机关办理原有户口迁出手续；如因出卖人自身原因未如期将与本房屋相关的户口迁出的，应当向买受人支付房屋总价款5%的违约金，逾期超过15日未迁出的，自逾期超过15日起，出卖人应当按日计算向买受人支付全部已付款0.05%的违约金。《补充协议》约定，鉴于丙方（即中介公司）居间就坐落于北京市朝阳区涉案房屋签署了《北京市存量房屋买卖合同》，现三方经友好协商就房屋买卖事宜作出补充约定如下：甲（即闫某某）乙（即尉某某）双方同意，交易房屋价款及家具家电、装饰装修和配套设施作价总计为人民币212万元，此价格为甲方净得价，不含税；定金：乙方支付首付款时，已支付的定金视为首付款一部分，乙方于2016年1月4日将第一笔定金5万元以自行支付的方式支付甲方；甲方应在接到丙方的评估通知后5日内配合评估公司对房屋进行评估；乙方于甲乙双方网签生成后3个工作日内将第一笔首付款86万元以非建委资金监管的方式支付甲方；……甲乙双方应于丙方收到评估报告后5个工作日共同前往贷款机构办理贷款申请手续；甲乙双方同意，在缴税成功后10个工作日内，甲乙双方应共同办理房屋所有权转移登记手续，如房屋登记机构要求甲方和/或乙方必须到场办理相关手续的，则该方应当按照房屋登记机构的要求到场办理，乙方应按时领取房屋所有权证并办理抵押权登记手续，如因乙方原因导致抵押登记办理迟延的，则乙方需按照本协议第4条约定承担违约责任；甲乙双方应当在交房当日自行办理物业交割手续，丙方陪同，甲乙双方一致同意，乙方从本协议约定的购房款中留存人民币1万元作为物业交割保证金，甲乙双方办理物业交割当日，由乙方自行支付给甲方；甲乙双方任何一方逾期履行本补充协议约定义务的，每逾期1日，违约方应按日计算向守约方支付房屋总价款0.05%的违约金；……乙方若出现下列情形之一的乙方构成根本违约，且甲方有权以书面通知的方式解除房屋买卖合同：……③逾期履行本补充协议第2条约定的义务超过15日的；乙方出现上述根本违约情形之一的，乙方应在违约行为发生之日起15日内，以相当于该房屋总价款的20%向甲方支付违约金；乙方向甲方已支付的全部款项冲抵违约金，多退少补；丙方收取乙方的费用不予退还；交易房屋的租赁期限至2016年10月1日止；就房屋租金，过户前归甲方所有，过户后归乙方所有。

2016年1月4日，黄某、尉某某与闫某某以及中介公司签署了《居间服务合同》。同日，黄某、尉某某与闫某某还签署了《放弃办理资金托管声明书》，协商一致共同声明如下：就本次房屋交易资金中的人民币6万元整，放弃选择办理房屋交易资金托管服务，双方自行交付，并承担由此产生的风险及损失。

2016年1月4日，黄某以现金的方式向闫某某的代理人李某支付了定金2万元；2016年1月5日，黄某以转账的方式向闫某某的代理人李某支付了定金3万元。2016年1月18日，黄某与闫某某办理了网签登记手续，同日，黄某向北京某科技有限公司汇款12万元，2016年1月20日，黄某向北京某科技有限公司汇款74万元。2016年1月21日，北京某科技有限公司向闫某某的代理人李某汇款37万元；2016年2月16日，尉某某向闫某某的代理人李某汇款49万元。

闫某某认为，尉某某、黄某未按合同约定的方式、时间支付首付款，且已经超过合同约定的15日，构成违约，闫某某要求解除房屋买卖合同；尉某某、黄某则认为自己不存在违约，虽然没有按照约定方式、时间付款，但付款均是按照中介公司的要求支付，房屋买卖应当继续履行。双方就合同的履行产生分歧。

本书作者系闫某某的诉讼代理人。

律师思路

本书作者接手本案后，并未第一时间去法院提起诉讼要求解除合同，而是选择了发送律师函这一较为缓和的方式。2016年3月15日，本所向尉某某、黄某发送《律师函》，主要内容为："①你们双方间签订的《北京市存量房屋买卖合同》及《补充协议》合法有效；②因您方未按合同约定的付款方式、付款时间以及具体金额履行合同，您方的行为已经构成根本性违约，现正式通知您方：解除您方与闫某某先生之间签订的《北京市存量房屋买卖合同》及《补充协议》；③关于后续事宜的处理，请您方尽快联系本律师。"尉某某、黄某坚持不同意解除合同，并向北京市朝阳区人民法院提起诉讼，要求继续履行合同，闫某某承担违约金。闫某某则提出反诉，要求解除合同。

单单从证据上看，闫某某的解除权有请求权基础，但本案的难点在于：

1. 中介公司支持尉某某、黄某一方，庭审陈述了很多对闫某某不利的说辞。

2. 纠纷发生的背景是签约后房价上涨，法官极容易先入为主，认定闫某某是因房价上涨而欲毁约。

想方设法攻克这两个难点，法院才可能会支持闫某某的反诉请求。

请求权基础

闫某某的反诉请求是要求解除合同。

假设闫某某根据《合同法》第93条第2款〔1〕享有合同约定解除权：

1. 那么首先这个请求权必须已经产生。

根据《合同法》第93条第2款的规定，解除权产生的前提条件是：

（1）尉某某、黄某与闫某某之间存在合法有效的合同：尉某某、黄某与闫某某签订的房屋买卖合同均为双方真实意思表示，内容也不违反相关法律规定，故该合同合法有效。

（2）尉某某、黄某与闫某某约定了一方解除合同的条件：《补充协议》第2条第4款："首付款：①乙方于甲乙双方网签生成后3个工作日内将第一笔首付款人民币捌拾陆万元整以非建委资金监管的方式支付甲方。"《补充协议》第4条第3款："乙方若出现下列情形之一的，乙方构成根本违约，且甲方有权以书面通知的方式解除房屋买卖合同：……③逾期履行本补充协议第2条约定的义务超过15日的。"

根据该约定，如果尉某某、黄某逾期付款超过15日的，闫某某有权解除合同，故双方约定了一方解除合同的条件。

（3）解除合同的条件已经成就：双方网签合同于2016年1月20日生成，尉某某、黄某应于2016年1月25日之前将首付款86万元以非建委资金监管的方式支付给闫某某。根据闫某某提供的证据银行账户历史交易明细，尉某某、黄某于2016年2月16日将86万首付款中的49万支付给李某（闫某某房屋买卖事宜的代理人），不仅支付金额不足，还迟延履行了22天，超出合同约定的15日，构成根本性违约。依据合同条款，闫某某有权以书面通知的方式解除房屋买卖合同，解

〔1〕**《合同法》第93条第2款** 当事人可以约定一方解除合同的条件。解除合同的条件成就时，解除权人可以解除合同。

除合同的条件已经成就。

由此，闫某某享有的合同约定解除权成立了。

2. 该解除权并未消灭。

3. 闫某某的反诉未过诉讼时效。

4. 故闫某某依据上述法条享有约定解除权。

律师代理词及法院裁判

代理词

一、关于定金的约定

《买卖定金协议书》第3条约定：定金金额为42.4万元（总房款212万元的20%），其中5000元自行支付，41.9万元以定金托管方式支付。

《买卖定金协议书》第5条约定：定金金额以补充协议为准。

《补充协议》第2条第1款约定：定金：尉某某于2016年1月4日以自行支付方式支付定金5万元。

根据前述约定，涉案房屋交易定金金额及付款方式已经变更，定金应为5万元，方式应为自行支付。

二、关于首付款的约定

《补充协议》第2条第4款："首付款：①乙方于甲乙双方网签生成后3个工作日内将第一笔首付款人民币捌拾陆万元整以非建委资金监管的方式支付甲方。"

《补充协议》其他约定："乙方首付款资金监管后7个工作日内，丙方垫资相应的首付款金额给甲方使用，垫资费用丙方承担，甲乙双方需积极配合。"

前述两个条款构成合同中首付款的具体约定，包括以下几个要素：

1. 时间要素：2016年1月18日网签生成，付款时间为2016年1月21日前。

2. 金额要素：86万元。

3. 方式要素：以非建委资金监管的方式。

4. 次数要素：第一笔且不存在其他笔数，即一次性支付。

5. 支付对象：支付甲方，即支付给闫某某或其代理人李某。

6. 中介责任：尉某某首付款资金监管后 7 个工作日内，中介垫资相应的首付款金额给闫某某使用，且费用由中介自行承担。

三、尉某某实际履行的情况

1. 尉某某在 2016 年 1 月 18 日向某资金托管账户（非合同约定的非建委资金监管账户）中打款 12 万，在 2016 年 1 月 20 日向某资金托管账户分 8 笔打款 74 万，以上共计 86 万元。

（1）付款方式不符，合同明确排除通过某资金托管方式付款。

（2）付款对象不符，应支付给闫某某或李某，尉某某却打给中介。

（3）付款次数不符，应当一次性支付，尉某某分九次支付。

（4）因尉某某未按合同履行，导致中介公司未能在 7 个工作日内给闫某某垫资放款。

2. 86 万元款项被尉某某人为地一分为二，37 万元办理定金托管，49 万元办理融信托管。

A. 37 万元办理定金托管，尉某某构成违约。

（1）定金金额不符，《补充协议》对定金合同进行了变更，定金变更为 5 万元，不存在另有 37 万为定金的说法。

（2）支付方式不符，《补充协议》已经将付款方式变更为自行支付，不存在要做定金托管的说法。

B. 尉某某将 49 万元办理融信托管，构成违约。

（1）《补充协议》约定首付款金额为 86 万元，而非尉某某主张的 49 万元。

（2）按约定，首付款监管后，由中介垫资给闫某某，不存在要办理融信托管的约定。

（3）三方从未提及 49 万元要办理融信托管，融信托管也没有闫某某或李某的签字，闫某某对此不知情更不认可。

（4）融信托管约定过户后 49 万元才放款给闫某某，此处与三方之间合同要求走非建委资金监管的约定严重不符，融信托管的约定严重侵犯闫某某的权益。

（5）融信托管协议中称款项系融信公司垫资支付，此处与《补充协议》约定的由中介公司垫资约定不符。

3. 尉某某与中介公司虚构三方协议解除融信托管的虚假事实。

整个交易过程中，闫某某对融信托管一事均不知情不认可，更不存在协商解除融信托管的任何情形。

4. 尉某某于2016年2月16日自行支付购房款49万元。

（1）尉某某本应在2016年1月21日前付款，但实际付款时间为2016年2月16日，已超过合同约定的期限达26天，构成根本性违约。

（2）方式也与合同约定的非建委资金监管加中介垫资的约定不符。

四、闫某某要求解除合同符合合同的约定以及法律的规定

《合同法》第93条第2款规定：“当事人可以约定一方解除合同的条件。解除合同的条件成就时，解除权人可以解除合同。”

《补充协议》第4条第3项约定：“乙方若出现下列情形之一的，乙方构成根本违约，且甲方有权以书面通知的方式解除房屋买卖合同：……③逾期履行本补充协议第2条约定的义务超过15日的。”

鉴于以上所述，尉某某的违约行为构成了根本性违约，根据《合同法》规定和《补充协议》约定，闫某某有权以书面通知的方式解除双方房屋买卖合同。2016年3月15日，闫某某以尉某某未按合同约定的付款方式、付款时间及具体金额为由，通过律师函的方式书面通知尉某某解除房屋买卖合同。闫某某行使合同解除权符合合同约定及法律规定。

五、中介公司及工作人员对闫某某不利的说辞不应被法院采信

本案中，中介公司及其工作人员与本案的处理存在严重的利害关系，其当庭陈述的对闫某某不利的说辞，不应被法院采信，理由如下：

1. 正常的交易过程中，中介公司是基于买方、卖方的信息，撮合双方签订房屋买卖合同，从中收取居间费用。此种情况下，中介方仅作为信息的提供方，并不实际参与交易本身，就房屋买卖而言，中介是中立的一方，其作为中立一方的说辞可以被法院采信作为法院查明案件事实的佐证。

2. 本案中，中介公司除了提供信息撮合双方签订房屋买卖合同外，其还有一个非常重要的身份——垫资方，即中介公司要替尉某某垫付首付款86万元。

（1）尉某某本身就有86万元首付款，为什么中介公司要求尉某某将首付款打入某资金托管平台，首付款反而由中介公司垫付呢？某资金托管平台实际上是中介公司在没有经过中国人民银行、证监会批准的情况下变相地搞融资业务。某资金托管平台实际上是一个资金池，钱打入某资金托管平台有如下好处：其一，中介公司可以收取手续费；其二，中介公司可以将资金挪作他用，产生收益；其三，资金在资金池中产生利息。此种情况下，本案中的中介公司已经不仅仅是中立的交易信息提供者，而是一个赚取资金利益的融资者。既然中介公司染指了利益，就不可能客观地陈述事实。

（2）本案中，根据《补充协议》的约定，中介公司负有替买受人垫资的合同义务。在对内关系上，中介公司垫资出现问题，中介公司要向尉某某承担责任；而在房屋买卖合同关系中，尉某某负有付款义务；在对外关系上，尉某某对闫某某承担迟延付款的责任。现中介公司没有如期垫资，尉某某的付款方式也与约定不符，中介公司要向尉某某承担责任，尉某某要向闫某某承担责任，两方一捏咕，与其两方都承担责任，不如直接都推给闫某某。因此，尉某某和中介公司有紧密的利益联结，中介公司不可能客观地陈述事实。

法院裁判

北京市朝阳区人民法院经审理认为：

依法成立的合同，对当事人具有法律约束力。本案中，黄某、尉某某与闫某某及中介公司就涉案房屋签订的《合同》及相关附件中对于交易标的、价款以及款项支付时间做出了明确规定，是各方当事人的真实意思表示，且并不违反法律、行政法规的强制性规定，应当认定合法有效，各方当事人均应按照合同约定全面履行各自的义务。

本案中，根据黄某、尉某某与闫某某签订的《补充协议》约定的支付首付款的时间显示，黄某、尉某某应当于网签生成后3个工作日内以非建委资金监管的方式向闫某某支付86万元的首付款，2016年1月18日，涉案房屋的网签生成。虽然黄某、尉某某于2016年1月18日向北京某科技有限公司支付了12万元以及于2016年1月20日向北京某科技有限公司支付了74万元，但北京某科技有限公司却于2016年1月21日向闫某某的代理人李某汇款37

万元，此后，尉某某于2016年2月16日向闫某某的代理人李某汇款49万元。根据《补充协议》的约定，黄某、尉某某向闫某某支付首付款的方式应当采用非建委资金监管的方式，并明确排除了某资金托管以及融信托管的方式，而黄某、尉某某按照中介公司的指示向北京某科技有限公司打款的行为不能视为向闫某某付款的行为，且黄某、尉某某实际最后向闫某某支付最后一笔首付款的时间也明显地超过了双方《补充协议》约定的时间，黄某、尉某某已经构成了违约。依据双方签订的《北京市存量房屋买卖合同》及《补充协议》的约定，闫某某享有合同的单方解除权。此外，闫某某于2016年3月15日向黄某、尉某某寄送了《律师函》，明确表示解除《北京市存量房屋买卖合同》及《补充协议》的意思。尽管中介公司表示黄某、尉某某与闫某某在合同履行过程中对付款方式进行了变更，但并未向本院提供充分的证据加以证明，且亦无法通过本案的其他证据推断出双方达成了变更支付方式的一致意见。闫某某亦未在《融信托管协议》签字确认变更付款方式和时间。综上，闫某某要求解除《北京市存量房屋买卖合同》及《补充协议》的反诉请求，于法有据，本院予以支持。黄某、尉某某要求闫某某继续履行房屋买卖合同，要求闫某某配合黄某、尉某某继续办理贷款手续、缴纳税款手续、过户手续、物业交割手续的诉讼请求，因《北京市存量房屋买卖合同》及《补充协议》已经解除，故其请求依据不足，本院不予支持。关于黄某、尉某某要求闫某某支付合同违约金的诉讼请求，因于法无据，故本院亦不予支持。

因黄某、尉某某与闫某某及中介公司签订的《北京市存量房屋买卖合同》及《补充协议》已经解除，故闫某某要求判令黄某、尉某某协助其办理撤销网签手续的反诉请求于法有据，本院予以支持。

因黄某、尉某某与闫某某所签订的《北京市存量房屋买卖合同》及《补充协议》已经解除，故闫某某应当将已经收取的黄某、尉某某的首付款等费用返还给黄某、尉某某。经本院释明，黄某、尉某某以及闫某某均当庭表示同意法院根据审理的情况就黄某与尉某某已经向闫某某支付的定金及首付款一并进行处理。

另，需要指出的是，如黄某、尉某某认为中介公司在居间过程中造成其相应的经济损失，本判决不影响其向中介公司主张相应的权利，黄某、尉某某可以另行解决。综上，依据《合同法》第6条、第8条、第60条、第93

条第2款、第97条、第114条与《民事诉讼法》第64条之规定判决黄某、尉某某与闫某某以及中介公司于2016年1月4日签署的《北京市存量房屋买卖合同（经纪成交版）》及附件与签署的《补充协议》于2016年3月16日解除；黄某、尉某某及北京链某房地产经纪有限公司协助闫某某办理涉案房屋的撤销网签手续；闫某某返还黄某、尉某某定金及首付款共计91万元；驳回黄某、尉某某的全部诉讼请求。

一审判决作出后，黄某、尉某某不服提出上诉，二审法院当庭宣判，驳回了黄某、尉某某的全部上诉请求，维持了一审判决。

律师点评

1. 房屋买卖往往是在封闭状态下进行的，交易的过程往往就是买卖双方加中介第三方，对于案件事实的陈述，买卖双方往往各执一词，此种情况下，中介公司偏向哪一方，哪一方就有极大的优势。本案中，中介完全站在黄某、尉某某一方，明显对闫某某不利，必须降低中介的说辞的证明力才有赢的希望。本书作者巧妙抓住中介公司“垫资方”的身份全面说理，导致法院未敢轻易采信中介说辞，为闫某某赢得了宝贵的机会。

2. 律师在证据的筛选上必须非常谨慎。本案中，黄某、尉某某与中介公司“统一”说辞，均称双方变更了付款方式，此形势对黄某、尉某某是极其有利的，但好巧不巧，黄某、尉某某的代理律师向法院提交了一份《融信托管协议》来佐证变更了付款方式，但《融信托管协议》中并无闫某某签字。这个证据刚好为本书作者所用，闫某某都没有签字，更证实了没有变更之事。黄某、尉某某之所以败诉，与其律师准备不够充分也有很大关系。

15. 无权处分情况下卖方如何成功解约

邵某与郭某等房屋买卖合同纠纷案

本案思维导图

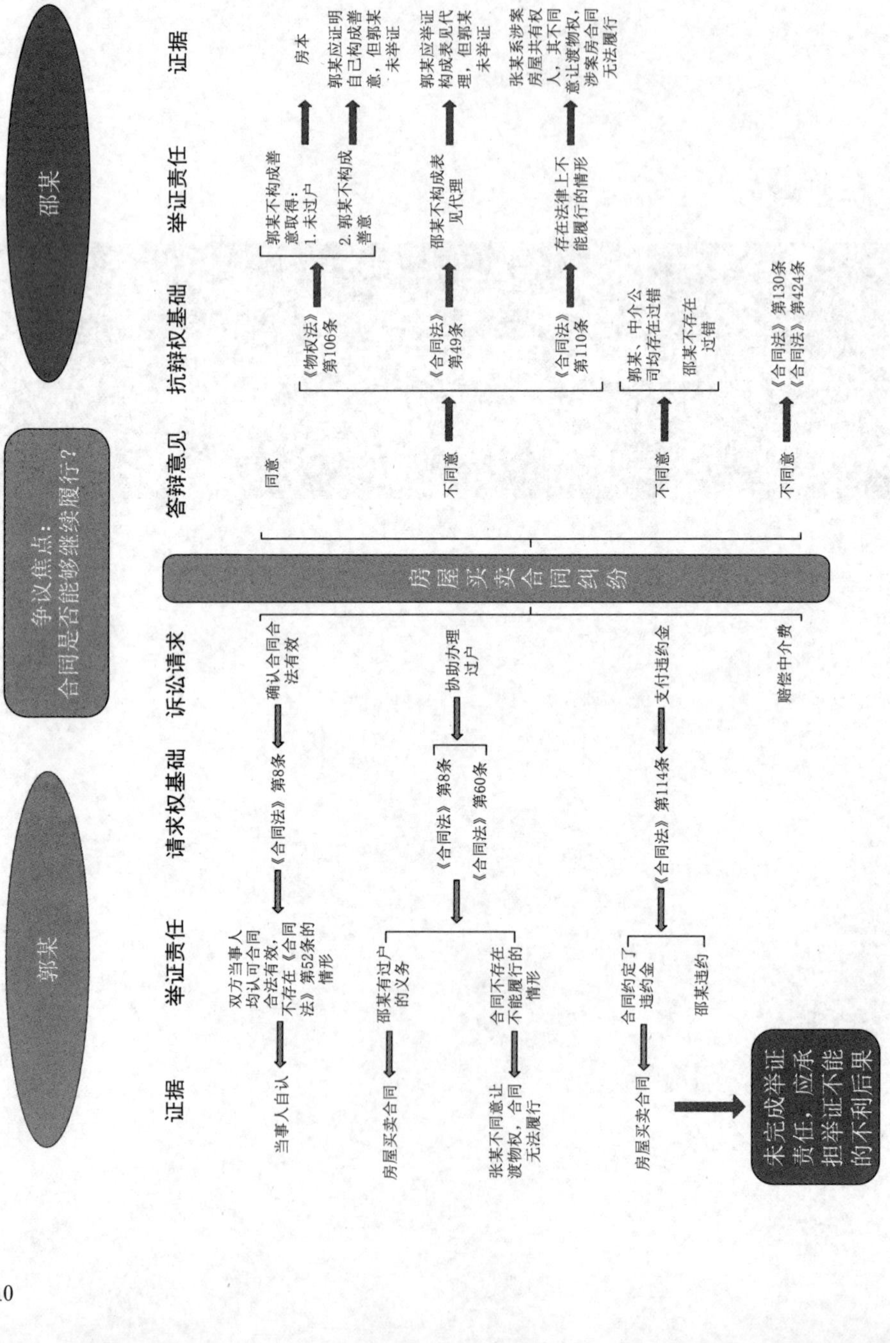

郭某 | 争议焦点：合同是否能够继续履行？ | 邵某

房屋买卖合同纠纷

郭某：证据 — 举证责任 — 请求权基础 — 诉讼请求

- 确认合同合法有效 ⇐ 《合同法》第8条 ⇐ 双方当事人均认可合同合法有效，不存在《合同法》第52条的情形 ⇐ 当事人自认
- 协助办理过户 ⇐ 《合同法》第8条；《合同法》第60条 ⇐
  - 邵某有过户的义务 ⇐ 房屋买卖合同
  - 合同不存在不能履行的情形 ⇐ 张某不同意让渡物权，合同无法履行
- 支付违约金 ⇐ 《合同法》第114条 ⇐
  - 合同约定了违约金 ⇐ 房屋买卖合同
  - 邵某违约
- 赔偿中介费

未完成举证责任，应承担举证不能的不利后果

邵某：答辩意见 — 抗辩权基础 — 举证责任 — 证据

- 同意
- 不同意 ➡
  - 《物权法》第106条 ➡ 郭某不构成善意取得：1. 未过户 ➡ 房本；2. 郭某不构成善意 ➡ 郭某应证明自己构成善意，但郭某未举证
  - 《合同法》第49条 ➡ 邵某不构成表见代理 ➡ 郭某应举证构成表见代理，但郭某未举证
  - 《合同法》第110条 ➡ 存在法律上不能履行的情形 ➡ 张某系涉案房屋共有权人，其不同意让渡物权，涉案房合同无法履行
- 不同意 ➡ 郭某、中介公司均存在过错；邵某不存在过错
- 不同意 ➡ 《合同法》第130条；《合同法》第424条

案情介绍

2013年1月6日，邵某及邵某母亲张某共同购买了河北省大厂回族自治县涉案房屋，该房屋于2017年8月取得不动产登记证书，证书载明的权利人为邵某、张某。

2016年3月6日，郭某与邵某通过顺心某某房地产经纪公司（以下简称“中介公司”）签订了《房屋买卖合同》及《房屋买卖居间合同》。合同约定，邵某将河北省大厂回族自治县涉案房屋出售给郭某，总成交价130万元。合同签订当日，郭某支付购房款34万元，余款在银行发放贷款时由银行支付给邵某。居间服务费29 250元，由郭某负担。邵某在收到全款后向郭某交房。逾期履行合同义务超过30日的，守约方有权解除合同。单方解除合同的，应当以书面形式通知。违约方除需要支付30日的赔偿金，还应当于解除合同通知送达之日起3日内，按照房屋成交价格的30%向守约方支付违约金。合同还约定了其他条款。合同签订后，郭某依照约定支付了首付款34万元。邵某将涉案房屋的《商品房买卖合同》原件、发票原件等交付给中介公司保管，郭某向中介公司支付中介费43 000元。在履行合同过程中，邵某提出张某不同意出售房屋，拒绝配合办理相关手续。

郭某向河北省大厂回族自治县人民法院起诉，请求：①确认郭某与邵某于2016年3月6日签订的《房屋买卖合同》以及郭某与邵某及中介公司于2016年3月6日签订的《房屋买卖居间合同》均合法有效；②判令邵某、张某配合将涉案房屋过户至郭某名下；③判令邵某、张某按照约定支付郭某违约金（按照每天650元计算，自2017年9月1日起计算至邵某、张某配合办理过户登记手续时止）；④判令邵某、张某赔偿郭某中介费43 000元。

邵某辩称：认可邵某与郭某签订合同效力。郭某在交易过程中存在重大过失，明知涉案房屋系邵某及张某共有，明知张某未到场签字，张某不同意转让涉案房屋的所有权。中介公司存在过错，明知房屋是共同所有，在未取得张某同意情况下贸然促成本次交易。涉及的中介费的赔偿问题不应当在本案中处理。

邵某向河北省大厂回族自治县人民法院提出反诉请求：判令解除郭某与

邵某于2016年3月6日签订的《房屋买卖合同》。因涉案房屋系邵某与张某共有，邵某处分涉案房屋未征得共有权人张某同意，构成无权处分，郭某明知邵某未取得张某授权，坚持与邵某签订购房合同，存在主观恶意，不构成善意取得。张某不同意让渡物权，邵某与郭某的房屋买卖合同无法履行。

郭某辩称：不同意邵某的反诉请求，交易是在中介公司进行，房款130万元是市场交易价格。邵某携带了《商品房买卖合同》及发票等，居间方了解张某同意出售房屋，郭某不存在恶意，张某可向邵某主张权利。

张某辩称：郭某与邵某签订的合同，应该把张某列为第三人。房屋属于邵某和张某共有，邵某无权处分。张某不知情，不同意出售房屋。

第三人中介公司述称：同意郭某诉讼请求。对邵某的反诉请求，中介公司辩称：中介公司电话联系了张某，张某同意出售房屋，涉案房屋涉及的数额较大，张某将涉案房屋合同原件长期保存在邵某处，以不知情为由明显违背事实。

本书作者系邵某的诉讼代理人。

抗辩权的基础

本案中，郭某提出以下四项诉讼请求：①确认郭某与邵某之间的《房屋买卖合同》以及郭某、邵某及中介公司之间的《房屋买卖居间合同》均合法有效；②判令邵某、张某配合将涉案房屋过户至郭某名下；③判令邵某、张某按照约定支付郭某违约金；④判令邵某、张某赔偿郭某中介费43 000元。

一、邵某认可郭某的第1项诉讼请求

二、针对第2项诉讼请求，假设邵某对郭某享有抗辩权，则论证郭某的过户请求权不成立即可

本案中，涉案房屋系邵某与张某的共同财产，邵某擅自处分涉案房屋构成无权处分，郭某若主张能够取得涉案房屋所有权则需证明其构成善意取得或者邵某构成表见代理。

（一）假设郭某根据《物权法》第106条[1]享有过户请求权

那么首先该请求权必须已经成立。根据《物权法》第106条的规定，该请求权产生的前提条件是：

1. 邵某无权处分涉案房屋：涉案房屋系邵某与张某的共同财产，邵某擅自处分涉案房屋构成无权处分。

2. 郭某受让涉案房屋时是善意的：涉案房屋仍登记在邵某和张某名下，尚未转移登记至郭某名下，即过户前郭某即知晓邵某无权处分，郭某不构成善意。

3. 涉案房屋已经登记至郭某名下：涉案房屋仍登记在邵某和张某名下，该条件不满足。

故该请求权未成立，邵某对郭某的过户请求享有抗辩权。

（二）假设郭某根据《合同法》第49条[2]享有过户请求权

那么首先该请求权必须已经产生。根据《合同法》第49条，该请求权产生的前提条件是：

1. 邵某没有以张某名义签订合同的代理权。

2. 郭某有理由相信邵某有代理权：邵某在签约和交易过程中并未出具张某的授权委托书，不存在足以让郭某认为邵某有权代理张某出售涉案房屋的客观表象。郭某在购房过程中未尽到审慎义务，主观上不构成善意无过错。因此涉案交易不构成表见代理。

故该请求权未成立，邵某对郭某的过户请求享有抗辩权。

（三）假设邵某对郭某的过户请求根据《合同法》第110条[3]享有抗辩权

那么首先该抗辩权必须已经成立。根据《合同法》第110条的规定，该抗辩权产生的前提条件是：法律上或事实上不能履行，虽然涉案合同合法有效，但其效力仅及于邵某和郭某，并不及于张某，且张某不同意将涉案房屋的物权让渡给郭某。根据《合同法》第110条的规定，涉案交易存在法律上不能履行的情形，

---

[1]《物权法》第106条　无处分权人将不动产或者动产转让给受让人的，所有权人有权追回；除法律另有规定外，符合下列情形的，受让人取得该不动产或者动产的所有权：①受让人受让该不动产或者动产时是善意的；②以合理的价格转让；③转让的不动产或者动产依照法律规定应当登记的已经登记，不需要登记的已经交付给受让人。

[2]《合同法》第49条　行为人没有代理权、超越代理权或者代理权终止后以被代理人名义订立合同，相对人有理由相信行为人有代理权的，该代理行为有效。

[3]《合同法》第110条　当事人一方不履行非金钱债务或者履行非金钱债务不符合约定的，对方可以要求履行，但有下列情形之一的除外：①法律上或者事实上不能履行；……

郭某不能基于债权请求权要求办理权属转移登记手续。

故邵某对郭某的过户请求享有抗辩权。

故邵某依据上述法条对郭某的过户请求权享有抗辩权，邵某并未放弃该抗辩权。

三、针对郭某的第3项诉讼请求，假设邵某对郭某享有抗辩权

1. 那么首先该抗辩权必须已经成立：涉案房屋无法办理权属转移登记手续，不存在按日计算违约金的情形；邵某履行合同主观上不存在过错；交易无法进行，中介公司和郭某存在严重过错。

由此，该抗辩权成立了。

2. 邵某并未放弃该抗辩权。

3. 故邵某对郭某的违约金请求享有抗辩权。

四、针对郭某的第4项诉讼请求，假设邵某对郭某根据《合同法》第130条[1]、第424条[2]享有抗辩权。

1. 那么首先该抗辩权必须已经成立。

根据上述法条，房屋买卖合同纠纷的基础是买卖双方之间的房屋买卖合同关系，涉及的是房屋买卖合同。居间合同纠纷的基础是委托人和居间人之间的居间合同关系，涉及的是居间服务合同。二者为两个相互独立的合同关系，不应混为一谈。本案案由为房屋买卖合同纠纷，郭某与邵某双方为合同买卖双方，中介公司仅为诉讼第三人。因中介公司居间存在过错，涉及退中介服务费甚至赔偿损失的情形，涉及的是委托人与居间人之间的居间合同关系，应当在居间合同纠纷中处理，不应当在本案中处理。

由此，邵某对郭某的要求赔偿中介费的诉讼请求所享有的抗辩权产生了。

2. 邵某并未放弃该抗辩权。

3. 故邵某依据上述法条对郭某的中介费损失请求享有抗辩权。

请求权的基础

本案中，邵某提起反诉请求判决解除双方之间的房屋买卖合同。

---

[1] 《合同法》第130条　买卖合同是出卖人转移标的物的所有权于买受人，买受人支付价款的合同。

[2] 《合同法》第424条　居间合同是居间人向委托人报告订立合同的机会或者提供订立合同的媒介服务，委托人支付报酬的合同。

假设邵某根据《合同法》第110条享有解除合同请求权：

1. 那么首先该请求权必须已经产生。

根据《合同法》第110条的规定，该请求权产生的前提条件是：

法律上或事实上不能履行：虽然涉案合同合法有效，但其效力仅及于邵某和郭某，并不及于张某，且张某不同意将涉案房屋的物权让渡给郭某，根据《合同法》第110条的规定，涉案交易存在法律上不能履行的情形，邵某有权要求解除合同。

2. 该解除权并未消灭。

3. 邵某的反诉未过诉讼时效。

4. 故邵某依据上述法条享有合同解除权。

代理词

一、涉案房屋系邵某与张某共同共有

法律依据：

《物权法》第16条规定："不动产登记簿是物权归属和内容的根据。不动产登记簿由登记机构管理。"

《物权法》第17条规定："不动产权属证书是权利人享有该不动产物权的证明。"

事实依据：

邵某和张某作为共同买受人与开发商签订的房屋买卖合同，不动产权证登记的权利人亦为邵某和张某，故涉案房屋系邵某与张某共同共有

二、邵某处分涉案房屋构成无权处分

《物权法》第97条规定："处分共有的不动产或者动产以及对共有的不动产或者动产作重大修缮的，应当经占份额2/3以上的按份共有人或者全体共同共有人同意，但共有人之间另有约定的除外。"

邵某工作和居住均在北京，张某长期居住在辽宁。邵某与郭某签约时并未告知张某，张某并不知情。现张某亦不同意出售涉案房屋，根据《物权法》

第97条的规定，邵某构成无权处分。

三、郭某不构成善意取得

法律依据：

《物权法》第106条规定："无处分权人将不动产或者动产转让给受让人的，所有权人有权追回；除法律另有规定外，符合下列情形的，受让人取得该不动产或者动产的所有权：①受让人受让该不动产或者动产时是善意的；②以合理的价格转让；③转让的不动产或者动产依照法律规定应当登记的已经登记，不需要登记的已经交付给受让人。"

《物权法司法解释》第18条第1款规定："物权法第106条第1款第1项所称的'受让人受让该不动产或者动产时'，是指依法完成不动产物权转移登记或者动产交付之时。"

事实依据：

1. 涉案房屋仍登记在邵某和张某名下，尚未转移登记至郭某名下。

2. 邵某与郭某签约时，邵某提供了一手房的买卖合同，上面清晰地显示了涉案房屋系邵某和张某共同购买，郭某明知有共有人而未征求共有人的意见，明显不构成善意。

故根据《物权法》第106条之规定，郭某不构成善意取得。

四、涉案交易不构成表见代理

法律依据：

《合同法》第49条规定："行为人没有代理权、超越代理权或者代理权终止后以被代理人名义订立合同，相对人有理由相信行为人有代理权的，该代理行为有效。"

事实依据：

邵某在签约和交易过程中并未出具张某的授权委托书，不存在足以让郭某认为邵某有权代理张某出售涉案房屋的客观表象。郭某在购房过程中未尽到审慎义务，主观上不构成善意无过错。因此涉案交易不构成表见代理。

五、郭某无权要求办理涉案房屋权属转移登记手续

法律依据：

《合同法》第110条规定："当事人一方不履行非金钱债务或者履行非金钱债务不符合约定的，对方可以要求履行，但有下列情形之一的除外：①法

律上或者事实上不能履行；……”

事实依据：

虽然涉案合同合法有效，但其效力仅及于邵某和郭某，并不及于张某，且张某不同意将涉案房屋的物权让渡给郭某，根据《合同法》第110条的规定，涉案交易存在法律上不能履行的情形，郭某不能基于债权请求权要求办理权属转移登记手续。

六、郭某无权要求邵某支付违约金

（一）涉案房屋无法办理权属转移登记手续，不存在按日计算违约金的情形

郭某主张自2017年9月1日起至涉案房屋权属转移登记至其名下止的违约金的基础是涉案房屋能够办理权属转移登记手续。现涉案房屋存在事实上履行不能，无法办理权属转移登记手续，郭某主张的违约金根本就不存在，其要求邵某按日支付违约金的主张毫无事实和法律依据。

另，张某并非涉案房屋买卖合同主体，郭某无权基于合同债权请求权要求张某支付违约金。

（二）邵某履行合同主观上不存在过错

1. 签订房屋买卖合同后，邵某积极履行合同义务，于2016年3月7日偿还了涉案房屋贷款35万元，履行合同主观上不存在过错。

2. 邵某已经履行了防止损失扩大的义务。

2016年11月3日，邵某及时告知中介公司人员武某涉案交易无法继续进行，履行了防止损失扩大的义务，履行合同主观上不存在过错。

（三）交易无法进行，中介公司和郭某存在严重过错

1. 中介公司存在过错。

法律依据：

《房地产经纪管理办法》第4条规定：“从事房地产经纪活动应当遵循自愿、平等、公平和诚实信用的原则，遵守职业规范，恪守职业道德。”

《房地产经纪管理办法》第21条规定：“房地产经纪机构签订房地产经纪服务合同前，应当向委托人说明房地产经纪服务合同和房屋买卖合同或者房屋租赁合同的相关内容，并书面告知下列事项：……④房屋交易的一般程序及可能存在的风险；……⑧其他需要告知的事项。”

合同依据：

《房屋买卖居间合同》第5条第1款约定："丙方有义务及时为甲、乙双方报告订立房屋买卖合同的机会、提供订立房屋买卖合同的媒介服务，并向甲、乙双方如实告知有关订立房屋买卖合同的事项。"

事实依据：

（1）中介公司查看并收取了涉案房屋一手房购买合同原件和不动产发票，其作为专业的房地产经纪服务公司，在共有权人未到场说明，未出具任何同意出售证明的情况下撮合买卖双方签约，未尽到忠实居间的合同义务，存在严重过错。

（2）中介公司在未确认张某同意出售涉案房屋的情况下，未告知买卖双方若张某不同意出售涉案房屋，则本交易存在无法继续进行的风险，中介公司未尽到忠实居间的合同义务，存在严重过错。

2. 郭某本身存在过错。

（1）郭某作为房屋买受人，明知涉案房屋上存在其他共有权人，在共有权人未到场、未出示任何授权或同意出售证明文件的情况下，坚持与邵某签订购房合同，郭某未尽到合理注意和谨慎的义务，存在过错。

（2）未尽防止损失扩大义务。《合同法》第119条第1款规定："当事人一方违约后，对方应当采取适当措施防止损失的扩大；没有采取适当措施致使损失扩大的，不得就扩大的损失要求赔偿。"

2016年11月3日，邵某已经告知涉案交易无法继续履行，但郭某并未采取任何措施，任由损失扩大。近一年之后，郭某才主张2017年9月1日起的违约金毫无事实依据和法律依据。

七、郭某无权要求邵某赔偿中介费

1. 郭某要求赔偿中介费的损失与其要求继续履行合同的请求矛盾。

2. 郭某无权在本案中主张中介费损失。

《合同法》第130条规定："买卖合同是出卖人转移标的物的所有权于买受人，买受人支付价款的合同。"

《合同法》第424条规定："居间合同是居间人向委托人报告订立合同的机会或者提供订立合同的媒介服务，委托人支付报酬的合同。"

房屋买卖合同纠纷的基础是买卖双方之间的房屋买卖合同关系，涉及的是房屋买卖合同。居间合同纠纷的基础是委托人和居间人之间的居间合同关系，涉及的是居间服务合同。二者为两个相互独立的合同关系，不应混为一谈。

本案案由为房屋买卖合同纠纷，原被告双方为合同买卖双方，即邵某与郭某，中介公司仅为诉讼第三人。因中介公司居间存在过错，涉及退中介服务费甚至赔偿损失的情形，涉及的是委托人与居间人之间的居间合同关系，应当在居间合同纠纷中处理，不应当在本案中处理。

八、郭某主张涉案房屋价格上涨，故邵某系恶意诉讼不能成立

1. 郭某对其主张有举证责任，其并未举证，应承担举证不能的不利后果。《民诉解释》第 90 条规定："当事人对自己提出的诉讼请求所依据的事实或者反驳对方诉讼请求所依据的事实，应当提供证据加以证明，但法律另有规定的除外。在作出判决前，当事人未能提供证据或者证据不足以证明其事实主张的，由负有举证证明责任的当事人承担不利的后果。"

2. 邵某从未提出过涨价，而是直接及时将张某不同意卖房的情况如实告知郭某，并非恶意诉讼。

综上，郭某的诉讼请求无事实和法律依据，请求法院依法驳回郭某的全部诉讼请求，支持邵某的全部反诉请求。

法院裁判

河北省大厂县回族自治县人民法院经审理认为：

郭某与邵某及中介公司签订的《房屋买卖合同》及《房屋买卖居间合同》是当事人真实意思表示，不违反法律法规的相关规定，合法有效。邵某出售的房屋系其与张某共同购买，与张某共同共有。因张某对邵某的行为不予追认，不同意出售房屋，邵某未取得该房屋的处分权，郭某提供的证据亦不能证实张某同意出售该房屋，该房屋事实上已经不能过户到郭某名下。该合同已无法履行，不能实现合同目的，应予以解除。合同解除后，郭某可依法另案主张相关权利。综上，依照《合同法》第 8 条、第 44 条第 1 款、第 94 条第 4 项、第 97 条、第 110 条第 1 项之规定，判决：郭某与邵某及中介公司签订的《房屋买卖合同》及《房屋买卖居间合同》合法有效；解除郭某与邵

某及中介公司签订的《房屋买卖合同》及《房屋买卖居间合同》；邵某返还郭某购房款34万元；中介公司返还郭某中介费43 000元。

律师点评

本案的审判法官给了本书作者关于证据编排方面非常重要的启发。大多数律师在编排证据目录时，是按照时间顺序或者逻辑论证顺序逐一列举证据，每个证据只出现一次。这种编排方式比较适合法律关系简单的、待证事实单一的案件。但是，在法律关系复杂，待证事项繁多，尤其是一个证据存在多重证明目的的案件中，前述的编排方式无法突出待证重点。本案的法官要求双方围绕争议焦点举证，这个争议焦点双方有何证据佐证，下一个争议焦点双方又有何证据佐证，因为证明焦点不同，故在举证过程中可以重复举证。这样围绕争议焦点梳理下来，思路是非常清晰的。

16. 法定解除权与约定解除权的选择

安某与马某房屋买卖合同纠纷案

本案思维导图

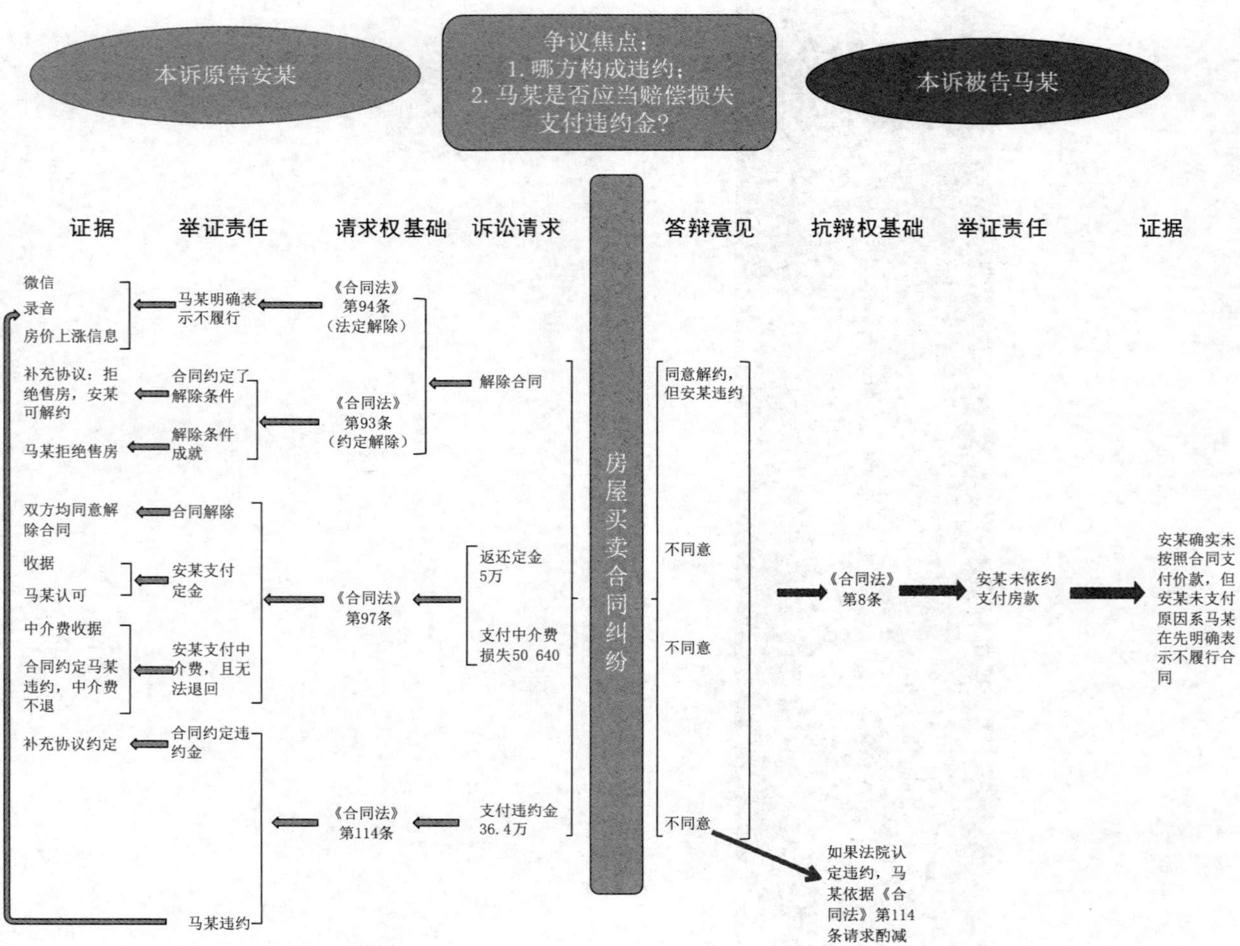
本诉原告安某
争议焦点：
1. 哪方构成违约；
2. 马某是否应当赔偿损失支付违约金？
本诉被告马某
证据
举证责任
请求权基础
诉讼请求
房屋买卖合同纠纷
答辩意见
抗辩权基础
举证责任
证据
微信
录音
房价上涨信息
马某明确表示不履行
《合同法》第94条（法定解除）
补充协议：拒绝售房，安某可解约
合同约定了解除条件
马某拒绝售房
解除条件成就
《合同法》第93条（约定解除）
解除合同
同意解约，但安某违约
双方均同意解除合同
合同解除
收据
马某认可
安某支付定金
中介费收据
合同约定马某违约，中介费不退
安某支付中介费，且无法退回
《合同法》第97条
返还定金5万
支付中介费损失50 640
不同意
不同意
补充协议约定
合同约定违约金
马某违约
《合同法》第114条
支付违约金36.4万
不同意
如果法院认定违约，马某依据《合同法》第114条请求酌减
《合同法》第8条
安某未依约支付房款
安某确实未按照合同支付价款，但安某未支付原因系马某在先明确表示不履行合同

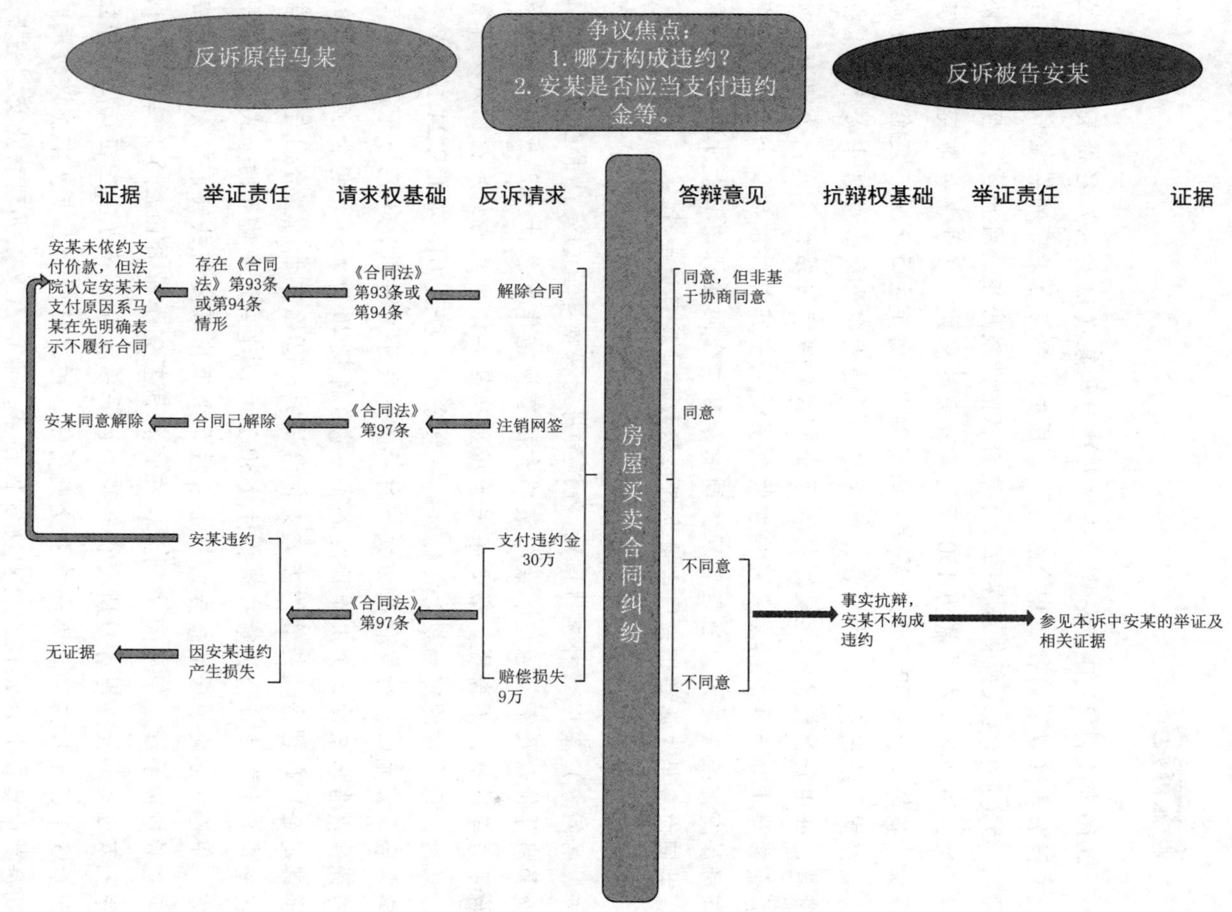
反诉原告马某
争议焦点：
1. 哪方构成违约？
2. 安某是否应当支付违约金等。
反诉被告安某
证据
举证责任
请求权基础
反诉请求
答辩意见
抗辩权基础
举证责任
证据
房屋买卖合同纠纷
安某未依约支付价款，但法院认定安某未支付原因系马某在先明确表示不履行合同
存在《合同法》第93条或第94条情形
《合同法》第93条或第94条
解除合同
同意，但非基于协商同意
安某同意解除
合同已解除
《合同法》第97条
注销网签
同意
安某违约
支付违约金30万
不同意
《合同法》第97条
事实抗辩，安某不构成违约
参见本诉中安某的举证及相关证据
无证据
因安某违约产生损失
赔偿损失9万
不同意

2016年1月24日，安某（买受人）与马某（出卖人）经链某房地产经纪有限公司（以下简称“中介公司”）服务，签订《北京市存量房屋买卖合同》，约定：出卖人所售房屋为位于丰台区的涉案房屋。经出卖人与买受人协商一致，该房屋成交价格为150万元，该房屋家具、家电、装饰装修及配套设施设备等作价为32万元。买受人向出卖人支付定金5万元，定金支付方式为直接支付给出卖人。关于贷款的约定，买受人向公积金管理中心申办抵押贷款，并由贷款机构按其规定将该部分房款直接支付给出卖人，买受人拟贷款金额为120万元。出卖人应当在收到买受人全部首付款后3个工作日内将该房屋交付给买受人。当事人双方同意，自本合同签订之日起120日内，双方共同向房屋权属登记部门申请办理房屋权属转移登记手续。

同日，安某（乙方、买受方）与马某（甲方、出卖方）、中介公司（丙方、居间方）签订《补充协议》，就涉案房屋买卖事宜约定：甲乙双方同意，交易房屋价款及家具家电、装饰装修和配套设施作价总计182万元，此价格为甲方净得价，不含税。第2条关于房屋交易具体事宜的约定：乙方支付首付款时，已支付的定金视为首付款的一部分。乙方于2016年1月24日将第一笔定金5万元以自行支付的方式支付甲方。关于首付款，①乙方于网签合同与评估报告出来后5个工作日内将第一笔首付款26万元（不包含前期支付的全部定金）以理房通托管的方式支付给甲方；②乙方于网签合同与评估报告出来后5个工作日内将第二笔首付款30万元以建委资金监管的方式支付给甲方。甲乙双方应于评估报告结果出来后5个工作日之内共同前往贷款机构办理贷款申请手续。甲乙双方同意，在银行面签完下批贷函后5个工作日内，甲乙双方应共同办理房屋所有权转移登记手续。甲乙双方应当在权属转移登记后3个工作日内自行办理物业交割手续，丙方陪同。乙方从本协议约定的购房款中留存1万元作为物业交割保证金，于甲乙双方办理物业交割当日，由乙方自行支付给甲方。合同就价款的支付以及网签、评估等手续的办理时间均作出了约定，并约定第4条“违约责任”。第4条“违约责任”第2款约定，甲方若出现下列情形之一的，甲方构成根本违约，且乙方有权以书面通知的方式解除房屋买卖合同：……④拒绝将该房屋出售给乙方或者擅自提高房屋交易价格的。甲方出现上述根本违约情形之一的，甲方应在违约行为发生之日起15日内，以相当于该房屋总价款的20%向乙方支付违约金，丙方收取乙方的所有费用不予退还，由甲方直接赔付乙方。第4条“违约责任”第3款约定，乙方若出现下列情形之一的，乙方构成根本违约，且甲方有权以书面通知的方式解除房屋买卖合同：……③逾期履行本补充协议第2条约定的义务超过15日的。乙方出现上述根本违约情形之一的，乙方应在违约行为发生之日起15日内，以相当于该房屋总价款的20%向甲方支付违约金；乙方向甲方已支付的全部款项冲抵违约金，多退少补；丙方收取乙方的费用不予退还。

同日，安某（乙方、买受人）、马某（甲方、出卖人）与中介公司（丙方、居间人）签订《居间服务合同》。《居间服务合同》第3条约定：甲方和乙方应积极配合丙方的居间活动，按照丙方的要求提交房屋买卖所需的一切证书、证件及材料，并依照本合同的约定，及时足额向丙方支付居间代理费。《居间服务合同》第4条约定：甲方或乙方违反本合同第3条约定，导致丙方不能继续履行义务的，丙方不承担责任，且丙方有权收取本合同约定的居间代理费用，无需退还，如支付费用方为守约方，可向违约方追偿该笔费用。安某（乙方）、马某（甲方）与北京中某某担保有限公司（服务方）又签订《房屋交易保障服务合同》。《房屋交易保障服务合同》第4条“违约责任”约定：甲、乙双方中任何一方如未按照合同约定履行义务，导致本合同迟延履行或无法履行的，违约方应承担违约责任，并赔偿守约方的损失。

签订上述合同、补充协议等相关文件后，安某向马某支付定金5万元，向中介公司和北京中某某担保有限公司支付居间代理费和保障服务费、代收评估费共计50 640元。另外，安某和马某委托中介公司办理涉案房屋网签手续，2016年2月16日，安某与马某经过中介公司居间服务签订了网签合同。之后，双方在履行过程中产生争议，安某诉至北京市丰台区人民法院，请求：①解除安某与马某于2016年1月24日签订的《北京市存量房屋买卖合同》及安某与马某、链某公司签订的《补充协议》；②马某返还安某定金5万元；③马某支付安某违约金36.4万元；④马某支付安某中介费损失50 640元。

马某答辩并提起反诉请求：①解除双方所签的《北京市存量房屋买卖合同》及《补充协议》；②安某和中介公司配合马某办理涉案房屋网签注销手续；③安某向马某支付违约金30万元；④安某赔偿马某经济损失9万元。

在庭审中，安某提交微信记录和录音证据，证明房屋价格上涨，马某拒绝履行合同。马某不予认可，中介公司工作人员均对证据真实性及过程予以认可。另外，安某提交中介公司网页截图一张，证明涉案房屋已涨价至207万元，马某的违约行为给其造成损失，马某和中介公司对此证据不予认可。

庭审中，马某提交EMS邮单及查询结果，证明马某一方向安某发送了解除合同催告函，查询结果显示2016年4月11日本人签收，但无法提交解除合同催告函原件及内容。安某不予认可，称未收到材料，且认为违约方无单方解除权。马某另提交借条、交易明细、商品房预售合同联机备案表和购房发票，证明马某母亲李某某在通州区购买房屋两套，其向他人借款，并于4月15日前支付了房款，证明马某一方存在损失。安某对证据的真实性不予认可，另称借款人是李某某，不是本案当事人。针对马某一方向安某发出解除合同催告函的行为，经法院释明后，马某坚持要求法院判决解除合同。

2016年1月24日，马某给母亲李某某出具授权委托书，委托其代办涉案房屋出售事宜。

本书作者系安某的诉讼代理人。

律师思路

请求权的基础

本案中，安某提出四项诉讼请求：①解除安某与马某于2016年1月24日签订的《北京市存量房屋买卖合同》及安某与马某、中介公司签订的《补充协议》；②马某返还安某定金5万元；③马某支付安某违约金36.4万元；④马某支付安某中介费损失50 640元。

一、针对第1项诉讼请求，安某同时享有法定解除权和约定解除权

（一）假设安某根据《合同法》第94条第2项〔1〕享有法定解除权

1. 那么首先这个解除权必须已经产生。

根据《合同法》第94条第2项的规定，法定解除权产生的前提条件是：

（1）安某与马某之间存在一个合法有效的合同：安某与马某签订的房屋买卖合同均为双方真实意思表示，内容也不违反相关法律规定，故该合同合法有效。

（2）在履行期限届满之前，马某明确表示或者以自己的行为表明不履行主要债务：马某因房价上涨，已明确表示拒绝将涉案房屋出售给安某，不履行合同约定的主要债务。

由此，安某所享有的法定解除权产生了。

2. 该解除权并未消灭。根据《最高人民法院关于审理商品房买卖合同纠纷案件适用法律若干问题的解释》第15条〔2〕，安某在法律规定的期限内行使了法定解除权，故该解除权未消灭。

3. 安某的起诉未过诉讼时效。

4. 故安某依据上述法条享有法定解除权。

（二）假设安某根据《合同法》第93条第2款〔3〕享有约定解除权

1. 那么首先这个解除权必须已经产生。

根据《合同法》第93条第2款的规定，约定解除权产生的前提条件是：

（1）安某与马某之间存在合法有效的合同。

（2）安某与马某约定了一方解除合同的条件：安某与马某在《补充协议》第4条中约定："违约责任：……②甲方若出现以下情形的，甲方构成根本违约，且乙方有权以书面通知的方式解除房屋买卖合同：……（a）拒绝将该房屋出售给乙方或者擅自提高房屋交易价格的……"

---

〔1〕《合同法》第94条　有下列情形之一的，当事人可以解除合同：①因不可抗力致使不能实现合同目的；②在履行期限届满之前，当事人一方明确表示或者以自己的行为表明不履行主要债务；③当事人一方迟延履行主要债务，经催告后在合理期限内仍未履行；④当事人一方迟延履行债务或者有其他违约行为致使不能实现合同目的；⑤法律规定的其他情形。

〔2〕《最高人民法院关于审理商品房买卖合同纠纷案件适用法律若干问题的解释》第15条　根据《合同法》第94条的规定，出卖人迟延交付房屋或者买受人迟延支付购房款，经催告后在3个月的合理期限内仍未履行，当事人一方请求解除合同的，应予支持，但当事人另有约定的除外。法律没有规定或者当事人没有约定，经对方当事人催告后，解除权行使的合理期限为3个月。对方当事人没有催告的，解除权应当在解除权发生之日起1年内行使；逾期不行使的，解除权消灭。

〔3〕《合同法》第93条第2款　当事人可以约定一方解除合同的条件。解除合同的条件成就时，解除权人可以解除合同。

（3）解除合同的条件成就：马某现以各种理由不履行合同约定的资金监管、缴税、过户等房屋交易必要手续，已经以其行为明确表明拒绝将该房屋出售给安某，所以解除合同条件成就。

由此，安某所享有的约定解除权产生了。

2. 该解除权并未消灭。

3. 安某的起诉未过诉讼时效。

4. 故安某依据上述法条享有约定解除权。

即安某同时享有法定解除权及约定解除权。

二、针对第2、4项诉讼请求，假设安某对马某根据《合同法》第97条〔1〕享有支付100 640元的请求权

1. 那么首先这个请求权必须已经产生。

根据《合同法》第97条，请求权产生的前提条件是：

（1）安某与马某之间存在合法有效的合同。

（2）双方合同解除：本案中，马某与安某均同意解除合同。

（3）安某可以要求恢复原状、赔偿损失：

❶安某已支付的5万元定金属于金钱债务，不存在不能履行的情形，可以恢复原状。

❷双方及中介约定，第三方收取的居间代理费用不予退还，守约方可向违约方追偿该笔费用。安某已经支付了居间代理费50 640元，系安某的损失，安某有权要求马某赔偿。

由此，安某对马某所享有的该部分款项的支付请求权产生了。

2. 该请求权并未消灭。

3. 安某的起诉未过诉讼时效，马某也并无相应抗辩权。

4. 故安某对马某依据上述法条享有支付100 640元的请求权。

三、针对第3项诉讼请求，假设安某对马某根据《合同法》第114条第1款〔2〕享有36.4万元的支付违约金请求权

1. 那么首先这个请求权必须已经产生。

根据《合同法》第114条，请求权产生的前提条件是：

---

〔1〕**《合同法》第97条** 合同解除后，尚未履行的，终止履行；已经履行的，根据履行情况和合同性质，当事人可以要求恢复原状、采取其他补救措施，并有权要求赔偿损失。

〔2〕**《合同法》第114条第1款** 当事人可以约定一方违约时应当根据违约情况向对方支付一定数额的违约金，也可以约定因违约产生的损失赔偿额的计算方法。

（1）安某与马某之间存在合法有效的合同。

（2）双方约定一方违约时应当根据违约情况向对方支付一定数额的违约金，或约定因违约产生的损失赔偿额的计算方法。《补充协议》第4条约定："甲方出现上述根本违约情形之一的，甲方应在违约行为发生之日起15日内，以相当于该房屋总价款的20%向乙方支付违约金。"双方约定了违约产生的损失赔偿额计算方法为房屋价款的20%，即36.4万元。

（3）马某违约。

由此，安某对马某所享有的36.4万元的支付违约金请求权成立了。

2. 该请求权并未消灭。

3. 安某的起诉未过诉讼时效，马某也并无相应抗辩权。

4. 故安某对马某依据上述法条享有支付36.4万元违约金请求权。

综上，安某的四项诉讼请求均有相应的请求权基础，应得到法院的支持。

抗辩权的基础

本案中，马某提出四项反诉请求：

1. 解除双方所签的《北京市存量房屋买卖合同》及《补充协议》。

2. 安某和中介公司配合马某办理涉案房屋网签注销手续。

3. 安某向马某支付违约金30万元。

4. 安某赔偿马某经济损失9万元。

由于马某系基于安某违约提出的四项反诉请求，故安某证明马某无权解除合同，安某未构成违约即可。

假设安某对马某的反诉请求依据《北京市高级人民法院关于印发〈北京市高级人民法院关于审理房屋买卖合同纠纷案件适用法律若干问题的指导意见（试行）〉的通知》第21条[1]的规定享有抗辩权：

1. 那么首先这个抗辩权必须已经产生。

根据《北京市高级人民法院关于印发〈北京市高级人民法院关于审理房屋买卖合同纠纷案件适用法律若干问题的指导意见（试行）〉的通知》第21条的规

[1] 《北京市高级人民法院关于审理房屋买卖合同纠纷案件适用法律若干问题的指导意见（试行）》第21条　房屋买卖合同履行过程中，一方当事人构成根本违约的，守约方有权解除合同，违约方不享有合同法定解除权。

定，安某享有抗辩权的前提条件是：

（1）安某系守约方：上述请求权基础的论证已证明安某系守约方。

（2）马某构成根本性违约：上述请求权基础的论证已证明马某系违约方，且拒绝协助安某办理合同履行过程中必需的手续，导致合同目的不能实现，已构成根本违约。

（3）故该抗辩权产生了。

2. 安某并未放弃该抗辩权。

3. 故安某依据上述法条对马某的四项反诉请求均享有抗辩权。

一审、二审律师代理词及法院裁判

代理词

一、安某与马某均具有完全的民事行为能力，签订合同的意思表示真实

所签合同合法有效，对双方具有法律上的拘束力，双方应当依照合同的约定及法律的规定及时全面地履行各自的义务。

二、合同签订后，安某依约向马某支付了定金 5 万元，及时履行了付款义务，不存在任何过错

三、马某构成根本性违约，安某有权解除合同

（一）马某存在恶意拒绝履行合同的行为，构成根本性违约

中介公司业务员与安某的微信聊天记录以及中介公司业务员与马某的代理人李某某的微信聊天记录均证明马某拒绝履行合同义务，拒绝将涉案房屋出售给安某。

（二）安某有权要求解除合同

1. 安某享有法定解除权：马某以房价暴涨为由，明确表示拒绝履行合同，根据《合同法》第 94 条第 2 款的规定，其在履行期限尚未届满前，拒绝履行房屋买卖的主要债务，安某依法享有法定解除权。

2. 安某享有约定解除权：面对房屋的增值，现马某提出各种不合理的理由，企图让安某知难而退并接受自己的不合理要求，达到其获取更高利益的目的。为此，她迟迟不配合安某进行资金监管、缴税、过户等买房的必须手

续，一拖再拖，其拒绝出售房屋的意思显而易见，根据《补充协议》第 4 条的约定，安某享有约定解除权。

四、安某主张 20%的违约金，应当得到法院的支持

《合同法》第 107 条规定："当事人一方不履行合同义务或者履行合同义务不符合约定的，应当承担继续履行、采取补救措施或者赔偿损失等违约责任。"

《合同法》第 114 条规定："当事人可以约定一方违约时应当根据违约情况向对方支付一定数额的违约金，也可以约定因违约产生的损失赔偿额的计算方法。"

《合同法解释（二）》第 29 条第 1 款规定："当事人主张约定的违约金过高请求予以适当减少的，人民法院应当以实际损失为基础，兼顾合同的履行情况、当事人的过错程度以及预期利益等综合因素，根据公平原则和诚实信用原则予以衡量，并作出裁决。"

1. 安某主张有法律上的依据：《合同法》第 107、114 条之规定。

2. 安某主张有合同上的依据：《补充协议》第 4 条的约定。双方明确约定，如果马某违约，马某应承担总房款 20%的违约金。该约定系买卖双方真实意思表示，内容也不违反法律的强制性规定，约定合法有效，对双方均具有法律上的拘束力，现马某恶意违约的情形完全符合前述合同约定的情形，故安某主张 20%违约金有合同上的依据。

3. 马某不诚信，主观恶意明显。

《合同法》第 5 条规定："当事人应当遵循公平原则确定各方的权利和义务。"《合同法》第 6 条规定："当事人行使权利、履行义务应当遵循诚实信用原则。"

促进社会的公平与正义是法的终极目的，诚实信用原则被称为私法的"帝王条款"，不诚信的一方应当得到法律的否定性评价。

本案中，马某不存在无法履行合同的客观情形，其拒绝履行合同，完全是因为其图利房屋增值利益而主观上恶意毁约。面对房屋增值利益诱惑，其竟然完全置合同义务于不顾，视国家的法律为儿戏，为了追求不正当的利益，醉心于背信弃义，想尽一切办法一拖再拖，恶意解除合同，对于这种公开叫板法律权威的恶劣行为不罚不足以平民愤，人民法院为了维护社会正义必须对其不诚信的行为加以严惩。

4. 马某给安某造成的实际损失远超过安某的违约金主张。

双方达成买卖合同后，安某一直积极履行合同义务，不存在任何过错，然而马某却恶意违约，拒绝履行合同。签约至今，北京房价一直处在上涨状态，涉诉房屋的增值部分已不止 36.4 万元，安某承受着巨额房屋差价损失。此外，为追究马某的违约责任，安某花费大量人力、物力、财力，身心和精神上都承受着巨大痛苦，这些往往是金钱难以衡量的。

5. 马某对其违约行为的后果有法律上的预期。

(1) 双方签订的合同中明确约定如马某违约，其应当承担总房款 20%的违约金，马某明确知晓其违约后应当承担的责任，马某对其违约的法律后果有明确的预期。

(2) 近几年，北京房产价格一直处在上涨趋势，这是众所周知的事实，马某恶意拒绝履行合同，安某要再买同地段、同户型、同面积的房产，必然要花费更多的购房成本，即马某对于安某的房屋差价损失有明确的预期。

法院裁判

北京市丰台区人民法院经审理认为:

依法订立的合同具有法律约束力。安某与马某签订的《北京市存量房屋买卖合同》及双方与中介公司签订的《补充协议》，系各方真实意思表示，内容未违反相关法律规定，该合同有效，各方均应当按照约定履行合同义务。

本案中，安某支付购房款是通过 26 万元办理资金托管业务、30 万元办理建委资金监管和 120 万元办理公积金贷款的方式进行。为保证交易安全，上述三笔款项将在过户后由各部门打入马某账户，而本案合同约定的最后过户期限为 2016 年 5 月 24 日。马某在明知上述情况的前提下，拒绝配合安某办理资金托管和建委资金监管，并多次单方要求安某在 3 月底之前付清全款，其行为已构成违约。马某称安某的证据只能证明双方的协商过程，并不能证明马某违约，法院认为，双方签订的合同已对付款的方式作出明确约定，中介公司亦联系双方按步骤履行合同义务，若双方均按照合同全面履行自身义务，无需对主合同条款进行协商，即使出现协商，应当在对方拒绝后，继续履行合同，而马某在三月份多次不配合履行合同，已超出一般人理解的协商程度。

故对于马某上述主张，法院不予采信。现安某起诉要求解除安某与马某于2016年1月24日签订的《北京市存量房屋买卖合同》及安某与马某、中介公司签订的《补充协议》，符合法律规定，法院予以支持。合同解除后，马某应当返还安某支付的定金5万元。对于安某要求马某支付违约金36.4万元的诉讼请求，马某认为违约金数额过高，请求法院酌减。法院认为，违约金在我国《合同法》中主要体现为一种民事责任形式，以赔偿非违约方的损失为主要功能。当约定的违约金过分高于造成的损失的，当事人可请求法院予以减少。现安某提交网络截图证明马某违约给其造成的实际损失，法院结合安某的实际损失、合同的履行情况、当事人的过错程度等因素，根据公平和诚实信用原则，对违约金数额依法酌定为20万元。对于安某要求马某支付其中介费损失50 640元，因相关合同文件约定，第三方收取的居间代理费用不予退还，守约方可向违约方追偿该笔费用。现安某向第三方支付了上述中介费用，因马某违约导致合同解除，故对于安某该项诉讼请求，法院亦予以支持。对于马某提出的反诉请求，马某称，安某应当于出网签、评估报告5个工作日内向马某支付第一笔首付款，安某并没有履行相应义务，构成违约。法院认为，首先，双方均未在出网签和评估报告后及时获知该信息。其次，安某在知道网签和评估报告已出后，多次要求办理资金托管和建委资金监管手续，而马某拒绝配合办理。最后，在三方多次协商过程中，马某未提出过按照合同做资金托管和建委资金监管手续，而是要求安某将房款在3月底直接交给马某。现马某又以上述理由认为安某构成违约，对于该主张，法院不予采信。对于马某向安某发出解除合同催告函的行为，法院认为，马某作为违约方，无权向守约方提出解除合同，故该解除合同催告函无效，其基于安某违约要求解除合同，法院不予支持。鉴于安某要求解除合同的诉讼请求本院已予以准许，故对于马某反诉要求安某和中介公司配合马某办理涉案房屋网签注销手续，法院予以支持。

本案中，马某多次多处违反合同约定，安某的诉讼请求有事实和法律依据。

因安某无违约行为，故对于马某反诉要求安某向其支付违约金和经济损失的诉讼请求，法院不予支持。

综上，依照《合同法》第94、97条与《民事诉讼法》第140条之规定，一审法院于2016年7月判决：解除安某与马某于2016年1月24日签订的

《北京市存量房屋买卖合同》及安某与马某、中介公司签订的《补充协议》；马某返还安某购房定金 5 万元，支付安某违约金 20 万元，赔偿安某中介费损失 50 640 元；安某和中介公司于马某履行完毕上述给付义务后协助马某办理涉案房屋的网签注销手续。

判决作出后，马某不服上诉至北京市第二中级人民法院。

马某认为：一审法院认定事实错误，基本事实不清。我从未表示不履行合同，只是提出过是否可以变更付款方式，如不同意，仍然表示按原合同履行。我在合同履行过程中并无违约行为，一审法院武断认为我因房价上涨拒绝过户，没有事实依据。安某存在违约行为，安某在《补充协议》约定的条件成就之后并没有按照约定付款，系违约行为，应当支付违约金。马某上诉补充称，其对一审法院审理的全部过程不知情，一审的委托诉讼代理人并非其亲自授权，当时本人在国外。

安某辩称，同意一审判决，不同意马某的上诉请求。

中介公司辩称，同意一审判决。

二审代理词

一、程序上

马某以对一审诉讼不知情、不认可为由，主张一审程序违法，要求发回重审，该主张不能成立。

本案无非两种情形：

第一，马某对一审程序确实不知情、不认可。

第二，马某对一审程序完全知情，二审律师利用马某一审在国外的特殊情况，欲恶意推翻一审判决。

1. 马某的主张与常理相违背。

马某在法国念书，生活费、学费均由其母亲支付，两人关系很好，卖房打官司这么重大的事情，作为女儿完全不知情，显然与常理不符。

马某母亲李某某在一审中委托了律师刘某某，李某某和刘某某均出庭参与诉讼，在整个庭审过程中，李某某和刘某某均未提及女儿马某在国外的事情。

2. 马某未能完成举证义务。

（1）马某提交的护照充其量仅能证明一审诉讼期间其不在国内，但并不能证明其对一审诉讼程序不知情、不认可。

（2）对于一审马某的授权委托书，马某仅是口头宣称不是其本人所签，并未通过笔迹鉴定对其真实性作出认定。

3. 二审法院欲径直裁定发回重审明显错误。

对于第一种情形，李某某及刘某某构成虚假诉讼，应对其作出严厉处罚。

对于第二种情形，马某和二审律师构成恶意诉讼，二审法院还应对马某和其二审律师作出严厉处罚。

因此，二审法院应当要求李某某以及刘某某到庭说明情况，以查清到底是前述哪一种情形，再作出相应的裁判。现安某提出要求李某某以及刘某某到庭核实情况，二审法院未予理睬的行为严重错误。

二、实体上

二审法院认为中介费等损失不应得到支持，该认知不能成立。

1. 中介公司、保障服务公司、评估公司均已经按照合同约定履行了合同义务，对于已经收取的费用，有权利不予退还。中介费、保障服务费、评估费均已经实际产生，是安某的实际损失。

2. 对于中介费等损失由违约一方，即马某承担，在居间服务合同及保障服务合同中均有相应依据。

3. 涉案房屋价值已经暴涨，违约金并不能弥补安某的全部损失。对于中介费损失，一审法院予以支持并无不当。

二审补充意见

——关于马某能否追认一审律师的庭审行为和上诉行为

本案二审庭审时，承办法官曾询问马某，对一审代理人的庭审行为和上诉行为是否进行追认，马某称其对一审代理人的庭审行为不追认，对上诉行为追认。很显然，法官和马某均陷入了一种严重的错误认知，即：当事人可以对诉讼无权代理人的诉讼代理行为进行追认。

但我们认为，基于以下理由，法律不允许在民事诉讼当中，当事人对无权代理人的诉讼代理行为进行追认。

一、私法和公法上代理人制度存在本质区别

《合同法》第48条第1款规定："行为人没有代理权、超越代理权或者代理权终止后以被代理人名义订立的合同，未经被代理人追认，对被代理人不发生效力，由行为人承担责任。"

《民事诉讼法》未规定当事人对无权代理人的追认制度。

我们认为，民事诉讼代理与一般民事行为的代理不同，《民事诉讼法》本身属于公法而不是私法。法律在私法领域承认被代理人对代理人行为的追认，是为了达到促成交易的目的，更多地给予当事人追认的时间和空间。但在公法领域则应当严格执行法律规定，不能在《民事诉讼法》没有明确授予当事人追认权利的情况下作扩大解释，认为法律允许当事人对无权代理人的诉讼代理行为进行追认。

二、允许当事人追认诉讼代理行为将严重扰乱民事诉讼程序

民事诉讼程序，由管辖、回避、代理、证据、期间、送达等一系列制度有机构成。如果允许当事人追认诉讼代理行为，尤其是允许当事人部分追认诉讼代理行为，将导致当事人通过后续追认的方式恶意规避已经形成的诉讼事实，扰乱整个民事诉讼程序，使严肃的民事诉讼程序处于不确定的状态。

三、允许当事人追认诉讼代理行为将严重侵犯另一方当事人的合法权益

双方当事人在民事诉讼中享有的权利和承担的义务均是对等的。允许一方当事人通过追认的方式推翻对其不利的诉讼事实，显然会严重损害相对方的合法权益。

因此，承办法官和马某关于当事人可以对诉讼无权代理人的诉讼代理行为进行追认的认知是完全错误的。

另，基于马某不能对一审代理人的代理行为进行追认，本案无非两种处理结果：

1. 马某对一审程序确实不知情，则二审法院应当发回重审，并对一审代理人涉及虚假诉讼的行为进行严厉处罚。

2. 马某对一审程序完全知情且认可，二审否认一审代理系其二审诉讼策略，则二审法院应当对马某及其二审律师涉及虚假诉讼的行为进行严厉处罚。

本书作者发表二审补充意见后，法院充分采信了作者的观点，并向马某

释明虚假诉讼的严重后果，马某撤回了自己对一审法院审理的全部过程不知情及一审的委托诉讼代理人并非其亲自授权的主张。

法院裁判

北京市第二中级人民法院经审理认为：

一审判决马某退还安某定金并无不当。对马某要求安某支付违约金的上诉请求，不予支持。由于二审庭审过程中，中介公司同意将50 640元中介费退还给安某，故本院对一审判决马某赔偿损失中介费损失50 640元的判项，予以撤销。

律师点评

1. 合同解除权分为法定解除权和约定解除权。约定解除权系双方约定出现一定的情形，一方可以解除合同的权利，对应的是《合同法》第93条的规定；法定解除权的依据是法律规定的四种情形及其他导致合同目的不能实现的情形。从行使条件的苛刻性来说，法定解除权对违约行为的要求更为严厉，需达到合同目的不能实现才可行使，而约定解除权则只要符合双方约定即可行使，条件更为宽松。本案中，安某同时享有法定解除权和约定解除权，本书作者在庭审陈述时选择着重强调法定解除权，就是在权衡两个解除权行使条件不同的基础上作出的选择，法定解除权更为严格，故所对应的马某的违约行为就更为严重，系根本违约，对应的违约责任也更重，安某所获得的违约金也就更多。

2. 律师在制定诉讼策略时，务必要注意案件前后的衔接。本案中，马某的二审律师企图通过“制造”委托手续上的瑕疵，欲使二审法院发回重审。从诉讼策略来看，马某的二审律师显然没有做足功课：一是其并未对诉讼代理和一般代理的区别进行深入研究；二是也未考虑到一审代理人，包括一审律师以及马某母亲可能会面临的境地，其贸然提出一审委托手续的问题，最终形成进退两难的处境，搬起石头砸了自己的脚，以致受到法庭的训诫，对此种行为律师同仁们应引以为戒。

3. 制定好诉讼策略、基本思路后，要运用大数据、类案检索、要素对比，在中国裁判文书网上检索最高人民法院出台的公报案例或者其他案情相似的案例。我国虽不是判例法国家，但最高人民法院作为层级最高的司法机关，其所作出的判例对于其他法院是具有指导意义的，律师应当运用对己方有利的类似判例达到说理的效果。尤其是在大数据时代下，我国司法机关将法官的自由裁量权限定在合理的范围内，避免出现同案不同判或者下级法院的判决与上级法院已作出的类案判决相抵触的情况，要求法院作出判决时应当进行大数据检索，对比上级法院相似案例的裁判要旨。律师作为法律人，也同样应当学会运用大数据来作为诉讼的手段和技巧。本案中，马某二审提出对一审的委托代理人的庭审行为不予追认，对上诉行为追认，本书作者在查询了最高人民法院类似判例以及相关文献的基础上，找到最高法院对于该类行为的认定，最高法院认为当事人不得追认诉讼代理行为，理由如下：①私法和公法上代理人制度存在本质区别；②允许当事人追认诉讼代理行为将严重扰乱民事诉讼程序；③允许当事人追认诉讼代理行为将严重侵犯另一方当事人的合法权益（后附最高人民法院观点）。

4. 本案中，由于诉讼策略运用得当，本书作者在解除权的选择上权衡正确，安某的诉讼目的全部得到了实现，并且在二审马某突然提出追认其二审委托代理人的上诉行为时仔细查找最高人民法院的相关案例和观点，及时反驳了马某的观点，让其不得不撤回该意见。从策略的选择到及时的反驳，都能体现出律师的功底和经验，必须经过多年磨炼才能锻炼出来。

附：

最高院民一庭：当事人于上诉期间届满后对委托代理人的上诉行为进行追认的，不能视为当事人于法定上诉期间内提起上诉[1]

一、案情简介

某民事案件一审判决于2015年5月18日送达A公司。2015年6月2日，A公司一审委托代理人刘某向一审法院邮寄上诉状，但未加盖A公司的公章，刘某一审代理权限为一般代理。2015年6月25日，A公司另行向一审法院邮寄了加盖其公章的上诉状。2015年9月10日A公司向二审法院提交对刘某二审期间的授权委托书。就逾期提交加盖公章上诉状的原因，A公司主张当时公司内部出现问题，公章被扣于公安机关，法定代表人在国外亦不能在上诉状上签字。就其主张的公章被扣于公安机关的事实，A公司提交某市公安局经侦支队于2014年8月27日作出的《公安局扣押物品、文件清单》予以证明，该清单仅载明扣押物品情况，未载明扣押物品何时解除扣押并发还的情况。

二、法院裁判情况

二审法院经审理认为，2015年6月2日A公司一审委托代理人刘某邮寄的上诉状，未加盖A公司公章，刘某当时亦未获得A公司关于代为提起上诉的授权，2015年6月25日A公司另行向一审法院邮寄加盖其公章的上诉状，已经超出了法定上诉期间，故裁定驳回了A公司的上诉。

三、主要观点及理由

对于当事人在法定上诉期间内未直接提起上诉，委托代理人虽提起上诉但未获得当事人授权，但当事人在上诉期间届满后，对委托代理人的上诉予以追认的，能否视为当事人在法定上诉期内提起上诉，存在两种观点。

一种观点认为，《民法通则》第66条[2]、《合同法》第48条均规定，

〔1〕 杜万华主编：《民事审判指导与参考》（总第66辑），人民法院出版社2016年版。

〔2〕 该条款对应自2017年10月1日起实施的《民法总则》第171条。

被代理人可以对代理人没有代理权、超越代理权或者代理权终止后以被代理人名义所为民事行为予以追认，并因追认使得代理人的行为之法律后果归于被代理人。本案中A公司虽然没有在上诉期间直接提起上诉，而是由当时尚未获得明确授权的代理人刘某提起上诉，但事后A公司通过自行提交上诉状以及向二审法院提交对刘某授权委托书的行为，对刘某以该公司名义提起上诉的行为予以了追认，故应视为A公司在法定上诉期间内提起上诉。

另一种观点认为，当事人对一审判决不服提起上诉的，应当严格按照《民事诉讼法》第164条第1款规定的上诉期间提出。A公司在这一法定上诉期间内，并未提出上诉，虽然刘某向一审法院提交了上诉状，但其当时并未获得A公司就代为提起上诉事项的授权，该行为并不能产生A公司于法定上诉期间内上诉的法律效果。虽然A公司又自行提交了上诉状，但其提交上诉状的时间已经超过了法定上诉期间。对于委托代理人代为提起上诉的行为，不能通过事后追认的方式使得代理人的行为溯及既往地发生法律效力。

我们认为，第二种观点是正确的。这是因为：

首先，刘某向一审法院寄交上诉状的行为，不能产生A公司于法定上诉期内上诉的法律效果。《民事诉讼法》第164条第1款规定："当事人不服地方人民法院第一审判决的，有权在判决书送达之日起15日内向上一级人民法院提起上诉。"第59条第2款规定："授权委托书必须记明委托事项和权限。诉讼代理人代为承认、放弃、变更诉讼请求，进行和解，提起反诉或者上诉，必须有委托人的特别授权。"本案一审判决作出后，一审法院于2015年5月18日将一审判决书送达A公司，A公司一审诉讼代理人刘某虽然于2015年6月2日向一审法院邮寄了上诉状，但该上诉状未加盖A公司公章，亦未附A公司就上诉行为对刘某的特别授权，而且A公司在一审诉讼过程中为刘某出具的授权委托书载明的代理权限为一般代理。根据上述法律规定，代当事人提起上诉，属于对当事人实体权利的处分，须经当事人特别授权，故刘某在法定上诉期内提交的上诉状，因其并未获得A公司特别授权，依法不能产生代A公司上诉的法律效果。

其次，A公司向一审法院寄交上诉状，应当认为已经超出法定上诉期间。A公司于2015年6月25日另行向一审法院邮寄了加盖其公章的上诉状，表达了上诉意愿，但此时已经超出了一审判决送达该公司后的15日，即超出了法律规定的上诉期间。A公司主张其逾期提交加盖公章的上诉状，系因公司内部出现问题，公章被扣于公安机关，法定代表人在国外亦不能在上诉状上签字。一方面，就上述事实，A公司提交的证据仅显示该公司公章于2014年8月27日被公安机关扣押，但其未就实际解除扣押的时间等事实予以举证证明，因而不能充分证明于本案上诉期间内该公司公章仍被公安机关扣押以及该公司法定代表人于该期间不能代表公司提起上诉的事实主张。另一方面，也是更为关键的方面，《民事诉讼法》第164条第1款规定的上诉期间的性质与诉讼时效期间不同，系不可变期间，不适用期间的中止、中断等。也就是说，即使A公司有证据证明其上述事实主张，亦不能产生阻断上诉期间届满的法律效果。A公司于2015年6月25日提起上诉，已经超出了法律规定的上诉期间。

最后，当事人对上诉行为的授权，不能在法定上诉期间届满后通过追认的方式进行。根据法律的规定，被代理人可以对代理人没有代理权、超越代理权或者代理权终止后以被代理人名义所为民事行为予以追认，并因追认使得代理人行为之法律后果归于被代理人。但民事诉讼代理与一般民事行为的代理不同，民事诉讼法本身属于公法而不是私法。法律在私法领域承认被代理人对代理人行为的追认，是为了达到促成交易的目的，更多地给予当事人追认的时间和空间余地。但在公法领域则应当严格执行法律规定，不能在《民事诉讼法》没有明确授予当事人追认权利的情况下作扩大解释，认为代为提起上诉的行为也可以通过追认的方式，由被代理人在法定上诉期间届满后作出。如果允许代理人在没有事先取得当事人授权的情况下，可以通过先行提交代理人具名的上诉状，再取得当事人追认的方式行使上诉权，则会使得《民事诉讼法》规定的上诉期间很容易被当事人规避。此外，《民事诉讼法》规定的上诉期间，还涉及另一方当事人的权利问题。如果允许当事人事后追认赋予无权代理人的上诉行为以法律效力，则会使一审判决是否生效、法院能否受理以一审判决为依据的申请强制执行案件等，均处于不确定状态，从而损害相对方的合法权益。

四、最高人民法院民一庭意见

当事人对一审判决不服提起上诉的，应当严格按照《民事诉讼法》第164条第1款规定的上诉期间提出，代理人代为提出上诉的，必须按照该法

第59条第2款的规定取得特别授权。在法定上诉期间内，当事人未提出上诉，代理人虽提出上诉但未获得当事人特别授权，当事人于法定上诉期间届满后追认代理人代为上诉的行为的，不能视为当事人于法定上诉期间内提起上诉。

17. 新政导致买方不具备购房资格的处理

肖某与李某房屋买卖合同纠纷案

本案思维导图

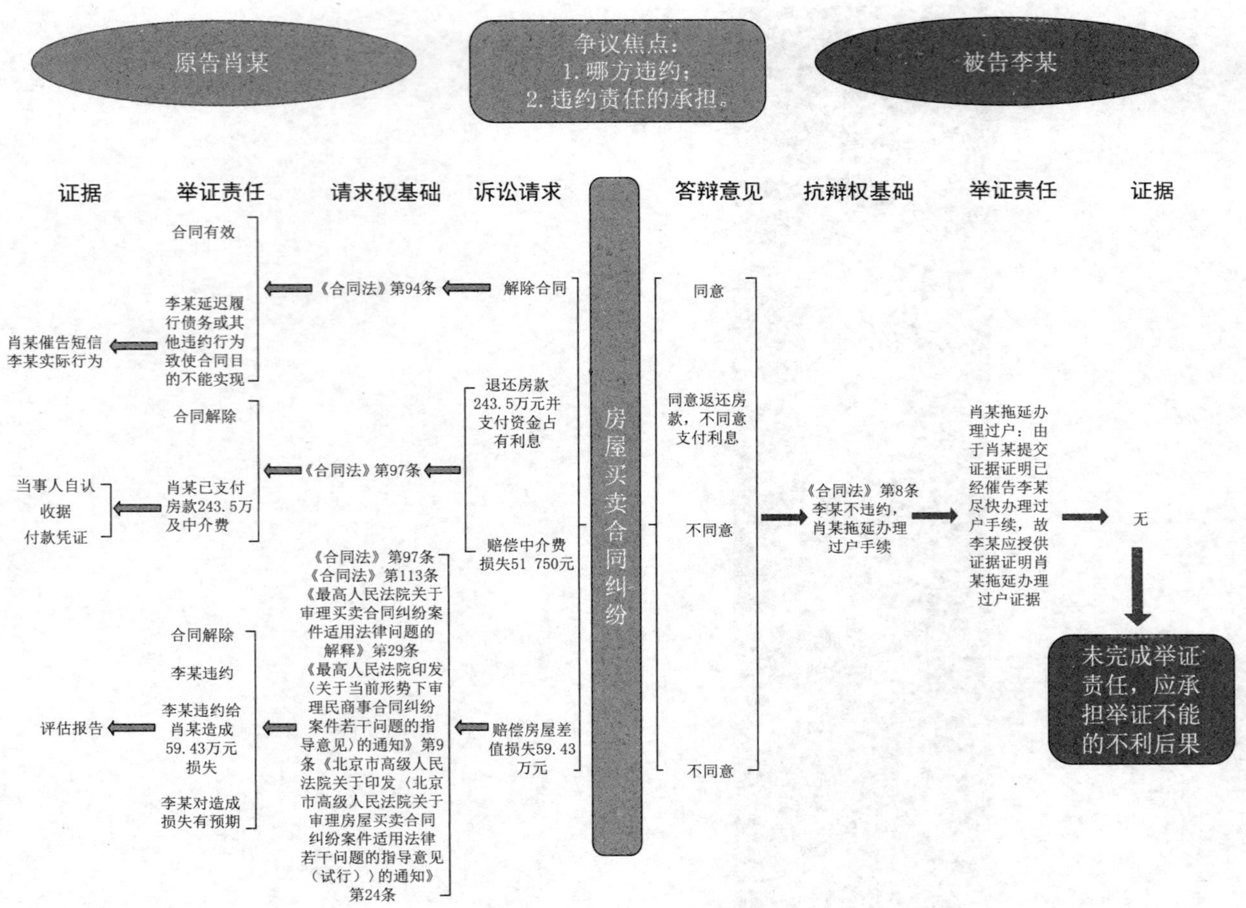
原告肖某
争议焦点：
1. 哪方违约；
2. 违约责任的承担。
被告李某
证据
举证责任
请求权基础
诉讼请求
房屋买卖合同纠纷
答辩意见
抗辩权基础
举证责任
证据
合同有效
李某延迟履行债务或其他违约行为致使合同目的不能实现
肖某催告短信
李某实际行为
《合同法》第94条
解除合同
同意
合同解除
肖某已支付房款243.5万及中介费
当事人自认
收据
付款凭证
《合同法》第97条
退还房款243.5万元并支付资金占有利息
同意返还房款，不同意支付利息
赔偿中介费损失51 750元
不同意
《合同法》第8条
李某不违约，肖某拖延办理过户手续
肖某拖延办理过户：由于肖某提交证据证明已经催告李某尽快办理过户手续，故李某应授供证据证明肖某拖延办理过户证据
无
未完成举证责任，应承担举证不能的不利后果
合同解除
李某违约
李某违约给肖某造成59.43万元损失
李某对造成损失有预期
评估报告
《合同法》第97条
《合同法》第113条
《最高人民法院关于审理买卖合同纠纷案件适用法律问题的解释》第29条
《最高人民法院印发〈关于当前形势下审理民商事合同纠纷案件若干问题的指导意见〉的通知》第9条《北京市高级人民法院关于印发〈北京市高级人民法院关于审理房屋买卖合同纠纷案件适用法律若干问题的指导意见（试行）〉的通知》第24条
赔偿房屋差值损失59.43万元
不同意

案情介绍

张某与李某系夫妻关系，张某代理李某办理北京市大兴区涉案房屋的出售事宜。

2015年8月20日，经某中介公司居间服务，李某（出卖人，甲方）与肖某（买受人，乙方）签订《北京市存量房屋买卖合同》，约定出卖人将其名下位于北京市大兴区涉案房屋出售给买受人。该房屋规划用途为配套公寓；该房屋已设定抵押，抵押权人为工商银行，出卖人应于2015年9月15日前还清全部贷款并注销该房屋的抵押登记；经买卖双方协商一致，该房屋成交价格为345万元；贷款约定：买受人向商业贷款申办抵押贷款，拟贷款金额为80万元；权属转移登记：当事人双方同意，自本合同签订之日起50日内，双方共同向房屋权属登记部门申请办理房屋转移登记手续。

同日，双方签订《补充协议》，约定乙方于2015年8月20日向甲方支付购房定金20万元；乙方于2015年8月28日向甲方支付第二笔购房定金100万元；乙方于过户当日向甲方支付购房款145万元；剩余房款80万元乙方以贷款方式支付。申请购房款贷款：甲乙双方应于网签后3日内共同前往贷款机构办理贷款申请手续。过户：买卖双方约定，自该房屋办理注销抵押登记且乙方贷款获得银行批准后5日内，甲乙双方共同向房屋权属登记部门申请办理该房屋的权属转移登记手续。

2015年8月20日，李某与肖某及居间方某中介公司签订《房屋买卖居间合同》，约定肖某向中介公司支付居间服务费51 750元。当日，肖某向中介公司支付居间服务费51 750元。

2015年10月30日，双方签订第二份《补充协议》，协议内容：双方同意从本协议签订之日起30个工作日内完成过户手续，若因不可抗力原因造成延期，双方协商解决，续展期限。该协议由张某和肖某分别签名。

肖某于2015年8月20日向李某支付定金20万元，于2015年8月28日支付定金100万元，于2015年9月16日支付购房款20万元，于2015年10月23日支付购房款100万元，于2015年11月20日支付购房款3.5万元，共计支付243.5万元。

涉案房屋的房屋所有权证书的附记页显示，该房屋曾三次设立抵押登记，第一次抵押登记于2013年9月6日设定，至今未办理抵押注销手续；第二次抵押登记于2014年8月4日设定，于2016年4月18日抵押登记注销；第三次抵押登记于2016年4月7日设定，于2016年7月7日抵押登记注销。

2015年9月底，李某将涉案房屋交付肖某，肖某搬入涉案房屋居住至今。

2017年3月26日，北京市住房和城乡建设委员会等部门出台《关于进一步加强商业、办公类项目管理的公告》（京建发［2017］112号），发布了对商业、办公类项目的限购政策。涉案房屋属于该限购政策公布的限购房屋范围。肖某于2017年5月19日申请购房资质核验，购房核验没有通过，肖某现已不具备购买涉案房屋的资格。

肖某认为：因李某迟迟未配合办理房屋的抵押注销手续，导致新政出台后肖某失去购买涉案房屋的资格，故认为房屋买卖合同应当解除，李某应当承担赔偿责任。故肖某将李某诉至北京市大兴区人民法院，请求：①判令解除肖某与李某之间的房屋买卖合同关系，包括：2015年8月20日双方签订的《北京市存量房屋买卖合同》、《补充协议》及2015年10月23日签订的《补充协议》；②判令李某退还肖某已支付的购房款243.5万元并支付资金占用利息（以243.5万元为基数，按2015年11月中国人民银行同期贷款1~5年利率4.75%计算，自2015年11月21日起至实际退还全部款项之日止）；③判令李某赔偿肖某房屋差值损失59.43万元；④判令李某赔偿肖某中介服务费损失51 750元。

李某则认为：房屋买卖合同之所以未履行，系因肖某原因拖延办理过户手续，故李某同意解除合同返还房款，但不同意承担任何违约责任。双方因此产生分歧。

诉讼中，经肖某申请及法院委托，北京某房地产评估有限公司对涉案房屋价格进行评估，估计结果：2017年7月3日的房地产正常市场价值为404.43万元，楼面单价46 147元/平方米。肖某支出评估费10 089元。

本书作者系肖某的诉讼代理人。

律师思路

请求权的基础

本案中，肖某提出以下四项诉讼请求：①解除肖某与李某之间的房屋买卖合同关系；②李某退还肖某已支付的购房款243.5万元并支付资金占用利息；③李某赔偿肖某房屋差值损失59.43万元；④李某赔偿肖某中介服务费损失51 750元。

一、针对第1项诉讼请求，假设肖某对李某根据《合同法》第94条[1]第4项享有法定解除权

1. 那么首先这个解除权必须已经产生。

根据上述法条的规定，法定解除权产生的前提条件是：

（1）肖某与李某之间存在合法有效的合同：肖某与李某签订的房屋买卖合同均为双方真实意思表示，内容也不违反相关法律规定，故该合同合法有效。

（2）一方存在迟延履行债务或者有其他违约行为致使不能实现合同目的的情形：房屋的转移登记手续，必须以解除抵押为前提。经催告，李某迟迟未办理房屋的抵押注销手续，肖某一直无法办理涉案房屋的权属转移登记手续，现因新政的出台，导致肖某失去购买涉案房屋的资格，购房的合同目的无法实现，显然李某的行为符合《合同法》第94条第4项规定的情形，所以解除合同条件成就。

由此，肖某所享有的法定解除权产生了。

2. 该解除权并未消灭。

3. 肖某的起诉未过诉讼时效。

4. 故肖某依据上述法条享有约定解除权。

二、针对第2、4项诉讼请求，假设肖某对李某根据《合同法》第97条[2]享有返还243.5万元房款并支付利息及赔偿51 750元中介费损失的请求权

1. 那么首先这个请求权必须已经产生。

根据《合同法》第97条，请求权产生的前提条件是：

---

〔1〕《合同法》第94条　有下列情形之一的，当事人可以解除合同：……④当事人一方迟延履行债务或者有其他违约行为致使不能实现合同目的；⑤法律规定的其他情形。

〔2〕《合同法》第97条　合同解除后，尚未履行的，终止履行；已经履行的，根据履行情况和合同性质，当事人可以要求恢复原状、采取其他补救措施，并有权要求赔偿损失。

（1）肖某与李某之间存在合法有效的合同。

（2）双方合同解除：本案中，肖某享有法定解除权，且肖某和李某均同意解除合同。

（3）肖某可以要求恢复原状、赔偿损失。

❶肖某已支付的243.5万元房款属于金钱债务，不存在不能履行的情形，可以恢复原状。

❷肖某已经支付243.5万元房款，李某持有该笔房款期间会产生相应利息，同时会给肖某造成相应的利息损失，双方既然解除合同，李某应当将相应利息支付给肖某。

❸双方及中介约定，第三方收取的居间代理费用不予退还，守约方可向违约方追偿该笔费用。肖某已经支付了中介费51 750元，系肖某的损失，肖某有权要求李某赔偿。

由此，肖某对李某所享有的该部分款项的支付请求权产生了。

2. 该请求权并未消灭。

3. 肖某的起诉未过诉讼时效，李某也并无相应抗辩权。

4. 故肖某对李某依据上述法条享有返还243.5万元房款并支付利息及赔偿51 750元中介费损失请求权。

三、针对第3项诉讼请求，假设肖某对李某根据《合同法》第97条、第113条〔1〕、《最高人民法院关于审理买卖合同纠纷案件适用法律问题的解释》第29条〔2〕、《最高人民法院印发〈关于当前形势下审理民商事合同纠纷案件若干问题的指导意见〉的通知》第9条〔3〕、《北京市高级人民法院关于印发〈北京市高级人民法院关于审理房屋买卖合同纠纷案件适用法律若干问题的指导意见（试行）〉

〔1〕**《合同法》第113条第1款** 当事人一方不履行合同义务或者履行合同义务不符合约定，给对方造成损失的，损失赔偿额应当相当于因违约所造成的损失，包括合同履行后可以获得的利益，但不得超过违反合同一方订立合同时预见到或者应当预见到的因违反合同可能造成的损失。

〔2〕**《最高人民法院关于审理买卖合同纠纷案件适用法律问题的解释》第29条** 买卖合同当事人一方违约造成对方损失，对方主张赔偿可得利益损失的，人民法院应当根据当事人的主张，依据合同法第113条、第119条、本解释第30条、第31条等规定进行认定。

〔3〕**《关于当前形势下审理民商事合同纠纷案件若干问题的指导意见》第9条** 在当前市场主体违约情形比较突出的情况下，违约行为通常导致可得利益损失。根据交易的性质、合同的目的等因素，可得利益损失主要分为生产利润损失、经营利润损失和转售利润损失等类型……先后系列买卖合同中，因原合同出卖方违约而造成其后的转售合同出售方的可得利益损失通常属于转售利润损失。

的通知》第24条第1款[1]享有赔偿房屋差值损失的请求权

1. 那么首先这个请求权必须已经产生。

根据上述法条，该请求权产生的前提条件是：

（1）肖某与李某之间存在合法有效的合同。

（2）双方合同解除。

（3）李某违约。

（4）李某违约给肖某造成了59.43万元的损失：如果李某积极配合肖某履行房屋买卖合同，肖某可以得到涉案房屋的所有权，房屋增值的59.43万元理所应当地由肖某享有。因此，房屋差值损失59.43万元是肖某在合同履行后可以获得的利益，现因李某违约导致肖某无法获得。

（5）李某对于其违约会给肖某造成差值损失有预期：李某明知房价一直上涨，且合同若不能履行，肖某无法获得房屋增值利益。由最高人民法院民事审判第二庭编著的《最高人民法院关于买卖合同司法解释理解与适用》，是对《最高人民法院关于审理买卖合同纠纷案件适用法律问题的解释》最权威的解读，在该书第464页明确指出，"只需要预见到或应当预见到损害的类型，不需要预见到或应当预见到损害的程度，即不需要预见到或应当预见到损害的具体数额。"

由此，肖某对李某的赔偿房屋差值损失请求权产生了。

2. 该请求权并未消灭。

3. 肖某的起诉未过诉讼时效，李某也并无相应抗辩权。

4. 故肖某对李某依据上述法条享有主张59.43万元差价损失的请求权。

---

[1] 《北京市高级人民法院关于审理房屋买卖合同纠纷案件适用法律若干问题的指导意见（试行）》第24条第1款　房屋买卖合同签订后，因一方当事人根本违约致使另一方订立合同的目的不能实现，守约方要求解除合同，并要求违约方赔偿房屋差价损失、转售利益损失等可得利益损失的，应酌情予以支持，但当事人另有约定的除外。

代理词

一、双方之间的房屋买卖合同关系合法有效

二、肖某积极履行合同义务

1. 肖某从 2015 年 8 月 20 日起至 2015 年 11 月 20 日，陆续共支付了 243.5 万元房款，约占房屋总价款的 70%。

2. 肖某多次催告李某办理涉案房屋解抵押登记手续、网签手续、过户手续等，双方的短信沟通记录及本交易具体经办人员均能予以佐证，肖某积极履行合同义务，不存在过错。

三、李某构成根本性违约

（一）恶意隐瞒涉案房屋上存在其他抵押的事实

《房屋买卖居间合同》第 1 条第 7 款约定："该房屋的抵押状况为，已设定抵押，抵押权人：工商银行。"

《房屋买卖居间合同》第 4 条第 5 款约定："甲方承诺本交易房屋除本合同第 1 条第 7 款所设立的抵押权外，无其他任何权利瑕疵影响到标的房屋的交易。"

双方签约时，李某宣称涉案房屋仅有工商银行的抵押贷款，并提供了涉案房屋房本的复印件，该复印件上亦显示涉案房屋仅有 2013 年 9 月 6 日设定的抵押给工商银行的记录。但之后李某向肖某提供房本原件时，房本上显示该房屋于 2014 年 8 月 4 日设定了二次抵押，该事实与双方的约定严重不符，李某恶意隐瞒房屋状况，构成严重违约。

（二）至今未依约解除涉案房屋上设定的抵押

《北京市存量房屋买卖合同》第 2 条第 4 款第 2 项约定："该房屋已抵押给工商银行开发区支行……出卖人应于 2015 年 9 月 15 日前还清全部贷款并注销该房屋的抵押登记。出卖人逾期办理上述事宜的……逾期超过 10 日后，买受人有权退房……"

李某应于 2015 年 9 月 25 日前（含当日）还清全部贷款并注销该房屋的

抵押登记，否则构成根本性违约。李某履行情况如下：

1. 李某于2016年4月18日才注销了涉案房屋上于2014年8月4日设定的抵押，逾期206日。

2. 李某至今未注销涉案房屋上于2013年9月6日设定的抵押登记，至2017年7月3日肖某起诉当天逾期647日，至2017年11月23日开庭当天逾期790日，构成根本性违约。

（三）签约后恶意在涉案房屋上再设抵押

《房屋买卖居间合同》第4条第5款约定："甲方承诺本交易房屋除本合同第1条第7款所设立的抵押权外，无其他任何权利瑕疵影响到标的房屋的交易。"

2016年4月7日，李某恶意在涉案房屋上再次设定抵押，阻碍房屋过户，严重违约。

（四）迟延办理涉案房屋权属转移登记手续

2015年10月23日，双方签订了《补充协议》，约定双方同意从本协议签订之日起30个工作日完成涉案房屋过户手续，即2015年12月4日前（含当日），双方应当办理涉案房屋权属转移登记手续，但李某一直拖延，拒不办理，至肖某起诉当天逾期577日，至2017年11月23日开庭当天逾期720日，构成根本性违约。

四、肖某有权解除合同

《合同法》第94条规定："有下列情形之一的，当事人可以解除合同：……④当事人一方迟延履行债务或者有其他违约行为致使不能实现合同目的；……"

2017年3月26日，北京市住房和城乡建设委员会等部门联合出台了《关于进一步加强商业、办公类项目管理的公告》（京建发［2017］第112号），其中第5条规定："本公告执行之前，已销售的商办类项目再次上市交易时，可出售给企事业单位、社会组织，也可出售给个人，个人购买应当符合下列条件：①名下在京无住房和商办类房产记录的。②在申请购买之日起，在京已连续5年缴纳社会保险或者连续5年缴纳个人所得税。"

本案中，李某至今未按合同约定解除涉案房屋上已设定的抵押，反而在合同履行过程中多次在涉案房屋上设定新的抵押登记以阻碍合同履行，并找各种理由拖延办理过户手续。

涉案房屋系配套公寓，《关于进一步加强商业、办公类项目管理的公告》

未出台前，涉案房屋并不限购，肖某具备购买涉案房屋的资格，但由于李某拖延履行合同义务，导致肖某现在不满足《关于进一步加强商业、办公类项目管理的公告》第5条第2项的条件，失去了购买涉案房屋的资格，肖某签订本合同的合同目的——取得涉案房屋所有权——不能实现，李某的行为已构成《合同法》第94条第4项规定的情形，肖某依法享有法定解除权。

五、合同解除后，肖某有权要求李某返还购房款243.5万元

《合同法》第97条规定："合同解除后，尚未履行的，终止履行；已经履行的，根据履行情况和合同性质，当事人可以要求恢复原状、采取其他补救措施，并有权要求赔偿损失。"

肖某已支付李某243.5万元房款，合同解除后，肖某有权要求李某返还243.5万元房款。

六、肖某要求李某赔偿相应损失应得到法院支持

《民法通则》第111条规定："当事人一方不履行合同义务或者履行合同义务不符合约定条件的，另一方有权要求履行或者采取补救措施，并有权要求赔偿损失。"[1]

《合同法》第97条规定："合同解除后，尚未履行的，终止履行；已经履行的，根据履行情况和合同性质，当事人可以要求恢复原状、采取其他补救措施，并有权要求赔偿损失。"

《合同法》第107条规定："当事人一方不履行合同义务或者履行合同义务不符合约定的，应当承担继续履行、采取补救措施或者赔偿损失等违约责任。"

（一）肖某有权要求李某赔偿肖某房屋差值损失59.43万元，法院不应对此差值损失进行酌减

法律依据：

《民法通则》第112条第1款规定："当事人一方违反合同的赔偿责任，应当相当于另一方因此所受到的损失。"[2]

《合同法》第113条第1款规定："当事人一方不履行合同义务或者履行合同义务不符合约定，给对方造成损失的，损失赔偿额应当相当于因违约所

〔1〕2017年10月1日起实施的《民法总则》中无对应条款。
〔2〕2017年10月1日起实施的《民法总则》中无对应条款。

造成的损失，包括合同履行后可以获得的利益，但不得超过违反合同一方订立合同时预见到或者应当预见到的因违反合同可能造成的损失。”

《合同法》第114条规定：“当事人可以约定一方违约时应当根据违约情况向对方支付一定数额的违约金，也可以约定因违约产生的损失赔偿额的计算方法。

约定的违约金低于造成的损失的，当事人可以请求人民法院或者仲裁机构予以增加；约定的违约金过分高于造成的损失的，当事人可以请求人民法院或者仲裁机构予以适当减少。当事人就迟延履行约定违约金的，违约方支付违约金后，还应当履行债务。”

《合同法司法解释三》第29条规定：“买卖合同当事人一方违约造成对方损失，对方主张赔偿可得利益损失的，人民法院应当根据当事人的主张，依据合同法第113条、第119条、本解释第30条、第31条等规定进行认定。”

《最高人民法院印发〈关于当前形势下审理民商事合同纠纷案件若干问题的指导意见〉的通知》第10条规定：“人民法院在计算和认定可得利益损失时，应当综合运用可预见规则、减损规则、损益相抵规则以及过失相抵规则等，从非违约方主张的可得利益赔偿总额中扣除违约方不可预见的损失、非违约方不当扩大的损失、非违约方因违约获得的利益、非违约方亦有过失所造成的损失以及必要的交易成本。”

1. 从法律规定上来说，守约方有权主张房屋差值损失。

（1）房屋差值损失是可得利益损失。房屋差值损失的产生是因为买卖双方订立合同后，一方违约，导致另一方合同目的不能实现，要求解除合同，此时守约方已经不能获得合同完全履行后的利益，即守约方所遭受的损失此时已确定发生，所以房屋差值损失是可得利益损失。

（2）房屋差值损失是双方订立合同时预见或应当预见到的因违约可能会产生的损失。根据我国的二手房交易市场，尤其是北京二手房交易市场的交易规律和趋势，作为一般理性人，买卖双方在签订合同时均应当预见到房屋价格可能会上涨，卖方也应当预见到违反合同将会给买方造成巨大的房屋价值差额利益损失。本案中买卖双方都是完全民事行为能力人，均对自己所为的法律行为有清晰明了的认知，双方对房屋价格上涨均应当有所预见，所以房屋差值损失属于可预见的损失。

2. 从立法精神上来说，对房屋差值损失进行酌减与《民法通则》、《合同法》的立法精神不符。

违约金的数额是双方在合同订立时约定的，我国法律规定可以对违约金进行酌情增减，是为了避免出现显失公平的情况，而酌情增减的原则是“填平原则”，即产生多少损失给付多少赔偿金。法律通过强制性的规定插手双方之间对违约金的约定表明了：立法上对违约金数额的约束也是为了弥补守约方的损失。

房屋差值损失是实际发生的，从《民法通则》、《合同法》来看，我国法律对此采取完全赔偿的原则，即填补守约方的损害至“如合同被履行一样”。

综上，若当事人主张了违约金，则法院应当酌情增减违约金，若当事人主张了房屋差值损失，则法院应当对其所主张的数额全部予以支持，才符合我国法律的立法精神。

3. 从判决效果上来说，对房屋差值损失进行酌减会产生负面效果。

如果酌减房屋差值损失，违约方在保留了房屋所有权的同时，支付少于房屋差价损失的赔偿金给守约方，就相当于违约方并未因其违约受到任何法律上的不利评价，反而因此获得利益，其直接效果是法律并未对违约方的不诚信行为进行惩罚，反而“奖励”了违约方，这与法律的立法精神和设置目的都是相悖的。此种情况下，裁判机构无疑在变相鼓励当事人毁约牟取暴利，而通过裁判文书规范人们遵守诚信的目的就完全落空了。基于裁判社会效果的考虑，法院也应当全部支持买方所主张的房屋差值损失，不应对之进行酌减。

4. 结合本案实际情况，法院应当足额支持肖某所主张的房屋差值损失。

本案纠纷的产生，系李某因合同签订后房价暴涨，其图利房屋增值利益，故意拖延时间，最终导致肖某失去购买涉案房屋的购房资格，李某的主观恶性极大。

在合同履行过程中，李某存在多处根本性违约，其违约行为性质恶劣，法院应当对其违约行为加以制裁。

双方约定的根本性违约应承担的违约责任为房屋总价款 345 万元的 20%，即69 万元，现在肖某所主张的房屋差值损失 59. 43 万元都没有约定的违约金高。综合以上各项因素，法院应当全额支持肖某所主张的房屋差值损失 59. 43 万元。

（二）肖某要求李某支付资金占有利息的请求应得到法院支持

肖某累计共支付李某购房款 243. 5 万元，但合同最终并未实际履行，李某占有该243.5万元期间，会给肖某造成相应的利息损失。从2015年11月20日肖某最后一次支付李某房款至2017年11月23日开庭当天，共计734天，按照中国人民银行同期同类人民币贷款1~5年年利率4.75%计算，已产生232 592.53元的巨额利息，肖某有权要求李某赔偿此项资金占有利息损失。

（三）肖某要求李某赔偿肖某已支付的居间服务费损失51 750元应得到法院支持

《民法通则》第112条第1款规定："当事人一方违反合同的赔偿责任，应当相当于另一方因此所受到的损失。"

《合同法》第113条第1款规定："当事人一方不履行合同义务或者履行合同义务不符合约定，给对方造成损失的，损失赔偿额应当相当于因违约所造成的损失，包括合同履行后可以获得的利益，但不得超过违反合同一方订立合同时预见到或者应当预见到的因违反合同可能造成的损失。"

《合同法》第426条第1款规定："居间人促成合同成立的，委托人应当按照约定支付报酬。"

《房屋买卖居间合同》第3条约定："甲、乙双方应向丙方支付下列费用：乙方应向丙方支付居间服务费51 750元（大写：伍万壹仟柒佰伍拾零元整）。"

《房屋买卖居间合同》第4条第4款约定："甲、乙双方应当在签订本合同之日，一次性付清居间服务费用。"

肖某与李某签订购房合同后，肖某依约向中介公司支付了居间服务费用51 750元，根据《房屋买卖居间合同》的约定，中介公司不会退还肖某已经支付的51 750元居间服务费，现在因李某违约导致合同不能继续履行，该居间服务费损失系肖某的实际损失。根据上述法律规定，肖某有权要求李某赔偿51 750元居间服务费损失。

法院裁判

北京市大兴区人民法院经审理认为：

依法成立的合同，受法律保护，对当事人具有法律约束力。当事人应当按照约定全面履行自己的义务。本案中，肖某、李某签订的《北京市存量房屋买卖合同》系双方当事人真实意思表示，不违反法律、行政法规的强制性规定，合法有效。肖某按合同约定支付了定金和购房款，但李某未按该合同约定于2015年9月15日前办理涉案房屋抵押登记注销手续，又于2016年4月7日办理了新的抵押登记，且至今第一次的房屋抵押登记仍未注销。李某未按合同约定办理房屋抵押登记注销手续和房屋权属转移登记，构成违约。2017年3月26日，北京市住房和城乡建设委员会等部门联合出台了《关于进一步加强商业、办公类项目管理的公告》，肖某不具有购房资格，以致合同不能继续履行。从时间点来看，合同未能履行的原因是李某未按合同约定履行自己的义务，李某应承担违约责任。现肖某要求解除合同，返还购房款243.5万元，并要求赔偿损失，法院予以支持。肖某主张自2015年11月21日起，按照中国人民银行同期贷款利率支付资金占用利息，主张合理，法院予以支持。肖某主张的房屋差价损失和中介服务费损失，请求合理，法院予以支持。诉前保全费用，亦应由李某承担。综上，依照《合同法》第60条、第94条第4项、第97条、第113条之规定，判决：解除肖某与李某于2015年8月20日签订的《北京市存量房屋买卖合同》、《补充协议》以及2015年10月23日签订的《补充协议》；李某返还肖某购房款243.5万元并支付资金占用利息（自2015年11月21日起至实际付清之日止，按中国人民银行同期贷款利率计算）；李某赔偿肖某房屋差值损失59.43万元；李某赔偿肖某中介服务费损失51 750元。本案诉前保全费用5000元由李某承担。

律师点评

1. 房屋买卖交易过程中，买卖双方应当尽量缩短交易的周期。周期过长的情况下，如果遇上房价波动或政策调整，很有可能危及交易本身。像本案中，因卖方迟迟没有办理解押手续，双方签约后近两年都未完成权属转移登记手续，此时买家应当尽快咨询专业律师，尽快启动司法程序。如果肖某于限购政策出台前及时启动司法程序，肖某是完全有可能得到涉案房屋产权的。

2. 本案中，肖某一直居住在涉案房屋内，最开始一直不着急启动司法程序，但房屋毕竟登记在李某名下，如果李某将房屋再行设定其他抵押，别说是房屋的增值利益，肖某甚至有可能血本无归。在充分披露相关风险后，肖某在本书作者的建议下，采取了诉前财产保全，查封了涉案房屋，为将来债权的实现提供了有力的保障。

18. 双方协商解约后已支付房款如何处理

谷某与赵某房屋买卖合同纠纷案

本案思维导图

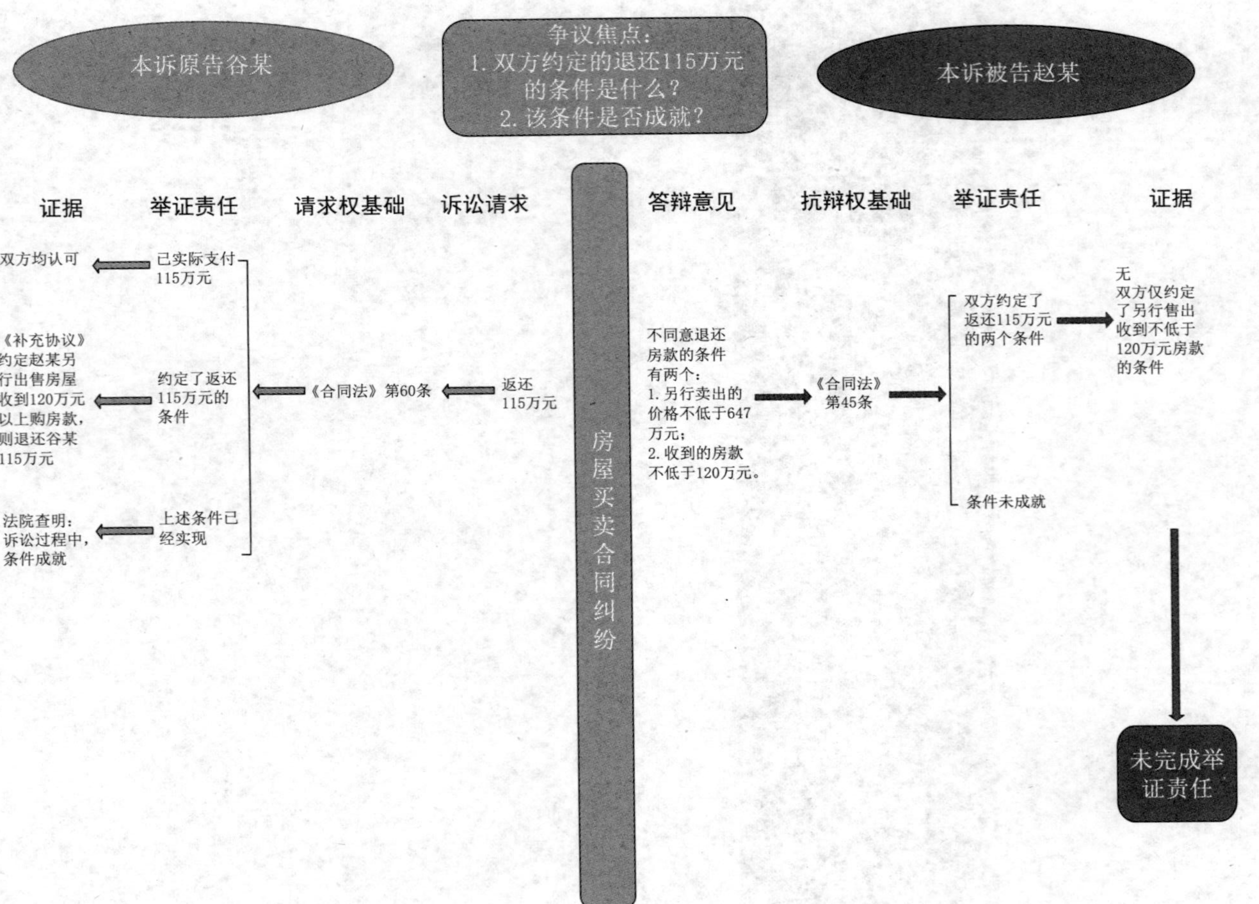

本诉原告谷某
争议焦点：
1. 双方约定的退还115万元的条件是什么？
2. 该条件是否成就？
本诉被告赵某
证据
举证责任
请求权基础
诉讼请求
答辩意见
抗辩权基础
举证责任
证据
双方均认可
已实际支付115万元
《补充协议》约定赵某另行出售房屋收到120万元以上购房款，则退还谷某115万元
约定了返还115万元的条件
法院查明：诉讼过程中，条件成就
上述条件已经实现
《合同法》第60条
返还115万元
房屋买卖合同纠纷
不同意退还房款的条件有两个：
1. 另行卖出的价格不低于647万元；
2. 收到的房款不低于120万元。
《合同法》第45条
双方约定了返还115万元的两个条件
条件未成就
无
双方仅约定了另行售出收到不低于120万元房款的条件
未完成举证责任

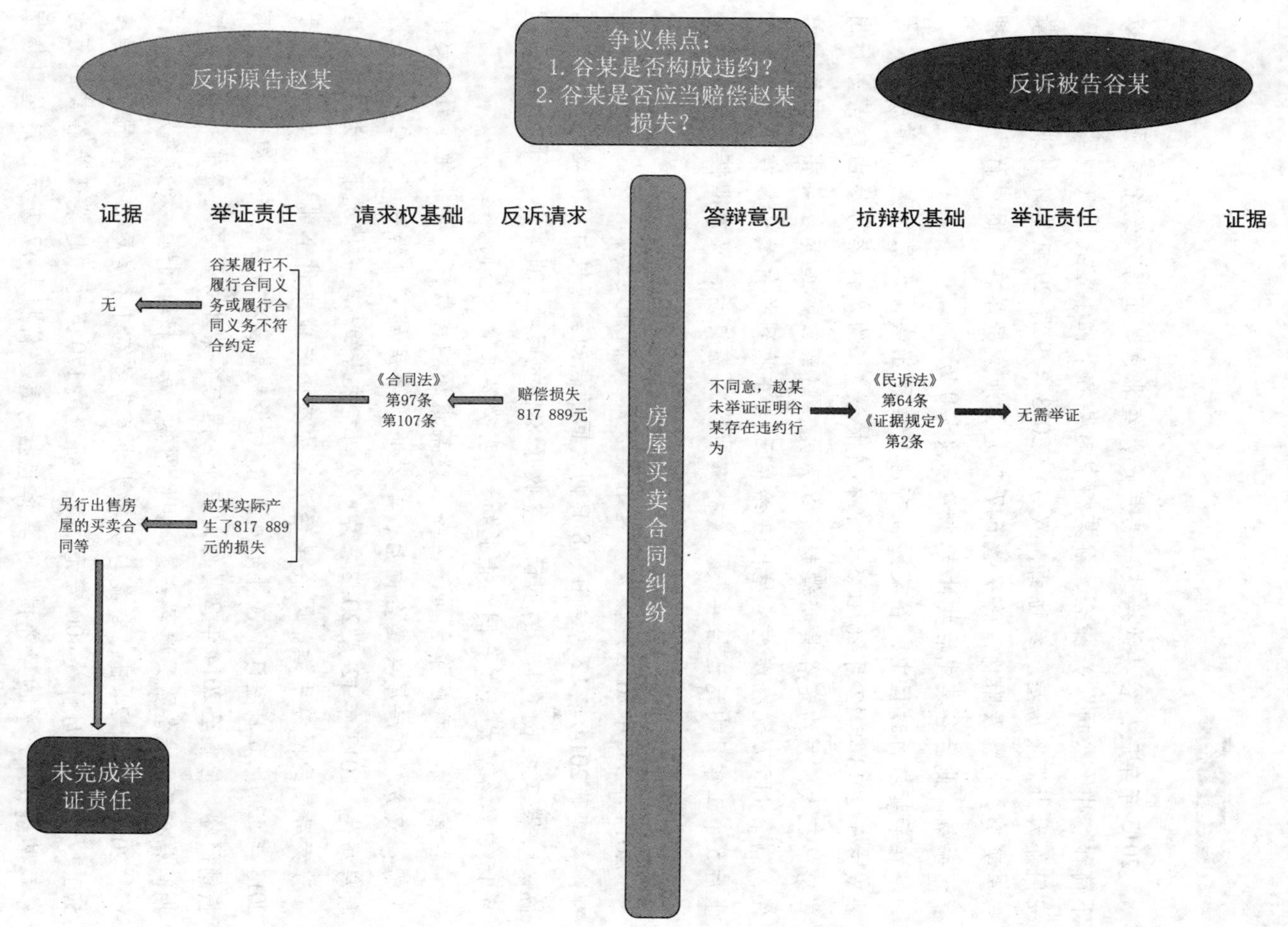

谷某与赵某房屋买卖合同纠纷案

案情介绍

2013年年底，谷某欲换购一套房产，经北京某田房产经纪有限公司（以下简称“中介公司”）撮合，谷某相中赵某名下位于宣武区（现西城区）广安门外大街涉案房屋。经协商，双方于2013年9月29日签订《北京市存量房屋买卖合同》及附件，总房款647万元，涉案房屋在工商银行办理了抵押登记手续。此后谷某先后共计支付购房款120万元。

在后续履行过程中，谷某因自有房屋卖不出去，无法换购涉案房屋，为此双方于2013年12月26日签订《补充协议》，约定涉案房屋由赵某另行出售给第三人，另约定谷某赔偿赵某5万元，赵某放弃追究谷某相应的违约责任，剩余115万元在涉案房屋出售给第三人并收到首付款金额在120万元以上后5个工作日内退还给谷某。《补充协议》签订后，双方即按该《补充协议》展开履行。

2014年11月26日赵某突然给谷某发送《催款通知》，要求谷某支付余款，谷某于2014年12月4日、8日两次回函告知其应执行双方签订的《补充协议》，赵某拒收了4日的回函，签收了8日的回函。此后赵某于2014年12月15日给谷某发送《合同终止通知》，明确要求解除合同。

谷某表示同意解除合同，但要求赵某退还购房款，赵某拒绝退还。赵某认为：双方签订房屋买卖合同后，赵某将涉案房屋交付给谷某，自己便在外租房居住。2013年12月20日，中介公司在未告知赵某的情况下，为谷某办理了涉案房屋的网签手续。因谷某经济能力有限未能支付全部购房款，故而于2013年12月26日签订了《补充协议》，后经赵某多次与谷某进行沟通，请求其撤销网签，但直至2014年2月份，中介公司与谷某才办理了网签撤销手续，这期间曾有多人准备购买涉案房屋，但因网签、房屋核验问题，均放弃购买。

2015年1月24日，赵某与侯某就涉案房屋签订了房屋买卖合同，总房款570万元，其中房价款400万元，配套折价款170万元。赵某认为谷某的行为给赵某造成了严重的经济损失，具体包括房屋差价损失77万元，房屋租赁损失41 589元及房屋租赁佣金6300元。

双方就此未能协商一致，谷某将赵某起诉至北京市西城区人民法院，赵某亦在庭审中提出反诉。

本书作者系谷某的诉讼代理人。

请求权的基础

本案中，谷某的诉讼请求为：赵某返还谷某支付的115万元购房款并支付资金占有利息。

假设谷某对赵某根据《合同法》第60条第1款[1]享有返还115万元购房款的请求权：

1. 那么首先这个请求权必须已经产生。

根据《合同法》第60条，请求权产生的前提条件是：

（1）谷某与赵某之间存在合法有效的合同：谷某与赵某签订的《房屋买卖合同》及《补充协议》均为双方真实意思表示，内容也不违反相关法律规定，故该合同合法有效。

（2）谷某已经实际支付了115万元购房款：双方对谷某实际支付120万元购房款均表示认可。

（3）双方对赵某返还谷某115万元购房款进行了约定：双方约定赵某将涉案房屋另行出售给第三人，赵某收到第三人支付的首付款金额在120万元以上后5个工作日将115万元退还给谷某。

（4）双方约定的返还115万元购房款的条件实现：现赵某已经将涉案房屋出售给第三人，且收到的房款超过120万元，赵某返还115万元的条件实现。

（5）赵某违约，未按照合同约定履行义务：现赵某拒不退还该购房款，且以谷某违约为由要求其承担房屋差价等损失。

谷某对赵某所享有的请求权成立了。

2. 该请求权并未消灭。

3. 谷某的起诉未过诉讼时效，赵某也并无相应抗辩权。

4. 故谷某对赵某依据上述法条享有返还115万元购房款的请求权。

---

〔1〕《合同法》第60条第1款　当事人应当按照约定全面履行自己的义务。

抗辩权的基础

本案中，赵某的反诉请求为：谷某承担解除房屋买卖合同导致赵某产生经济损失 817 889 元。

针对赵某要求谷某赔偿其房屋差价损失等共计 817 889 元的反诉请求，假设谷某对赵某的主张根据《民事诉讼法》第 64 条第 1 款〔1〕、《最高人民法院关于民事诉讼证据的若干规定》第 2 条〔2〕享有抗辩权：

1. 那么首先该抗辩权已经成立。

根据上述法条，抗辩权成立的前提条件是：

(1) 赵某提出了诉讼主张：赵某主张因谷某未及时协助注销涉案房屋网签手续，导致谷某再次出售涉案房屋时产生差价损失，并因搬出房屋产生租赁费用，共计 817 889 元。

(2) 赵某对其主张负有举证责任，但其未举证证明其主张：赵某并未证明谷某或中介公司阻碍、不配合涉案房屋再次出售的情形，也未证明因未撤销网签、房源核验导致交易不成的情形。

(3) 赵某应当承担举证不能的不利后果，其主张不能成立。

由此该抗辩权产生了。

2. 谷某并未承认赵某主张，未放弃该抗辩权。

3. 故谷某对赵某依据上述法条享有抗辩权。

一审答辩状、律师代理词及法院裁判

民事答辩状

不同意赵某的全部反诉请求，其主张缺少事实和法律依据，具体理由如下：

---

〔1〕《民事诉讼法》第 64 条第 1 款　当事人对自己提出的主张，有责任提供证据。

〔2〕《最高人民法院关于民事诉讼证据的若干规定》第 2 条　当事人对自己提出的诉讼请求所依据的事实或者反驳对方诉讼请求所依据的事实有责任提供证据加以证明。没有证据或者证据不足以证明当事人的事实主张的，由负有举证责任的当事人承担不利后果。

一、关于办理网签撤销手续

1. 双方均是委托中介公司代办网签事宜，对于何时办理了网签手续，双方并不知情。

2. 撤销网签必须买卖双方同意才能办理，仅谷某单方也无法解除网签。

3. 赵某称因网签没撤销导致其损失，但其给谷某发送的解除函却只字不提网签的事，反而是以谷某未按原合同约定支付购房款为由要求解除合同。其主张与行为明显矛盾。

4. 赵某称迟延撤销网签造成其损失，无事实依据，且并未对此加以举证。按照赵某的主张，其至少要完成如下举证义务：

（1）要证明在网签未撤销期间，至少有确定的客户，确定要购买涉诉房屋。

（2）要证明这个客户给的价格高于其与侯某之间的交易价格。

（3）要证明赵某通知了谷某要求谷某撤销网签。

（4）要证明谷某接到通知后没有去撤销网签。

（5）要证明就是因为没撤网签的原因，导致客户没有购买涉诉房屋。

赵某未完成上述举证义务，印证了其陈述缺少事实依据。

二、关于房屋差价损失

赵某以其与侯某之间的交易价格，证明其房屋差价损失，明显不能成立：

1. 赵某与侯某之间交易的真实性无法核实，理由如下：

（1）侯某未到庭接受法庭的询问、质证。

（2）该交易房价款做成两部分，即房价款 400 万元和配套折价款 170 万元。其目的是为了偷逃国家税款，不能保证此交易就价款还有其他补充协议未提交给法庭。

（3）此交易并未履行完毕，即使履行完毕也可能发生解除、无效、撤销等情形，只要没有经过国家司法机关的最终确认，依此认定房屋差价无依据。

2. 退一步讲，即使合同是真实的，差价与谷某也没有关系，理由如下：

（1）这个价格是赵某自己愿意接受的。

（2）交易时也没有征询过谷某的意见，卖低了凭什么要谷某承担。

（3）根据 2013 年 12 月 26 日的《补充协议》第 4 条的约定，赵某也是保障交易顺利进行的主体之一，但赵某却在为交易设置障碍。

及时办理抵押登记注销手续，是保障交易顺利进行的前提，故本案中中国工商银行贷款对应的抵押登记何时注销是法院需要核实的重要事实。如果在网签撤销前赵某还未办理抵押登记注销手续，那么有没有网签就已经不重要了，因为即使撤了网签，只要抵押登记未解除，还是没办法过户。

在清偿了中国工商银行的贷款本息后，赵某又在中信银行设定了新的抵押，这无疑是在给交易设定障碍。如果二次交易价格真的降低了，那也是因为赵某设定抵押造成的，与谷某无关。

因此，谷某向法院提交了责令赵某提交书面证据的申请，如果赵某拒不提交，依据《民事诉讼法解释》第112条之规定，法院应当认定赵某迟延办理抵押注销手续的书面材料及其另行设定抵押的书面材料真实，进而认定给交易设置障碍的正是赵某本人，其自己设置障碍导致价格降低，应自行承担相应后果。

三、关于房屋租金损失和佣金损失

1. 租赁合同真实性无法核实。

2. 涉诉房屋未交付给谷某，赵某另行租房，其主张租金、佣金损失无依据。

3. 双方已经于2013年12月26日签订了《补充协议》，就此前的相关损失已经进行了清算，谷某支付5万元赔偿金，就不再承担任何责任了。赵某起租时间是2013年11月6日，说明租赁合同系在签订《补充协议》之前所签，如果当时有租金损失，也已经在5万元中清算了，赵某现在再次主张租金损失无依据。

一审律师代理词

一、《补充协议》合法有效

《补充协议》由谷某与赵某及中介公司三方协商一致后签订，系合法有效的合同，除了谷某及中介公司外，赵某同样受《补充协议》的约束。

二、谷某在签订《补充协议》后，不存在任何过错，不应再承担赔偿责任

赵某主张赔偿所谓的“理由”是谷某未及时撤销网签导致房源核验不通过。现中介公司已经出庭，证实撤销网签和房源核验均需要赵某的特别授权，

并且需要有赵某的房屋产权证原件才能到管理机构办理，谷某根本无法单方撤销，在赵某未举证证明其催告过谷某的情况下，以此为由要求谷某承担赔偿责任无法成立。

三、赵某屡屡严重违约

反观赵某，其在签订《补充协议》后却屡屡严重违约，具体如下：

1. 未按合同约定的时间办理工商银行抵押登记注销手续。

2. 在办理完毕工商银行抵押登记注销手续后，又将涉诉房屋抵押给中信银行，为交易制造严重障碍并且严重影响涉诉房屋后续的交易价格。

3. 三方已经确定赵某将涉诉房屋出售给案外第三人，赵某却多次发函要求谷某支付购房款，严重违反了三方签订的《补充协议》，构成根本性违约。

四、房屋差价损失应由赵某自行承担

1. 赵某未完成举证义务。

赵某反诉要求谷某承担房屋差价损失，根据“谁主张谁举证”的诉讼原则，赵某应当就差价损失承担举证责任。赵某提交的后手买卖合同未经司法机关的确认，且为逃避税款价格做成两部分，本身就不正常，而买受人又未出庭接受质证，交易也未履行完毕，故后手交易价格真实性无法核实。且在法院释明的情况下，赵某仍坚持不作房屋差价评估鉴定，理应承担举证不能的不利后果，其要求谷某承担差价损失的诉求应被法院驳回。

2. 即使房屋差价损失真实存在，也与谷某无关。

（1）谷某不存在任何过错，差价损失与谷某之间不存在因果联系。

（2）后手交易价格系赵某自愿接受，且未与谷某协商，更未经谷某同意，即使卖低了，也与谷某无关。

五、法院在举证责任分配上存在严重错误

《民事诉讼法解释》（2015年）第114条规定：“国家机关或者其他依法具有社会管理职能的组织，在其职权范围内制作的文书所记载的事项推定为真实，但有相反证据足以推翻的除外。”

（1）庭审中，法官要求谷某提交反证推翻赵某提交的买卖合同，这相当于直接认定买卖合同真实有效。但根据上述法律的规定，中介公司及买卖双方既不是国家机关也不是具有社会管理职能的组织，买卖合同本身不能直接认定为真实。

（2）本案应由赵某对房屋差价进行评估鉴定，法院却要求谷某对房屋差价进行评估鉴定，举证责任分配明显错误。

法院裁判

北京市西城区人民法院经审理认为：

赵某与谷某签订的《北京市存量房屋买卖合同》及谷某、赵某、中介公司签订的《补充协议》，是当事人的真实意思表示，内容不违反法律、行政法规的强制性规定，属有效合同。《补充协议》明确了谷某不具有支付能力是导致房屋买卖合同不能继续履行的原因及谷某不再购买涉案房屋的真实意思，同时还赋予赵某向他人出售涉案房屋的权利，并就赔偿问题进行了约定。按照《补充协议》的约定，当赵某出售涉案房屋收到购房款120万元以上时，为赵某向谷某退还价款的条件，现该条件于本案诉讼中成就，赵某应履行《补充协议》约定的退还115万元的合同义务。对谷某要求赵某退还购房款的诉讼请求，法院予以支持。鉴于《补充协议》未明确约定退还购房款的期限，且谷某起诉时，赵某退还购房款的条件尚未成就，故谷某要求支付利息的诉讼请求，依据不足，法院不予支持。《补充协议》约定的房屋出售价格，非赵某理解的退还购房款所附条件。《补充协议》约定，配合出售房屋属三方义务，阻碍、不配合交易方应承担损失的约定为赵某向中介公司、谷某提出赔偿请求权的基础。但赵某未能证明其与买受人就涉案房屋买卖交易中存在谷某、中介公司阻碍、不配合行为的情形，以及因未撤销网签、房源核验导致交易不成的情形，并且在当事人签订的《补充协议》中，谷某已就违约行为作出赔偿承诺，赵某亦接受《补充协议》约定的赔偿数额，故赵某要求谷某、中介公司赔偿损失的反诉请求，与《补充协议》约定相悖，且缺乏事实依据，法院不予支持。据此，依照《合同法》第60条第1款，《民事诉讼法》第64条，《最高人民法院关于民事诉讼证据的若干规定》第2、72条之规定，判决：赵某返还谷某购房款115万元。

判决作出后，赵某不服，上诉至北京市第二中级人民法院，要求撤销原判、发回重审或依法改判驳回谷某的全部诉讼请求，并支持赵某的反诉请求。其主要上诉理由为：《补充协议》中约定了退还谷某房款的两个条件：一是房屋另行卖出的价格不低于647万元，二是收到的房款不低于120万元。因房价下跌，赵某房屋实际卖出价格低于647万元，因此，退还谷某房款的条件未成就。

二审民事答辩状及法院裁判

民事答辩状

谷某不同意赵某的全部上诉请求。

一、关于《补充协议》的签订

1. 《补充协议》是由赵某、谷某及中介公司三方协商一致的结果，不存在赵某上诉状中所述的“成全谷某签署补充协议”。落款赵某的签字也是其本人所签，且协议内容不存在任何篡改、修正，那么该协议就是合法有效的，对三方均有法律拘束力。至于赵某是否及时索要该协议、是否留存该协议，均不影响其受该协议约束的结论。

2. 以“不低于647万出售给第三人”并非退还115万元的前提条件。

（1）《补充协议》第3条明确了退还115万元的条件，并无“不低于647万出售给第三人”这一项。

（2）双方同意不低于647万元出售给第三人，但问题是赵某并未遵守，其在未与谷某协商也未经谷某同意的情况下，低于647万元出售涉案房屋，其行为本身就是一种违约，不可能因其违约却享有了拒绝履行退款义务的权利。

二、关于《补充协议》的履行

1. 谷某在签订《补充协议》后，不存在任何过错，不应再承担赔偿责任。赵某主张赔偿所谓的理由是谷某未及时撤销网签。一审中中介公司已经出庭，证实撤销网签和房源核验均需要赵某的特别授权，并且需要有赵某的房屋产权证原件才能到管理机构办理，谷某根本无法单方撤销，在赵某未举证证明其催告过谷某的情况下，以此为由要求谷某承担赔偿责任无法成立。

2. 反观赵某一方，其在签订《补充协议》后却屡屡严重违约，具体如下：

（1）在办理完毕工商银行抵押登记注销手续后，又于2014年5月27日将涉诉房屋抵押给中信银行，为交易制造严重障碍并且严重影响涉诉房屋后续的交易价格。

（2）三方已经确定赵某将涉诉房屋出售给案外第三人，赵某却多次发函要求谷某支付购房款，严重违反了三方签订的《补充协议》，构成根本性违约。

三、关于房屋差价损失

1. 赵某未完成举证义务。

赵某反诉要求谷某承担房屋差价损失，根据“谁主张谁举证”的诉讼原则，赵某应当就差价损失承担举证责任。其提交的后手买卖合同未经司法机关的确认，且为逃避税款，价格做成两部分，本身就不正常，而买受人又未出庭接受质证，故后手交易价格真实性无法核实。且在法院释明的情况下，赵某仍坚持不作房屋差价评估鉴定，理应承担举证不能的不利后果，其要求谷某承担差价损失的诉求应被法院驳回。

2. 即使房屋差价损失真实存在，也与谷某无关。

（1）谷某不存在任何过错，差价损失与谷某之间不存在因果联系。

（2）后手交易价格系赵某自愿接受，且未与谷某协商，更未经谷某同意，即使卖低了，也与谷某无关。

（3）根据2013年12月26日签订的《补充协议》第4条的约定，赵某也是保障交易顺利进行的主体之一。在清偿了中国工商银行的贷款本息后，赵某又于2014年5月27日在中信银行设定了新的抵押，这无疑是在给交易设定障碍，违反了2013年12月26日签订的《补充协议》第4条的约定。如果二次交易价格真的降低了，那也是因为赵某设定抵押造成的，与谷某无关。

法院裁判

北京市第二中级人民法院经审理认为：

赵某与谷某签订《北京市存量房屋买卖合同》后，谷某由于无力继续支付购房款，导致该合同无法履行。赵某、谷某、中介公司经协商就合同解除事宜签订了《补充协议》。该《补充协议》是当事人的真实意思表示，内容不违反法律、行政法规的强制性规定，为有效协议。赵某上诉称未拿到《补充协议》文件，但此理由不足以影响《补充协议》效力。

《补充协议》明确了以下内容：房屋再次出售时价格不低于647万元；赵某放弃追究谷某每日按成交价0.05%的违约金；谷某同意赔偿赵某5万元作

为赔偿，并就剩余115万元的退还问题进行了约定；在房屋出售时各方应积极配合，阻碍或不配合承担相应的责任。

赵某提供的证据显示涉案房屋出售价为570万元，低于《补充协议》约定的647万元。赵某据此认为退还谷某购房款的条件未成就，因此不同意退还谷某115万元。谷某与中介公司则持相反意见。本院认为，《补充协议》约定的房屋出售价格，并非强制性条款，且主动权由赵某把握。双方也并未约定房屋出售价格低于647万元时如何追究责任，同时，赵某也未提交证据证明谷某违反《补充协议》的约定事项。在赵某房屋已经另行出售并办理了产权过户手续的情况下，原审法院判决赵某退还谷某剩余购房款，并无不当，本院予以确认。综上，原审判决认定事实清楚，适用法律正确，依据《民事诉讼法》第170条第1款第1项之规定，判决：驳回上诉，维持原判。

律师点评

本案涉及的争议焦点较多，罗列出来后至少有以下五个：

1. 原房屋买卖合同与2013年12月26日签订的《补充协议》是何种关系，赵某解除函要求解除的合同到底是原合同还是《补充协议》，这实际上涉及合同解除返还款项的问题。赵某之所以说解除的是原合同，《补充协议》还在履行，根本目的是不想返还谷某支付的购房款项。

2. 在后续的履约过程中，谷某与赵某，到底哪一方是违约方?

3. 网签撤销是否存在迟延? 责任应当由谁承担?

4. 谷某是否应当承担赵某的房屋差价损失?

5. 谷某是否应当承担房屋租金损失和佣金损失?

在本案中，以上五个案件争议焦点均是律师需要特别关注并加以论述的，这对于当事人是否须要承担责任，承担多大的责任有直接的影响。因本案中部分论点是并列关系，部分论点是递进关系，一些是我方的“进攻”意见，一些是“防守”对方反诉的意见。如果在一篇代理词中全部予以体现，论述可能会显得冗长，法官也不好抓住案件重点，法官听不明白，当事人的权益就可能得不到保障。因此，律师需要根据诉讼程序中答辩与辩论两个关键环节，对上述观点进行“排兵布阵”，将上述观点在答辩状与代理词中进行合理分配。对于上述争议焦点3~5，实质上是针对对方反诉的具体意见，以并列的形式放入答辩状中；对于上述争议焦点1和2，可以作为我方本诉的代理意见放入代理词中。这样一来，律师的思路条理清晰，法官也容易把握律师的观点。律师从事的是高级智力活动，每一个细节的把握都需要律师仔细斟酌，律师的价值是无法用金钱衡量的。

本书作者作为谷某的代理人代为处理本案。在诉讼过程中，本书作者经仔细查阅证据材料发现本案的重要突破点，即赵某在偿还了涉案房屋在工商银行的贷款后，又在中信银行设定了新的抵押。

当事人、代理人在提交证据时，一定要仔细审查证据，一方面要审查证据能否支持自己的主张，另一方面要审查证据中是否有对己方不利的内容。本案中，对方代理律师提交赵某与侯某的房屋买卖合同，在本律师看来，太过草率。对方提交该组证据，欲证明其房屋差价损失，且不说法院是否应当支持差价损失的问题，单就一份两个当事人私下签订的买卖合同，且另一方主体也未到庭的情况下，该组证据很显然不足以证明差价损失。而在该组证据中，恰好被本书作者发现了对我方极其有利的突破点，即涉案房屋原本是在工商银行办理了贷款手续，该份买卖合同中却约定出卖方要清偿中信银行的贷款，进一步推导出赵某是在偿还了工商银行的贷款后又在中信银行设定了抵押。在实践中，如果房屋有抵押贷款，须要先清除抵押权利，房屋才能办理权属转移登记，这对于买受人而言是存在风险的，因此新设定的抵押会直接影响到房屋买卖价格以及整个交易的流程，如果说赵某二次交易价格确实低了，很显然，与其办理抵押手续有直接的因果联系，责任冲抵后，谷某的责任就几乎抹除了。

19. 连环交易中违约责任的主张

宋某与杨某房屋买卖合同纠纷案

本案思维导图

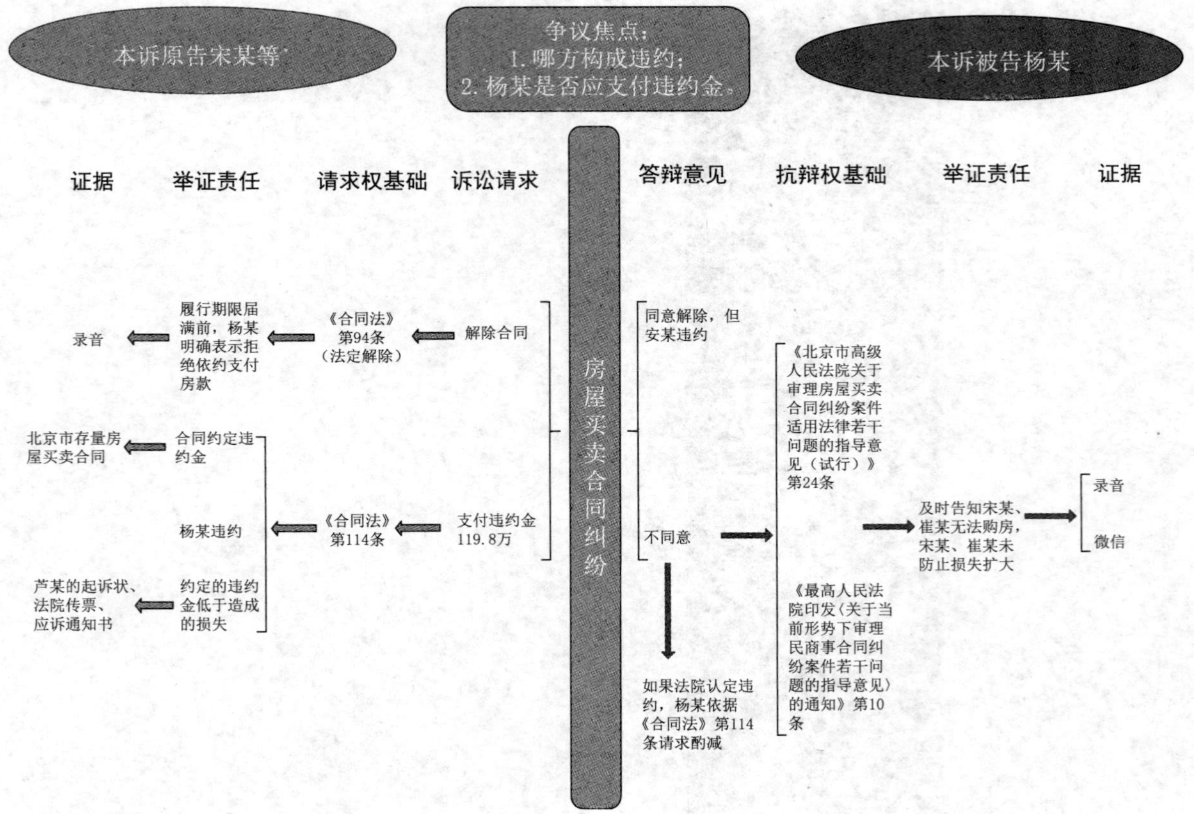

本诉原告宋某等

争议焦点：
1. 哪方构成违约；
2. 杨某是否应支付违约金。

本诉被告杨某

证据 | 举证责任 | 请求权基础 | 诉讼请求 | 房屋买卖合同纠纷 | 答辩意见 | 抗辩权基础 | 举证责任 | 证据

诉讼请求：

- 解除合同 ← 《合同法》第94条（法定解除） ← 履行期限届满前，杨某明确表示拒绝依约支付房款 ← 录音
- 支付违约金119.8万 ← 《合同法》第114条 ←
  - 合同约定违约金 ← 北京市存量房屋买卖合同
  - 杨某违约
  - 约定的违约金低于造成的损失 ← 芦某的起诉状、法院传票、应诉通知书

答辩意见：

- 同意解除，但安某违约
- 不同意 → 《北京市高级人民法院关于审理房屋买卖合同纠纷案件适用法律若干问题的指导意见（试行）》第24条；《最高人民法院印发〈关于当前形势下审理民商事合同纠纷案件若干问题的指导意见〉的通知》第10条 → 及时告知宋某、崔某无法购房，宋某、崔某未防止损失扩大 → 录音、微信
- 如果法院认定违约，杨某依据《合同法》第114条请求酌减

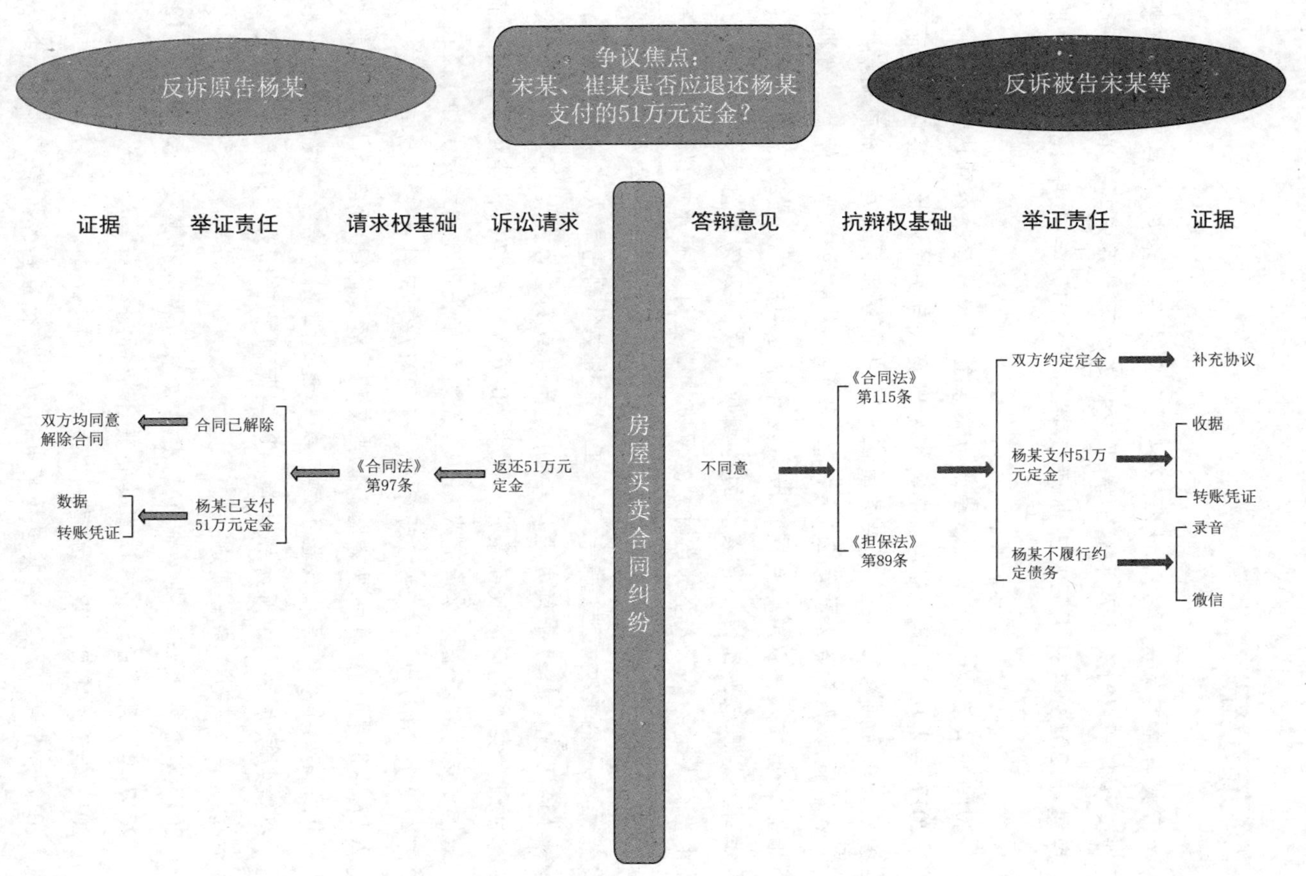
反诉原告杨某
争议焦点：
宋某、崔某是否应退还杨某支付的51万元定金？
反诉被告宋某等
证据
举证责任
请求权基础
诉讼请求
房屋买卖合同纠纷
答辩意见
抗辩权基础
举证责任
证据
双方均同意解除合同
数据
转账凭证
合同已解除
杨某已支付51万元定金
《合同法》第97条
返还51万元定金
不同意
《合同法》第115条
《担保法》第89条
双方约定定金
杨某支付51万元定金
杨某不履行约定债务
补充协议
收据
转账凭证
录音
微信

宋某与崔某系夫妻，二人于2013年5月登记结婚。位于北京市朝阳区涉案房屋于2013年7月3日登记在宋某名下，系宋某、崔某共同所有。该房屋于2013年7月22日办理抵押，于2017年4月18日注销抵押登记。

2017年2月26日，宋某、崔某与杨某签订《房屋状态确认书》。

2017年2月26日，宋某、崔某作为出卖人与买受人杨某签订《北京市存量房屋买卖合同》，约定：出卖房屋位于北京市朝阳区，房屋成交价格为255万元；合同第7条第2款第2项约定，买受人未按约定时间付款，逾期超过15日后，出卖人有权解除合同；出卖人解除合同的，买受人应当自解除合同通知到达之日起3日内按照累计的逾期应付款的20%向出卖人支付违约金，并由出卖人退还买受人全部已付款。双方同日签订《补充协议》，约定：定金为51万元；买受人于2017年2月26日向出卖人支付定金12万元；剩余定金39万元于网签手续办理完毕后3个工作日内支付到出卖人指定收款账户；首付款154万元于解押手续办理完毕后、产权转移登记手续办理前3个工作日内支付到出卖人指定的收款账户；尾款50万元于产权转移登记手续办理前2个工作日支付到资金监管指定账户（资金监管账户以建委指定为准）；双方于2017年2月26日办理房源核验手续，于2017年3月8日前办理网签手续，于2017年3月16日前办理交税、物业交验手续，于2017年5月31日前办理产权转移登记手续；房源核验手续以实际通过日期为准，交税和产权转移登记手续需约号办理，如因约号延期，以实际约号日期为准；产权转移登记手续办理完毕当日为交房日期。

2017年2月26日，崔某向杨某出具收条，收取杨某交来购房定金12万元。2017年3月7日，杨某向崔某转账39万元。

2017年3月4日，双方办理网签手续。

2017年5月10日，崔某与杨某电话沟通履行事宜，杨某表示凑不到合同约定应付购房款。

2017年5月24日，双方在沟通过户事宜时，杨某坚持提出要求过户和交房手续办理完毕后付清余款。

2017年6月12日，宋某、崔某向杨某邮寄发出《解除〈房屋买卖合同〉的通知函》，内容为指出杨某未按约定支付购房款的违约事实，并告知根据合同约定其有权解除合同且杨某应承担违约责任，现正式发函通知，其将按照合同相关条款追究杨某的违约责任。

另，杨某分别于2017年3月20日、3月22日、6月9日另在北京市完成房屋登记三次，房屋建筑面积分别为41.66平方米、36.81平方米和93.97平方米。

2017年2月18日，杨某与案外人陈某签订《北京市存量房屋买卖合同》，以260万元的价格购买位于北京市朝阳区朝阳北路×号房屋。

杨某提交2017年9月6日其与陈某签订的《房屋买卖合同终止协议》，内容为双方协商终止2017年2月18日签订的《北京市存量房屋买卖合同》，杨某已付定金30万元作为违约金赔付陈某。

后宋某、崔某将杨某诉至北京市朝阳区人民法院，请求：①解除双方于2017年2月26日签订的《北京市存量房屋买卖合同》及《补充协议》；②杨某支付违约金119.8万元（其中51万元是杨某已支付的定金）。

杨某辩称：①不应当撤销宋某、崔某于2017年6月12日发函解除的行为，宋某、崔某称我有欺骗行为，但未能提交证据。我在5月10日明确告知宋某、崔某无法履行合同，不存在欺诈情形。宋某、崔某在我明确表示无法履行合同的情况下发出解除函，是其真实意思表示。②我同意解除双方的合同。因为我不具备支付购房款的能力，宋某、崔某在2017年6月12日发函同意解除合同，所以我认为双方合同在2017年6月13日已协商解除，解除的理由并非宋某、崔某所说的其行使合同解除权。③我不同意支付宋某、崔某巨额的违约金，其提出由于我无法支付购房款导致连环买卖无法进行，但是本案无法支付购房款与下一个房屋买卖没有必然联系，其在购买其他房屋时应充分考虑购房能力和支付能力，不能以我无法支付购房款导致其买卖无法进行要求我承担违约责任。我已经在2017年5月10日及时告知宋某、崔某无法继续履行合同，已经起到了积极遏制宋某、崔某损失的目的，但是其仍然向我主张巨额赔偿损失，其没有进行防止损失扩大的行为。另外，宋某、崔某主张的违约金数额过高。

杨某提出反诉请求：宋某、崔某返还购房款51万元。事实和理由：因宋某、崔某认可将双方签订的《房屋买卖合同》解除，其应返还我相应购房款。

宋某、崔某针对反诉辩称：不同意杨某的反诉请求。双方签订的合同合法有效，杨某拒绝购买房屋构成根本违约，应承担相应的违约责任，我们主张的违约金高于杨某已付的购房定金，故不同意返还。

本书作者系宋某、崔某的诉讼代理人。

律师思路

请求权的基础

本案中，宋某、崔某提出下列两项诉讼请求：①解除双方于2017年2月26日签订的《北京市存量房屋买卖合同》及《补充协议》；②杨某支付违约金119.8万元（其中51万元是杨某已支付的定金）。

一、针对第1项诉讼请求，假设宋某、崔某根据《合同法》第94条第2项[1]享有法定解除权

1. 那么首先这个解除权必须已经产生。

根据《合同法》第94条第2项的规定，法定解除权产生的前提条件是：

（1）宋某、崔某与杨某之间存在合法有效的合同：宋某、崔某与杨某签订的房屋买卖合同均为双方真实意思表示，内容也不违反相关法律规定，故该合同合法有效。

（2）在履行期限届满之前，杨某明确表示或者以自己的行为表明不履行主要债务：杨某在2017年5月10日明确表示拒绝支付后期房款，不履行合同约定的主要债务。

由此，宋某、崔某所享有的法定解除权产生了。

2. 该解除权并未消灭。根据《最高人民法院关于审理商品房买卖合同纠纷案

---

〔1〕《合同法》第94条　有下列情形之一的，当事人可以解除合同：……②在履行期限届满之前，当事人一方明确表示或者以自己的行为表明不履行主要债务……

件适用法律若干问题的解释》第 15 条[1]，宋某、崔某在法律规定的期限内行使了法定解除权，故该解除权未消灭。

3. 宋某、崔某的起诉未过诉讼时效。

4. 故宋某、崔某依据上述法条享有法定解除权。

二、针对第 2 项诉讼请求，假设宋某、崔某对杨某根据《合同法》第 114 条第 1 款[2]享有 119.8 万元的支付违约金请求权

1. 那么首先这个请求权必须已经产生。

根据《合同法》第 114 条第 1 款，请求权产生的前提条件是：

（1）宋某、崔某与杨某之间存在合法有效的合同。

（2）双方约定一方违约时应当根据违约情况向对方支付一定数额的违约金，或约定因违约产生的损失赔偿额的计算方法：《北京市存量房屋买卖合同》第 10 条第 3 款约定："如因买受人办理手续迟延，导致出卖人未能在约定时间收到房款……买受人……按照总房价款的 20%向出卖人支付违约金……"

（3）杨某违约。

（4）合同约定的违约金低于造成的损失：本案中案外人另行起诉要求支付 119.8 万元违约金，高出双方约定的违约金 51 万元，宋某、崔某有权请求人民法院予以增加。

由此，宋某、崔某对杨某所享有的支付 119.8 万元违约金请求权成立了。

2. 该请求权并未消灭。

3. 宋某、崔某的起诉未过诉讼时效，杨某也并无相应抗辩权。

4. 故宋某、崔某对杨某依据上述法条享有支付 119.8 万元违约金请求权，由于杨某已经支付了 51 万元，该款项冲抵违约金后，杨某应再支付宋某、崔某 68.8 万元违约金。

---

[1] 《最高人民法院关于审理商品房买卖合同纠纷案件适用法律若干问题的解释》第 15 条　根据《合同法》第 94 条的规定，出卖人迟延交付房屋或者买受人迟延支付购房款，经催告后在 3 个月的合理期限内仍未履行，当事人一方请求解除合同的，应予支持，但当事人另有约定的除外。法律没有规定或者当事人没有约定，经对方当事人催告后，解除权行使的合理期限为 3 个月。对方当事人没有催告的，解除权应当在解除权发生之日起 1 年内行使；逾期不行使的，解除权消灭。

[2] 《合同法》第 114 条第 1 款　当事人可以约定一方违约时应当根据违约情况向对方支付一定数额的违约金，也可以约定因违约产生的损失赔偿额的计算方法。

抗辩权的基础

本案中，杨某提出一项反诉请求：宋某、崔某返还购房款51万元。

假设宋某、崔某对杨某的反诉请求根据《合同法》第115条〔1〕、《担保法》第89条〔2〕享有抗辩权：

1. 那么首先该抗辩权必须已经产生。

根据上述法条的规定，该抗辩权产生的前提条件是：

（1）宋某、崔某与杨某之间存在合法有效的合同。

（2）双方合同约定该51万元系定金：《补充协议》约定：定金为51万元。

（3）杨某实际支付了该笔定金，定金合同成立并生效：2017年2月26日，崔某向杨某出具收条，收取杨某交来购房定金12万元。2017年3月7日，杨某向崔某转账39万元。

（4）杨某不履行约定的债务：杨某拒绝购买涉案房屋，无权要求返还定金。

由此，该抗辩权产生了。

2. 宋某、崔某并未放弃该抗辩权。

3. 故宋某、崔某对杨某的反诉请求享有抗辩权。

一审代理词

一、本案产生的背景

宋某、崔某与杨某签订房屋买卖合同后，北京市住房和城乡建设委员会、北京市规划和国土资源管理委员会、北京市工商行政管理局、人民银行营业

〔1〕《合同法》第115条　当事人可以依照《担保法》约定一方向对方给付定金作为债权的担保。债务人履行债务后，定金应当抵作价款或者收回。给付定金的一方不履行约定的债务的，无权要求返还定金；收受定金的一方不履行约定的债务的，应当双倍返还定金。

〔2〕《担保法》第89条　当事人可以约定一方向对方给付定金作为债权的担保。……给付定金的一方不履行约定的债务的，无权要求返还定金；收受定金的一方不履行约定的债务的，应当双倍返还定金。

管理部、银监会北京监管局于2017年3月26日联合出台了《关于进一步加强商业、办公类项目管理的公告》，对商住房的出售和购买作出限制。由于涉案房屋系商住房，且杨某是为了“炒房”购买涉案房屋，杨某认为由于政策影响，涉案房屋以后难以出售，故不再继续支付房款，意欲拒绝购买涉案房屋，宋某、崔某遂提起诉讼，形成本案。

二、宋某、崔某与杨某之间的房屋买卖合同关系合法有效

宋某、崔某与杨某之间房屋买卖合同关系系当事人真实意思表示，内容不违反法律的强制性规定，房屋买卖合同关系合法有效，双方均应按照合同的约定及法律的规定及时全面地履行合同义务。

三、宋某、崔某在履约过程中不存在任何过错

双方签约后，宋某、崔某向中介公司提供了交易所需全部材料，完成涉案房屋的房源核验，并依约解除涉案房屋上设定的抵押，双方已经办理了网签手续，且宋某、崔某多次催告杨某支付房款，宋某、崔某履约不存在任何过错。

四、双方并未变更合同内容，应按照原合同履行

《民法通则》第57条规定：“民事法律行为从成立时起具有法律约束力。行为人非依法律规定或者取得对方同意，不得擅自变更或者解除。”

《民法总则》第136条规定：“民事法律行为自成立时生效，但是法律另有规定或者当事人另有约定的除外。行为人非依法律规定或者未经对方同意，不得擅自变更或者解除民事法律行为。”

《合同法》第78条规定：“当事人对合同变更的内容约定不明确的，推定为未变更。”

《北京市存量房屋买卖合同》第13条约定：“双方可以根据具体情况对本合同中未约定、约定不明或不适用的内容签订书面补充协议进行变更或补充。”

五、杨某构成根本性违约

《合同法》第60条第1款规定：“当事人应当按照约定全面履行自己的义务。”

2017年5月10日，崔某与杨某的电话沟通中，杨某多次表示拒不支付剩余房款。

六、宋某、崔某有权要求解除合同

《合同法》第94条规定："有下列情形之一的，当事人可以解除合同：……②在履行期限届满之前，当事人一方明确表示或者以自己的行为表明不履行主要债务；……"

杨某在2017年5月10日明确表示拒绝支付后期房款，性质上是在履行期限届满前，明确表示不履行主要债务，构成根本性违约，依据《合同法》第94条，宋某、崔某有权要求解除合同。

七、宋某、崔某的违约金主张应当得到法院的支持

（一）违约金条款约定合法有效

《合同法》第114条第1、2款规定："当事人可以约定一方违约时应当根据违约情况向对方支付一定数额的违约金，也可以约定因违约产生的损失赔偿额的计算方法。约定的违约金低于造成的损失的，当事人可以请求人民法院或者仲裁机构予以增加；约定的违约金过分高于造成的损失的，当事人可以请求人民法院或者仲裁机构予以适当减少。"

《合同法司法解释三》第26条规定："买卖合同因违约而解除后，守约方主张继续适用违约金条款的，人民法院应予支持。"

《北京市存量房屋买卖合同》第10条第3款约定："如因买受人办理手续迟延，导致出卖人未能在约定时间收到房款……买受人……按照总房价款的20%向出卖人支付违约金……"

上述合同约定合法有效，对双方都具有法律上的拘束力。

（二）杨某对其违约要承担的责任有预期

购房合同中关于杨某违约要承担违约金的约定具体、明确。杨某对其违约要承担违约金的情形有明确的预期。

（三）杨某违约的主观恶意极大

《合同法》第6条规定："当事人行使权利、履行义务应当遵循诚实信用原则。"

本案中，合同未能推进的原因并非客观上无法履行，而是因国家出台政策限制商住房的流通，杨某担心购买涉案房屋后无法另行出售而拒绝支付剩余房款所致，很显然，杨某的主观恶性极大。

（四）宋某、崔某损失巨大

因杨某的违约，宋某、崔某额外花费了律师费、诉讼费、保全费等费用，除金钱成本外，宋某、崔某为此事投入了大量的时间、精力，杨某的违约给宋某、崔某造成了巨大损失。

另，宋某、崔某卖房是为了给女儿换学区房，且已经支付了换房的部分房款，后期房款需用卖掉涉案房屋的款项支付。因杨某违约，宋某、崔某无法支付换房款项，导致宋某、崔某在另案中成为被告，并且面临几百万元的损失赔偿要求，杨某的违约给宋某、崔某造成了巨大损失。

综上所述，为了维护当事人的合法权益以及基本的交易秩序，请求法院依法支持宋某、崔某的全部诉讼请求。

法院裁判

北京市朝阳区人民法院经审理认为：

对双方有争议的证据和事实，认定如下：①关于杨某已付 51 万元的性质。法院认定杨某已付 51 万元系合同中所表示的定金，但因为双方合同未约定定金条款，一审法院认为不应适用定金罚则，故应按杨某应付购房款对待。②关于双方有无解除合同。行使合同解除权时间，解除的意思表示应明确，从宋某、崔某于 2017 年 6 月 12 日所发《解除〈房屋买卖合同〉的通知函》的内容来看，其并未明确表达解除合同的意思，仅能看出催促履行的意思，该意思与宋某、崔某庭审陈述以及要求继续履行合同的最初诉讼请求相吻合，故本案中双方合同并未解除。③关于宋某有无另购房屋并违约。宋某在 2017 年 2 月 28 日另签订合同购买位于北京市海淀区房屋一套，该房屋出卖人芦某以宋某未能及时给付购房款为由，于 2017 年 7 月 6 日将宋某起诉至北京市海淀区人民法院，要求宋某支付违约金 119.8 万元。杨某认为真实性无法核实，也不认可关联性。法院认为，根据宋某、崔某提交的证据可见，因宋某另购房屋产生纠纷，案外人已通过起诉的方式要求宋某承担违约责任。

法院认为，宋某、崔某与杨某于 2017 年 2 月 26 日签订的《北京市存量房屋买卖合同》及其《补充协议》均系各方真实意思表示，内容合法有效，各方均应依约履行。宋某、崔某于 2017 年 6 月 12 日发出《解除〈房屋买卖合同〉的通知函》的行为并不构成解除合同的意思表示，其要求撤销，法院不予支持。杨某所持涉案合同已经协商解除的意见，法院亦不予采纳。现杨某拒不履行付款义务，宋某、崔某要求解除合同，法院予以支持。杨某应就其违约行为承担违约责任，根据双方约定，出卖人解除合同的，买受人应当自解除合同通知到达之日起 3 日内按照累计的逾期应付款的 20% 向出卖人支付违约金，并由出卖人退还买受人全部已付款。据此，杨某累计逾期应付款为 204 万元，其应向宋某、崔某支付违约金 40.8 万元；宋某、崔某以宋某另购房屋可能承担违约责任为由，主张违约金 119.8 万元，该损失超出了杨某的预见，一审法院根据上述认定在 40.8 万元的范围内予以支持。因杨某已付购房款为 51 万元，在扣除 40.8 万元违约金后，剩余部分，宋某、崔某应予返还。依据《合同法》第 60 条、第 94 条、第 97 条、第 113 条、第 114 条之规定，判决：宋某、崔某与杨某于 2017 年 2 月 26 日签订的《北京市存量房屋买卖合同》及其《补充协议》解除；宋某、崔某返还杨某购房款 102 000 元；驳回杨某的反诉请求。

律师点评

本案是典型的房产连环单交易。宋某卖房的同时，又购买了其他住房，而且要用卖房款支付所购房屋的购房款。这样的交易模式实际上存在非常大的风险。如果卖房的某个环节出现问题，可能瞬间就面临两个诉讼，而合同本身又有相对性，很难拿前手交易的问题作为后手交易免责的理由。如果确实要采用这种交易模式，建议当事人在合同中披露相关信息，尽量延长付款和交易的周期，并提前做好可行的预案。

20. 房屋差值损失赔偿的依据

曹某与杨某房屋买卖合同纠纷案

本案思维导图

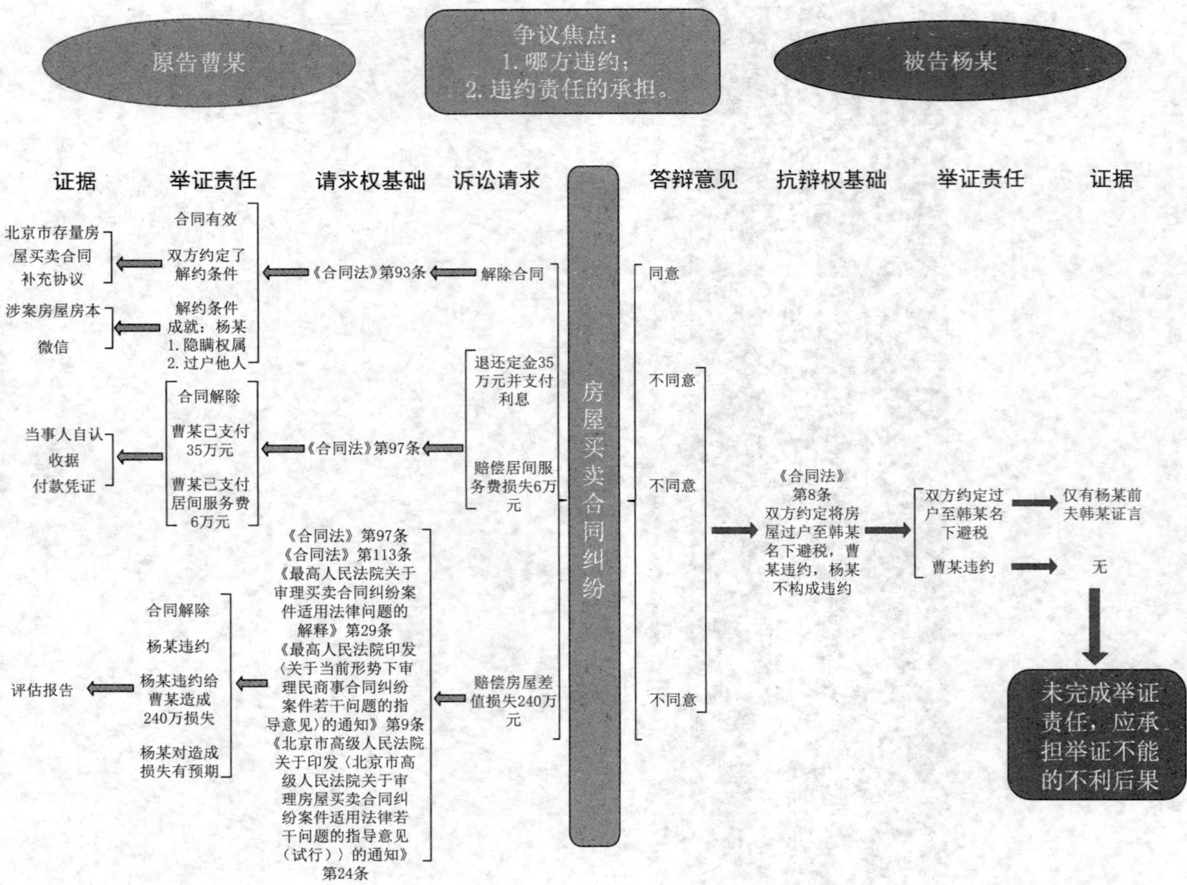
原告曹某
争议焦点：
1. 哪方违约；
2. 违约责任的承担。
被告杨某
证据
举证责任
请求权基础
诉讼请求
房屋买卖合同纠纷
答辩意见
抗辩权基础
举证责任
证据
北京市存量房屋买卖合同补充协议
涉案房屋房本
微信
合同有效
双方约定了解约条件
解约条件成就：杨某 1. 隐瞒权属 2. 过户他人
《合同法》第93条
解除合同
同意
当事人自认
收据
付款凭证
合同解除
曹某已支付35万元
曹某已支付居间服务费6万元
《合同法》第97条
退还定金35万元并支付利息
赔偿居间服务费损失6万元
不同意
不同意
评估报告
合同解除
杨某违约
杨某违约给曹某造成240万损失
杨某对造成损失有预期
《合同法》第97条
《合同法》第113条
《最高人民法院关于审理买卖合同纠纷案件适用法律问题的解释》第29条
《最高人民法院印发〈关于当前形势下审理民商事合同纠纷案件若干问题的指导意见〉的通知》第9条
《北京市高级人民法院关于印发〈北京市高级人民法院关于审理房屋买卖合同纠纷案件适用法律若干问题的指导意见（试行）〉的通知》第24条
赔偿房屋差值损失240万元
不同意
《合同法》第8条
双方约定将房屋过户至韩某名下避税，曹某违约，杨某不构成违约
双方约定过户至韩某名下避税
曹某违约
仅有杨某前夫韩某证言
无
未完成举证责任，应承担举证不能的不利后果

案情介绍

2016年5月8日，曹某作为买受人与杨某作为出卖人签订《北京市存量房屋买卖合同》，约定出卖人将位于北京市朝阳区涉案房屋出售给买受人，房屋已设定抵押，抵押权人为光大银行。房屋成交价格为400万元。买受人向出卖人支付定金30万元，买受人向银行申办购房按揭贷款，拟贷款金额为180万元。当日，曹某作为乙方（买受人）、杨某作为甲方（出卖人）与满某公司（以下简称“中介公司”，服务方）签订《补充协议》，约定交易房屋的总价款为400万元，乙方于2016年5月8日向甲方支付定金30万元。当日，曹某作为乙方（买受人）、杨某作为甲方（出卖人）与中介公司作为丙方（居间人）签订《房屋交易保障服务合同》，约定：为保障房屋买卖交易顺利完成、降低交易风险，由丙方提供保障服务，各方签订本合同，保障服务费为2万元，由乙方承担，任何一方违反约定导致本合同迟延履行或无法履行的，违约方应承担违约责任，并赔偿守约方的实际损失。

同日，曹某作为乙方（买受人），杨某作为甲方（出卖人）与中介公司作为丙方（居间人）签订《居间服务合同》，约定由丙方提供居间服务，居间服务费4万元，由乙方承担。如因甲方或乙方原因导致房屋买卖交易不能履行或无法完成的，已收取的居间服务费不予退还，如支付费用方为守约方，违约方应向费用支付方进行赔偿，且费用支付方有权向违约方追偿全部已付居间服务费。

2016年5月23日，曹某作为乙方（买受人），杨某作为甲方（出卖人）与中介公司作为丙方（居间人）签订《变更协议书》，约定将《补充协议》第2条第1款变更为乙方于2016年5月23日前向甲方支付定金35万元。

合同签订后，曹某向杨某支付定金25万元、向中介公司支付居间服务费4万元及保障服务费2万元。

2015年5月15日，杨某与案外人韩某协议离婚，离婚协议约定涉案房屋归韩某所有。2016年6月28日，涉案房屋由杨某名下过户至案外人韩某名下。

合同履行过程中，双方出现争议，曹某将杨某起诉至北京市朝阳区人民法院，提出诉讼请求：①解除双方签订的《北京市存量房屋买卖合同》、《补充协议》及《变更协议书》；②杨某退还我购房定金35万元并支付利息（以35万元为基数，按照中国人民银行同期贷款利率的标准，自2016年5月25日计算至实际给付之日止）；③杨某赔偿我房屋差值损失240万元；④杨某赔偿我居间服务费损失6万元。

杨某辩称：我同意解除合同。2016年6月28日，在曹某知情的情况下，我将涉案房屋过户至韩某名下，原因是为了少缴纳税费，双方准备办理网签手续时，曹某自称放弃购买房屋，导致合同无法继续履行，因此曹某存在违约行为，鉴于我没有违约行为，因此只同意退还定金，不同意支付利息、赔偿损失及居间服务费。

中介公司称：同意解除合同，曹某其他诉讼请求与我公司无关，不发表意见。经我方了解，双方确实曾打算通过将涉案房屋过户的方式避税，但我方也不确定，因此不清楚双方是否存在违约行为。

庭审中，曹某主张杨某在合同履行过程中，将涉案房屋过户至案外人名下，导致合同目的无法实现，构成根本违约。杨某对于过户事实予以认可，但表示曹某对于过户行为知情，且过户原因是杨某名下有其他房屋，将涉案房屋过户给案外人韩某可以使曹某少缴纳税费，就此杨某提交证人韩某的证人证言加以证明。曹某对于证人证言不予认可，表示韩某系杨某前夫，二人有利害关系，其证言不应采信，且杨某曾出具《在京满五唯一住房声明》，承诺涉案房屋为在京以家庭为单位唯一住房，合同对此亦有约定，因此双方没有避税的必要。杨某对于该份声明的真实性予以认可，但坚持主张将涉案房屋过户是为了合理避税。

审理中，经曹某申请并由北京市高级人民法院摇号确定，法院依法委托杜鸣联合房地产评估（北京）有限公司对涉案房屋的市场价值进行评估。该公司于2017年8月1日出具《房地产评估报告》，认为涉案房屋在价值时点的市场价值估价结果为640万元。曹某为此支付评估费18 500元。曹某认可上述评估结果，并主张涉案房屋的评估价值与合同价值的差额即为曹某的实际损失，杨某认可评估结果，但认为与本案没有关联性，因为评估时间点错误，且曹某没有如此大的损失。

本书作者系曹某的诉讼代理人。

请求权的基础

本案中，曹某提出以下四项诉讼请求：①解除双方签订的《北京市存量房屋买卖合同》、《补充协议》及《变更协议书》；②杨某退还购房定金35万元并支付利息（以35万元为基数，按照中国人民银行同期贷款利率的标准，自2016年5月25日计算至实际给付之日止）；③杨某赔偿房屋差值损失240万元；④杨某赔偿居间服务费损失6万元。

一、针对第1项诉讼请求，假设曹某对杨某根据《合同法》第93条第2款〔1〕享有合同约定解除权

1. 那么首先这个解除权必须已经产生。

根据《合同法》第93条第2款的规定，约定解除权产生的前提条件是：

（1）曹某与杨某之间存在合法有效的合同：曹某与杨某签订的房屋买卖合同均为双方真实意思表示，内容也不违反相关法律规定，故该合同合法有效。

（2）曹某与杨某约定了一方解除合同的条件：双方签订的《北京市存量房屋买卖合同》第10条第1款约定："逾期交房责任：除不可抗力外，出卖人未按照本合同约定的期限和条件将该房屋交付给买受人的，按照逾期时间分别处理：……②逾期超过15日后，买受人有权退房。"《补充协议》第4条第2款约定："甲方若出现下列情形之一的，甲方构成根本违约，乙方有权以书面通知的方式解除房屋买卖合同，并要求甲方承担违约责任：①甲方提供的交易房屋所有权证、原购房合同等相关产权证明文件或手续不真实、不完整、无效，导致乙方无法取得房屋所有权的；②甲方无处分权或无完全处分权的，导致买卖合同无法继续履行或乙方无法取得房屋所有权的；……④逾期履行本补充协议约定的义务超过15日的；……"

（3）解除合同的条件成就：杨某不仅隐瞒房屋实际产权情况，签订合同后又将涉案房屋过户给韩某，其行为导致曹某现难以取得涉案房屋所有权。同

〔1〕《合同法》第93条第2款　当事人可以约定一方解除合同的条件。解除合同的条件成就时，解除权人可以解除合同。

时，杨某一直未办理房屋过户手续，超过合同约定期限15日，所以解除合同条件成就。

由此，曹某所享有的约定解除权产生了。

2. 该解除权并未消灭。

3. 曹某的起诉未过诉讼时效。

4. 故曹某依据上述法条享有约定解除权。

二、针对第2、4项诉讼请求，假设曹某对杨某根据《合同法》第97条[1]享有返还35万元定金并支付利息及赔偿6万元中介费损失的请求权

1. 那么首先这个请求权必须已经产生。

根据《合同法》第97条，请求权产生的前提条件是：

(1) 曹某与杨某之间存在合法有效的合同。

(2) 双方合同解除：本案中，曹某享有约定解除权，且曹某和杨某均同意解除合同。

(3) 曹某可以要求恢复原状、赔偿损失：

❶曹某已支付的35万元定金属于金钱债务，不存在不能履行的情形，可以恢复原状。

❷曹某已经支付35万元定金，杨某持有该笔定金期间会产生相应利息，同时会给曹某造成相应的利息损失，双方既然解除合同，杨某应当将相应利息支付给曹某。

❸双方及中介约定，第三方收取的居间代理费用不予退还，守约方可向违约方追偿该笔费用，曹某已经支付了中介费共6万元，系曹某的实际损失，曹某有权要求杨某赔偿。

由此，曹某对杨某所享有的该部分款项的支付请求权产生了。

2. 该请求权并未消灭。

3. 曹某的起诉未过诉讼时效，杨某也并无相应抗辩权。

4. 故曹某对杨某依据上述法条享有返还35万元定金并支付利息及赔偿6万元中介费损失请求权。

---

[1] 《合同法》第97条　合同解除后，尚未履行的，终止履行；已经履行的，根据履行情况和合同性质，当事人可以要求恢复原状、采取其他补救措施，并有权要求赔偿损失。

三、针对第3项诉讼请求，假设曹某对杨某根据《合同法》第97条、第113条[1]、《最高人民法院关于审理买卖合同纠纷案件适用法律问题的解释》第29条[2]、《最高人民法院印发〈关于当前形势下审理民商事合同纠纷案件若干问题的指导意见〉的通知》第9条[3]、《北京市高级人民法院关于印发〈北京市高级人民法院关于审理房屋买卖合同纠纷案件适用法律若干问题的指导意见（试行）〉的通知》第24条第1款[4]享有赔偿房屋差值损失的请求权

1. 那么首先这个请求权必须已经产生。

根据上述法条，请求权产生的前提条件是：

（1）曹某与杨某之间存在合法有效的合同。

（2）双方合同解除。

（3）杨某违约。

（4）杨某违约给曹某造成了240万元的损失：如果杨某积极配合曹某履行房屋买卖合同，曹某可以得到涉案房屋的所有权，房屋增值的240万元理所应当由曹某享有，因此，房屋差值损失240万元是曹某在合同履行后可以获得的利益，现因杨某违约导致曹某无法获得，系曹某的损失。

（5）杨某对于其违约会给曹某造成差值损失有预期：杨某明知房价一直上涨，且合同若不能履行，曹某无法获得房屋增值利益。由最高人民法院民事审判第二庭编著的《最高人民法院关于买卖合同司法解释理解与适用》，是对《最高人民法院关于审理买卖合同纠纷案件适用法律问题的解释》最权威的解读，在该

---

〔1〕《合同法》第113条第1款　当事人一方不履行合同义务或者履行合同义务不符合约定，给对方造成损失的，损失赔偿额应当相当于因违约所造成的损失，包括合同履行后可以获得的利益，但不得超过违反合同一方订立合同时预见到或者应当预见到的因违反合同可能造成的损失。

〔2〕《最高人民法院关于审理买卖合同纠纷案件适用法律问题的解释》第29条　买卖合同当事人一方违约造成对方损失，对方主张赔偿可得利益损失的，人民法院应当根据当事人的主张，依据合同法第113条、第119条、本解释第30条、第31条等规定进行认定。

〔3〕《最高人民法院印发〈关于当前形势下审理民商事合同纠纷案件若干问题的指导意见〉的通知》第9条　在当前市场主体违约情形比较突出的情况下，违约行为通常导致可得利益损失。根据交易的性质、合同的目的等因素，可得利益损失主要分为生产利润损失、经营利润损失和转售利润损失等类型……先后系列买卖合同中，因原合同出卖方违约而造成其后的转售合同出售方的可得利益损失通常属于转售利润损失。

〔4〕《北京市高级人民法院关于印发〈北京市高级人民法院关于审理房屋买卖合同纠纷案件适用法律若干问题的指导意见（试行）〉的通知》第24条第1款　房屋买卖合同签订后，因一方当事人根本违约致使另一方订立合同的目的不能实现，守约方要求解除合同，并要求违约方赔偿房屋差价损失、转售利益损失等可得利益损失的，应酌情予以支持，但当事人另有约定的除外。

书第 464 页明确指出，“只需要预见到或应当预见到损害的类型，不需要预见到或应当预见到损害的程度，即不需要预见到或应当预见到损害的具体数额。”

由此，曹某对杨某的赔偿房屋差值损失请求权产生了。

2. 该请求权并未消灭。

3. 曹某的起诉未过诉讼时效，杨某也并无相应抗辩权。

4. 故曹某对杨某依据上述法条享有赔偿房屋差值损失 240 万元的请求权。

代理词

一、本案产生的背景

原被告双方签订购房合同前，被告已将涉案房屋处分给其前夫韩某，并在签约时故意向原告及中介隐瞒涉案房屋真实情况。原告支付合同定金和中介费后，被告将涉案房屋实际过户给其前夫，后原告得知实际情况，遂起诉至贵院。

二、原被告之间的房屋买卖合同关系合法有效

原被告之间房屋买卖合同关系系当事人真实意思表示，内容不违反法律的强制性规定，合同应属合法有效，对双方均具有法律拘束力。

三、原告在履约过程中不存在任何过错

本案中，原告积极履行合同义务：原被告双方签订购房合同后，原告依约向被告支付了 35 万元定金，并向中介公司支付 6 万元中介费，被告及中介公司均出具了相应款项收款证明，原告在履约过程中不存在任何过错。

四、被告在履约过程中存在多处违约

《合同法》第 60 条第 1 款规定：“当事人应当按照约定全面履行自己的义务。”

（一）隐瞒房屋权属真实状况

《北京市存量房屋买卖合同》第 9 条约定：“出卖人承诺并保证，其提供的、与交易房屋相关的信息真实、准确、完整；该房屋没有产权纠纷，未被限制转让。”

《房屋交易保障服务合同》第 4 条第 1 款约定：“甲、乙双方均应向丙方如实披露与涉案房屋买卖交易相关的全部事实和信息，不得故意隐瞒或故意

提供虚假信息。”

被告早在2015年5月15日即将涉案房屋处分给韩某，后恶意向原告及中介隐瞒该情况，与原告在2016年5月8日签订涉案房屋买卖合同，被告此行为构成严重违约，应承担相应违约责任。

（二）拒不配合办理涉案房屋过户及交付手续

《北京市存量房屋买卖合同》第8条第1款约定：“出卖人应当按照下列第3项约定将该房屋交付给买受人：……③按照本项约定时间或约定条件：2016年9月1日前将该房屋交付给买受人。”

《补充协议》第2条第4款约定：“甲、乙双方同意，双方应于2016年8月1日前共同前往房屋登记机构办理房屋所有权转移登记手续。”

被告在2016年6月28日将涉案房屋过户给韩某，其以实际行动拒绝履行合同义务，拒不配合办理涉案房屋过户及交付手续。

五、原告有权要求解除合同

《合同法》第93条第2款规定：“当事人可以约定一方解除合同的条件。解除合同的条件成就时，解除权人可以解除合同。”

《北京市存量房屋买卖合同》第10条第1款约定：“逾期交房责任：除不可抗力外，出卖人未按照本合同约定的期限和条件将该房屋交付给买受人的，按照逾期时间分别处理：……②逾期超过15日后，买受人有权退房。”

《补充协议》第4条第2款约定：“甲方若出现下列情形之一的，甲方构成根本违约，乙方有权以书面通知的方式解除房屋买卖合同，并要求甲方承担违约责任：①甲方提供的交易房屋所有权证、原购房合同等相关产权证明文件或手续不真实、不完整、无效，导致乙方无法取得房屋所有权的；②甲方无处分权或无完全处分权的，导致买卖合同无法继续履行或乙方无法取得房屋所有权的；……④逾期履行本补充协议约定的义务超过15日的；……”

本案中，被告不仅隐瞒房屋实际产权情况，签订合同后又将涉案房屋过户给韩某，其行为导致原告现难以取得涉案房屋所有权，依据《合同法》相关规定和双方约定，原告有权要求解除双方签订的房屋买卖合同。

六、原告有权要求被告返还定金并赔偿损失

（一）原告有权要求被告返还原告定金35万元

原被告双方签订购房合同后，原告依约支付了35万元定金，现因被告违约行为导致原告无法取得涉案房屋所有权，原告要求解除合同，被告应当返还原告已收取的35万元定金。

（二）原告有权要求被告赔偿原告支付的中介费损失6万元

《居间服务合同》第5条第4款约定：“如支付费用方为守约方，违约方应向费用支付方进行赔偿，且费用支付方有权向违约方追偿全部已付居间费。”

原被告签订购房合同后，原告依约向中介公司支付了中介费6万元，根据双方约定，原告有权要求被告赔偿其6万元中介费损失。

（三）原告要求被告赔偿原告房屋差价损失的请求应得到法院支持

《合同法》第97条规定：“合同解除后，尚未履行的，终止履行；已经履行的，根据履行情况和合同性质，当事人可以要求恢复原状、采取其他补救措施，并有权要求赔偿损失。”

《合同法》第113条第1款规定：“当事人一方不履行合同义务或者履行合同义务不符合约定，给对方造成损失的，损失赔偿额应当相当于因违约所造成的损失，包括合同履行后可以获得的利益，但不得超过违反合同一方订立合同时预见到或者应当预见到的因违反合同可能造成的损失。”

《合同法司法解释三》第29条规定：“买卖合同当事人一方违约造成对方损失，对方主张赔偿可得利益损失的，人民法院应当根据当事人的主张，依据合同法第113条、第119条、本解释第30条、第31条等规定进行认定。”

《最高人民法院印发〈关于当前形势下审理民商事合同纠纷案件若干问题的指导意见〉的通知》第9条规定：“在当前市场主体违约情形比较突出的情况下，违约行为通常导致可得利益损失。根据交易的性质、合同的目的等因素，可得利益损失主要分为生产利润损失、经营利润损失和转售利润损失等类型……先后系列买卖合同中，因原合同出卖方违约而造成其后的转售合同出售方的可得利益损失通常属于转售利润损失。”

《北京市高级人民法院关于印发〈北京市高级人民法院关于审理房屋买卖合同纠纷案件适用法律若干问题的指导意见（试行）〉的通知》第24条第1款规定：“房屋买卖合同签订后，因一方当事人根本违约致使另一方订立合同的目的不能实现，守约方要求解除合同，并要求违约方赔偿房屋差价损失、转售利益损失等可得利益损失的，应酌情予以支持，但当事人另有约定的除外。”

《房屋交易保障服务合同》第5条第2款约定：“任何一方违反约定导致

本合同迟延履行或无法履行的，违约方应承担违约责任，并赔偿守约方的实际损失。”

根据上述法律规定及合同约定，由于被告恶劣的违约行为，使原告无法得到涉案房屋所有权，且因为房屋价格一直上涨，被告应当赔偿原告此项房屋差价利益损失。

（四）被告违约主观恶意极大

原被告双方签订房屋买卖合同前，被告已通过离婚协议将涉案房屋处分给韩某，后在原被告双方的合同履行过程中，又将涉案房屋实际过户给韩某，被告从始至终均无将涉案房屋售于原告的意愿，其主观恶意极大。

（五）法院裁判应考虑社会效果

买卖双方签订房屋买卖合同后，一方以各种理由拒绝履行合同，这种行为本质上是一种严重扰乱交易秩序的行为，法院应当对此种行为进行严厉的惩罚，惩罚的力度应与违约行为的恶劣性对等，如此才能营造良好的社会效果。如果法院仅施以轻微的惩戒，违约一方的毁约代价、成本太低，根本无法形成威慑作用。在没有严厉惩戒的情况下，裁判机构无疑在变相鼓励当事人毁约牟取暴利，此种情况下，通过裁判文书规范人们遵守诚信的目的就完全落空了。基于裁判社会效果的考虑，法院应当对被告恶劣的违约行为施以严厉的制裁。

法院裁判

北京市朝阳区人民法院经审理认为：

依法成立的合同，对当事人具有法律约束力。当事人应当按照约定履行自己的义务，不得擅自变更或者解除合同，当事人可以约定一方违约时应当根据违约情况向对方支付一定数额的违约金，也可以约定因违约产生的损失赔偿额的计算方法。约定的违约金低于造成的损失的，当事人可以请求人民法院或者仲裁机构予以增加。本案中，曹某与杨某签订的买卖合同系双方真实意思表示，应属合法有效。合同履行过程中，杨某在未与曹某达成书面合意的情况下，将涉案房屋过户至案外人韩某名下，韩某在取得涉案房屋所有权后亦未与曹某就房屋买卖达成新的合意，合同目的已经无法实现。杨某抗辩双方为合理避税才协议变更涉案房屋产权登记，但就此未提交任何证据加以证明，本院不予采信。因杨某构成根本违约，曹某有权单方解除合同，故曹某要求解除双方之间的买卖合同关系、退还定金的诉讼请求，本院予以支持。关于曹某主张的定金利息，因合同对此并无约定，故曹某该项诉讼请求缺乏事实和法律依据，本院不予支持。关于曹某主张的居间服务费及保障服务费损失，符合三方居间合同及保障合同的约定，本院予以支持。关于曹某主张的房屋差价损失，本院综合《房地产估价报告》的估价结果、曹某的实际损失、合同履行情况、杨某的过错程度及利益平衡等因素，根据公平原则和诚实信用原则，酌情予以确定。综上，依照《合同法》第60条、第107条、第114条及《民事诉讼法》第144条之规定，判决：解除曹某与杨某于2016年5月8日签订的《北京市存量房屋买卖合同》及《补充协议》中双方的买卖合同关系；解除曹某与杨某于2016年5月20日签订的《变更协议书》中双方的买卖合同关系；杨某退还曹某定金35万元；杨某赔偿曹某居间服务费4万元、保障服务费2万元；杨某赔偿曹某房屋差价损失100万元。

律师点评

1. 在采取保全措施时，当事人总倾向于去查封房产、存款，往往忽视股权的查封。实际上，当事人在某些特殊情况下是极其重视其持有的股权的。律师在采取查封措施时，完全可以向法院提供股权线索，有时会起到出其不意的效果。本案中，杨某名下没有存款和房产，很可能将来债权得不到实现。但本书作者通过网络查询，发现杨某持有某美容院的股权，虽然股权不易变现，但在采取保全措施时，本书作者还是提供了相关线索，让法院依法查封了其股权。意想不到的是，没过几天，杨某便自行提供其他房产作为反担保，申请解除了股权的查封，有了房产担保，曹某的债权就有了保障。

2. 主张违约金还是主张实际损失，作为律师要让当事人充分了解两者的区别和利弊。违约金有合同约定，举证难度较小，但法院可以行使自由裁量权；实际损失举证难度大，但原则上法院不能行使自由裁量权进行酌减。本案中，鉴于房价上涨早已超过合同约定的20%，本书作者建议曹某主张实际损失，最终曹某在仅支付35万元房价款的情况下，获得了100万元的高额赔偿，案件效果令当事人非常满意。

杜某与韩某某房屋买卖合同纠纷案

本案思维导图

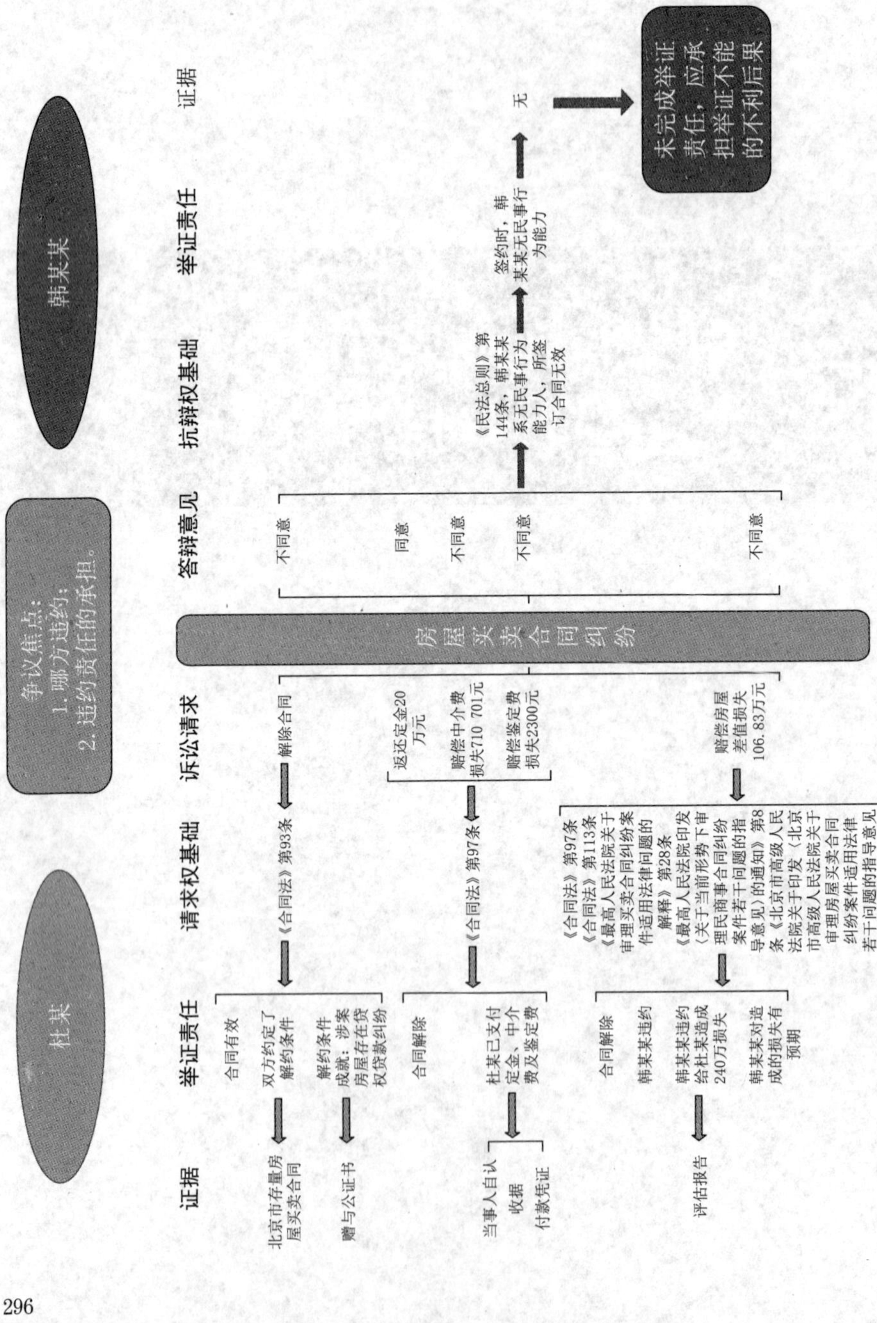

杜某

争议焦点：
1. 哪方违约；
2. 违约责任的承担。

韩某某

证据	举证责任	请求权基础	诉讼请求		答辩意见	抗辩权基础	举证责任	证据
北京市存量房屋买卖合同；赠与公证书	合同有效；双方约定了解约条件；解约条件成就：涉案房屋存在贷权贷款纠纷	《合同法》第93条	解除合同	房屋买卖合同纠纷	不同意			
当事人自认；收据；付款凭证	合同解除；杜某已支付定金、中介费及鉴定费	《合同法》第97条	返还定金20万元		同意			
			赔偿中介费损失710 701元		不同意			
			赔偿鉴定费损失2300元		不同意	《民法总则》第144条，韩某某系无民事行为能力人，所签订合同无效	签约时，韩某某无民事行为能力	无 → 未完成举证责任，应承担举证不能的不利后果
评估报告	合同解除；韩某某违约；韩某某违约给杜某造成240万损失；韩某某对造成的损失有预期	《合同法》第97条；《合同法》第113条；《最高人民法院关于审理买卖合同纠纷案件适用法律问题的解释》第28条；《最高人民法院印发〈关于当前形势下审理民商事合同纠纷案件若干问题的指导意见〉的通知》第8条；《北京市高级人民法院关于印发〈北京市高级人民法院关于审理房屋买卖合同纠纷案件适用法律若干问题的指导意见（试行）〉的通知》第24条	赔偿房屋差值损失106.83万元		不同意			

案情介绍

2012年4月19日，韩某某、孙某某作为赠与人，韩某作为受赠人，双方签订赠与合同，约定韩某某、孙某某将其名下位于北京市朝阳区涉案房屋无偿赠与韩某。北京市某公证处对该赠与合同进行了公证并出具公证书。

2016年1月21日，杜某作为买受人，韩某某作为出卖人，双方签订《北京市存量房屋买卖合同（经纪成交版）》，约定：出卖人所售房屋坐落北京市朝阳区涉案房屋，产权证载明建筑面积40.67平方米；房屋成交价格215万元，该房屋家具、家电、装修及配套设施设备等作价46万元，由买受人一并另行支付给出卖人；出卖人应当保证该房屋没有产权纠纷，未被限制转让，如因一方违反前述承诺，导致该房屋不能办理产权登记或发生债权债务纠纷，由违反承诺方按照房屋成交总价款的20%赔偿守约方损失；如果出卖人在签署本合同前就前述事项隐瞒真实情况的，三方确认：因出卖人之欺诈行为，使得买受人及居间方在违背真实意思的基础上订立本合同，买受人有权依法请求撤销房屋买卖合同及相关协议，出卖人应当赔偿买受人及居间方因此所受的损失，包括但不限于就已收取的房款按照银行同期贷款利率赔偿买受人利息损失、赔偿买受人为购房支出的税费、贷款费用等实际支出、买受人已向居间方交纳的全部费用、房屋价格上涨的差价损失、买受人实际支出的装修、物业、使用费用等。

2016年1月21日，杜某作为乙方（买受方），韩某某作为甲方（出卖方），北京某中介公司作为丙方（居间方），三方签订《补充协议》，约定：乙方于2016年1月21日将第一笔定金10万元自行支付给甲方；乙方于2016年1月25日前将第二笔定金10万元以非建委资金监管机构托管的方式支付给甲方。

2016年1月21日，杜某作为乙方（购买人），韩某某作为甲方（出售人），北京某中介公司作为丙方（居间房），三方签订《买卖定金协议书》，约定：交易房屋坐落于北京市朝阳区涉案房屋，产权证明文件所载建筑面积40.67平方米，房产证号：京房权证朝私字第×××××号，产权人韩某某；乙方经现场勘验甲方上述房屋后，对甲方出售的该套房产的权属状况、设备、装修等情况进行了解，确认以人民币 261 万元的总价款购买该房屋；乙方应于本协议签署时向甲方自行支付定金 20 万元整，甲方收取定金时应向乙方出具收据。

2016 年 1 月 21 日，韩某某向杜某出具收据，写明："在北京某中介公司居间服务下，今收到杜某购买北京市朝阳区涉案房屋的定金共计人民币 10 万元整。2016 年 1 月 21 日，杜某向韩某 1（韩某某之女）转账 6 万元；2016 年 1 月 22 日，案外人黄某（杜某配偶）向韩某 1 转账 4 万元。"

2016 年 1 月 24 日，杜某作为乙方（买受方），韩某某作为甲方（出卖方），北京某中介公司作为丙方，三方签订《定金托管协议》，约定：甲乙双方同意在非建委资金监管机构开设相应账户，授权由丙方及非建委资金监管机构对托管账户进行管理，并按本协议约定的条件对托管资金进行划转。经协商一致，各方同意，乙方应于本协议签署时将定金 10 万元存入托管账户内，托管资金在托管期间内不计息。同日，案外人黄某通过 POS 机刷卡方式向托管账户转账 10 万元。杜某、韩某某均认可该款项仍在托管账户内。

2016 年 1 月 24 日，杜某通过 POS 机刷卡方式向北京某中介公司支付居间代理费 57 420 元、保障服务费 13 050 元、代收评估费 600 元。

2016 年 1 月 26 日，韩某以赠与合同纠纷将韩某某、孙某某诉至北京市朝阳区人民法院，请求韩某某、孙某某按照赠与合同约定将北京市朝阳区涉案房屋过户至韩某名下。韩某某、孙某某提出反诉，要求撤销赠与合同。北京市朝阳区人民法院经审理后作出（2016）京 0105 民初××××号判决，判决撤销孙某某、韩某某于 2012 年 4 月 19 日作出的赠与合同。该判决现已生效。

杜某与韩某某在履行合同过程中产生争议，杜某将韩某某诉至北京市朝阳区人民法院，请求判令：①解除杜某与韩某某于 2016 年 1 月 21 日签订的《北京市存量房屋买卖合同（经纪成交版）》及《补充协议》；②韩某某返还杜某定金 20 万元；③韩某某赔偿原告中介费损失 71 070 元；④韩某某赔偿杜某房屋差价损失 105.83 万元；⑤韩某某支付原告鉴定费 9300 元。

庭审中，杜某、韩某某均表示不愿意继续履行本案房屋买卖合同。

法院另查明，2016 年 6 月 15 日，韩某 1 向北京市朝阳区人民法院申请认定韩某某为无民事行为能力人。北京市朝阳区人民法院依法作出（2016）京 0105 民特×××号《民事判决书》，判决韩某某为无民事行为能力人。韩某某称其签订本案房屋买卖合同时系无民事行为能人，并向北京市朝阳区人民法院提交上述《民事判决书》、法大［2016］医鉴字第0924号鉴定文书、中日医院诊断报告及病历材料等证据。杜某对上述证据真实性均予以认可，证明目的均不认可，表示上述证据无法证明韩某某签订合同时系无民事行为能力人。经询，杜某、韩某某均不申请对韩某某签订本案房屋买卖合同时的行为能力进行鉴定。

庭审中，经杜某申请，北京市朝阳区人民法院依法委托北京某房地产土地评估有限责任公司对涉案房屋进行价值评估，北京某房地产土地评估有限责任公司出具房地产估价报告：涉案房屋房地产单价90 197元/平方米，房地产总价366.83万元。杜某对此估价报告表示认可。韩某某对此估价报告表示不认可，认为随着房价波动，房屋价值肯定比鉴定时低了很多。经询，韩某某不申请对涉案房屋价值进行重新鉴定。

杜某认为：合同签订后，杜某依约支付了20万元定金，后得知韩某某早在2012年4月19日就已经将涉案房屋赠与其子韩某，韩某已于2016年1月26日起诉到北京市朝阳区人民法院要求韩某某按照《赠与合同》办理过户手续。韩某某违背双方关于产权无纠纷的保证条款，导致杜某无法取得涉案房屋的产权，构成根本性违约。故要求解除合同，赔偿各项损失。

韩某某则认为：韩某某是无民事行为能力人，签订的合同是无效合同，所以不存在解除的问题。韩某某是在其子韩某的诱骗下签署的赠与公证书，韩某某对其与杜某签订的房屋买卖合同存在重大误解，误认为自己有权卖房，有权利指定代理人，因此不存在任何故意欺骗对方、故意违反合同的动机，双方签订的合同得不到执行，完全是因为误判所致，因此韩某某不应承担任何责任。杜某的诉讼导致韩某某加重病情，身心受到伤害，给韩某某及其家人造成了不可挽回的损失，故反诉主张房屋买卖合同无效，要求杜某赔偿韩某某护理费27万元、医药费10万元、诉讼费13 840元、鉴定费4650元。

本书作者系杜某的诉讼代理人。

律师思路

请求权的基础

本案中，杜某提出以下五项诉讼请求：①判令解除杜某与韩某某于 2016 年 1 月 21 日签订的《北京市存量房屋买卖合同（经纪成交版）》及《补充协议》；②判令韩某某返还杜某定金 20 万元；②判令韩某某赔偿原告中介费损失 71 070 元；③判令韩某某赔偿杜某房屋差价损失 105.83 万元；④判令韩某某支付原告鉴定费 9300 元。

一、针对第 1 项诉讼请求，假设杜某对韩某某根据《合同法》第 93 条第 2 款[1]享有约定解除权：

1. 那么首先这个解除权必须已经产生。

根据《合同法》第 93 条第 2 款的规定，约定解除权产生的前提条件是：

（1）杜某与韩某某之间存在合法有效的合同：杜某与韩某某签订的房屋买卖合同均为双方真实意思表示，内容也不违反相关法律规定，故该合同合法有效。

（2）杜某与韩某某约定了一方解除合同的条件：双方签订的《北京市存量房屋买卖合同》约定了出卖人应当保证该房屋没有产权纠纷，未被限制转让，如因一方违反前述承诺，导致该房屋不能办理产权登记或发生债权债务纠纷，由违反承诺方按照房屋成交总价款的 20%赔偿守约方损失；如果出卖人在签署本合同前就前述事项隐瞒真实情况的，三方确认：因出卖人之欺诈行为，使得买受人及居间方在违背真实意思的基础上订立本合同，买受人有权依法请求撤销房屋买卖合同及相关协议，出卖人应当赔偿买受人及居间方因此所受的损失，包括但不限于就已收取的房款按照银行同期贷款利率赔偿买受人利息损失、赔偿买受人为购房支出的税费、贷款费用等实际支出、买受人已向居间方交纳的全部费用、房屋价格上涨的差价损失、买受人实际支出的装修、物业、使用费用等。

（3）解除合同的条件成就：韩某某在涉案房屋存在公证赠与的情况下隐瞒赠与事实，将房屋出售给杜某，违背了产权保证条款，解除合同的条件已经成就。

---

〔1〕《合同法》第 93 条第 2 款　当事人可以约定一方解除合同的条件。解除合同的条件成就时，解除权人可以解除合同。

由此，杜某所享有的约定解除权产生了。

2. 该解除权并未消灭。

3. 杜某的起诉未过诉讼时效。

4. 故杜某依据上述法条享有约定解除权。

二、针对第2、3、5项诉讼请求，假设杜某对韩某某根据《合同法》第97条[1]享有返还20万元定金、赔偿71 070元中介费损失以及赔偿鉴定费损失9300元的请求权

1. 那么首先这个请求权必须已经产生。

根据《合同法》第97条，请求权产生的前提条件是：

（1）杜某与韩某某之间存在合法有效的合同。

（2）双方合同解除：本案中，杜某享有法定解除权，且杜某和韩某某均同意解除合同。

（3）杜某可以要求恢复原状、赔偿损失：

❶杜某已支付的20万元定金属于金钱债务，不存在不能履行的情形，可以恢复原状。

❷双方及中介约定，第三方收取的居间代理费用不予退还，守约方可向违约方追偿该笔费用，杜某已经支付了中介费71 070元，系杜某的实际损失，杜某有权要求韩某某赔偿。

❸为评估房屋的差值损失，杜某依法委托专业评估机构对房屋差值进行评估，产生了鉴定费损失9300元，该损失系韩某某违约导致杜某产生的损失，杜某有权要求韩某某赔偿。

由此，杜某对韩某某所享有的该部分款项的支付请求权产生了。

2. 该请求权并未消灭。

3. 杜某的起诉未过诉讼时效，韩某某也并无相应抗辩权。

4. 故杜某对韩某某依据上述法条享有返还20万元定金、赔偿71 070元中介费损失以及赔偿鉴定费损失9300元的请求权。

---

[1]《合同法》第97条　合同解除后，尚未履行的，终止履行；已经履行的，根据履行情况和合同性质，当事人可以要求恢复原状、采取其他补救措施，并有权要求赔偿损失。

三、针对第4项诉讼请求，假设杜某对韩某某根据《合同法》第97条、第113条[1]、《最高人民法院关于审理买卖合同纠纷案件适用法律问题的解释》第29条[2]、《最高人民法院印发〈关于当前形势下审理民商事合同纠纷案件若干问题的指导意见〉的通知》第9条[3]、《北京市高级人民法院关于印发〈北京市高级人民法院关于审理房屋买卖合同纠纷案件适用法律若干问题的指导意见（试行）〉的通知》第24条第1款[4]享有赔偿房屋差值损失的请求权

1. 那么首先这个请求权必须已经产生。

根据上述法条，请求权产生的前提条件是：

（1）杜某与韩某某之间存在合法有效的合同。

（2）双方合同解除。

（3）韩某某违约。

（4）韩某某违约给杜某造成了105.83万元的损失：如果韩某某积极配合杜某履行房屋买卖合同，杜某可以得到涉案房屋的所有权，房屋增值的105.83万元理所应当地由杜某享有。因此，房屋差值损失105.83万元是杜某在合同履行后可以获得的利益，现因韩某某违约导致杜某无法获得，系杜某的损失。

（5）韩某某对于其违约会给杜某造成差值损失有预期：韩某某明知房价一直上涨，且合同若不能履行，杜某无法获得房屋增值利益。由最高人民法院民事审判第二庭编著的《最高人民法院关于买卖合同司法解释理解与适用》，是对《最高人民法院关于审理买卖合同纠纷案件适用法律问题的解释》最权威的解读，在

---

〔1〕《合同法》第113条第1款　当事人一方不履行合同义务或者履行合同义务不符合约定，给对方造成损失的，损失赔偿额应当相当于因违约所造成的损失，包括合同履行后可以获得的利益，但不得超过违反合同一方订立合同时预见到或者应当预见到的因违反合同可能造成的损失。

〔2〕《最高人民法院关于审理买卖合同纠纷案件适用法律问题的解释》第29条　买卖合同当事人一方违约造成对方损失，对方主张赔偿可得利益损失的，人民法院应当根据当事人的主张，依据合同法第113条、第119条、本解释第30条、第31条等规定进行认定。

〔3〕《最高人民法院印发〈关于当前形势下审理民商事合同纠纷案件若干问题的指导意见〉的通知》第9条　在当前市场主体违约情形比较突出的情况下，违约行为通常导致可得利益损失。根据交易的性质、合同的目的等因素，可得利益损失主要分为生产利润损失、经营利润损失和转售利润损失等类型……先后系列买卖合同中，因原合同出卖方违约而造成其后的转售合同出售方的可得利益损失通常属于转售利润损失。

〔4〕《北京市高级人民法院关于审理房屋买卖合同纠纷案件适用法律若干问题的指导意见（试行）》第24条第1款　房屋买卖合同签订后，因一方当事人根本违约致使另一方订立合同的目的不能实现，守约方要求解除合同，并要求违约方赔偿房屋差价损失、转售利益损失等可得利益损失的，应酌情予以支持，但当事人另有约定的除外。

该书第464页明确指出，“只需要预见到或应当预见到损害的类型，不需要预见到或应当预见到损害的程度，即不需要预见到或应当预见到损害的具体数额。”

由此，杜某对韩某某的赔偿房屋差值损失请求权产生了。

2. 该请求权并未消灭。

3. 杜某的起诉未过诉讼时效，韩某某也并无相应抗辩权。

4. 故杜某对韩某某依据上述法条享有主张105.83万元差价损失的请求权。

前述已经论证，房屋买卖合同合法有效，故韩某某主张合同无效缺少基础，索赔的主张更是无稽之谈。

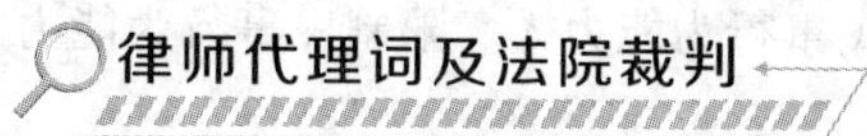

代理词

一、本案产生的背景

本案纠纷产生的背景，是双方签订房屋买卖合同时，正是北京房价暴涨的时候，签约后韩某某自认为卖亏了，与其子韩某制造赠与合同的纠纷，以此阻却房屋买卖合同的进行，双方形成争议，杜某遂诉诸贵院。

二、双方签订的《买卖定金协议书》、《北京市存量房屋买卖合同（经纪成交版）》、《补充协议》、《居间服务合同》合法有效

（一）韩某某签订涉案房屋买卖合同时系完全民事行为能力人

杜某与韩某某之间的房屋买卖合同系经过北京某中介公司居间撮合形成，整个交易过程中，中介、杜某均未发现韩某某行为有任何异常。韩某某与杜某签订购房合同时，韩某某系完全民事行为能力人。

（二）无法证明韩某某签订合同时系无民事行为能力人

法大［2016］医鉴字第0924号《法医学鉴定意见书》以及（2016）京0105民特142号民事判决书均不能证明韩某某签订合同时系无民事行为能力人。

1. 该鉴定意见所调查的中日友好医院韩某某诊断证明书系2016年6月6日出具。

2. 该鉴定意见书载明检查日期为2016年7月14日，出具日期为2016年

7月28日。

3.（2016）京0105民特142号民事判决书出具的时间为2016年8月31日。

上述材料载明和出具的时间均晚于杜某与韩某某双方签订合同的时间，无法证明韩某某签订合同时的精神状况。

（三）即使韩某某是无民事行为能力人，该合同关系仍对其具有约束力

《民法通则》第13条第1款规定："不能辨认自己行为的精神病人是无民事行为能力人，由他的法定代理人代理民事活动。"

《民法通则》第14条规定："无民事行为能力人、限制民事行为能力人的监护人是他的法定代理人。"

《民法通则》第17条规定："无民事行为能力或者限制民事行为能力的精神病人，由下列人员担任监护人：①配偶；……"

《物权法》第102条规定："因共有的不动产或者动产产生的债权债务，在对外关系上，共有人享有连带债权、承担连带债务。"

《关于审理买卖合同纠纷案件适用法律问题的解释》第3条第1款规定："当事人一方以出卖人在缔约时对标的物没有所有权或者处分权为由主张合同无效的，人民法院不予支持。"

1. 买卖双方签订购房合同时，韩某某配偶孙某某一直在场，并且在签订合同以后，韩某某与孙某某还一同去蓝岛大厦办理了公房上市备案手续，孙某某全程并未提出任何异议，就算韩某某系无民事行为能力人，孙某某作为法定代理人对该交易也是完全认可的，故韩某某与杜某之间的合同关系成立并生效，对双方均有约束力。

2. 韩某某、孙某某作为涉案房屋的共同共有人，孙某某已经同意卖房，根据《物权法》的规定，韩某某应承担连带责任，故买卖合同有效。

3. 孙某某作为共有权人已经同意售房，退一步讲，即使韩某某无法表达处分房屋的意愿，根据《买卖合同司法解释三》的规定，房屋买卖合同也应当有效。

综上，杜某与韩某某之间房屋买卖合同关系系当事人真实意思表示，内容不违反法律的强制性规定，房屋买卖合同关系合法有效，双方均应按照合同的约定及法律的规定及时全面地履行合同义务。

三、杜某在履约过程中不存在任何过错

双方签约后，杜某依约支付 20 万元定金，杜某依约履行付款义务，不存在任何过错。

四、韩某某的行为构成根本性违约

《合同法》第 60 条第 1 款规定："当事人应当按照约定全面履行自己的义务。"

（一）故意隐瞒涉案房屋已经公证赠与给韩某的事实

《买卖定金协议书》第 1 条第 2 款约定："甲方保证所出售的房屋权属无瑕疵：无查封、异议登记、私搭乱建、债务纠纷等限制房屋过户之情形。"

《北京市存量房屋买卖合同（经纪成交版）》第 5 条第 1 款约定："出卖人应当保证该房屋没有产权纠纷，未被限制转让。"

本案中，韩某某与其配偶孙某某早在 2012 年 4 月 19 日就通过公证的方式将涉案房屋赠与韩某。但在整个交易的过程中，韩某某却恶意隐瞒了上述赠与的事实。如果杜某知道涉案房屋早已通过公证方式赠与韩某，杜某绝不会与韩某某签订房屋买卖合同购买这样一个问题涉案房屋。韩某某所隐瞒的事实对杜某决定是否购买涉案房屋有重大影响。

（二）恶意制造纠纷阻却交易的进行

韩某与韩某某之间的纠纷，明显是父子两人恶意制造纠纷阻却房屋买卖合同的进行，可以通过以下事实予以佐证：

事实过程：

2012 年 4 月 19 日，韩某某、孙某某将涉案房屋赠与给其子韩某。

2016 年 1 月 21 日，杜某与韩某某签订涉案房屋买卖合同。

2016 年 1 月 25 日，杜某依约支付 20 万元定金。

2016 年 1 月 26 日，韩某将韩某某诉至法院，要求履行赠与合同并办理房产过户。

根据上述事实，2012 年 4 月 19 日，韩某某即将涉案房屋赠与给韩某，韩某在此后的近四年里都未要求韩某某履行赠与合同，偏偏在签订房屋买卖合同后的第 5 天，杜某支付定金后的第 2 天，突然跑去法院起诉履行赠与合同，这明显与常理不符。

（三）以行为表示拒不履行合同

《补充协议》第5条第2款约定："甲方若出现下列情形之一的，甲方构成根本违约，且乙方有权以书面通知的方式解除房屋买卖合同：……④拒绝将该房屋出售给乙方或者擅自提高房屋交易价格的；……"

本案中，韩某某反诉主张合同无效，主张重大误解，归根结底，就是为其不想继续履行合同而找的各种托辞，其行为明显构成根本性违约。

（四）韩某某已经自认构成违约

在2016年2月11日，韩某某、孙某某起诉韩某要求撤销赠与合同的民事起诉状中，韩某某明确表示，"如202室不能正常出售，新房子就无法交齐房款，同时面临违约赔偿。"韩某某已经自认涉案房屋无法出售是其自己违约所造成。

五、杜某有权要求解除合同

《合同法》第94条规定："有下列情形之一的，当事人可以解除合同：……②在履行期限届满之前，当事人一方明确表示或者以自己的行为表明不履行主要债务；……"

本案中，杜某既享有约定解除权，又享有法定解除权，但基于韩某某如此之多的违约行为，其行为恶劣程度严重，杜某依法动用法定解除权主张解除合同。

六、杜某要求韩某某返还定金、赔偿中介费和房屋差值损失的主张应当得到法院的支持

（一）杜某有权要求韩某某返还定金20万元

《北京市存量房屋买卖合同（经纪成交版）》第7条第1款第2项约定出卖人交房："逾期超过15日后，买受人有权退房。买受人退房的，出卖人应当自退房通知送达之日起15日内退还全部已付款。"

本案中，杜某已向韩某某足额支付20万元定金，现杜某要求解除合同，韩某某应返还杜某已支付的定金20万元。

（二）杜某有权要求韩某某赔偿中介费损失

《居间服务合同》第4条约定："丙方有权收取本合同约定的居间代理费用，无须退还，如支付费用的为守约方，可向违约方追偿该笔费用。"

杜某已于2016年1月24日向中介支付中介费用71 070元，依双方约定，

杜某有权要求违约方韩某某向杜某赔偿该笔中介费。

（三）杜某主张的涉案房屋差价损失应得到法院的全部支持

《民法通则》第 112 条第 1 款规定："当事人一方违反合同的赔偿责任，应当相当于另一方因此所受到的损失。"

《合同法》第 97 条规定："合同解除后，尚未履行的，终止履行；已经履行的，根据履行情况和合同性质，当事人可以要求恢复原状、采取其他补救措施，并有权要求赔偿损失。"

《合同法》第 107 条规定："当事人一方不履行合同义务或者履行合同义务不符合约定的，应当承担继续履行、采取补救措施或者赔偿损失等违约责任。"

《合同法》第 113 条第 1 款规定："当事人一方不履行合同义务或者履行合同义务不符合约定，给对方造成损失的，损失赔偿额应当相当于因违约所造成的损失，包括合同履行后可以获得的利益，但不得超过违反合同一方订立合同时预见到或者应当预见到的因违反合同可能造成的损失。"

《合同法》第 114 条规定："当事人可以约定一方违约时应当根据违约情况向对方支付一定数额的违约金，也可以约定因违约产生的损失赔偿额的计算方法。约定的违约金低于造成的损失的，当事人可以请求人民法院或者仲裁机构予以增加；约定的违约金过分高于造成的损失的，当事人可以请求人民法院或者仲裁机构予以适当减少。当事人就迟延履行约定违约金的，违约方支付违约金后，还应当履行债务。"

1. 房屋差值损失是实际损失。

本案买卖双方订立合同后，如果双方依约履行合同，杜某可以得到涉案房屋，房屋的增值利益完全由杜某所享有。现韩某某一方构成根本性违约，杜某不得不要求解除合同。此时杜某得不到涉案房屋，而同样的价格买不到涉案房屋，杜某本应获得的差值利益无法获取，实际损失已经产生。

2. 房屋差值损失是双方订立合同时预见或应当预见到的因违约可能会产生的损失。

根据我国的二手房交易市场，尤其是北京二手房交易市场的交易规律和趋势，作为一般理性人，买卖双方在签订合同时均应当预见到房屋价格可能会上涨，卖方也应当预见到违反合同将会给买方造成巨大的房屋价值差额利益损失。本案中买卖双方都是完全民事行为能力人，均对自己所为的民事法律行为有清晰明了的认知，双方对房屋价格上涨均应当有所预见，所以房屋差值损失属于可预见的损失。

3. 差价损失法院无权酌减。

（1）法律并未赋予法院酌减的权利。按照我国《民法通则》及《合同法》第114条的规定，法院在判决违约金的金额时，可以根据上述法律的规定予以酌减，但对于违约方给守约方造成的实际损失，法律并未赋予法院酌减的权利。

（2）从立法精神上来说，对房屋差值损失进行酌减与《民法通则》、《合同法》的立法精神不符。违约金的数额是双方在合同订立时约定的，我国法律规定可以对违约金进行酌情增减，是为了避免出现显失公平的情况，而酌情增减的原则是“填平原则”，即产生多少损失给付多少赔偿金。法律通过强制性的规定插手双方之间对违约金的约定表明了：立法上对违约金数额的约束也是为了弥补守约方的损失。

房屋差值损失作为实际损失，是实际发生的，从《民法通则》、《合同法》来看，我国法律对此采取完全赔偿的原则，即填补守约方的损害至“如合同被履行一样”。

（3）从判决效果上来说，对房屋差值损失进行酌减会产生负面效果。如果酌减房屋差值损失，违约方在保留了房屋所有权的同时，支付少于房屋差价损失的赔偿金给守约方，就相当于违约方并未因其违约受到任何法律上的不利评价，反而因此获得利益，其直接效果是法律并未对违约方的不诚信行为进行惩罚，反而“奖励”了违约方，这与法律的立法精神和设置目的都是相悖的。此种情况下，裁判机构无疑在变相鼓励当事人毁约牟取暴利，而通过裁判文书规范人们遵守诚信的目的就完全落空了。基于裁判社会效果的考虑，法院也应当全部支持买方所主张的房屋差值损失，不应对之进行酌减。

综上所述，为了维护当事人的合法权益以及基本的交易秩序，请求法院依法支持杜某的全部诉讼请求。

反诉代理词

一、韩某某主张的涉案房屋买卖合同关系无效无事实和法律依据

（一）韩某某签订涉案房屋买卖合同时系完全民事行为能力人

杜某与韩某某之间的房屋买卖合同系经过北京某中介公司居间撮合形成，整个交易过程中，中介、杜某均未发现韩某某行为有任何异常。韩某某与杜某签订购房合同时，韩某某系完全民事行为能力人。

（二）无法证明韩某某签订合同时系无民事行为能力人

法大［2016］医鉴字第0924号《法医学鉴定意见书》以及（2016）京0105民特142号民事判决书均不能证明韩某某签订合同时系无民事行为能力人。

1. 该鉴定意见所调查的中日友好医院韩某某诊断证明书系2016年6月6日出具。

2. 该鉴定意见书载明检查日期为2016年7月14日，出具日期为2016年7月28日。

3.（2016）京0105民特142号民事判决书出具的时间为2016年8月31日。

上述材料载明和出具的时间均晚于杜某与韩某某双方签订合同的时间，无法证明韩某某签订合同时的精神状况。

（三）即使韩某某是无民事行为能力人，该合同关系仍对其具有约束力

《民法通则》第13条第1款规定："不能辨认自己行为的精神病人是无民事行为能力人，由他的法定代理人代理民事活动。"

《民法通则》第14条规定："无民事行为能力人、限制民事行为能力人的监护人是他的法定代理人。"

《民法通则》第17条规定："无民事行为能力或者限制民事行为能力的精神病人，由下列人员担任监护人：①配偶；……"

《物权法》第102条规定："因共有的不动产或者动产产生的债权债务，在对外关系上，共有人享有连带债权、承担连带债务。"

《关于审理买卖合同纠纷案件适用法律问题的解释》第3条规定："当事人一方以出卖人在缔约时对标的物没有所有权或者处分权为由主张合同无效的，人民法院不予支持。"

1. 买卖双方签订购房合同时，韩某某配偶孙某某一直在场，并且在签订合同以后，韩某某与孙某某还一同去蓝岛大厦办理了公房上市备案手续，孙某某全程并未提出任何异议，就算韩某某系无民事行为能力人，孙某某作为法定代理人对该交易也是完全认可的，故韩某某与杜某之间的合同关系成立并生效，对双方均有约束力。

2. 韩某某、孙某某作为涉案房屋的共同共有人，孙某某已经同意卖房，根据《物权法》的规定，韩某某应承担连带责任，故买卖合同有效。

3. 孙某某作为共有权人已经同意售房，退一步讲，即使韩某某无法表达处分房屋的意愿，根据《买卖合同司法解释三》的规定，房屋买卖合同也应当有效。

综上，杜某与韩某某之间房屋买卖合同关系系当事人真实意思表示，内容不违反法律的强制性规定，房屋买卖合同关系合法有效，双方均应按照合同的约定及法律的规定及时全面地履行合同义务。

二、韩某某主张其无权单独处理房产无事实和法律依据

《物权法》第9条规定："不动产物权的设立、变更、转让和消灭，经依法登记，发生效力；未经登记，不发生效力，但法律另有规定的除外。"

韩某某与其配偶虽将涉案房屋赠与案外人韩某，但仍未办理过户，韩某所享有的仅为合同请求权，并非涉案房屋所有权。涉案房屋仍登记在韩某某名下，韩某某系涉案房屋的合法权利人，有权处分涉案房屋，故韩某某主张其无权单独处分涉案房屋无事实和法律依据。

三、韩某某所主张精神损失费、医疗费及人工护理费、鉴定费不应得到法院的支持

(一) 杜某提起诉讼、保全房屋系依法行使诉权

1. 韩某某恶意隐瞒了已将涉案房屋赠与韩某的事实，而后又制造其与韩某之间所谓的赠与纠纷，以此阻却交易的进行，杜某作为房屋买卖合同的合法购房人，权益受到严重侵犯后，依法提起诉讼维护自己的合法权益，且为保障将来债权的实现，依法提供担保冻结涉案房屋，杜某所采取的诉讼行为均是依法行使诉讼权利。

2. 在纠纷产生之初，韩某某就曾经宣称，说韩某要查封涉案房屋，关于这一点在2016年2月11日韩某某、孙某某起诉韩某赠与合同一案的起诉状中也有所体现。在此背景下，为了维护自己的合法权益，杜某才选择查封涉案房屋。

（二）韩某某所主张精神损失费、医疗费及人工护理费、鉴定费与本案无关

本案系房屋买卖合同纠纷，处理的是房屋买卖相关的事项，而韩某某所主张的损失均与房屋买卖无任何联系，与杜某的起诉行为更无因果联系，故其该项主张在本案中不应处理。

综上所述，为了维护当事人的合法权益以及基本的交易秩序，请求法院依法支持杜某的全部诉讼请求。

法院裁判

北京市朝阳区人民法院经审理认为：

当事人对自己提出的诉讼请求所依据的事实或者反驳对方诉讼请求所依据的事实，应当提供证据加以证明。当事人未能提供证据或者证据不足以证明其事实主张的，由负有举证证明责任的当事人承担不利的后果。关于韩某某的民事行为能力，本院虽作出（2016）京 0105 民特×××号民事判决书，宣告其为无民事行为能力人，但该判决对韩某某之前的民事行为能力状态，不具有溯及力。韩某某答辩称其签订本案房屋买卖合同时系无民事行为能力人，对此未充分举证，亦未申请鉴定，故对该答辩意见，本院不予采信。韩某某答辩称其系在韩某诱骗下签订赠与合同，其对本案房屋买卖合同存在重大误解，因本院另案判决已将该赠与合同撤销，故对该答辩意见，本院不予采信。综上，本案房屋买卖合同及补充协议系杜某、韩某某真实意思表示，内容未违反法律法规强制性规定，应属合法有效，故对韩某某请求确认本案房屋买卖合同无效的反诉请求，本院不予支持。合同当事人可以约定一方合同解除的条件，合同解除的条件成就时，解除权人可以解除合同。本案中，杜某、韩某某在房屋买卖合同第 5 条中明确约定了合同解除条件。韩某某在涉案房屋存在公证赠与的情况下隐瞒赠与事实，将房屋出售给杜某，虽经本院另案判决撤销了该赠与合同，但杜某、韩某某均明确表示不愿继续履行合同。现双方约定的合同解除条件已成就，故对杜某请求解除房屋买卖合同及补充协议的诉讼请求，有合同依据，本院予以支持。合同解除后，杜某为履行合同向韩某某支付的定金应予以返还，因部分定金仍在银行托管账户，韩某某返还定金金额以实际收到金额为准。因韩某某的违约行为，导致合同解除无法

继续履行，韩某某应当承担包括赔偿房屋差价损失在内的违约责任。杜某要求韩某某赔偿居间代理费、保障服务费等中介费损失，合法有据，本院予以支持。关于鉴定费，本院予以支持。杜某要求韩某某赔偿房屋差价损失的诉讼请求，理由正当，本院结合韩某某过错程度、购房价格、房屋价值评估报告及公平原则、诚实信用原则确定为 100 万元。对韩某某请求杜某赔偿护理费、医药费、诉讼费、鉴定费的反诉请求，于法无据，本院不予支持。综上，依据《合同法》第 8 条、第 93 条、第 97 条、第 107 条、第 113 条，《民事诉讼法》第 64 条之规定，判决：解除杜某与韩某某于 2016 年 1 月 21 日签订的《北京市存量房屋买卖合同（经纪成交版）》及《补充协议》；韩某某返还杜某定金 10 万元；韩某某赔偿杜某中介费损失 71 070 元；韩某某支付杜某鉴定费 9300 元；韩某某赔偿杜某房屋差价损失 100 万元；驳回韩某某全部反诉请求。

律师点评

1. 本案中，韩某某一方采取的诉讼策略是拖，其先是启动了诉讼行为能力鉴定，后又申请签约时民事行为能力鉴定（后撤回该项申请），整个案件前后耗时两年多，朝阳法院才作出一审判决，这样的漫长周期对当事人精力的消耗是巨大的。好在本案原告杜某在本书作者的指导下，采取了诉前财产保全措施，查封了诉争房屋，不管韩某某一方如何想尽办法拖延诉讼，杜某一方稳如泰山，以不变应万变。

2. 本案中，杜某支付的房款仅为定金 20 万元，但最终法院判决韩某某赔偿的款项总计近 110 万元，尤其是房屋差价损失，几乎是全额支持，案件几乎完美的效果得益于律师针对法院自由裁量权而制定的诉讼策略。按照《北京市高级人民法院关于审理房屋买卖合同纠纷案件适用法律若干问题的指导意见（试行）》的规定，法院对房屋差价损失是可以进行酌减的，法院手里的自由裁量权很大。一方面本书作者建议杜某申请评估，通过评估报告给法官差价损失的一个直观数字，即使酌减，也要考虑评估的结果。另一方面，韩某某作为违约方，明明有过错不占理，甚至还提出反诉要求杜某赔偿，自然给法官留下不好的印象；而杜某一方则理性、耐心地、有理有据地驳斥韩某某，双方的姿态形成巨大反差。此种情况下，即使法院动用自由裁量权酌减房屋差价损失，也会倾向于杜某一方。

荣某与张某房屋买卖合同纠纷案

本案思维导图

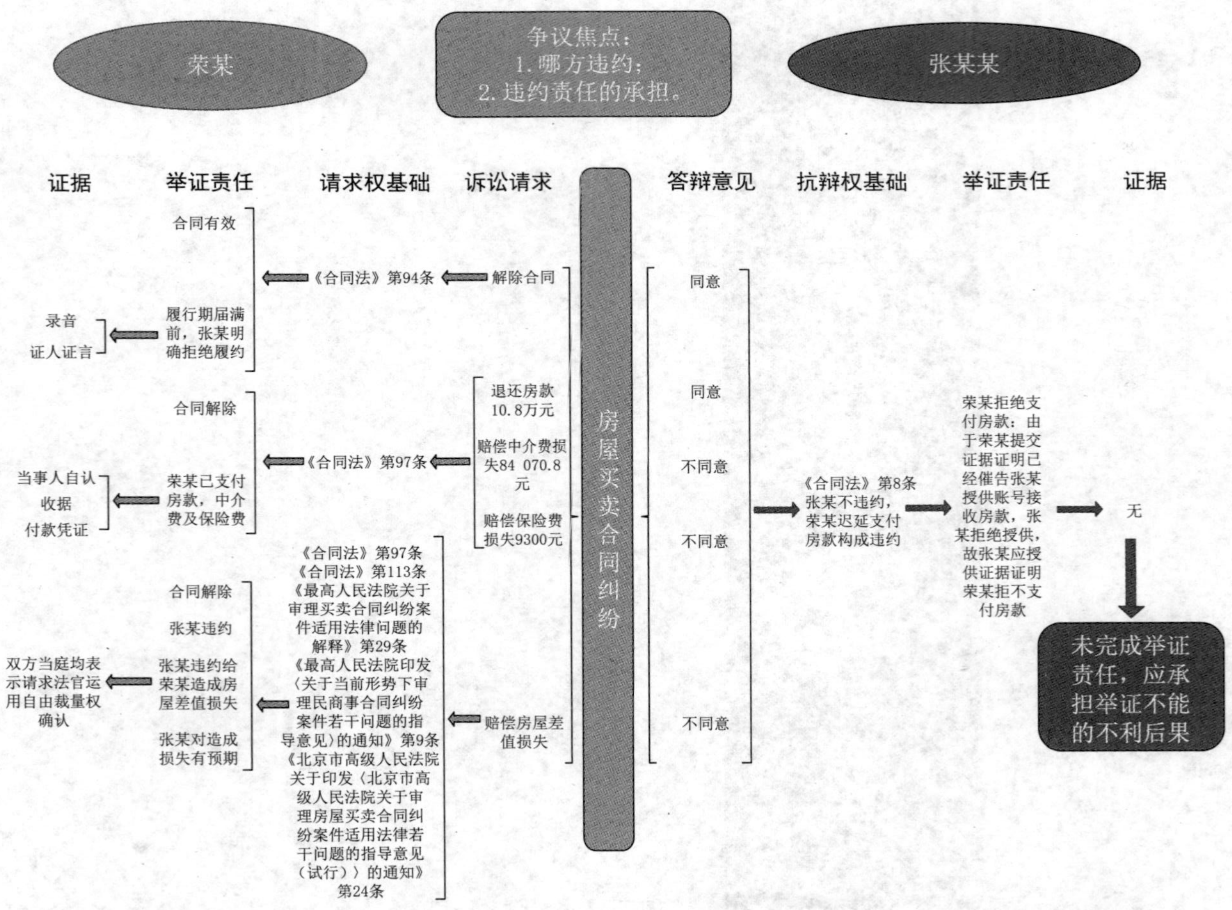

荣某
争议焦点：
1. 哪方违约；
2. 违约责任的承担。
张某某
证据
举证责任
请求权基础
诉讼请求
房屋买卖合同纠纷
答辩意见
抗辩权基础
举证责任
证据
合同有效
《合同法》第94条
解除合同
录音
证人证言
履行期届满前，张某明确拒绝履约
同意
合同解除
《合同法》第97条
退还房款10.8万元
赔偿中介费损失84 070.8元
赔偿保险费损失9300元
同意
不同意
当事人自认
收据
付款凭证
荣某已支付房款，中介费及保险费
不同意
《合同法》第8条 张某不违约，荣某迟延支付房款构成违约
荣某拒绝支付房款：由于荣某提交证据证明已经催告张某授供账号接收房款，张某拒绝授供，故张某应授供证据证明荣某拒不支付房款
无
未完成举证责任，应承担举证不能的不利后果
合同解除
张某违约
双方当庭均表示请求法官运用自由裁量权确认
张某违约给荣某造成房屋差值损失
张某对造成损失有预期
《合同法》第97条
《合同法》第113条
《最高人民法院关于审理买卖合同纠纷案件适用法律问题的解释》第29条
《最高人民法院印发〈关于当前形势下审理民商事合同纠纷案件若干问题的指导意见〉的通知》第9条
《北京市高级人民法院关于印发〈北京市高级人民法院关于审理房屋买卖合同纠纷案件适用法律若干问题的指导意见（试行）〉的通知》第24条
赔偿房屋差值损失
不同意

案情介绍

2016年7月30日，张某（出卖人）与荣某（买受人）签订了《北京市存量房屋买卖合同》，约定荣某购买张某名下位于北京市丰台区涉案房屋（以下简称“涉案房屋”），建筑面积88.30平方米，房屋成交价为280万元，该房屋家具、家电、装饰装修及配套设施设备等作价33.8万元，其中，定金9.8万元，由买受人直接支付给出卖人，拟贷款金额为196万元。同日，张某（甲方/出卖人）与荣某（乙方/买受人）、某中介公司（丙方/居间人）还签订了《居间服务合同》及《补充协议》，该《补充协议》约定，乙方于2016年7月30日将第一笔定金5万元自行支付甲方，乙方于2016年7月31日将第二笔定金4.8万元自行支付甲方，乙方于2016年9月1日前将首付款24万元以自行支付的方式支付甲方，乙方于2016年10月20日前将首付款84万元以非建委资金监管的方式支付甲方；甲乙双方同意，在2016年10月31日前甲乙双方应共同办理房屋所有权转移登记手续，甲乙双方应当在甲方收到全部房款后3个工作日内办理物业交割手续。同日，张某与荣某、某担保公司还签订了《房屋交易保障服务合同》。上述合同签订后，荣某先后向张某支付了定金9.8万元，并依约向中介公司及担保公司支付了中介费用84 070.8元（包括居间代理费67 780.8元、保障服务费15 690元及评估费600元）。

2016年9月3日，张某（甲方）与荣某（乙方）、中介公司（丙方）签订了《声明》，载明：于2016年7月30日签订的二手房买卖合同，《补充协议》第2条第4款约定：乙方于2016年9月1日前将第二笔首付款人民币24万元整以自行支付的方式支付于甲方，因2016年8月29日甲乙丙三方协商签订自行支付购房款协议未达成一致，现经甲乙丙三方友好协商，乙方同意补偿甲方人民币1万元整，甲乙双方同意后期合同继续履行且全力配合完成所有交易手续，特此声明。

2016年9月7日，张某（甲方/出卖方）与荣某（乙方/买受方）、担保公司（丙方）签订了《自行支付购房款协议》，约定甲方应在乙方支付购房款前提供本人及其配偶真实有效的个人征信报告，并确认本人及其配偶两年内不存在连续3次逾期或累计6次逾期的情形，甲方应在乙方自行支付购房款的履行期限届满前5个工作日按照《材料清单》所列内容提供全部材料，并交由丙方指定人员保管；甲乙双方一致同意通过自行支付的方式划转资金，具体如下：支付金额：24万元，支付时间为2016年9月30日；如经丙方审查，结果为甲方不满足本协议第1条支付条件，但乙方仍将购房款支付至甲方账户的，丙方不承担担保责任。双方在该协议中还列明了张某的收款银行账号。

2016年9月12日，中介公司的工作人员曾明确告知张某一方需要提供户口簿以调查征信情况，否则将无法支付首付款24万元。张某一直未提供户口簿等材料，亦未配合继续履行《北京市存量房屋买卖合同》及《补充协议》等；荣某也未支付首付款24万元及其他剩余房款。

关于合同未能履行的原因，张某认为是荣某迟迟未支付购房款，构成违约；荣某则认为是张某未按约定提供户口簿，且明确表示拒绝出售涉案房屋，导致交易无法继续进行。

后荣某将张某起诉至北京市丰台区人民法院，并提出以下诉讼请求：

1. 判令解除荣某与张某签订的《北京市存量房屋买卖合同》及荣某、张某、中介公司签订的《补充协议》与《声明》及荣某、张某、担保公司签订的《自行支付购房款协议》。

2. 判令张某退还荣某购房款10.8万元。

3. 判令张某赔偿荣某中介费损失共计84 070.8元，包括居间代理费67 780.8元、保障服务费15 690元及评估费600元。

4. 判令张某赔偿荣某房屋差价损失。

5. 判令张某赔偿荣某保险费损失12 800元。

6. 诉讼费用由张某承担。

张某提出了以下反诉请求：

1. 解除张某与荣某签订的《北京市存量房屋买卖合同》及张某、荣某、中介公司签订的《补充协议》及张某、荣某、担保公司签订的《自行支付购房款协议》。

2. 荣某赔偿张某违约金62.76万元。

3. 诉讼费用由荣某承担。

本书作者系荣某的诉讼代理人。

律师思路

请求权基础

本案中，荣某提出以下几项诉讼请求：①解除荣某与张某之间的房屋买卖合同关系；②张某退还荣某购房款10.8万元；③张某赔偿荣某中介费损失共计84 070.8元；④张某赔偿荣某房屋差价损失；⑤张某赔偿荣某保险费损失12 800元。

一、针对第1项诉讼请求，假设荣某根据《合同法》第94条第2项、第4项[1]享有法定解除权

1. 那么首先这个解除权必须已经产生。

根据上述法律的规定，法定解除权产生的前提条件是：

（1）荣某与张某之间存在合法有效的合同：荣某与张某签订的房屋买卖合同均为双方真实意思表示，内容也不违反相关法律规定，故该合同合法有效。

（2）出现法定解除合同的情形：

❶在履行期限届满之前，当事人一方明确表示或者以自己的行为表明不履行主要债务：张某拒绝将涉案房屋出售给荣某，明确表明不履行合同主要债务，已经符合《合同法》第94条第2项规定的情形，荣某依法享有法定解除权。

❷当事人一方迟延履行债务或者有其他违约行为致使不能实现合同目的：张某多次明确表示拒绝接受购房款项，拒绝提供履行合同所需资料，致使荣某无法支付合同价款，荣某签订本合同的合同目的——取得涉案房屋所有权——不能实现，张某已构成《合同法》第94条第4项规定的情形，荣某依法享有法定解除权。

由此，荣某所享有的法定解除权产生了。

2. 该解除权并未消灭。

3. 荣某的起诉未过诉讼时效。

4. 故荣某依据上述法条享有法定解除权。

---

〔1〕《合同法》第94条　有下列情形之一的，当事人可以解除合同：①因不可抗力致使不能实现合同目的；②在履行期限届满之前，当事人一方明确表示或者以自己的行为表明不履行主要债务；③当事人一方迟延履行主要债务，经催告后在合理期限内仍未履行；④当事人一方迟延履行债务或者有其他违约行为致使不能实现合同目的；⑤法律规定的其他情形。

二、针对第2、3、5项诉讼请求，假设荣某对张某根据《合同法》第97条[1]享有返还购房款、赔偿84 070.8元中介费损失、赔偿保险费损失的请求权

1. 那么首先这个请求权必须已经产生。

根据《合同法》第97条，请求权产生的前提条件是：

(1) 荣某与张某之间存在合法有效的合同。

(2) 双方合同解除：本案中，荣某享有约定解除权，且荣某和张某均同意解除合同。

(3) 荣某可以要求恢复原状、赔偿损失：

❶荣某已支付的10.8万元属于金钱债务，不存在不能履行的情形，可以恢复原状。

❷双方及中介约定，第三方收取的居间代理费用不予退还，守约方可向违约方追偿该笔费用，荣某已经支付了84 070.8元中介费，系荣某的实际损失，荣某有权要求张某赔偿。

❸为采取保全措施，荣某通过保险公司出具保函的方式，查封了涉案房屋，为此支付给保险公司保险费12 800元，该笔费用系因张某违约给荣某造成的实际损失，荣某有权要求张某赔偿。

由此，荣某对张某所享有的该部分款项的支付请求权产生了。

2. 该请求权并未消灭。

3. 荣某的起诉未过诉讼时效，张某也并无相应抗辩权。

4. 故荣某对张某依据上述法条享有返还购房款、赔偿84 070.8元中介费损失、赔偿保险费损失的请求权。

三、针对第4项诉讼请求，假设荣某对张某根据《合同法》第97条、第113条[2]、《最高人民法院关于审理买卖合同纠纷案件适用法律问题的解释》第29条[3]、《最高人民法院印发〈关于当前形势下审理民商事合同纠纷案件若干问

---

[1] **《合同法》第97条** 合同解除后，尚未履行的，终止履行；已经履行的，根据履行情况和合同性质，当事人可以要求恢复原状、采取其他补救措施，并有权要求赔偿损失。

[2] **《合同法》第113条第1款** 当事人一方不履行合同义务或者履行合同义务不符合约定，给对方造成损失的，损失赔偿额应当相当于因违约所造成的损失，包括合同履行后可以获得的利益，但不得超过违反合同一方订立合同时预见到或者应当预见到的因违反合同可能造成的损失。

[3] **《最高人民法院关于审理买卖合同纠纷案件适用法律问题的解释》第29条** 买卖合同当事人一方违约造成对方损失，对方主张赔偿可得利益损失的，人民法院应当根据当事人的主张，依据合同法第113条、第119条、本解释第30条、第31条等规定进行认定。

题的指导意见〉的通知》第9条[1]、《北京市高级人民法院关于印发〈北京市高级人民法院关于审理房屋买卖合同纠纷案件适用法律若干问题的指导意见（试行）〉的通知》第24条第1款[2]享有赔偿房屋差值损失的请求权

1. 那么首先这个请求权必须已经产生。

根据上述法条，该请求权产生的前提条件是：

（1）荣某与张某之间存在合法有效的合同。

（2）双方合同解除。

（3）张某违约。

（4）张某违约给荣某造成了房屋差价损失：如果张某积极配合荣某履行房屋买卖合同，荣某可以得到涉案房屋的所有权，房屋增值利益理所应当地由荣某享有，因此房屋差值损失是荣某在合同履行后可以获得的利益，现因张某违约导致荣某无法获得。

（5）张某对于其违约会给荣某造成差值损失有预期：张某明知房价一直上涨，且合同若不能履行，荣某无法获得房屋增值利益。由最高人民法院民事审判第二庭编著的《最高人民法院关于买卖合同司法解释理解与适用》，是对《最高人民法院关于审理买卖合同纠纷案件适用法律问题的解释》最权威的解读，在该书第464页明确指出，“只需要预见到或应当预见到损害的类型，不需要预见到或应当预见到损害的程度，即不需要预见到或应当预见到损害的具体数额。”

由此，荣某对张某的赔偿房屋差值损失请求权产生了。

2. 该请求权并未消灭。

3. 荣某的起诉未过诉讼时效，张某也并无相应抗辩权。

4. 故荣某对张某依据上述法条享有主张房屋差价损失的请求权。

---

[1] 《最高人民法院印发〈关于当前形势下审理民商事合同纠纷案件若干问题的指导意见〉的通知》第9条　在当前市场主体违约情形比较突出的情况下，违约行为通常导致可得利益损失。根据交易的性质、合同的目的等因素，可得利益损失主要分为生产利润损失、经营利润损失和转售利润损失等类型……先后系列买卖合同中，因原合同出卖方违约而造成其后的转售合同出售方的可得利益损失通常属于转售利润损失。

[2] 《北京市高级人民法院关于审理房屋买卖合同纠纷案件适用法律若干问题的指导意见（试行）》第24条第1款　房屋买卖合同签订后，因一方当事人根本违约致使另一方订立合同的目的不能实现，守约方要求解除合同，并要求违约方赔偿房屋差价损失、转售利益损失等可得利益损失的，应酌情予以支持，但当事人另有约定的除外。

抗辩权的基础

本案中，张某的反诉请求为解除合同并主张违约金。

一、假设荣某对张某的解除合同请求享有抗辩权

1. 那么首先这个抗辩权必须已经产生。

本案中，张某依据《合同法》第93条第2款[1]主张合同约定解除权，根据该条款的规定，约定解除权产生的前提条件是：

（1）荣某与张某之间存在合法有效的合同。

（2）荣某与张某约定了一方解除合同的条件：双方在《自行支付购房款协议》中约定：买受人应于2016年9月30日支付出卖人购房款24万元。双方在《补充协议》中约定：买受人迟延履行付款义务超过15日的，构成根本性违约，守约方有权解除合同。

（3）解除合同的条件成就：根据《自行支付购房款协议》的约定，出卖人应当先行提供户口簿等材料供担保公司审查，完成审查后，由担保公司出具风险告知书后，由买受人在风险告知的期限内支付24万元购房款，即出卖人提供户口簿供担保公司审查的义务在先，买受人支付房款的义务在后，但经中介多次催告，出卖人一直未提供户口簿，出卖人未履行在先义务，买受人享有先履行抗辩权，解除合同的条件未成就。在买受人付款期限届满前，出卖人已经明确表示拒绝出售涉案房屋，且其拒绝出售房屋缺少合理依据，性质上是拒绝履行合同的行为，构成根本性违约，买受人未支付购房款项不存在违约，解除合同的条件未成就。

（4）张某不享有合同解除权。

由此，荣某对张某的解除合同请求的抗辩权成立了。

2. 荣某并未放弃该抗辩权。

3. 故荣某对张某要求解除合同的诉讼请求享有抗辩权。

基于张某主张解除合同已经缺少依据，且荣某不存在违约，故张某主张的违约金请求亦不成立。

---

[1]《合同法》第93条第2款　当事人可以约定一方解除合同的条件。解除合同的条件成就时，解除权人可以解除合同。

代理词

一、本案产生的背景

荣某与张某签订购房合同后，荣某依约支付张某部分购房款项，后涉案房屋价格暴涨，张某图利涉案房屋增值利益，其多次向荣某表明不再履行双方签订的合同，经协商无果，荣某因此将之诉至法院。

二、荣某与张某之间的房屋买卖合同关系合法有效

荣某与张某之间房屋买卖合同关系系当事人真实意思表示，内容不违反法律的强制性规定，合同应属合法有效，对双方均具有法律拘束力。

三、荣某在履约过程中不存在任何过错

本案中，荣某积极履行合同义务：荣某与张某签订购房合同后，荣某依约向张某支付了 108 000 元购房款项，并向中介公司支付 84 070. 8 元中介费及评估费，荣某在履约过程中不存在任何过错。

张某在反诉中主张荣某未支付剩余房款，系因张某拒不配合提供合法有效银行账户，也不配合中介公司要求出具户口本办理房款交接事宜所致。

四、张某在履约过程中存在多处违约

《合同法》第 8 条规定："依法成立的合同，对当事人具有法律约束力。当事人应当按照约定履行自己的义务，不得擅自变更或者解除合同。"

《合同法》第 60 条第 1 款规定："当事人应当按照约定全面履行自己的义务。"

（一）张某的行为构成根本性违约

1. 拒绝提供履行合同所需证件及资料。

《居间服务合同》第 3 条第 1 款约定："甲方和乙方应积极配合丙方的居间活动，按照丙方的要求提交房屋买卖所需的一切证书、证件及材料……"

《房屋交易保障服务合同》第 3 条第 1 款约定："甲、乙双方应遵守本合同的约定以及政府相关部门、银行或公积金管理中心的相关约定，积极办理各项手续，并及时向丙方提交所需的全部资料，包括但不限于身份及户籍证

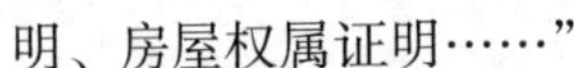

明、房屋权属证明……”

《声明》中约定：“……甲乙双方同意后期合同继续履行且全力配合完成所有交易手续……”

荣某依约支付合同定金以及中介费、评估费后，张某因房价暴涨，心理失衡，在向荣某索要1万元补偿款并承诺配合履行合同后，又不愿将房屋出售给荣某，在与荣某沟通中多次表示拒绝接收24万元首付款，且期间中介公司曾出具催告函要求张某提供户口本用于办理房款交接，张某对此催告不理不睬，显然是拒绝履行合同义务，不愿将房屋出售给荣某，已构成根本性违约。

2. 拒绝将涉案房屋出售给荣某。

《补充协议》第4条第2款约定：“甲方若出现下列情形之一的，甲方构成根本违约，且乙方有权以书面通知的方式解除房屋买卖合同……④拒绝将该房屋出售给乙方或擅自提高房屋交易价格的；……”

2016年9月10日，荣某、张某、中介公司面谈时，张某明确表示拒绝将涉案房屋出售给荣某，根据《补充协议》约定，张某已经构成根本性违约。

3. 在不具备解除条件的情况下，恶意反诉要求解约。

张某作为违约方，其本身并不具备合同解除权，此种情况下，其反诉要求解除房屋买卖合同，性质上是以其行为拒不履行合同，明显构成根本性违约，应承担相应的违约责任。

（二）法律上已经界定张某的行为就是严重的违约行为

《合同法》第108条规定：“当事人一方明确表示或者以自己的行为表明不履行合同义务的，对方可以在履行期限届满之前要求其承担违约责任。”

根据法律规定，在履行期限届满之前，当事人一方明确表示或者以自己的行为表明不履行合同义务的，就构成违约，应当按照合同约定承担违约责任。

五、荣某有权依法行使法定解除权解除合同

《合同法》第94条规定：“有下列情形之一的，当事人可以解除合同：……②在履行期限届满之前，当事人一方明确表示或者以自己的行为表明不履行主要债务；……④当事人一方迟延履行债务或者有其他违约行为致使不能实现合同目的；……”

张某拒绝将涉案房屋出售给荣某，明确表明不履行合同主要债务，已经符合《合同法》第 94 条第 2 项规定的情形，荣某依法享有法定解除权。

张某多次明确表示拒绝接收购房款项，拒绝提供履行合同所需资料，致使荣某无法支付合同价款，荣某签订本合同的合同目的——取得涉案房屋所有权——不能实现，张某已构成《合同法》第 94 条第 4 项规定的情形，荣某依法享有法定解除权。

合同法定解除权的行使严于约定解除权。约定解除权，只要双方达成一致或达到约定条件即可解除合同；但法定解除权的行使须满足一定法定条件才可，故法定解除权要严于约定解除权。本案中，张某的违约行为已经达到法定条件，说明该违约行为极其严重，其主观恶性极大，应承担相应的法律责任。

六、荣某有权要求张某返还已支付的购房款项并赔偿损失

（一）荣某有权要求张某返还荣某已支付的购房款项 108 000 元

《合同法》第 97 条规定："合同解除后，尚未履行的，终止履行；已经履行的，根据履行情况和合同性质，当事人可以要求恢复原状、采取其他补救措施，并有权要求赔偿损失。"

荣某与张某签订购房合同后，荣某依约支付了 108 000 元购房款项，现因张某违约行为导致荣某无法取得涉案房屋所有权，荣某要求解除合同，根据《合同法》第 97 条规定，张某应当返还已收取的 108 000 元。

（二）荣某有权要求张某赔偿荣某支付的居间代理费、保障服务费及评估费损失，共计 84 070.8 元

《居间服务合同》第 4 条第 3 款约定："如支付费用方为守约方，可向违约方追偿该笔费用。"

《房屋交易保障服务合同》第 4 条第 1 款约定："甲、乙双方中任何一方如未按照本合同约定履行义务，导致本合同迟延履行或无法履行的，违约方应承担违约责任，并赔偿守约方的损失。"

荣某与张某签订购房合同后，荣某依约向中介公司、担保公司支付了代理费用 67 780.8 元、保障服务费 15 690 元、评估费 600 元，合计 84 070.8 元，根据《合同法》第 97 条规定及双方约定，荣某有权要求张某赔偿其 84 070.8元中介费及评估费损失。

（三）荣某要求张某赔偿荣某房屋差价损失的请求应得到法院支持

《合同法》第97条规定："合同解除后，尚未履行的，终止履行；已经履行的，根据履行情况和合同性质，当事人可以要求恢复原状、采取其他补救措施，并有权要求赔偿损失。"

《合同法》第107条规定："当事人一方不履行合同义务或者履行合同义务不符合约定的，应当承担继续履行、采取补救措施或者赔偿损失等违约责任。"

《合同法》第113条第1款规定："当事人一方不履行合同义务或者履行合同义务不符合约定，给对方造成损失的，损失赔偿额应当相当于因违约所造成的损失，包括合同履行后可以获得的利益，但不得超过违反合同一方订立合同时预见到或者应当预见到的因违反合同可能造成的损失。"

《合同法司法解释三》第29条规定："买卖合同当事人一方违约造成对方损失，对方主张赔偿可得利益损失的，人民法院应当根据当事人的主张，依据合同法第113条、第119条、本解释第30条、第31条等规定进行认定。"

《合同法司法解释三》第30条规定："买卖合同当事人一方违约造成对方损失，对方对损失的发生也有过错，违约方主张扣减相应的损失赔偿额的，人民法院应予支持。"

《最高人民法院印发〈关于当前形势下审理民商事合同纠纷案件若干问题的指导意见〉的通知》第9条规定："在当前市场主体违约情形比较突出的情况下，违约行为通常导致可得利益损失。根据交易的性质、合同的目的等因素，可得利益损失主要分为生产利润损失、经营利润损失和转售利润损失等类型……先后系列买卖合同中，因原合同出卖方违约而造成其后的转售合同出售方的可得利益损失通常属于转售利润损失。"

《北京市高级人民法院关于印发〈北京市高级人民法院关于审理房屋买卖合同纠纷案件适用法律若干问题的指导意见（试行）〉的通知》第24条第1款规定："房屋买卖合同签订后，因一方当事人根本违约致使另一方订立合同的目的不能实现，守约方要求解除合同，并要求违约方赔偿房屋差价损失、转售利益损失等可得利益损失的，应酌情予以支持，但当事人另有约定的除外。"

《北京市高级人民法院关于印发〈北京市高级人民法院审理买卖合同纠纷

案件若干问题的指导意见（试行）〉的通知》第25条第1、3款规定："当事人依照合同法第114条第2款的规定，请求增加违约金的，调整后的违约金应以因对方违约造成的损失数额为限。……前款损失包括积极损失和可得利益损失。当事人对损失数额计算方法没有约定的，法院可以比照守约当事人相同条件下所获取的利益来确定可得利益损失，或者根据公平原则、诚实信用原则以及合同的履行情况确定可得利益损失。对损失数额双方当事人应当分别举证。"

《房屋交易保障服务合同》第4条第1款约定："甲、乙双方中任何一方如未按照本合同约定履行义务，导致本合同迟延履行或无法履行的，违约方应承担违约责任，并赔偿守约方的损失。"

根据上述法律规定及合同约定，由于张某恶劣的违约行为，导致荣某无法取得涉案房屋所有权，且因为房屋价格一直上涨，张某应当赔偿荣某此项房屋差价利益损失。

（四）张某违约主观恶性极大

本案纠纷的产生，系张某因合同签订后房价暴涨，图利房屋增值利益，故意拖延时间，在向荣某索要1万元补偿款并承诺配合履行合同后，又拒绝提供合法有效银行账户及所需证件办理房款交接手续，导致荣某不能按合同约定支付房款。张某还以反诉的方式控诉荣某违约，企图逃避法律的追究，张某的主观恶性极大。

（五）法院裁判应考虑社会效果

买卖双方签订房屋买卖合同后，一方以各种理由拒绝履行合同，这种行为本质上是一种严重的扰乱交易秩序的行为，法院应当对此种行为进行严厉的惩罚，惩罚的力度应与违约行为的恶劣性对等，此种情况下才能营造良好的社会效果。如果法院仅施以轻微的惩戒，违约一方的毁约代价、成本太低，根本无法形成威慑作用。在没有严厉惩戒的情况下，裁判机构无疑在变相鼓励当事人毁约牟取暴利，此种情况下，通过裁判文书规范人们遵守诚信的目的就完全落空了。基于裁判社会效果的考虑，法院应当对张某恶劣的违约行为施以严厉的制裁。

综上所述，荣某的诉求有事实和法律依据，张某的诉求缺少事实和法律依据，请求法院依法支持荣某的诉讼请求并驳回张某的诉讼请求。

法院裁判

北京市丰台区人民法院经审理认为：

张某与荣某签订的《北京市存量房屋买卖合同》及《补充协议》系双方真实意思表示，内容不违反法律、行政法规的强制性规定，为有效合同，双方当事人均应依约履行。根据《自行支付购房款协议》，荣某支付首付款24万元应以张某的个人征信审核通过为前提。根据该协议及诚实信用原则，张某有义务配合中介公司办理个人征信情况调查，在中介公司明确告知其需要提供户口簿用于个人征信情况调查的情况下，张某拒绝提供户口簿，由此导致张某的个人征信审核至今未能完成，致使房屋买卖合同至今未继续履行，故法院认定张某已构成根本违约，荣某有权要求解除合同。张某以荣某未如期支付首付款24万元为由要求解除合同，法院不予支持。因此，对于荣某要求解除《北京市存量房屋买卖合同》、《补充协议》、《声明》及《自行支付购房款协议》，要求张某退还荣某购房款10.8万元及中介费损失84 070.8元、保险费损失12 800元、房屋差价损失的诉讼请求，法院依法予以支持。对于荣某要求张某赔偿房屋差价损失的具体数额，法院将根据市场实际价格予以酌情确定。依照《合同法》第94条、第97条、《民事诉讼法》第144条之规定，判决：解除荣某与张某于2016年7月30日签订的《北京市存量房屋买卖合同》，荣某、张某、中介公司于2016年7月30日签订的《补充协议》，荣某、张某、中介公司于2016年9月3日签订的《声明》，荣某、张某、担保公司于2016年9月7日签订的《自行支付购房款协议》；张某返还荣某购房款98 000元及补偿款1万元，赔偿荣某居间服务费67 780.8元、保障服务费15 690元及评估费600元，赔偿荣某房屋差价损失130万元，赔偿荣某保险费损失12 800元。

同时，法院驳回了张某的全部诉求。

律师点评

1. 在房屋买卖合同交易中，买卖双方的沟通大多通过中介进行，很少有买卖双方之间的直接交流。而一方主张另一方拒绝履行合同构成违约，往往需要违约方违约的直接证据，此种情况下，有必要在律师的指导下进行合理的取证工作。本案中，在本书作者的指导下，荣某在与张某见面、电话沟通的过程中，取到了张某明确拒绝卖房、拒绝接收房款的证据，加之中介公司证人的作证，坐实了张某违约的基本事实，为主张赔偿奠定了核心基础。

2. 为了保障债权的实现，在本书作者的指导下，荣某采取了保全措施，查封了涉案房屋，最终张某按照生效文书，一分不差地足额支付了全部的赔偿款项。

3. 索赔案件中，有意识地放大违约方的过错，可以借此在赔付的金额中争取到更多的利益。本案中，荣某仅支出了十多万元的购房款项，但法院判决的赔偿款高达 140 万元之多，很大程度上得益于此。

21. 判决确认一方违约后，守约方主张违约金

李某与高某房屋买卖合同纠纷案

本案思维导图

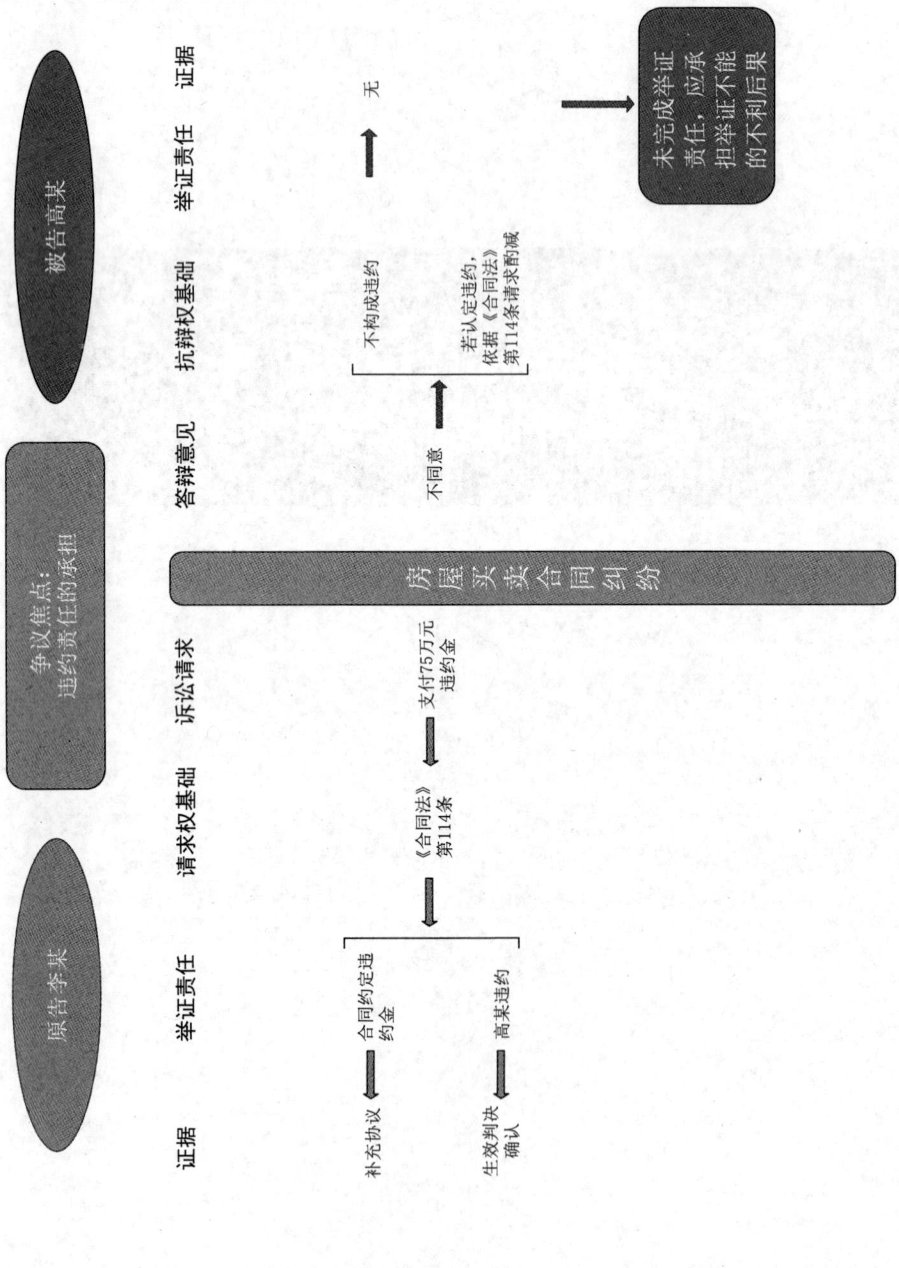

原告李某

争议焦点：
违约责任的承担

被告高某

证据 | 举证责任 | 请求权基础 | 诉讼请求 | 房屋买卖合同纠纷 | 答辩意见 | 抗辩权基础 | 举证责任 | 证据

补充协议 ⇐ 合同约定违约金

生效判决确认 ⇐ 高某违约

⇐ 《合同法》第114条 ⇐ 支付75万元违约金

不同意 → 不构成违约 → 无

若认定违约，依据《合同法》第114条请求酌减

→ 未完成举证责任，应承担举证不能的不利后果

案情介绍

2016年3月29日，李某、高某在北京链某房地产经纪有限公司（以下简称“中介公司”）居间下签订《北京市存量房屋买卖合同》，约定：李某以总价款750万元的价格从高某处购买北京市朝阳区涉案房屋，涉案房屋已经设定抵押，抵押权人为兴业银行，高某应于2016年7月29日前办理抵押注销手续；房屋成交价格429万元，房屋家具、家电、装饰装修及配套设施设备等作价为321万元；李某向银行申办抵押贷款，拟贷款金额为300万元；高某应在收到全部购房款（不含物业交割保证金和户口迁出保证金）后3个工作日内将房屋交付给李某；出卖人逾期交付房屋，逾期在15日之内，自约定的交付期限届满之次日起至实际交付之日止，出卖人按日计算向买受人支付已交付房款0.05%的违约金，并于该房屋实际交付之日起15日内向买受人支付违约金，合同继续履行；当事人双方同意本合同签订之日起150日内，双方共同向房屋权属登记部门申请办理房屋权属转移登记手续。

同日，三方签订《补充协议》，约定：李某于2016年3月29日将第一笔定金5万元自行支付给高某，于2016年4月6日将第二笔定金45万元以非建委资金托管方式支付给高某；高某最迟应于2016年8月15日前办理完毕解除抵押登记手续；李某于高某还银行贷款前5个工作日将第一笔首付款400万元以非建委资金托管方式支付给高某；高某应在接到中介公司的评估通知后5日内配合评估公司对房屋进行评估；李某、高某应于评估报告出具后，收到中介公司通知10个工作日内共同前往贷款机构办理贷款申请手续；在李某贷款批贷后30个工作日内，以朝阳建委网上预约时间为准，双方共同办理房屋所有权转移登记手续；在产权转移登记当日，自行办理物业交割手续；该《补充协议》第4条第1款约定：双方任何一方逾期履行本《补充协议》约定义务的，每逾期一日，违约方应按日计算向守约方支付房屋总价款0.05%的违约金；该《补充协议》第4条第2款约定：若高某存在逾期履行上述约定义务超过15日或拒绝将该房屋出售给李某或者擅自提高房屋交易价格的或将该房屋出售给第三方情形之一的，高某构成根本违约，李某有权以书面通知的方式解除合同；高某应在违约行为发生之日起15日内，以相当于房屋总价款20%的违约金向李某支付违约金；中介公司收取李某的所有费用不予退还，由高某直接赔付给李某。

合同签订后，李某依约向高某支付定金50万元，2016年4月24日，双方办理网签手续。

2016年7月25日，高某、李某及北京理某某支付科技有限公司三方签订《资金托管协议》，约定：李某最迟于办理房屋产权转移登记手续（过户）前一个工作日将400万元购房款存入托管账户内；购房款的划转条件为李某取得该房屋的房屋所有权证书。同日，李某向资金监管账户内支付房屋首付款400万元。

2016年7月27日，高某偿还涉案房屋抵押贷款。2016年8月12日，高某办理完毕注销涉案房屋抵押的登记手续。

2016年8月19日，高某接到中介公司的评估通知，但认为进行房屋评估的前提是李某支付首付款400万元之后5日内，因没有收到李某支付的前述首付款，故不同意进行房屋评估。

2016年8月23日，高某向李某邮寄了《催告函》，要求李某按照合同约定向其支付房屋首付款400万元。

2016年9月3日，高某向李某邮寄《解除房屋买卖合同通知书》，通知李某解除双方签订的《北京市存量房屋买卖合同》。

李某于2016年以高某为被告提起房屋买卖合同纠纷之诉，要求继续履行合同、由高某协助其办理涉案房屋所有权转移登记手续并交付涉案房屋、要求高某按照定金罚则向其支付50万元、赔偿保险费损失3万元。高某提出反诉，要求确认房屋买卖合同已解除、李某支付违约金。北京市朝阳区人民法院就该案于2017年5月作出《民事判决书》，支持了李某有关办理涉案房屋产权转移登记手续及交付房屋的诉讼请求。李某与高某均不服前述判决，提起上诉。北京市第三中级人民法院于2017年8月作出二审民事判决书，认定因高某不配合办理涉案房屋评估手续，导致双方后续履行事宜均未能实际办理，高某系该案的违约方；因李某与高某设立定金的目的是保障按期签订房屋买卖合同，现房屋买卖合同已签订，定金担保事项完成，李某不能再以高某的其他违约行为要求适用定金罚则；如果李某认为高某应承担违约责任，可另行向法院起诉。为此，北京市第三中级人民法院作出驳回上诉，维持原判的判决。

判决作出后，李某向北京市朝阳区人民法院申请强制执行，并于2017年10月23日向法院账户转入购房款300万元。2017年11月23日，涉案房屋产权转移登记至李某名下。2017年12月7日，李某与高某办理物业交割手续，涉案房屋交付给李某。

后李某向北京市朝阳区人民法院提出诉讼请求：高某向我支付违约金75万元。李某称：我与高某签订了房屋买卖合同，双方在履行过程中产生纠纷，北京市朝阳区人民法院和北京市第三中级人民法院作出的《民事判决书》均认定高某行为构成违约，并认定我可依据双方约定另行起诉要求高某承担违约责任。因高某存在《补充协议》第4条第2款约定的逾期履行交房义务、拒绝向我出售房屋、将房屋另行出售给第三人的违约行为，构成根本违约，故依据该条款主张违约责任，但李某自行降低标准，按照总房款的10%主张违约金。李某称依据双方合同约定，高某应在过户当日向其交付房屋，但因高某违约导致其实际于2017年12月7日方接收涉案房屋，故高某逾期交房的期间自2016年8月30日至2017年12月7日。为此，李某提起本案诉讼，追究高某的违约责任。

高某辩称：李某要求我承担违约责任没有事实、合同或法律依据，生效的判决并未明确我在房屋买卖合同履行过程中存在何种违约行为，也未认定该行为是否上升为需承担违约责任；我已按照生效判决的内容履行了义务，双方合同目的已经实现，李某无论要求我承担根本违约责任还是迟延履行责任均没有依据；现李某按照房屋总价款的10%主张我承担违约责任，没有合同依据，且主张违约金标准过高。

本书作者系李某的诉讼代理人。

请求权的基础

本案中，李某提出要求高某支付75万元违约金的诉讼请求，针对该项诉讼请求，假设李某对高某根据《合同法》第114条第1款[1]享有75万元的支付违约金请求权：

1. 那么首先这个请求权必须已经产生。

根据《合同法》第114条第1款，请求权产生的前提条件是：

（1）李某与高某之间存在合法有效的合同：生效判决确认双方之间的房屋买卖合同合法有效。

（2）双方约定一方违约时应当根据违约情况向对方支付一定数额的违约金，或约定因违约产生的损失赔偿额的计算方法：《补充协议》第4条第2款约定：若高某存在逾期履行上述约定义务超过15日或拒绝将该房屋出售给李某或者擅自提高房屋交易价格的或将该房屋出售给第三方情形之一的，高某构成根本违约，李某有权以书面通知的方式解除合同；高某应在违约行为发生之日起15日内，以相当于房屋总价款20%的违约金向李某支付违约金，双方约定了违约产生的损失赔偿额计算方法为房屋价款的20%，即150万元，李某自行降低标准至75万元。

（3）高某违约：生效判决确认高某构成违约。

由此，李某对高某所享有的支付违约金请求权成立了。

2. 该请求权并未消灭。

3. 李某的起诉未过诉讼时效，高某也并无相应抗辩权。

4. 故李某对高某依据上述法条享有支付75万元违约金请求权。

代理词

一、本案产生的背景

李某与高某签订房屋买卖合同后，涉案房屋价格暴涨，高某图利房屋增值利益，找各种理由拒不履行合同，双方形成争议，李某遂起诉至法院要求继续履行合同。法院作出判决，认定高某构成违约，应承担违约责任。

---

[1] 《合同法》第114条第1款　当事人可以约定一方违约时应当根据违约情况向对方支付一定数额的违约金，也可以约定因违约产生的损失赔偿额的计算方法。

二、李某与高某之间的房屋买卖合同关系合法有效

李某与高某之间房屋买卖合同关系系当事人真实意思表示，内容不违反法律的强制性规定，合同应属合法有效，对双方均具有法律拘束力。

三、李某在履约过程中不存在任何过错

本案中，李某积极履行合同义务：双方签订购房合同当日，李某即向高某支付了5万元定金，之后又依约将剩余45万元定金以及400万元首付款通过非建委资金监管方式支付给高某。

四、高某在履约过程中存在多处违约

《合同法》第60条第1款规定："当事人应当按照约定全面履行自己的义务。"

（一）拒不配合办理涉案房屋评估手续

《补充协议》第2条第3款约定："甲方应在接到丙方的评估通知后5日内配合评估公司对房屋进行评估。"

本案中，中介业务员于4月即通知过李某与高某办理涉案房屋评估手续，但因高某不予配合，未完成。后李某与中介业务员多次催促高某协助办理涉案房屋评估手续，并通过中介公司发送催告函，高某均不予配合。

（二）拒绝将涉案房屋出售给李某

《补充协议》第4条第2款约定："甲方若出现下列情形之一的，甲方构成根本违约……④拒绝将该房屋出售给乙方或擅自提高房屋价格的；……"

2016年7月11日，高某告知中介业务员拒绝将房屋出售给李某，并要求中介帮忙介绍贷款100万元的或者全款的买方给高某。高某此种行为构成根本违约，应承担相应的违约责任。

（三）将涉案房屋出售给第三方

《补充协议》第4条第2款约定："甲方若出现下列情形之一的，甲方构成根本违约……⑤将该房屋出售给第三方的。"

2016年8月29日，李某得知高某已经将涉案房屋以810万元的价格重新出售在Q房网及21世纪不动产网站，高某意在将涉案房屋一房二卖，其行为已构成根本性违约，应承担相应的违约责任。

（四）无合同解除权的情况下要求解除合同

《北京市高级人民法院关于审理房屋买卖合同纠纷案件适用法律若干问题

的指导意见（试行）》第21条规定："房屋买卖合同履行过程中，一方当事人构成根本违约的，守约方有权解除合同，违约方不享有合同法定解除权。"

在合同履行过程中，高某拒绝配合办理评估手续，并明确表示拒绝将涉案房屋出售给李某，其行为已经构成严重违约。2016年9月1日，高某向李某及中介公司发送《解除〈房屋买卖合同〉通知书》，单方宣布双方房屋买卖合同已解除，根据上述法律规定，高某作为违约方，无权要求解除合同，其行为已经构成根本性违约，应承担相应违约责任。

（五）生效判决确认高某构成违约，应承担违约责任

五、李某有权要求高某支付75万元违约金

《合同法》第107条规定："当事人一方不履行合同义务或者履行合同义务不符合约定的，应当承担继续履行、采取补救措施或者赔偿损失等违约责任。"

《合同法》第114条第1款规定："当事人可以约定一方违约时应当根据违约情况向对方支付一定数额的违约金，也可以约定因违约产生的损失赔偿额的计算方法。"

《合同法解释（二）》第29条第1款规定："当事人主张约定的违约金过高请求予以适当减少的，人民法院应当以实际损失为基础，兼顾合同的履行情况、当事人的过错程度以及预期利益等综合因素，根据公平原则和诚实信用原则予以衡量，并作出裁决。"

（一）双方对违约金的约定合法有效

《补充协议》第4条第2款约定：若高某存在逾期履行上述约定义务超过15日或拒绝将该房屋出售给李某或者擅自提高房屋交易价格的或将该房屋出售给第三方情形之一的，高某构成根本违约，李某有权以书面通知的方式解除合同；高某应在违约行为发生之日起15日内，以相当于房屋总价款20%的违约金向李某支付违约金。

（二）高某对其违约要承担的责任有预期

双方合同中关于高某违约要承担违约金的约定具体、明确。高某对其违约要承担违约金的情形有明确的预期。

（三）高某违约的主观恶意极大

《合同法》第6条规定："当事人行使权利、履行义务应当遵循诚实信用

原则。”

本案中并不存在客观上不能履行的情形或李某违约情形，之所以产生争议系高某因房屋市场价值上涨而单方提出解除合同，高某主观恶性极大。

（四）李某损失巨大

因高某的违约，李某花费了律师费、诉讼费、财产保全费等，并且为此事投入了大量的时间、精力和物力，高某的违约给李某造成了巨大的损失。

（五）法院裁判应考虑社会效果

买卖双方签订房屋买卖合同后，一方以各种理由拒绝履行合同，这种行为本质上是一种严重扰乱交易秩序的行为，法院应当对此种行为进行严厉的惩罚，惩罚的力度应与违约行为的恶劣性对等，如此才能营造良好的社会效果。如果法院仅施以轻微的惩戒，违约一方的毁约代价、成本太低，根本无法形成威慑作用。在没有严厉惩戒的情况下，裁判机构无疑在变相鼓励当事人毁约牟取暴利，此种情况下，通过裁判文书规范人们遵守诚信的目的就完全落空了。基于裁判社会效果的考虑，法院应当对高某恶劣的违约行为施以严厉的制裁。

综上所述，为了维护当事人的合法权益，请求法院依法支持李某的全部诉讼请求。

法院裁判

北京市朝阳区人民法院经审理认为：

李某、高某与中介公司签订的《北京市存量房屋买卖合同》及《补充协议》，均系双方真实意思表示，且未违反法律法规的强制性规定，应为合法有效。双方当事人应按照合同约定全面履行各自的义务。当事人一方不履行合同义务或者履行合同义务不符合约定的，应承担违约责任。涉案交易因高某不配合办理涉案房屋评估手续，导致双方后续房屋过户、交付等事宜未能依约办理，高某存在违约，李某有权主张违约责任。但李某主张违约金所依据的条款应适用于合同解除情形，现双方合同得以继续履行，李某以该条款主张违约金，缺乏依据。本院依据双方约定的房屋交付时间、申请办理权属转移登记时间及此违约情形下双方对违约责任的约定，再结合李某关于损失的举证情况，本院对高某主张违约金标准过高的抗辩意见予以采纳，并对李某主张之违约金数额予以酌定。综上，依照《合同法》第60条、第107条、第114条之规定，判决：高某向李某支付违约金30万元。

律师点评

在房价上涨的情况下，出卖方欲恶意毁约，在掌握了出卖方毁约的证据的情况下，对于买受方来说，我们还是建议通过司法途径解决：一是中国人的诚信观念一直没有建立起来，需要通过司法途径，给违约一方严厉的惩戒，推动我国诚信体系的建立；二是通过追索违约方的违约金，可以与购房款冲抵，降低守约方的购房成本。于公于私，都是值得倡导的。

22. 应诉与另行起诉诉讼策略的选择

刘某4与刘某1、刘某2、刘某3合同纠纷案

本案思维导图

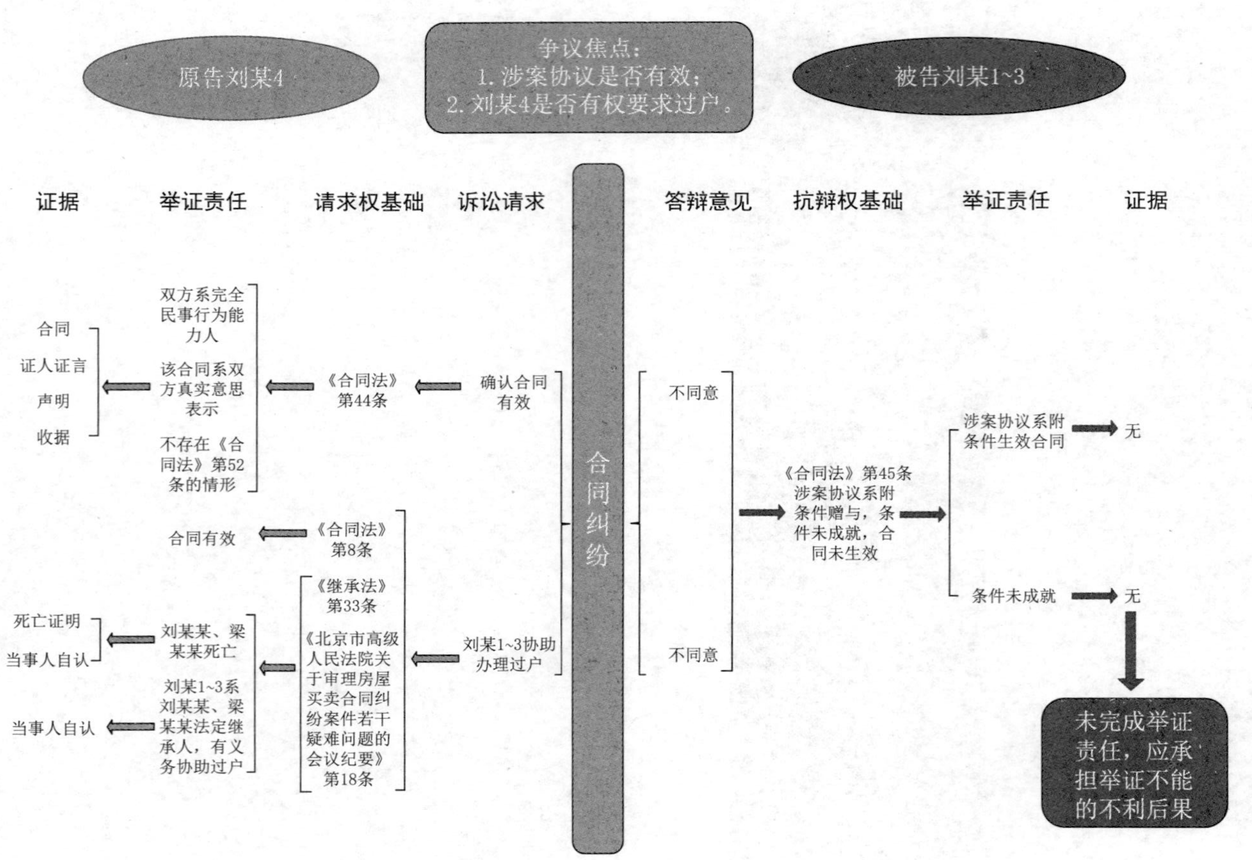
原告刘某4
争议焦点：
1. 涉案协议是否有效；
2. 刘某4是否有权要求过户。
被告刘某1~3
证据
举证责任
请求权基础
诉讼请求
答辩意见
抗辩权基础
举证责任
证据
合同纠纷
确认合同有效
《合同法》第44条
双方系完全民事行为能力人
该合同系双方真实意思表示
不存在《合同法》第52条的情形
合同
证人证言
声明
收据
刘某1~3协助办理过户
《合同法》第8条
《继承法》第33条
《北京市高级人民法院关于审理房屋买卖合同纠纷案件若干疑难问题的会议纪要》第18条
合同有效
刘某某、梁某某死亡
刘某1~3系刘某某、梁某某法定继承人，有义务协助过户
死亡证明
当事人自认
当事人自认
不同意
不同意
《合同法》第45条 涉案协议系附条件赠与，条件未成就，合同未生效
涉案协议系附条件生效合同
无
条件未成就
无
未完成举证责任，应承担举证不能的不利后果

案情介绍

刘某某与梁某某系夫妻，共育有子女四人，分别为刘某1、刘某2、刘某3、刘某4。刘某某于2010年7月19日去世，梁某某于2016年5月7日去世。

2003年8月28日，刘某1作为梁某某（乙方）的代理人和北京某房地产开发有限责任公司（以下简称“某公司”，甲方）签订《北京市朝阳区某地区危旧房改造就地安置合同》，约定甲方就乙方居住的位于北京市朝阳区的住房进行危旧房改造，乙方在危改区内有正式住房2间，应安置人口2人，分别为户主梁某某，梁某某之夫刘某某。乙方自愿购买甲方在某地区建设的就地安置住房及涉案房屋，双方同意安住房房价款为154 104.59元。

2006年3月28日，梁某某和某公司再次签订购房合同，涉案房屋经有测绘资质的测绘公司实际测量，建筑面积为92.57平方米，乙方按实测面积应交购房款为153 254.83元，乙方应缴纳公共维修基金2888.18元。

2009年4月8日，刘某4与刘某某、梁某某签订了《关于北京朝阳区涉案房屋产权的有关承诺和保证》（以下简称“涉案协议”）的书面协议，约定：首先，涉案房屋是拆迁回迁房，拆迁时父母承诺子女中谁出资购买该回迁房让他们居住，将来该房产权归谁。同时提出只有当他们都去世之后，出资人方可收回该房。在父母通知了所有子女，其他人表示放弃之后，刘某4出资购买了此回迁房，并主动提出担负父母周转期间房租、回迁房装修、家具、电器购置。其次，为让父母安度晚年，刘某4明确做出以下承诺保证：①尽心尽力照顾好父母的晚年生活，积极帮助父母就医治病，主动承担起更多的义务和责任。②至父母百年之后再办理该房的产权变更手续（由于拆迁手续原因，现该回迁房仍在母亲梁某某名下）。该协议后，刘某4作为立据人签字，刘某某、梁某某作为当事人签字，刘某庆、刘某范、刘某1作为监督人签字。刘某2于2012年11月1日出具《声明》，内容为“本人对父母就拆迁房的处置协议无异议，对母亲现住回迁房北京市朝阳区涉案房屋（协议中写明归购买者刘某4所有）无权属等要求。特此说明”。

后刘某4将刘某1、刘某2、刘某3诉至北京市朝阳区人民法院，请求：①确认刘某4与刘某某、梁某某于2009年4月8日签订的涉案协议合法有效；②刘某

1、刘某2、刘某3协助刘某4办理将涉案房屋转移登记至刘某4名下的手续。

庭审中，刘某4申请证人刘某庆出庭作证，证人称在签订涉案协议时其本人和刘某某、梁某某、刘某4和刘某1都在，刘某某、梁某某说回迁款需要交一部分钱，大概17、18万，有压力，就说谁出资房子就归谁。

刘某4另提交房款发票、收据证明、装修合同、收据、家具家电票据等证明其购买涉案房屋及装修、购买家电等支出的费用，提交家政服务协议、救护车收据以证明其尽了较多的赡养义务。

一审审理过程中，刘某3曾申请对涉案协议中梁某某的签字是否为其本人所签进行笔迹鉴定，后又撤回鉴定申请。

本案中，双方的分歧在于：刘某4认为，根据涉案协议，刘某4与其父母之间存在合法有效的借名买房协议，父母去世后，根据涉案协议，刘某4有权要求其他三个子女协助办理房屋的过户手续；刘某1、刘某2、刘某3则认为，涉案协议性质上是附条件的赠与，条件未成就，赠与协议不应履行，涉案房屋应作为父母遗产进行分配。

本书作者系刘某4的诉讼代理人。

请求权的基础

本案中，刘某4提出以下两项诉讼请求：①确认刘某4与刘某某、梁某某签订的涉案协议合法有效；②刘某1、刘某2、刘某3协助刘某4办理将涉案房屋转移登记至刘某4名下的手续。

一、假设刘某4对刘某1、刘某2、刘某3根据《合同法》第44条[1]第1款享有确认合同有效请求权

1. 那么首先这个请求权必须已经产生。

根据《合同法》第44条的规定，请求权产生的基础是该合同必须已经成立并生效：本合同是刘某某、梁某某、刘某4的真实意思表示，且各方均为完全民事行为能力人，即使刘某1、刘某2、刘某3均声称梁某某在签订涉案协议时系限

〔1〕《合同法》第44条第1款　依法成立的合同，自成立时生效。

制民事行为能力人，但并未就此举证。退一步讲，即使梁某某系限制民事行为能力人，梁某某的配偶刘某某作为其法定监护人也已经签字认可涉案协议的效力，所以该涉案协议已经成立并生效。

2. 该请求权并未消灭。

3. 刘某4的起诉未过诉讼时效，刘某1、刘某2、刘某3也并无相应抗辩权。

4. 故刘某4对刘某1、刘某2、刘某3依据上述法条享有确认合同有效请求权。

二、假设刘某4对刘某1、刘某2、刘某3根据《合同法》第8条〔1〕享有过户请求权

1. 那么首先这个请求权已经产生。

根据《合同法》第8条，请求权产生的前提条件是：

（1）刘某4与刘某某、梁某某之间存在合法有效的合同关系。

（2）刘某1、刘某2、刘某3有义务协助刘某4将涉案房屋过户至刘某4名下：刘某某、梁某某系合同的主体，刘某某、梁某某去世后，刘某1、刘某2、刘某3作为刘某某、梁某某的法定继承人，应当根据协议内容履行过户义务。

由此，刘某4的过户请求权产生了。

2. 该请求权尚未消灭。

3. 刘某1、刘某2、刘某3并不享有抗辩权，刘某4的起诉也并未过诉讼时效，并且本案不存在《合同法》第110条〔2〕的不能履行的情形。

4. 故刘某4对刘某1、刘某2、刘某3依据上述法条享有过户请求权。

一审律师代理词及法院裁判

代理词

一、刘某4与梁某某、刘某某之间借名买房存在合理基础

1. 涉案房屋系原地区9号拆迁安置房，当时购买涉案房屋时还须额外出

〔1〕《合同法》第8条　依法成立的合同，对当事人具有法律约束力。当事人应当按照约定履行自己的义务，不得擅自变更或者解除合同。依法成立的合同，受法律保护。

〔2〕《合同法》第110条　当事人一方不履行非金钱债务或者履行非金钱债务不符合约定的，对方可以要求履行，但有下列情形之一的除外：①法律上或者事实上不能履行；②债务的标的不适于强制履行或者履行费用过高；③债权人在合理期限内未要求履行。

资，而梁某某、刘某某只能提供购房指标，没有额外资金购房，但又想住涉案房屋，所以开家庭会议询问各子女，并发出要约，谁出资购买，将来房子就归谁，其他子女均放弃购买，只有刘某4愿意出资购买并做出承诺，双方就此达成了借名买房的合意。

2. 之所以登记在梁某某名下，目的在于打消父母的顾虑。房子如果登记在子女名下，父母担心万一将来儿女不孝，父母可能连个住的地方都没有，房子登记在父母名下，父母心里才踏实。

二、刘某4与梁某某、刘某某之间存在借名买房的合意

本案中，刘某4主张其与梁某某、刘某某之间存在借名买房，有充分的直接证据和间接证据予以佐证。

（一）直接证据一：涉案协议

1. 形式上符合合同的要件。

2009年4月8日签订的涉案协议，一方主体是刘某4，另一方主体是刘某某、梁某某，双方均是完全民事行为能力人，均在涉案协议中签字，对涉案协议的内容予以确认，符合合同的形式要件。

2. 内容上符合借名买房合同的要件。

借名买房合同关系中，核心的两大因素是：

❶借名人保留了对房屋的所有权。

❷出于某些原因，房屋产权登记在出名人名下。

以上两大因素在涉案协议中完全得以体现。

（1）借名人保留了对房屋的所有权。在涉案协议中，体现出刘某4保留对涉案房屋享有的所有权的，有两处内容。

❶“拆迁时父母承诺子女中谁出资购买该回迁房让他们居住，将来该房产权归谁。在父母通知了所有子女，其他人表示放弃之后，刘某4出资购买了此回迁房。”

在购买涉案回迁房时，父母明确提出要约：“谁出资购买涉案房屋，房屋的所有权就归谁。”父母询问了所有子女，其他子女均表示放弃之后，刘某4做出了承诺：“我刘某4出资，房屋的所有权归我刘某4。”双方达成了合意，刘某4保留了对房屋的所有权。

❷“同时提出只有当他们都去世之后，出资人方可收回该房。”此处使用

的是“收回”二字，《说文解字》中对“收回”的解释为：取回发出、借出的财物，也就是只有此前就享有，后续才会收回。体现在本案中，就是刘某4在出资时，就对房屋享有所有权，父母去世后，刘某4方可收回该房屋。

（2）出于某些原因，房屋产权登记在出名人名下。在涉案协议中，双方约定产权登记在梁某某名下，有两处内容予以佐证：

❶“由于拆迁手续原因，现该回迁房仍在母亲梁某某名下。”这说明，涉案房屋暂时登记在梁某某名下，是基于拆迁手续方面的要求。

❷“同时提出只有当他们都去世之后，出资人方可收回该房。”“至父母百年之后再办理该房的产权变更手续。”将房屋暂时登记在母亲名下，是为了让父母安心居住、安享晚年，内心不要有其他顾虑，所以父母才强调要等他们百年之后，刘某4才能收回房屋，办理转移登记手续。

（二）直接证据二：刘某2出具的《声明》

刘某2于2012年11月1日出具的《声明》中，明确指出其对父母就涉案房屋的处置没有任何异议，涉案房屋归购买者刘某4所有。直接说明刘某4就是涉案房屋的实际权利人。

（三）直接证据三：证人刘某庆的证人证言

证人刘某庆到庭陈述了借名的过程，阐述了刘某4出资购买涉案房屋，保留涉案房屋所有权的过程，直接证明了刘某4系涉案房屋的实际权利人。

（四）间接证据一：购房相关票据由刘某4持有

票据的持有证明是由刘某4实际出资购买涉案房屋，符合借名买房中真实权利人出资购房的要件。

（五）间接证据二：刘某1的收据证明

该证据说明是由刘某4全款出资购买涉案房屋，符合借名买房中真实权利人出资购房的要件。

三、刘某4已经按照借名买房约定展开履行

1. 刘某4履行了支付房款的义务。

2006年3月16日，刘某4依约支付了涉案房屋购房款141 096.65元。刘某1称房款系其支付，明显与事实不符：

（1）支付房款在前，签订涉案协议在后，且签订涉案协议时，明确载明刘某4出资购买涉案房屋，刘某1作为监督人也在涉案协议上签了字认可涉案协议内容，其主张与签字确认的行为之间明显矛盾。

（2）相关付款凭证均由刘某4持有，票据的占有彰显天然的所有权属性，推定就是刘某4支付的购房款项。

（3）刘某1称房款系其支付，未提交任何证据佐证。

2. 刘某4履行了支付租金的义务。

2007年5月，刘某4依约支付了刘某某、梁某某周转期间的房租3万元。

3. 刘某4履行了装修房屋的义务。

2006年4月3日，刘某4与北京市某装饰有限公司签订了《北京市家庭居室装饰装修工程施工合同》，约定刘某4出资装修涉案房屋。

2006年4月11日，刘某4支付装修费首付3500元。

2006年4月26日，刘某4支付装修费中期款4500元。

2006年5月27日，刘某4支付装修费尾款4500元。

至此，刘某4共支付装修费用12 500元。

4. 刘某4履行了购买家具、家电用品的义务。

2006年，刘某4购买了涉案房屋中的家具以及家电用品，花费四万多元。

5. 刘某4承担了更多的赡养刘某某、梁某某的义务。

刘某某、梁某某一直由刘某4赡养照顾，刘某4不仅自己照顾，也为老人聘请了家政服务人员照顾老人，直至梁某某去世。梁某某生病期间，为梁某某呼叫救护车的所有费用均由刘某4实际支付。刘某4承担了更多的赡养刘某某、梁某某的义务。

四、涉案房屋过户的条件已经成就，三被告有义务配合刘某4将涉案房屋过户给刘某4

1. 刘某某与梁某某先后于2010年7月、2016年5月去世。双方约定的父母百年后办理权属转移登记手续的条件已经成就。

2. 因父母均已去世，三被告作为法定继承人，有义务配合完成权属转移登记手续。

《继承法》第33条规定："继承遗产应当清偿被继承人依法应当缴纳的税款和债务，缴纳税款和清偿债务以他的遗产实际价值为限。超过遗产实际价值部分，继承人自愿偿还的不在此限。继承人放弃继承的，对被继承人依法应当缴纳的税款和债务可以不负偿还责任。"

《北京市高级人民法院关于审理房屋买卖合同纠纷案件若干疑难问题的会议纪要》第18条规定:“出卖人在签订房屋买卖合同后死亡，买受人有权要求出卖人的继承人在继承遗产范围内继续履行合同债务，交付房屋并办理房屋过户登记。法院应当依据买受人的诉讼请求判决：出卖人的继承人协助买受人办理房屋过户登记手续。”

涉案房屋过户的条件已经成就，根据上述法律规定，三被告作为刘某某、梁某某的继承人，应当履行刘某某与梁某某的合同债务，协助刘某4办理将涉案房屋转移登记至刘某4名下的登记手续。

法院裁判

北京市朝阳区人民法院经审理认为:

依法成立的合同，具有法律约束力。双方当事人均应当按照约定履行合同，不得随意变更或解除合同。本案中，涉案房屋系以梁某某作为购房人和某公司签订安置合同及购房合同，应安置人口为梁某某和刘某某。刘某3虽称涉案协议中梁某某的签字并非梁某某本人所签，但并未提交相应证据，故刘某3的辩解法院难以采信，该涉案协议合法有效，双方当事人均应当按照合同约定履行义务。根据刘某4提交的购买涉案房屋的发票，交纳涉案房屋房价款的时间早于梁某某、刘某某和刘某4签订涉案协议的时间，结合涉案协议的内容，法院认定刘某4交纳了涉案房屋的购房款。现梁某某和刘某某已去世，涉案协议约定“至父母百年之后再办理该房的产权变更手续”，故刘某4要求办理过户手续的诉讼请求法院予以支持。刘某2经法院合法传唤未到庭应诉，法院依法缺席判决。据此，判决：刘某4与刘某某、梁某某于2009年4月8日签订的涉案协议有效，刘某1、刘某2、刘某3协助、配合刘某4办理过户手续，将位于北京市朝阳区涉案房屋过户至刘某4名下。

刘某3不服一审判决提出上诉，刘某3认为:

1. 2009年4月8日的涉案协议并非刘某某、梁某某的真实意思表示。

首先，刘某庆的证言自相矛盾，其称刘某某、梁某某因为购买回迁房需要交一部分钱，有压力，所以才说谁出资房子就归谁，但在签订涉案协议时购房款已经交付完毕，故不存在有压力一说，刘某庆的证言不应被采纳。

其次，在签涉案协议时，刘某某、梁某某年事已高，身体不好，刘某某在签涉案协议一年后去世，梁某某当时已属于限制民事行为能力人，二人均已丧失辨认、书写文字的能力，故涉案协议不是二人所签，即使是二人签字，也不是他们的真实意思表示。且据刘某1回忆，当时她未见到梁某某在涉案协议上签字，也没有出现在现场。

2. 北京市朝阳区涉案房屋的购房款并非刘某4所交，是由刘某1代刘某某、梁某某所交。刘某4除提交开票日期为2006年3月16日的诉争房屋发票、其个人账户2006年3月22日的一笔48 000元的取款凭证外，无其他证据证明诉争房屋房款系刘某4交纳。

3. 刘某4主张的借名买房关系不成立，涉案协议更似一份附条件的赠与协议，且因为刘某4未履行出资义务，也未能比其他子女多承担照顾父母的义务，故其未履行赠与协议约定义务，因此该赠与协议不应继续履行。

4. 一审法院适用法律错误，刘某4主张的是赠与合同的履行，属于债权纠纷，不能对抗刘某3基于继承权而主张的遗产分割。刘某3身有严重残疾，相对于其他继承人而言，更应获得特殊保护。

二审答辩意见及法院裁判

代理词

刘某4认为原审法院认定事实清楚，适用法律正确，不同意刘某3的全部上诉请求。具体答辩意见如下：

一、刘某3以“梁某某为限制行为能力人、未见梁某某签字”为由否认涉案协议真实性的说辞不成立

本案一审庭审中，刘某3曾申请过对梁某某签字进行鉴定，后其撤回了鉴定申请，其在一审中已认可了签字的真实性。

二、刘某3称涉案协议性质并非借名买房而是附条件的赠与，不能成立

1. 赠与系无偿的，但本案中刘某4支付了相应的对价。

2. 赠与的标的物须为赠与人所有的财产，但涉案协议中刘某4保留了对涉案房屋的所有权，父母并不享有所有权。

三、刘某3宣称刘某4未履行出资、未赡养老人的说辞不能成立

（一）关于刘某4的出资

1. 刘某1曾代刘某4垫付了1.5万元购房款，刘某4已经偿还，刘某1也完全认可，刘某3称刘某1全额出资购房未提交任何证据佐证。

2. 刘某3称票据是父母去世后刘某4拿走的，该说辞只是刘某3凭空想象，未提交证据佐证。房屋的权利凭证彰显着所有权天然的属性，正是基于刘某4全额出资购房，所以全部房屋凭证均由刘某4持有。

3. 刘某3所谓的取款凭证与发票时间不对应的说辞缺乏常识。实践中，开发商为了财务处理的便利，均是统一开具发票，购房人支付全款后，再把提前开好的发票交付给购房人，所以本案才会出现“发票开具在前，取款在后”的现象，且中间仅间隔6天，这一现象反而证明了刘某4出资的真实性。

（二）关于刘某4尽更多的赡养义务

所谓“更多的赡养义务”，本身是一个比较级。如果刘某3认为其他子女尽的义务多，其应当举证，但一审中其他三个子女都没有提交任何证据证明尽了赡养义务。反而刘某4在一审已经提交了多份证据证明刘某4尽了更多的赡养义务。两方一经比较，足以认定刘某4尽更多的赡养义务。

四、刘某3认为本案应当按照继承处理，不能成立

遗产是公民死亡时遗留的个人合法财产。涉案房屋真实的所有权人是刘某4，梁某某仅是名义上的登记人，本身对房屋不享有所有权。涉案房屋不是父母的财产，当然不能按照继承处理。

五、刘某3称判令其协助过户突破了债权的相对性，不能成立

1. 本案借名买房关系的双方主体，一方是刘某4，一方是刘某某与梁某某，刘某3并不是合同的主体。

2. 我国《继承法》第33条规定了概括继承原则，继承人在其继承的遗产范围内必须承担被继承人应承担的债务，继承人不能仅继承财产，不承担债务。刘某3在本案中要求继承房屋，在另案中也起诉要求继承，是以行为表明其要求继承父母的遗产。父母为刘某4协助办理过户的债务，刘某3理应承担。除非刘某3明确表示放弃继承，其可以不负担协助过户的义务。

六、刘某3称自己残疾，属于应特殊照顾的群体，说辞不成立

1. 本案是合同纠纷，不是继承纠纷，不考虑要照顾困难群体的因素。

2. 刘某4对刘某3不负有法定的照顾义务。

3. 父母已经分给刘某3一套住房，解决了刘某3的实际困难，其已经得到了照顾。

法院裁判

北京市第三中级人民法院经审理认为：

总结各方当事人诉辩意见，本案争议焦点为：①涉案协议的真实性；②履行涉案协议的条件是否成就。

一、关于涉案协议的真实性

涉案协议中有梁某某、刘某某、刘某1的签名，各方当事人均认可刘某某的签名，刘某1对自己的签名表示认可。关于梁某某签名的真实性，刘某1、刘某3表示不认可，但未提供相反证据。证人刘某庆陈述现场见到梁某某在涉案协议上签字，其系刘某1、刘某2、刘某3、刘某4四人之叔，与四人具有同等亲缘关系且无直接利害纠葛，其所作证言具有较高的可信度，故本院综合现有证据，认为能够认定涉案协议系梁某某、刘某某所签，是二人真实意思表示，且未违反法律、行政法规的强制性规定，应属有效。

二、关于履行涉案协议的条件是否成就

刘某3等人主张并非刘某4支付了涉案房屋的全部房款，对此，本院认为涉案协议系梁某某、刘某某与刘某4在支付购房款后签订，根据涉案协议内容可知，梁某某、刘某某认可刘某4实际支付了涉案房屋的购房款。同时，刘某4提供的购房发票、刘某1出具的收据证明以及证人刘某庆的证言也能从侧面证明涉案房屋的房款是由刘某4实际支付，刘某4也对购房资金来源作出了合理说明，故可以认定涉案房屋的购房款系刘某4支付。

刘某3等人主张刘某4未尽到涉案协议所确定的承担更多赡养老人的义务。本院认为，根据刘某4提供的证据及双方陈述可知，刘某4已经履行较多赡养老人的义务，故对刘某3等人上述主张本院不予采信。

综上所述，刘某4已经履行合同约定义务，有权要求实现涉案协议约定权利，刘某3等人作为梁某某、刘某某的法定继承人应当根据涉案协议内容协助刘某4办理过户手续。综上所述，刘某3的上诉请求不能成立，应予驳回；一审判决应予维持，依照《民事诉讼法》第170条第1款第1项规定，判决：驳回上诉，维持原判。

律师点评

本案中，诉争房屋的性质是遗产还是刘某4的财产，实际上是双方争议的焦点之一。在诉讼策略的制定上，首选方案是将房屋认定为刘某4的财产，这样一来刘某4可以得到全部的份额。如果首选方案无法实现，再进入到继承，争取更多的份额。实际上刘某3率先启动的是继承纠纷，如果刘某4直接应诉，显然对其不利。在本书作者的建议下，刘某4及时启动本案这一合同纠纷，并且在继承纠纷一案中申请法院中止审理。经过本书作者的努力，首选方案得到了法院的支持，继承纠纷就不战而胜了。

23. 及时起诉的重要性

李裴1、李某芬与史某等12人遗嘱继承纠纷案

本案思维导图

原告李裴1等

争议焦点：李裴1是否有权继承涉案房屋全部份额？

被告史某等

遗嘱继承纠纷

原告方

证据	举证责任	请求权基础	诉讼请求
李某自书遗嘱	形式合法；是李某的真实意思表示	《继承法》第16条	李裴1对涉案房屋享有完整、全部的继承权，由李裴1继承涉案房屋
生效判决	李某有权处分涉案房屋	《继承法》第16条	
李裴1接受并持有上述遗嘱；李裴1与拆迁公司协商；李裴1配偶李某芬代李某补签拆迁安置补偿协议；安置房屋一直由李裴1占有使用	李裴1接受遗赠	《继承法》第25条	

被告方

答辩意见	抗辩权基础	举证责任	证据
不同意，涉案房屋系李某与王某的夫妻共同财产，李某无权处分王某遗产	《继承法》第16条	涉案房屋非李某给人财产，系李某与王某夫妻共同财产	无

案情介绍

李某与王某系夫妻关系，二人婚后育有子女六人，长子李某1，次子李某2，三子李某3，四子李某4，五子李某5，女儿李某6。王某于1960年2月因死亡注销户口，生前未留有遗嘱。李某于2001年5月死亡。李某的父母均先于李某死亡。王某死亡后，李某未再婚。

李某1与裴某系夫妻关系，二人婚后育有子女三人，儿子李裴1、女儿李裴2及养女曹某。裴某于1986年9月2日因死亡注销户口。李某1于2008年8月死亡。裴某、李某1生前均未留有遗嘱。裴某死亡后，李某1未再婚。

李某2与史某系夫妻关系，二人婚后育有子女三人，长女李史1、次女李史2、儿子李史3。李某2于1998年因死亡注销户口，生前未留有遗嘱。

李某3与张某系夫妻关系，二人婚后育有子女二人，儿子李张1、女儿李张2。李某3于1998年11月因死亡注销户口，生前未留有遗嘱。

李某4与陈某系夫妻关系，二人婚后育有一子李陈某。李某4于1989年7月因死亡注销户口，生前未留有遗嘱。

李某5与崔某系夫妻关系，二人婚后育有一女李崔某。李某4于1989年7月27日因死亡注销户口。

李裴1与李某芬于1988年1月登记结婚。

李某生前留有位于北京市丰台区涉案房屋一套，该房屋系李某生前所有的位于北京市丰台镇某胡同17号院房屋（以下简称“17号院房屋”）拆迁所得。涉案房屋登记时间为2004年6月，建筑面积为58.3平方米。

1999年4月5日，李某立下遗嘱，载明：立遗嘱人李某，男，1912年×月×日出生，丰台区某单位退休工人。立遗嘱人在丰台区某胡同17号有私房叁间原产权号18×××号，该房已被拆迁，按有关政策安置的住房我有40平方米产权（现在处过渡期间，尚未办理产权手续）。待我过世，该40平方米产权由我儿李某1和我孙子李裴1两人共同继承，其他子女无权干涉。特立遗嘱。立遗嘱人李某亲笔1999年4月5日。该遗嘱左下方载明：见证：立遗嘱人在我面前所立遗嘱确是个人真实意思表示。见证人：北京某某律师事务所律师吴某99.5.30，该见证内容处加盖有北京某某律师事务所公章。

2001年8月，北京某房地产开发有限责任公司（甲方，以下简称“开发商”）与李某（乙方）签订《北京市城市住宅房屋拆迁安置补助协议书》（以下简称《安置补助协议书》）。主要约定：甲方支付给乙方补助费：自行过渡期间临时安置补助费600元，交通补助费300元。

李某芬以李某名义交纳涉案房屋购房款及相关费用共计32 575.7元。涉案房屋由李裴1居住使用。

后李裴1、李某芬将史某、李史1、李史2、李史3、张某、李张1、李张2、陈某、李陈某、崔某、李崔某、李某6诉至北京市丰台区人民法院，请求法院判决由李裴1继承涉案房屋。李裴1认为其对涉案房屋享有完整、全部的继承权。

李某芬提出诉讼请求：由李裴1继承涉案房屋。

陈某、李崔某到庭参加诉讼，史某、李史1、李史2、李史3、张某、李张1、李张2、李陈某、崔某、李某6经法院合法传唤未到庭参加诉讼。

李裴2及曹某到庭表示不参加诉讼，放弃其继承的权利。李某所立遗嘱由李裴1提供。

陈某辩称，李某与王某系夫妻关系，婚后生育子女六人。王某死亡时李某芬尚未嫁到我家。涉案房屋系李某与王某的夫妻共同财产。1975年，我和李某4结婚，李某答应把17号院房屋3间东房给我。17号院房屋后遇拆迁，因我居住在那，李某和我户口在一起，拆迁分得两居室。李某就拆迁协议无效将我诉至法院，经判决确认我与拆迁公司签订的拆迁协议无效，李某最终与拆迁公司签订协议，分得涉案房屋，李某答应把3间东房给我，中间多次搬家，相关证据已经没有了。我不同意涉案房屋由李裴1继承。

李崔某辩称，我认可李裴1陈述的家庭关系。涉案房屋是李某和王某的夫妻共同财产，李某遗嘱的真实性我不认可，没有经过公证，我也不在场，李某没有权利处分王某的遗产份额，不同意涉案房屋由李裴1继承。

庭审中，经李裴1申请，法院委托北京中资房地产土地评估有限公司对涉案房屋进行评估，估价结果为房地产市场价值（总价）195.6万元，房地产市场价值（单价）33 561元/平方米。

本书作者系李裴1、李某芬的诉讼代理人。

律师思路

请求权（继承权）的基础

假设李裴1根据《继承法》第16条第3款[1]、第25条第2款[2]的规定对涉案房屋的全部产权享有继承权。

1. 那么首先这个继承权已经产生。

根据《继承法》第16条第3款、第25条第2款的规定，该继承权产生的前提条件是：

（1）李某的遗嘱合法有效：

❶李某的遗嘱为自书遗嘱，形式合法。

❷该遗嘱的内容系李某真实意思表示。

❸李某有权处分涉案房屋：李某系17号院房屋唯一所有权人，也是拆迁安置的涉案房屋的唯一所有权人，故李某有权处分涉案房屋。

（2）李裴1接受遗赠：

❶李某作出遗嘱后，将遗嘱交给了李裴1，李裴1接受并持有该遗嘱。其接受遗嘱的行为应当视为其作出接受遗赠的表示。

❷李裴1与拆迁公司积极协商，其配偶李某芬代李某补签《拆迁安置协议》，同样是以行为积极接受遗赠。

❸安置房交付后一直由李裴1实际占有、使用，占有使用是以行为接受遗赠最明确的方式。

（3）故李裴1对涉案房屋享有的继承权已经产生。

2. 本案中不存在《继承法》第7条[3]规定的情形，该继承权并未消灭。

3. 李某的起诉未过诉讼时效：继承纠纷诉讼时效是自权利被侵犯之日起2年

---

〔1〕《继承法》第16条第3款　公民可以立遗嘱将个人财产赠给国家、集体或者法定继承人以外的人。

〔2〕《继承法》第25条第2款　受遗赠人应当在知道受遗赠后2个月内，作出接受或者放弃受遗赠的表示。到期没有表示的，视为放弃受遗赠。

〔3〕《继承法》第7条　继承人有下列行为之一的，丧失继承权：①故意杀害被继承人的；②为争夺遗产而杀害其他继承人的；③遗弃被继承人的，或者虐待被继承人情节严重的；④伪造、篡改或者销毁遗嘱，情节严重的。

内起诉。李裴1通过遗嘱继承毫无争议地一直实际占有、使用涉诉房屋，不存在其继承权利被侵犯。

4. 故李裴1依据上述法条对涉案房屋的全部产权享有继承权。

代理词（李裴1）

一、李裴1主张未过时效

1. 继承纠纷诉讼时效是自权利被侵犯之日起2年内起诉。李裴1通过遗嘱继承毫无争议地一直实际占有、使用涉诉房屋，不存在李裴1继承权利被侵犯。

2. 李某去世是2001年，至李裴1起诉，也未过20年。

二、李家胡同17号房屋系李某的个人财产，李某有权以遗嘱的形式处分自己的财产

1. 生效判决事实认定及判决主文均载明李某系17号房屋唯一的所有权人。

2. 被告未举证证明17号房屋中存在王某的份额。

3. 王某去世至今已经五十多年，被告若对王某的份额提出主张，显然已过诉讼时效。

三、李某所书遗嘱合法有效

1. 自书遗嘱，形式合法。

2. 遗嘱内容系李某真实意思表示。

3. 关于40平方米和18平方米的问题。

（1）立遗嘱时，具体安置多少平方米并不确定。最终面积以实际获得的安置房为准。

（2）从遗嘱的行文看，“有40平方米，40平方米都给李裴1和李某1”可以得出李某是将全部安置住房通过遗嘱进行处分，而不是“其中40平方米如何处理，剩余的如何处理”这样的表示。

（3）即使认定18平方米遗嘱未处理，李某芬支付了购房款项，已经买断了18平方米。

四、关于李裴1在涉诉房屋中的继承权利

《民法通则》第56条规定："民事法律行为可以采取书面形式、口头形式或者其他形式。"〔1〕

《继承法》第25条第2款规定："受遗赠人应当在知道受遗赠后2个月内，作出接受或者放弃受遗赠的表示，到期没有表示的，视为放弃受遗赠。"

《继承法解释》〔2〕第53条规定："继承开始后，受遗赠人表示接受遗赠，并于遗产分割前死亡的，其接受遗赠的权利转移给他的继承人。"

1. 即使认定是李某将涉诉房屋遗赠给李裴1，李裴1也已经实际接受了遗赠。

根据《民法通则》第56条的规定，《继承法》第25条第2款中的"接受的表示"当然可以是以行为接受遗赠。这些行为包括：

（1）李某作出遗嘱后，将遗嘱交给了李裴1，李裴1接受并持有该遗嘱。其接受遗嘱的行为应当视为其作出接受遗赠的表示。

（2）李裴1与拆迁公司积极协商，其配偶代李某补签《拆迁安置协议》，同样是以行为积极接受遗赠。

（注：《民通意见》第82条规定：被代理人死亡后有下列情况之一的，委托代理人实施的代理行为有效：代理人不知道被代理人死亡的、被代理人的继承人均予承认的、被代理人与代理人约定到代理事项完成时代理权终止的、在被代理人死亡前已经进行、而在被代理人死亡后为了被代理人的继承人的利益继续完成的。）

（3）安置房交付后一直由李裴1实际占有、使用，占有、使用是以行为接受遗赠最明确的方式。

2. 关于接受遗赠的举证责任。

（1）案件时间久远，任何一个普通百姓举证14年前的证据都存在困难，此时不应死抠举证规则，应由法官内心确信对案件事实进行认定。结合前述

〔1〕该条款对应自2017年10月1日起实施的《民法总则》第135条。《民法总则》第135条 民事法律行为可以采用书面形式、口头形式或者其他形式；法律、行政法规规定或者当事人约定采用特定形式的，应当采用特定形式。

〔2〕《继承法解释》即《最高人民法院关于贯彻执行〈中华人民共和国继承法〉若干问题的意见》。——作者注

论证，相信法官会得出李裴 1 已经表示接受的内心确信。

（2）被告主张李裴 1 没有接受遗赠的表示，其应当承担相应的举证责任。

（3）如果法院无法认定李裴 1 是否作出了接受的表示，基于意思自治的原则，法院应尊重立遗嘱人的遗愿，不应轻易改变立遗嘱人的决定。

3. 再退一步讲，即使认定李裴 1 没有作出接受遗赠的表示，涉诉房屋份额也全部应由李裴 1 继承。

遗嘱内容是将房屋由李某 1、李裴 1 共同继承，形成的是李某 1、李裴 1 共同共有，即使认定长孙放弃遗赠，也不影响长子继承全部的份额。

五、法院的判决应考虑公平公正以及社会效应

1. 继承法规定各种时效，目的在于促使当事人行使权利，尽快处理遗产以恢复生产生活的稳定，本案李某处分涉诉房屋已过 14 年之久，涉诉房屋自取得之日便由李裴 1 实际占有使用，就涉诉房屋的占有使用已经形成了极其稳定的社会结构。法院不应再去破坏、动摇这种稳定的社会关系。

2. 李某去世至今，长达 14 年的时间里，众被告从未对其遗嘱提出异议，也没有主张过任何继承权利，即使众被告有继承的权利，法律也不保护在权利上睡觉的人。其怠于行使权利的不利后果应由其自行承担。

代理词（李某芬）

一、李某所书遗嘱合法有效

1. 李某订立遗嘱时具有遗嘱能力，遗嘱内容系李某真实意思表示，内容、形式符合《继承法》的规定，所书遗嘱应属合法有效。

2. 遗嘱处分的是 17 号私房拆迁安置的住房，并不是安置住房中的 40 平方米产权。具体安置多少平方米当时并不确定，40 平方米只是一个暂估的面积，最终住房面积以实际获得的安置房为准。

二、关于李裴 1 在涉诉房屋中的继承权利

根据《继承法》第 16 条第 3 款，公民可以立遗嘱将个人财产赠给国家、集体或者法定继承人以外的人。这种继承为遗赠，李裴 1 系李某的孙子，不属于李某的法定继承人范围，由此认定李某将涉诉房屋遗赠给李裴 1。

1. 李裴1已接受了遗赠。

《继承法》第25条第2款规定："受遗赠人应当在知道受遗赠后2个月内，作出接受或者放弃受遗赠的表示。到期没有表示的，视为放弃受遗赠。"

根据相关的证据及证人证言，李某订立遗嘱时李裴1在场，明确表示过同意遗嘱的内容。同时，李裴1已实际入住遗嘱所处分的安置房，该安置房一直由李裴1实际占有和使用，可以认定李裴1以行为表示接受遗赠。

2. 遗嘱中已明确"其他子女无权干涉"。

遗嘱明确表明安置房产权由儿子李某1、孙子李裴1两人共同继承，其他子女无权干涉。表明遗嘱人的真实意愿就是在去世后把房产留给李某1一家，与其他的子女无关。基于意思自治的原则，应该尊重立遗嘱人的遗愿。

3. 其他继承人没有主张过权利。

李某去世至今已有长达14年的时间，其他继承人从未对遗嘱提出异议，也没有主张过任何继承权利。即使有继承的权利，显然已过诉讼时效，其怠于行使权利的不利后果应由其自行承担。

其他继承人都居住在北京，甚至大部分与被继承人同住在丰台区，作为被继承人的子女，按照常理应该知道被继承人去世以及继承等相关事宜，如果被告提出对李某去世不知情，则完全不合常理。

4. 退一步讲，即使认定李裴1没有作出接受遗赠的表示，涉诉房屋份额也全部应由李裴1继承。

遗嘱的内容是房屋由李某1、李裴1共同继承，没有表明具体的份额如何分配。由李某1继承的遗嘱本身是合法有效的，即使李裴1放弃遗赠，不影响李某1通过遗嘱继承涉案房屋全部份额，李某1去世后，李裴1作为法定继承人，仍然有权继承涉案房屋的全部份额。

法院裁判

北京市丰台区人民法院经审理认为：

史某、李史1、李史2、李史3、张某、李张1、李张2、李陈某、崔某、李某6经本院合法传唤，无正当理由拒不出庭应诉，视为放弃答辩和质证的权利，本院依据现有证据依法缺席判决。公民可以立遗嘱处分个人财产。继承开始后，按照法定继承办理；有遗嘱的，按照遗嘱继承或者遗赠办理。本案中，因王某死亡时间较长，且陈某、李崔某提供的现有证据不能证明涉案房屋系李某与王某的夫妻共同财产，涉案房屋系李某经17号院房屋拆迁所得，2004年登记于其名下，李某为涉案房屋的所有权人，因此涉案房屋系李某个人财产，属于李某遗产。关于李某书写的遗嘱，属于自书遗嘱，系李某真实意思表示，该遗嘱合法有效，故遗嘱中涉及的对涉案房屋40平方米产权应当由李某1继承、李裴1受遗赠。李某1于2008年8月11日死亡，其继承人李裴2、曹某表示放弃继承相应的权利，故涉案房屋中属于李某1的继承份额，由其子李裴1继承。李裴1主张遗嘱中表述的"40平方米产权"系针对涉案房屋全部产权，缺乏事实和法律依据，本院不予采纳。关于涉案房屋中除李某遗嘱中处分的40平方米外，该房屋其余18.3平方米应当按照法定继承办理，由李某的继承人继承，李某1晚于李某死亡，其继承李某的遗产份额由其继承人李裴1继承；李某2先于李某死亡，李史1、李史2、李史3有权代位继承其应当继承的李某的遗产份额；李某3先于李某死亡，李张1、李张2有权代位继承李某3应当继承的李某的遗产份额；李某4先于李某死亡，李陈某有权代为继承李某4应当继承的李某的遗产份额；李某5晚于李某死亡，其继承的李某的遗产份额应当作为其遗产由其继承人崔某、李崔某继承。关于《安置补助协议书》中涉及的李某补助费共计900元，亦属于李某的遗产，由其继承人继承。李某1对李某尽了主要赡养义务且在李某晚年与其共同生活，因此在遗产分配时，李某1适当多分遗产，具体继承份额，本院酌情予以确定。关于李某芬已付涉案房屋购房款等相关款项，上述款项系其代李某付款，属于李某的债务，李裴1及李某继承人在接受遗赠和继承时，应当从其受遗赠、继承所得中给付李某芬上述款项。李裴1、李某芬、陈某、李崔某的其他诉辩意见，缺乏事实和法律依据，本院不予采纳。依照《继承法》第3条、第5条、第11条、第13条、第46条、第17条、第33条，《民事诉讼法》第64条、第144条，《最高人民法院关于民事诉讼证据的若干规定》第2条之规定，判决：涉案房屋归李裴1所有；李裴1分别给付李史1、李史2、李史3房屋折价款29 246元，分别给付李张1、李张2房屋折价款43 869元，给付李陈某房屋折价款87 738元，分别给付崔某、李崔某房屋折价款43 869元，给付李某6房屋折价款87 738元；李史1、李史2、李史3共同给付李某芬1420元，李张1、李张2共同给付李某芬1420元，李陈某给付李某芬1420元，崔某、李崔某共同给付李某芬1420元，李某6给付李某芬1420元。

律师点评

1. 对于继承类纠纷，当事人普遍都很“懒”。被继承人去世后，当事人往往碍于面子，没有积极地去法院主张权利。本案就是一个典型，1999年被继承人留下的遗嘱，2001年被继承人去世，当事人提起诉讼却拖到了2013年，时间拖得太久，很多证据无法搜集，对于主张的一方明显是不利的。所以，被继承人去世后，如果继承人之间无法达成一致意见，律师建议尽早向法院起诉。

2. 继承纠纷是民事案件中较为复杂的一类，也是北京市各法院民一庭二审发回较多的一类，究其原因：一方面是立法层面的，体现为我们继承纠纷适用的是三十多年前的《继承法》，现行继承纠纷涉及的理念与三十多年前《继承法》立法时的理念存在冲突；另一方面是当事人层面，体现为当事人往往认为继承所得就是其本应获得的，不愿为了打继承纠纷而支付律师费，在没有专业律师介入的情况下，当事人自己进行诉讼容易挂一漏万，法官稍有不慎就会形成错判。打官司真的不像老百姓理解的那样，这真的是一项非常专业的工作，为了正确、充分地维护自己的合法权益，专业的事情还是交给专业的律师更为妥当。

24. 继承开始前放弃继承的效力

李甲、李乙、李丙与王甲、王乙继承纠纷案

本案思维导图

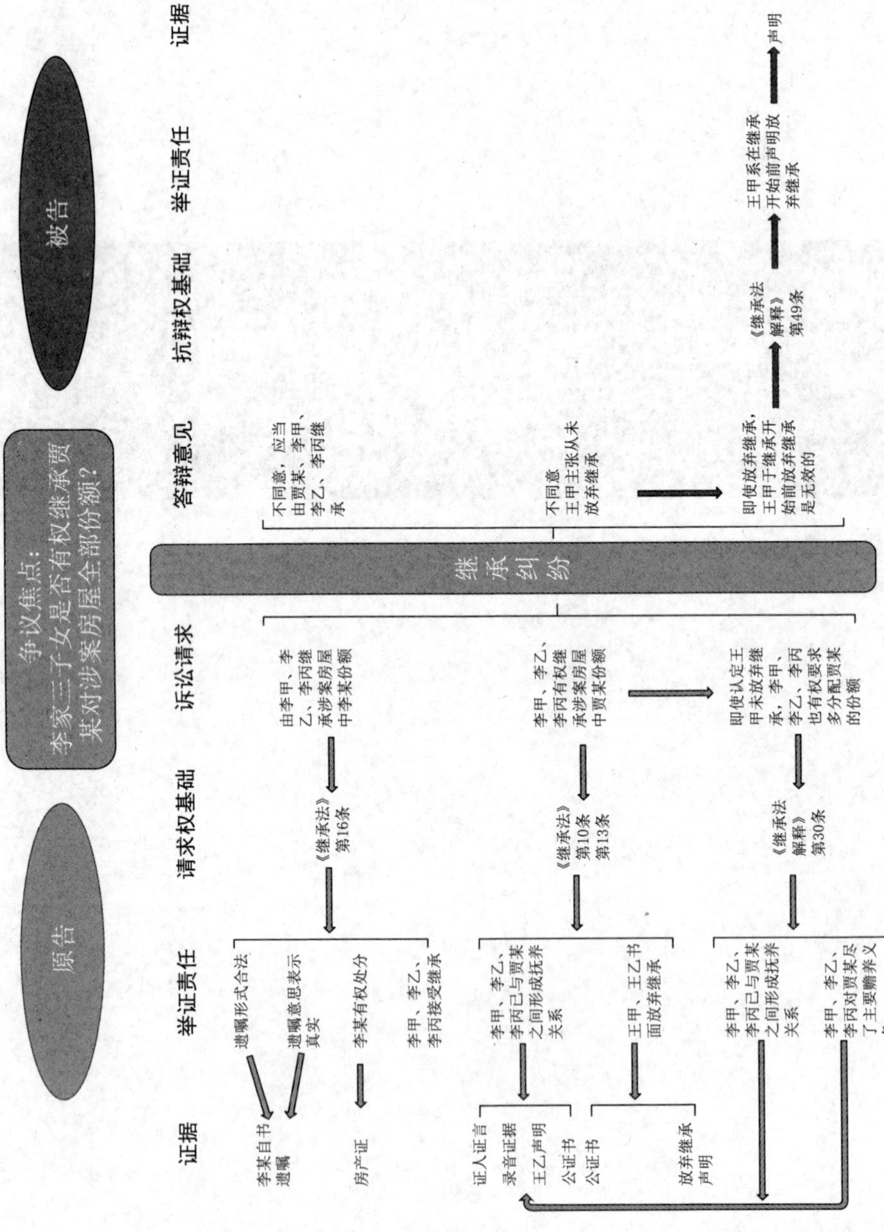

争议焦点：李家三子女是否有权继承贾某对涉案房屋全部份额？

原告　　继承纠纷　　被告

原告：证据 ← 举证责任 ← 请求权基础 ← 诉讼请求

诉讼请求：由李甲、李乙、李丙继承涉案房屋中李某份额
请求权基础：《继承法》第16条
举证责任：
- 遗嘱形式合法 → 证据：李某自书遗嘱
- 遗嘱意思表示真实 → 证据：李某自书遗嘱
- 李某有权处分 → 证据：房产证
- 李甲、李乙、李丙接受继承

诉讼请求：李甲、李乙、李丙有权继承涉案房屋中贾某份额
请求权基础：《继承法》第10条 第13条
举证责任：
- 李甲、李乙、李丙已与贾某之间形成抚养关系 → 证据：证人证言、录音证据、王乙声明、公证书
- 王甲、王乙书面放弃继承 → 证据：公证书、放弃继承声明

诉讼请求：即使认定王甲未放弃继承，李甲、李乙、李丙也有权要求多分配贾某的份额
请求权基础：《继承法解释》第30条
举证责任：
- 李甲、李乙、李丙已与贾某之间形成抚养关系 → 证据：（同上）
- 李甲、李乙、李丙对贾某尽了主要赡养义务 → 证据：（同上）

被告：答辩意见 → 抗辩权基础 → 举证责任 → 证据

答辩意见：不同意，应当由贾某、李甲、李乙、李丙继承

答辩意见：不同意，王甲主张从未放弃继承

答辩意见：即使放弃继承，王甲于继承开始前放弃继承是无效的 → 抗辩权基础：《继承法解释》第49条 → 举证责任：王甲系在继承开始前声明放弃继承 → 证据：声明

案情介绍

李某与张某系原配夫妻，生育三子女，即李甲、李乙、李丙。张某于1991年3月12日去世。贾某与王某系原配夫妻，生育二子女，即王甲、王乙，二人于1975年离异，二子女与贾某共同生活。李某与贾某于1995年7月31日登记结婚，婚后未生育子女。2006年之后，贾某到深圳随王乙生活，直至2013年3月31日在深圳去世，丧葬事宜由王乙在深圳办理。李某于2009年5月23日去世。李某与贾某的父母均先于二人去世。

李某、贾某在婚姻关系存续期间购买了北京市海淀区涉案房屋，并于2003年11月21日取得房屋产权证书，产权登记在李某名下。

2006年8月10日，李某在其自书遗嘱上写明："我与老伴贾某再婚后，现住本市海淀区涉案两室一厅楼房，而贾方表示将来不参与分房，精神可贵。……我和贾某现住的万泉河这套楼房，我身后卖掉再分给三个子女不同份额比例的现金为：大女儿李甲分得72%、二女儿李乙分得15%、小儿子李丙分得13%……"李某在立遗嘱人处签名盖章。李甲、李乙、李丙在遗嘱上签名。

2013年4月24日，王乙出具《放弃继承声明书》，其上载明："被继承人贾某于2013年3月31日在深圳死亡，死亡后遗留有如下遗产：位于北京市海淀区涉案房屋（1/2）的产权。我是被继承人的儿子。……对上述遗产，我自愿无条件放弃继承权。"同日，王乙出具《声明书》，其上载明："我未与李某形成抚养关系，没有继承权；李某子女与贾某形成抚养关系，有继承权。特此声明。"广东省深圳市深圳公证处对上述两份声明进行了公证。

后李甲、李乙、李丙起诉至北京市海淀区人民法院称：2007年7月15日，王甲、王乙书面放弃对涉案房屋的继承权（王乙承认，但王甲称自己未书写过任何放弃继承的文件）。李某的遗嘱合法有效，贾某生前未留有遗嘱，且王甲、王乙均已放弃继承权，李甲、李乙、李丙与贾某形成扶养关系，有权继承贾某的房产份额。故请求判令由李甲、李乙、李丙共同继承涉案房屋，其中李甲占72%、李乙占15%、李丙占13%。

王甲辩称，涉案房屋是李某与贾某夫妻共同财产，2009年李某去世，依照《继承法》规定，涉案房屋一半产权归贾某所有，另一半为李某遗产，应由配偶贾某及李甲、李乙、李丙继承，各得1/4，贾某应获得62.5%份额。李某遗嘱未经贾某同意，私自处置该房屋系无效。贾某去世后，包括涉案房屋在内的遗产，应由王甲和王乙继承。王乙放弃对涉案房屋继承权，王甲应继承房屋62.5%的产权份额。王甲从未作出过放弃继承贾某遗产的意思表示。

庭审中，李甲、李乙、李丙主张王甲放弃了继承权，提交手写字条“声明”一张，其上记载：“李某和贾某婚后共同拥有一所房子位于海淀区××号，贾某及其子女王甲和王乙自动放弃房屋继承权，特此声明。王甲、王乙。2007年7月15日。”王乙认可其上签名为其本人所签，王甲不认可其上签名为其本人所签。

本书作者系李甲、李乙、李丙的诉讼代理人。

律师思路

请求权（继承权）的基础

涉案房屋作为李某与贾某的夫妻共同财产，双方对涉案房屋各享有50%的权利。

一、针对涉案房屋中李某的份额，假设李甲、李乙、李丙依据《继承法》第16条第2款[1]的规定对涉案房屋中李某的份额享有全部继承权

1. 那么首先这个继承权已经产生。

根据《继承法》第16条的规定，继承权产生的前提条件是：

(1) 李某的遗嘱合法有效：

❶李某的遗嘱为自书遗嘱，形式合法。

❷该遗嘱的内容系李某真实意思表示。

❸李某有权处分涉案房屋中自己的份额。

(2) 李甲、李乙、李丙明确表示接受继承。

(3) 故李甲、李乙、李丙对涉案房屋中李某的份额享有的全部继承权已经产生。

---

〔1〕《继承法》第16条第2款　公民可以立遗嘱将个人财产指定由法定继承人的一人或者数人继承。

2. 本案中不存在《继承法》第7条[1]规定的情形，该继承权并未消灭。

3. 李甲、李乙、李丙的起诉未过诉讼时效。

4. 故李甲、李乙、李丙依据上述法条对涉案房屋中李某的份额享有全部继承权。

二、针对涉案房屋中贾某的份额，假设李甲、李乙、李丙依据《继承法》第10条第3款[2]、第13条第1款[3]，对涉案房屋中贾某的份额享有全部继承权

1. 那么首先这个继承权已经产生。

根据上述法律的规定，该继承权产生的前提条件是：

（1）贾某生前未留遗嘱。

（2）李甲、李乙、李丙与贾某之间已经形成扶养关系：李甲、李乙、李丙在经济上支持贾某、生活中照顾贾某、生病时对贾某进行护理，等等。

（3）王甲、王乙书面表示放弃对涉案房屋的继承。

（4）故李甲、李乙、李丙对涉案房屋中贾某的份额享有的全部继承权已经产生。

2. 本案中不存在《继承法》第7条规定的情形，该继承权并未消灭。

3. 李甲、李乙、李丙的起诉未过诉讼时效。

4. 故李甲、李乙、李丙依据上述法条对涉案房屋中贾某的份额享有全部继承权。

三、即使王甲并未放弃继承，李甲、李乙、李丙依据《继承法解释》第30条[4]的规定对涉案房屋中贾某的份额也享有多分配的请求权

1. 那么首先这个请求权已经产生。

根据上述条款，该请求权产生的前提条件是：

（1）贾某生前未留遗嘱。

---

〔1〕**《继承法》第7条** 继承人有下列行为之一的，丧失继承权：①故意杀害被继承人的；②为争夺遗产而杀害其他继承人的；③遗弃被继承人的，或者虐待被继承人情节严重的；④伪造、篡改或者销毁遗嘱，情节严重的。

〔2〕**《继承法》第10条第3款** 本法所说的子女，包括婚生子女、非婚生子女、养子女和有扶养关系的继子女。

〔3〕**《继承法》第13条第1款** 同一顺序继承人继承遗产的份额，一般应当均等。

〔4〕**《继承法解释》第30条** 对被继承人生活提供了主要经济来源，或在劳务等方面给予了主要扶助的，应当认定其尽了主要赡养义务或主要扶养义务。

（2）李甲、李乙、李丙与贾某之间已经形成扶养关系。

（3）李甲、李乙、李丙对贾某尽了主要赡养义务。

（4）故李甲、李乙、李丙对涉案房屋中贾某的份额所享有的多分配遗产请求权已经产生。

2. 本案中不存在《继承法》第7条规定的情形，该权利并未消灭。

3. 李甲、李乙、李丙的起诉未过诉讼时效。

4. 故李甲、李乙、李丙依据上述法条对涉案房屋中贾某的份额享有多分配遗产请求权。

一审代理词及法院裁判

一审代理词

一、涉诉房屋系李某与贾某的夫妻共有财产

涉诉房屋系李某与贾某夫妻关系存续期间所得，应属夫妻共同财产，李某与贾某各占1/2的份额。2009年5月23日李某去世，2013年3月31日贾某去世，涉诉房屋应当作为遗产进行分配。王甲、王乙对此亦无任何异议。

二、涉诉房屋具体如何继承

（一）涉诉房屋中李某的份额应由李甲、李乙、李丙继承

《继承法》第16条第1、2款规定："公民可以依照本法规定立遗嘱处分个人财产，并可以指定遗嘱执行人。公民可以立遗嘱将个人财产指定由法定继承人的一人或者数人继承。"

《继承法》第17条第2款规定："自书遗嘱由遗嘱人亲笔书写，签名，注明年、月、日。"

《继承法》第26条第1款规定："夫妻在婚姻关系存续期间所得的共同所有的财产，除有约定的以外，如果分割遗产，应当先将共同所有的财产的一半分出为配偶所有，其余的为被继承人的遗产。"

《继承法解释》第38条规定："遗嘱人以遗嘱处分了属于国家、集体或他人所有的财产，遗嘱的这部分，应认定无效。"

《最高人民法院关于民事诉讼证据的若干规定》第2条规定："当事人对

自己提出的诉讼请求所依据的事实或者反驳对方诉讼请求所依据的事实有责任提供证据加以证明。没有证据或者证据不足以证明当事人的事实主张的，由负有举证责任的当事人承担不利后果。”

李某生前留有自书遗嘱，由李甲、李乙、李丙按照李甲72%、李乙15%、李丙13%的比例分配涉诉房屋。该遗嘱处分了贾某在涉诉房屋内1/2的份额，这部分遗嘱内容根据《继承法解释》第38条规定应属无效，但对于遗嘱处分李某份额的部分，该部分系李某真实意思表示，形式上符合《继承法》第17条关于自书遗嘱的规定，应为有效遗嘱。

王甲主张该遗嘱未经贾某同意，应属无效遗嘱的说辞与《继承法解释》第38条的规定严重不符，其遗嘱无效的主张根本不能成立。故涉诉房屋中李某的份额应由李甲、李乙、李丙继承。

王甲认为遗嘱上的李某的签字不是其本人所签，故不认可遗嘱真实性，该主张不能成立。李甲、李乙、李丙已经提交了李某签字的遗嘱，完成了李甲、李乙、李丙一方的举证责任，如果王甲认为李某签字不是其本人所签，其应当对其主张举证。整个庭审过程中，王甲均未就李某遗嘱签字要求笔迹鉴定，且未提交任何证据证明遗嘱上的签字非李某本人所签，根据《最高人民法院关于民事诉讼证据的若干规定》第2条的规定，王甲应当承担举证不能的不利后果，即法院应当依法认定李某遗嘱的真实性。

（二）涉诉房屋中贾某的份额应由李甲、李乙、李丙继承

《继承法》第10条规定：“遗产按照下列顺序继承：第一顺序：配偶、子女、父母。……本法所说的子女，包括婚生子女、非婚生子女、养子女和有扶养关系的继子女。”

《继承法》第25条第1款规定：“继承开始后，继承人放弃继承的，应当在遗产处理前，作出放弃继承的表示。没有表示的，视为接受继承。”

《继承法》第27条规定：“有下列情形之一的，遗产中的有关部分按照法定继承办理：①遗嘱继承人放弃继承或者受遗赠人放弃受遗赠的；……”

《继承法解释》第21条第1款规定：“继子女继承了继父母遗产的，不影响其继承生父母的遗产。”

《继承法解释》第30条规定：“对被继承人生活提供了主要经济来源，或在劳务等方面给予了主要扶助的，应当认定其尽了主要赡养义务或主要扶养

义务。”

《继承法解释》第47条规定：“继承人放弃继承应当以书面形式向其他继承人表示。用口头方式表示放弃继承，本人承认，或有其它充分证据证明的，也应当认定其有效。”

《继承法解释》第49条规定：“继承人放弃继承的意思表示，应当在继承开始后、遗产分割前作出。遗产分割后表示放弃的不再是继承权，而是所有权。”

《继承法解释》第50条规定：“遗产处理前或在诉讼进行中，继承人对放弃继承翻悔的，由人民法院根据其提出的具体理由，决定是否承认。遗产处理后，继承人对放弃继承翻悔的，不予承认。”

1. 贾某生前未留遗嘱，其在涉诉房屋内的份额应当按照法定继承进行分配。

2. 李甲、李乙、李丙与贾某之间已经形成扶养关系，李甲、李乙、李丙有权参与分配贾某在涉诉房屋内的份额。

（1）庭审中，李甲、李乙、李丙提交了贾某的退休工资表，证明贾某退休工资极低，无法满足自己的生活开销，客观上需要李甲、李乙、李丙经济的支持。

（2）自1995年贾某与李某结婚直到2006年王乙将贾某接走，这11年间，李甲、李乙、李丙将贾某当成亲生母亲一样进行悉心的照顾，尤其是贾某得病的那些年，李甲、李乙、李丙轮班照顾贾某，邻里邻居都感慨李甲、李乙、李丙的孝敬之心，并且李甲、李乙、李丙通过庭审中提交的户口本、照片、公证书、录音、证人证言等证据，能够充分证明李甲、李乙、李丙在贾某衣食住行等方面给予了无微不至的照顾，充分履行了扶养义务。因此，李甲、李乙、李丙与贾某之间早已形成扶养关系，李甲、李乙、李丙当然有权依法继承贾某在涉诉房屋中的份额。

（3）王甲、王乙否认李甲、李乙、李丙与贾某之间形成扶养关系，甚至捏造出李甲、李乙、李丙与贾某关系不和、贾某长期居住西山老年所等不实陈述，但王甲、王乙未提交任何证据证明其上述主张，根据《最高人民法院关于民事诉讼证据的若干规定》第2条规定，王甲、王乙应承担举证不能的不利后果，即王甲、王乙主张李甲、李乙、李丙与贾某之间未形成扶养关系的说辞不能成立。

3. 王甲、王乙已经书面声明放弃对涉诉房屋的继承，王甲、王乙无权继承涉诉房屋的份额。

（1）放弃继承的声明系王甲、王乙本人所签。

王甲、王乙通过签订放弃继承的声明已经放弃对贾某涉诉房屋份额的继承。王甲、王乙无权要求分割涉诉房屋内的份额。

为证明签字的真实性，李甲、李乙、李丙还提交了王甲的往来书信、明信片。通过简单对比，声明上多处字迹，如："李某、年、月、海淀区××园、有、和"与书信、明信片上的字迹明显就是同一人所写。此种情况下，李甲、李乙、李丙已经充分完成了自己的举证义务。

王甲虽不认可放弃声明上的签字是其所签，但在法院释明其是否申请鉴定的情况下，王甲明确表示不做笔迹鉴定，并且王甲未提交任何证据证明声明上的签字不是其本人所签。因此，根据《最高人民法院关于民事诉讼证据的若干规定》第2条的规定，王甲应当承担举证不能的不利后果，即法院应当认定放弃继承声明中王甲的签字就是其本人所签。

（2）王甲认为其放弃继承的声明形成于继承开始前，故放弃声明无效的主张不能成立。

第一，私法上的"应当"与公法上的"应当"有本质的区别。公法上的应当即必须，带有强制性。而私法上的"应当"多为倡导性条款（倡导法律调整对象按照条款规定的去做）或程序性条款（程序上需要按照法律规定的去做，但是违反该规定不产生实体权利上的变动），除非法律明确规定违反该条款的民事行为无效，否则，仅仅以违反了带有"应当"字样的条款就要求确认民事行为无效不符合法律的精神。

第二，《继承法》虽规定放弃继承权应当于继承开始后，遗产处理前作出放弃的意思表示，但法律并未规定继承开始前放弃继承的意思表示就一定无效。如果立法者认为违反《继承法》第25条的规定，放弃的声明就应当无效，其完全可以在法条中予以明确。退一步讲，如果立法者在该问题上存在遗漏，最高法在出具司法解释时，完全可以在《继承法解释》第49条的规定中补充明确。但上述法条均未认定违反《继承法》第25条的规定或《继承法解释》第49条的规定，放弃的声明就一定无效。

第三，退一步讲，即使认为《继承法》第 25 条和《继承法解释》第 49 条对违反该规定时放弃继承是否无效的问题上规定不明确，那么就应当回到《继承法》的上位法《民法通则》寻找相关的依据。

《民法通则》第 4 条规定："民事活动应当遵循自愿、公平、等价有偿、诚实信用的原则。"〔1〕

《民法通则》第 7 条规定："民事活动应当尊重社会公德，不得损害社会公共利益，破坏国家经济计划，扰乱社会经济秩序。"〔2〕

《民法通则》第 55 条规定："民事法律行为应当具备下列条件：①行为人具有相应的民事行为能力；②意思表示真实；③不违反法律或者社会公共利益。"〔3〕

《民法通则》第 62 条规定："民事法律行为可以附条件，附条件的民事法律行为在符合所附条件时生效。"〔4〕

根据《民法通则》第 55 条的规定，王甲具有完全民事行为能力，其作出声明放弃继承的意思表示真实，声明内容亦不违反法律或社会公共利益，故其声明放弃继承涉诉房屋份额的行为应属合法有效的民事法律行为，对其具有法律上的拘束力。

另，根据《民法通则》第 4 条、第 7 条的规定，民事活动应当遵循公序良俗原则和诚实信用原则。王甲已经明确声明放弃对涉诉房屋的继承后，又以该声明无效要求分割该房屋，不符合公序良俗和诚实信用原则。

第四，李甲、李乙、李丙一方的主张已经得到法院生效判决的支持。李

〔1〕 该条款对应自 2017 年 10 月 1 日起实施的《民法总则》第 5~7 条。

《民法总则》第 5 条　民事主体从事民事活动，应当遵循自愿原则，按照自己的意思设立、变更、终止民事法律关系。

《民法总则》第 6 条　民事主体从事民事活动，应当遵循公平原则，合理确定各方的权利和义务。

《民法总则》第 7 条　民事主体从事民事活动，应当遵循诚信原则，秉持诚实，恪守承诺。

〔2〕 该条款对应自 2017 年 10 月 1 日起实施的《民法总则》第 8 条。

《民法总则》第 8 条　民事主体从事民事活动，不得违反法律，不得违背公序良俗。

〔3〕 该条款对应自 2017 年 10 月 1 日起实施的《民法总则》第 143 条。

《民法总则》第 143 条　具备下列条件的民事法律行为有效：①行为人具有相应的民事行为能力；②意思表示真实；③不违反法律、行政法规的强制性规定，不违背公序良俗。

〔4〕 该条款对应自 2017 年 10 月 1 日起实施的《民法总则》第 158 条。

《民法总则》第 158 条　民事法律行为可以附条件，但是按照其性质不得附条件的除外。附生效条件的民事法律行为，自条件成就时生效。附解除条件的民事法律行为，自条件成就时失效。

甲、李乙、李丙通过中国法院网查找并打印了重庆市第五中级人民法院（2011）渝五中法民终字第1504号《民事判决书》。在该生效判决中，案件事实与本案几乎一模一样，均为继承人于继承开始前声明放弃继承，并且其中一方继承前放弃继承声明无效的抗辩理由亦与本案王甲的抗辩理由一致，但一审二审法院均未采纳该抗辩理由，并认定该放弃继承的民事法律行为系附条件的民事行为，即作出放弃继承的意思表示是在其被继承人去世即继承开始后生效，并不违反《继承法》规定的“继承人放弃继承的，应当在继承开始后、遗产分割前”的条件。

因此，王甲认为其放弃继承的声明形成于继承开始前，故放弃声明无效的主张不能成立。涉诉房屋中贾某的份额亦应当由李甲、李乙、李丙继承。

（三）退一步讲，即使王甲放弃继承声明的签字不是其本人所签，分配涉诉房屋中贾某的份额时，王甲应当少分，李甲、李乙、李丙应当多分

《继承法》第13条第1、3、4款规定：“同一顺序继承人继承遗产的份额，一般应当均等。对被继承人尽了主要扶养义务或者与被继承人共同生活的继承人，分配遗产时，可以多分。有扶养能力和有扶养条件的继承人，不尽扶养义务的，分配遗产时，应当不分或者少分。”

1. 王甲应当少分份额。

（1）李甲、李乙、李丙提交的证据能够证明王甲未尽到赡养义务。

王甲在多份录音中均认可其出国在外，没有照顾贾某的事实，王乙亦认可自贾某被接到深圳后，主要是王乙在进行赡养，王甲没有尽到赡养义务的事实。因此，即使王甲放弃继承声明的签字不是其本人所签，王甲作为完全有扶养能力和扶养条件的继承人，并未尽到对贾某的赡养义务，根据《继承法》第13条规定，王甲在分配贾某涉诉房屋内份额时应当少分。

（2）王甲称其尽到了对贾某的赡养义务，但王甲未提交任何有效证据证明其主张。

王甲称其每年给贾某汇款2000美金作为赡养费，但其未提交任何有效证据加以证明。退一步讲，即使王甲真的给贾某汇了钱，但对于一个老人来讲，亲人的陪伴才是老人最为需要的。王甲常年定居国外，且其并没有客观上无法回国的法定事由，却自1995年贾某再婚到贾某去世，王甲几乎没有回来看望过贾某，此种情况下，如果还认定王甲对贾某尽到了赡养义务，难以让人

信服。

2. 李甲、李乙、李丙应当多分份额。

根据庭审举证及前述论证可知，虽然李甲、李乙、李丙并非贾某亲生子女，却对贾某照顾有加，衣食住行等方面为贾某考虑得面面俱到。根据《继承法》第13条规定，李甲、李乙、李丙应当依法多分遗产。

法院裁判

北京市海淀区人民法院认为：

公民的私有财产继承权受到法律保护。涉案房屋系李某和贾某在婚姻关系存续期间购买，为夫妻二人的共同财产，李某去世后，其在涉案房屋中占有的份额为其遗产。李某留有自书遗嘱一份，该遗嘱形式符合法律的规定，但遗嘱内容处分了涉案房屋中包含贾某的份额，故李某对自己份额的处分有效，对贾某份额的处分无效。李某的份额按其遗嘱由李甲、李乙、李丙继承，李甲、李乙、李丙表示其三人之间按照李甲占72%、李乙占15%、李丙占13%的比例继承，法院不持异议。

贾某去世后，未留下遗嘱，其在涉案房屋中的份额作为其遗产按照法定继承分割。因王乙在继承开始后遗产处理前作出了放弃继承的表示，法院不持异议。李甲、李乙、李丙主张2007年7月15日王甲在放弃继承的声明上签字，王甲对此不予认可，且根据《最高人民法院关于贯彻执行〈继承法〉若干问题的意见》，继承人放弃继承的意思表示，应当在继承开始后，遗产分割前作出，而继承从被继承人死亡时开始，故王甲是否放弃继承需在继承开始后进行表态方发生效力。故对李甲、李乙、李丙的该项主张，法院不予支持。李甲、李乙、李丙主张三人因对贾某尽了较多赡养义务，与贾某形成扶养关系，举证不足，李某与贾某共同生活时，李甲、李乙、李丙对贾某的照顾属于基于姻亲关系对贾某的照顾，双方关系并未转化为拟制血亲关系，李甲、李乙、李丙并非贾某的法定继承人，故三人要求继承贾某的遗产，法院不予支持。故贾某的遗产份额，由王甲继承。依照《继承法》第2条、第5条、第10条、第17条、第25条的规定，判决：李某名下北京市海淀区涉案房屋归李甲、李乙、李丙、王甲按份共有，其中李甲占36%份额、李乙占7.5%份额、李丙占6.5%份额、王甲占50%份额。

后李甲、李乙不服该判决，上诉至北京市第一中级人民法院。

二审代理词及法院裁判

二审代理词

一、原审法院事实查明存在重大遗漏

1. 王甲不认可放弃继承的声明，但在法院向其释明是否申请鉴定时，王甲明确表示不申请鉴定。

2. 贾某在其生前已经明确放弃其在涉诉房屋内的份额。

3. 从李某去世到贾某去世的近四年间里，贾某从未主张其在涉诉房屋的份额。

二、原审法院在法律适用上存在严重错误

（一）贾某已于生前放弃其在涉诉房屋内的份额

法律依据：

《民法通则》第71条：财产所有权是指所有人依法对自己的财产享有占有、使用、收益和处分的权利。[1]

《物权法》第39条：所有权人对自己的不动产或者动产，依法享有占有、使用、收益和处分的权利。

法理分析：

贾某作为涉诉房屋的产权人之一，其对涉诉房屋享有50%的所有权，根据《民法通则》第71条、《物权法》第39条的规定，贾某有权放弃其在涉诉房屋内的份额。事实上，贾某也实际放弃了上述份额，该事实有以下证据予以佐证：

1. 李某就涉诉房屋拟定遗嘱时，专门询问了贾某及其子女，贾方均表示不参与分房，即明确放弃其在涉诉房屋内的份额，正因此，李某才将这一事实在遗嘱中予以明确记录，即“贾方表示将来不参与分房，精神可贵”。

---

〔1〕 2017年10月1日起实施的《民法总则》删除了此条款。

2. 王乙公证放弃继承权声明及王甲、王乙放弃继承声明。公证书也好，放弃继承声明也好，均是与贾方放弃份额形成印证的。因为贾方决定了放弃份额，并想把全部份额都留个李家三人，正是为了进一步配合李家三人实现李家全部继承涉诉房屋这一初衷，所以才有后续的公证、放弃声明。

3. 李某去世后到贾某去世前，近四年的时间里，贾某都没有主张过其在涉诉房屋内的份额，亦可印证其放弃份额的事实。

（二）王甲、王乙已经放弃继承权

退一步讲，即使法院未认定贾某已经放弃其在涉诉房屋内的份额，王甲也不能继承贾某的份额。

1. 李家三人提交的王甲、王乙放弃继承的声明及对比文件，即王甲的书信往来。王甲虽不认可放弃声明上的签字是其所签，但在法院释明其是否申请鉴定的情况下，王甲明确表示不做笔迹鉴定，并且王甲未提交任何证据证明声明上的签字不是其本人所签。因此法院应依法认定声明的真实性。

2. 继承开始前放弃继承应认定为有效。

（1）《继承法》及《继承法解释》未规定继承开始前放弃继承必然无效。

（2）继承前放弃的意思表示真实，且未违反法律强制性规定，应认定有效。

（3）王甲已经明确声明放弃对涉诉房屋的继承后，又以该声明无效要求分割该房屋，不符合公序良俗和诚实信用原则。

（4）该主张已经得到法院生效判决的支持。

（三）李家三人与贾某之间已经形成扶养关系

法律依据：

《继承法解释》第30条规定："对被继承人生活提供了主要经济来源，或在劳务等方面给予了主要扶助的，应当认定其尽了主要赡养义务或主要扶养义务。"

法理分析：

1. 扶养关系的形成，源自生活中一点一滴的照顾、陪伴。

2. 劳务扶助方面。贾某与李某结婚直到贾某被接到深圳以前，在长达11年的时间里，王甲、王乙均没有在贾某身边，更谈不上生活上的照顾。

李某与贾某结婚时年近七十，本身身体就不好，与贾某结婚就是为了有个人照顾他，也不可能照顾贾某。

因此，只能是李家三人对其进行照顾，11 年来都是李家三人给贾某做饭、洗衣、看病，李家三人在贾某衣食住行等方面给予了无微不至的照顾，劳务方面更是给予了全面的扶助。

3. 多份证据亦均可认定扶养关系的成立。

（1）王乙的公证书明确认可李家三人与贾某形成扶养关系。

（2）原审中，李家三人提交了录音并对录音资料中的重要内容进行整理，其中认可李家三人与贾某形成扶养关系的内容就多达五处。

（3）证人证言中也明确了李家三人在这 11 年间对贾某的无微不至的照顾。

（4）多份照片也能反映李家三人对贾某的照顾、陪伴。

（四）原审法院未考虑李家三人对贾某的照顾，严重显失公平

法律依据：

《继承法》第 13 条第 3、4 款：对被继承人尽了主要扶养义务或者与被继承人共同生活的继承人，分配遗产时，可以多分。有扶养能力和有扶养条件的继承人，不尽扶养义务的，分配遗产时，应当不分或者少分。

法理分析：

通过录音、庭审的陈述可知，王甲既没有为贾某提供经济上的扶助，也没有陪伴在贾某身边对其进行照顾，根本没有尽到作为子女的赡养义务。根据《继承法》第 13 条的规定，即使法院认定王甲有权继承贾某的份额，王甲也应当少分。

反观李家三人，11 年间未曾间断地在劳务、经济上给予贾某支持，根据《继承法》第 13 条的规定应当多分遗产。即使按照原审法院的理解，认定李家三人与贾某未形成扶养关系，那么这 11 年辛勤的照顾、陪伴，在分割遗产时却没有任何对应，明显是显失公平的。

法院裁判

北京市第一中级人民法院经审理认为：

北京市海淀区涉案房屋系于李某、贾某婚姻关系存续期间购买。李甲、

李乙、李丙提交手写字条一张主张王甲、王乙放弃了上述房屋的继承权。王乙认可字条上签名为其本人所签，王甲不认可字条上签名为其本人所签。故应对上述字条王甲姓名的真实性进行审查，以明确王甲对其继承权是否已放弃。依照《民事诉讼法》第170条第1款第3项之规定，裁定撤销一审判决，发回北京市海淀区人民法院审理。

在北京市海淀区人民法院重审本案过程中，因王甲不认可2007年7月15日的“声明”中“王甲”的签字，王甲、王乙不能确认李甲、李乙、李丙三人提交的“遗嘱”立遗嘱人书名为李某本人所写，李甲、李乙、李丙申请对该两项内容进行鉴定，并提供了对比样本。法院委托鉴定机构后，鉴定机构出具《司法鉴定意见书》，认为“声明”下方的“王甲”签字与对比样本签名字迹是同一人所写；“遗嘱”下方立遗嘱人处的“李某”签字与对比样本签名字迹是同一人所写。经质证，王甲、王乙对关于“遗嘱”李某的签名鉴定意见无异议，质疑该“遗嘱”为代书遗嘱且不具备法定要件而无效，但未就所质疑的代书事实向法院提供证据。王甲坚持对关于“声明”中其签名的鉴定意见不予认可，但其未就此向法院提供相应反证。同时，王甲主张该声明发生在继承开始前，其本人意见应以最终意见为准。

法院裁判

发回重审判决——北京市海淀区人民法院认为：

李甲、李乙、李丙持李某自书“遗嘱”主张遗嘱继承，且经鉴定可确定李某署名为其本人书写。王甲、王乙主张该“遗嘱”为代书遗嘱且欠缺形式要件而无效，但未能就所谓代书事实向本院提供相应证据，本院不予采信。李某有权处分属于自己的份额，且李甲、李乙、李丙对李某遗嘱关于其三人分别分配比例无异议，李某遗产部分可依此比例由李甲、李乙、李丙分别享有。贾某生前未留有遗嘱，其遗产份额应依法定继承由其合法继承人继承。现李甲、李乙、李丙主张其与贾某形成扶养关系且有权作为贾某继承人继承其遗产，但未得到王甲、王乙的认可。为此，李甲、李乙、李丙主要向本院提供证人证言及与王甲、王乙谈话录音等为据，可证实三人在贾某随王甲赴深圳生活前，照料李某、贾某二人日常生活，且在贾某骨折、生病时给予送医、护理等事实。王甲也曾认可其三人对贾某的照顾，且与王乙公证声明中确认其三人与贾某形成扶养关系相互对应，王甲、王乙虽对上述证据不予认可，却未能就公证声明内容做出合理解释并提供充分反证。据此可认定李甲、李乙、李丙对贾某存在扶养之事实，双方形成扶养关系，其三人与王甲、王乙同样享有对贾某遗产的法定平等继承权。另因王乙在贾某去世后以公证形式明确作出放弃继承权的意思表示，且各方对此均无异议，产生相应法律效力。李甲、李乙、李丙另据上述经鉴定的声明主张王甲也已放弃对涉案房屋的继承权，王甲确亦未对其保留意见向本院提供反证。依照《继承法》第 2 条、第 5 条、第 10 条、第 13 条第 1 款、第 16 条第 1、2 款、第 17 条第 2、3 款、第 25 条之规定，判决：李某名下位于北京市海淀区涉案房屋由李甲、李乙、李丙、王甲继承，其中李甲享有 48.5%的所有权份额，李乙享有 20%的所有权份额，李丙享有 19%的所有权份额，王甲享有 12.5%的所有权份额。

律师点评

1. 房产继承案件是所有房产类纠纷中较为复杂的一类，此类案件二审发回的概率非常高，处理此类纠纷时，无论是律师抑或法官，都需谨慎地审查相关的材料。

2. 继承案件作为家事案件，与一般的民商事案件有很大的区别。一般的民商事案件强调丁是丁，卯是卯，而继承案件毕竟是家庭内部的纠纷，要充分考虑亲情等诸多因素。原一审法官没有考虑李家对贾某多年的照顾，生硬的判决遗产各家一半，对于李家而言是不公平的，严重失衡的判决结果更是难以平息当事人之间的矛盾。

3.《继承法》及《继承法解释》均于 1985 年出台，至今已有三十多年，当时制定《继承法》及《继承法解释》的社会背景，现今已经发生了重大变化，如今社会关于继承方面的法律问题，《继承法》及《继承法解释》很多都已经无法解决，与继承相关的法律有待进一步完善。

25. 公房中折算的工龄的性质

周某与邓某1等法定继承纠纷案

本案思维导图

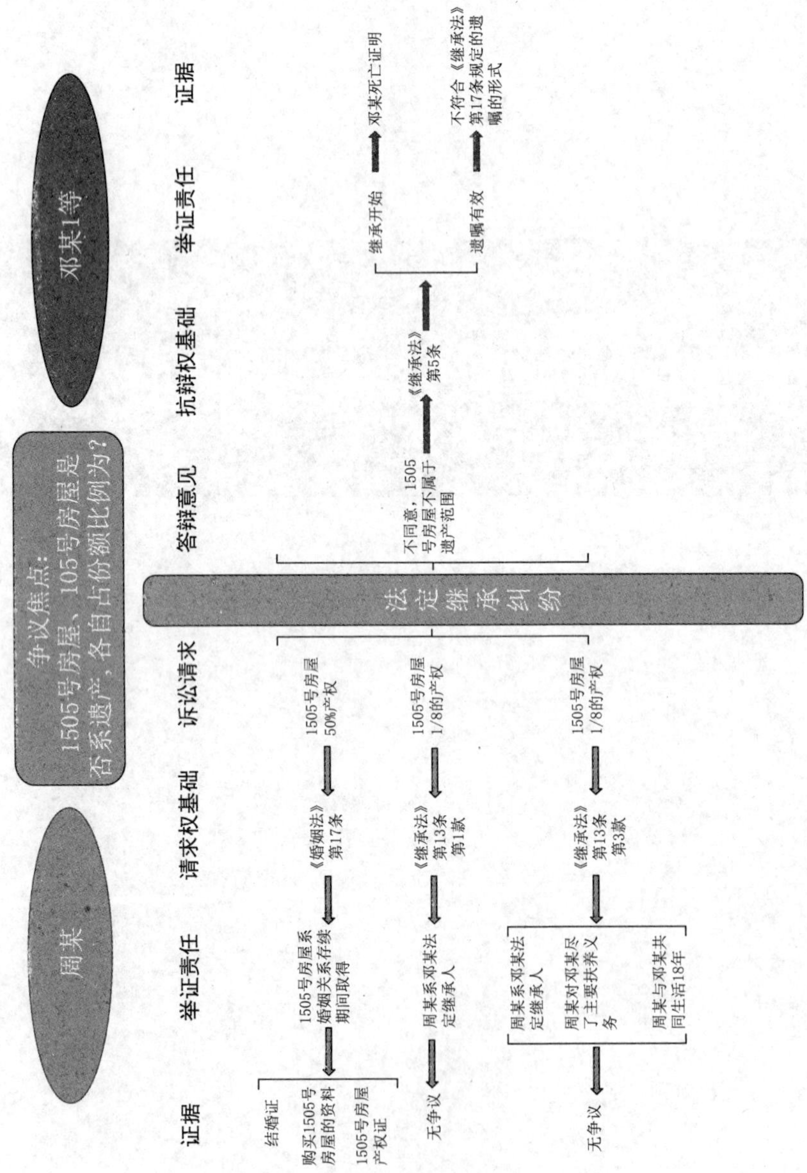
周某
争议焦点：
1505号房屋、105号房屋是否系遗产，各自占份额比例为？
邓某1等
法定继承纠纷
证据
举证责任
请求权基础
诉讼请求
答辩意见
抗辩权基础
举证责任
证据
结婚证
购买1505号房屋的资料
1505号房屋产权证
1505号房屋系婚姻关系存续期间取得
《婚姻法》第17条
1505号房屋50%产权
无争议
周某系邓某法定继承人
《继承法》第13条第1款
1505号房屋1/8的产权
无争议
周某系邓某法定继承人
周某对邓某尽了主要扶养义务
周某与邓某共同生活18年
《继承法》第13条第3款
1505号房屋1/8的产权
不同意，1505号房屋不属于遗产范围
《继承法》第5条
继承开始
邓某死亡证明
遗嘱有效
不符合《继承法》第17条规定的遗嘱的形式

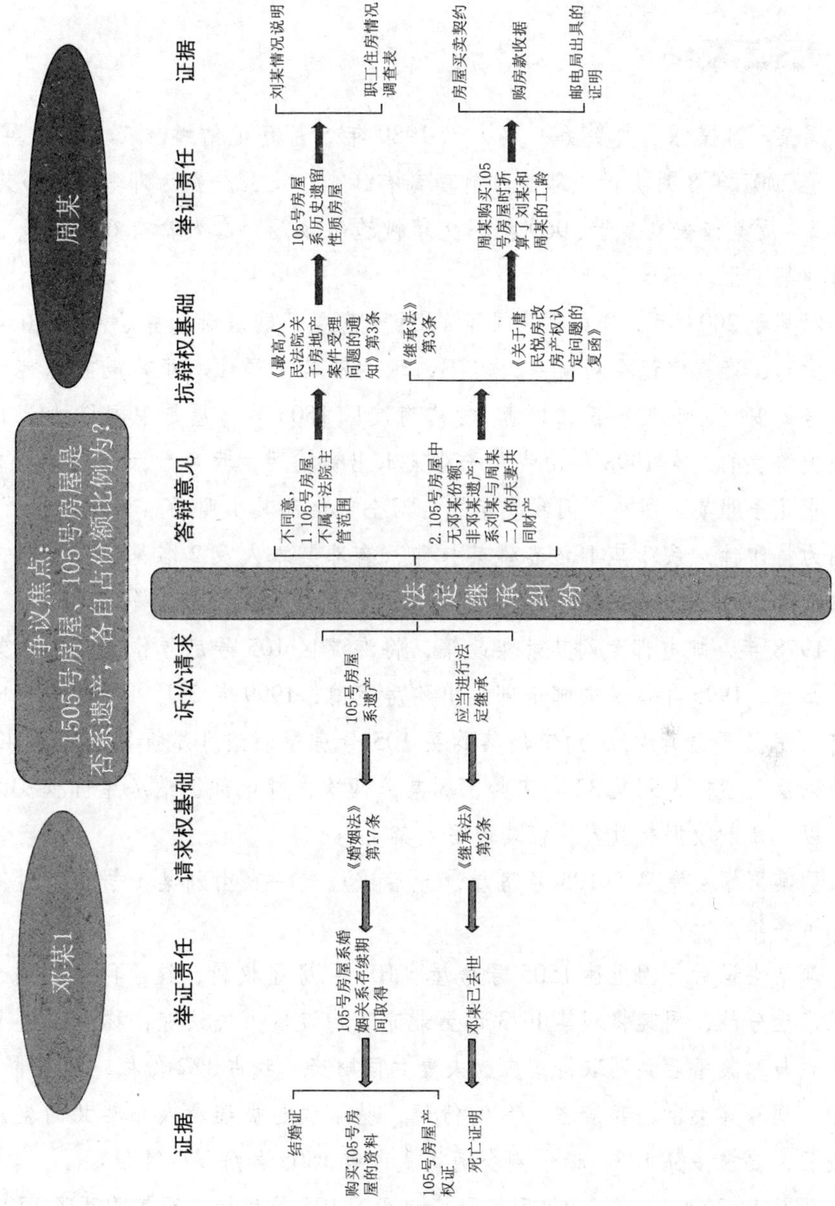

周某
争议焦点：
1505号房屋、105号房屋是否系遗产，各自占份额比例为？
邓某1
证据
举证责任
抗辩权基础
答辩意见
法定继承纠纷
诉讼请求
请求权基础
举证责任
证据
刘某情况说明
职工住房情况调查表
105号房屋系历史遗留性质房屋
《最高人民法院关于房地产案件受理问题的通知》第3条
不同意，
1. 105号房屋，不属于法院主管范围
房屋买卖契约
购房款收据
邮电局出具的证明
周某购买105号房屋时折算了刘某和周某的工龄
《继承法》第3条
《关于唐民悦房改房产权认定问题的复函》
2. 105号房屋中无邓某份额，非邓某遗产，系刘某与周某二人的夫妻共同财产
105号房屋系遗产
应当进行法定继承
《婚姻法》第17条
《继承法》第2条
105号房屋系婚姻关系存续期间取得
邓某已去世
结婚证
购买105号房屋的资料
105号房屋产权证
死亡证明

案情介绍

周某与邓某系夫妻关系，双方于1989年5月登记结婚，双方均系再婚。邓某于2007年8月去世。邓某与前妻育有3个子女，分别为邓某1、邓某2、邓某3。周某前夫刘某于1969年因文革被迫害致死，二人育有6个子女，分别为刘某1至刘某6。

邓某于2003年1月6日购买了1505号房屋，购房时折算了邓某46年的工龄优惠，产权登记在邓某一人名下，现由邓某1居住。邓某生前留有《关于住房的安排》说明一份，内容为："海淀区1505号房屋是中国科协于1988年分配给我的，在1998年由我儿子邓某1出资购买，我身后，该房屋所有权属于我儿子邓某1所有。因我晚年的生活全部由邓某1照顾。特此说明。"该说明为打印件，系邓某1之妻姚某打印，有邓某本人及2名见证人签名，落款日期为2007年6月16日。

1978年，邮电部为刘某落实政策，将海淀区105号房屋作为落实政策的房子归还。1995年周某向邮电部提出购房申请，1999年3月，周某与邮电部签订《房屋买卖契约》，约定周某购买105号房屋，该房屋折算了周某42年工龄以及已逝前夫刘某32年工龄，周某分两次向邮电部缴纳房屋价款及维修金，以上缴款收据交款人一栏均填写刘某1。

周某再婚后搬离了105号房屋，此后该房屋一直由刘某1居住，时间长达二十多年。

邓某去世后，因上述1505号房屋、105号房屋权属、继承问题，周、邓两家产生分歧，周某将邓某1~3诉至北京市海淀区人民法院，称：1505号房屋系我与邓某婚后共同取得，应为夫妻共同财产，我占1/2份额，邓某占1/2份额。现邓某去世，我应占5/8的份额，基于我与被继承人邓某共同生活时间较长，要求多分1/8，请求判令确认我占有1505号房屋3/4份额。

邓某1~3称：首先，1995年周某购买了105号房屋，邓某购买了1505号房屋，上述两套房屋均系夫妻共同财产，要求同时继承且分割，对于1505号房屋，根据邓某生前遗嘱继承房屋的1/2，周某名下的105号房屋按照法定继承，继承房屋的3/8。其次，对于购买105号房屋时折算使用的周某前夫刘某工龄问题，应认定为债权权益，因工龄利益是对购房职工的一种优惠，它不具有物权性质。最后，刘某子女应以第三人身份参加本案。本案是就邓某的遗产进行继承，而不是对刘某的遗产进行继承。如果本案涉及第三人利益，应该作为第三人参加诉讼，而非本案被告，即使法院认为工龄优惠属于财产权益，刘某的继承人有权继承，但对本案而言，该财产性权益仅是一种债权，应该另案解决，不宜在本案中处理。关于周某主张其多分遗产，我们不能同意。故不同意周某的诉讼请求。

庭审中，周某不认可105号房屋系其与邓某夫妻共同财产。但认可1505号房屋系夫妻共同财产，其理由为：其一，105号房屋虽在婚后签订购买合同及取得房产证，但是该房产性质属房改房，不属商品房，不能使用商品房的权属标准，应以建设部批复为依据，既然105号房屋折算了刘某与周某的工龄，理应系周某与刘某共同财产。其二，1505号房屋系周某与邓某婚姻关系存续期间以共同财产购买并取得，应属周某与邓某夫妻共同财产。《关于住房的安排》不符合代书遗嘱的法律形式要件，应认定该份遗嘱无效，故1505号房屋应按照法定继承予以继承。

诉讼中，经周某和邓某1分别申请，法院委托评估机构对105号房屋及1505号房屋现价值进行评估，评估意见为105号房屋房地产总价为4 759 939元，1505号房屋房地产总价为5 861 734元。

本书作者系周某的诉讼代理人。

人物事件关系图

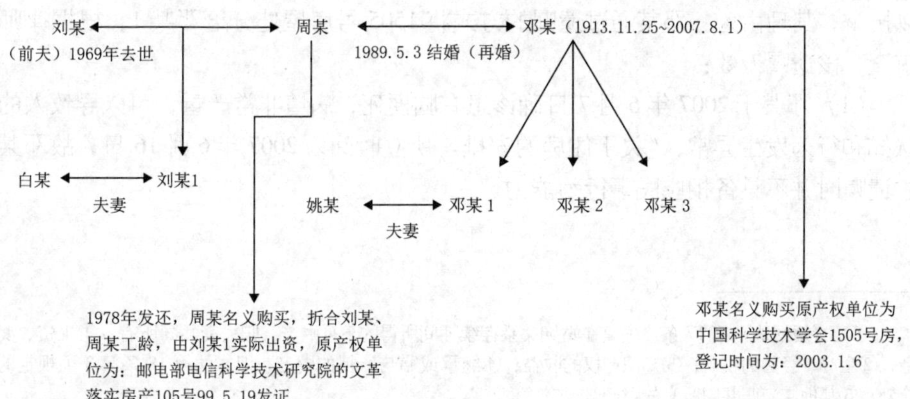

律师思路

请求权的基础

周某主张分得1505号房屋的3/4份额的请求权基础为以下三点：①涉案房屋系周某与邓某夫妻共同财产，周某有权分得1/2；②邓某去世后，其继承人为邓某1~3及周某，周某应分得邓某所占1/2的1/4，即1505号房屋的1/8；③周某与被继承人邓某共同生活时间较长，要求多分1/8。

一、针对第1点请求权基础，假设周某根据《婚姻法》第17条[1]享有分得1505号房屋50%的产权份额的请求权

1. 那么首先该请求权必须已经产生。

根据《婚姻法》第17条，该请求权产生的前提条件是：

1505号房屋系周某与邓某婚姻关系存续期间所得：周某与邓某结婚的时间为1989年5月，邓某去世的时间为2007年8月，购买1505号房屋的资格审查时间为2000年11月，交款时间为2002年10月，1505号房屋的产权证下发时间为2003年1月，因此无论以资格审查时间、交款时间或是产权证办理时间作为1505号房屋取得时间，1505号房屋均是在夫妻关系存续期间获得的财产。

由此，周某享有的分得1505号房屋50%的产权份额的请求权成立了。

2. 该请求权并未消灭。

3. 该请求权可以实现，邓某1所主张的抗辩权不能成立，周某起诉也未超过诉讼时效。

本案中，由于邓某1以1505号房屋不属于遗产范围为由，对周某的请求权予以抗辩，其理由为：邓某通过遗嘱的方式将1505号房屋处分给邓某1，根据律师审查，该遗嘱无效：

（1）邓某于2007年6月7日确诊患有脑梗死，病情非常严重，可以导致人的认知和行为发生异常，《关于住房的安排》所立时间为2007年6月16日，故邓某立遗嘱时并不具备相应民事行为能力。

---

〔1〕《婚姻法》第17条　夫妻在婚姻关系存续期间所得的下列财产，归夫妻共同所有：①工资、奖金；②生产、经营的收益；③知识产权的收益；④继承或赠与所得的财产，但本法第18条第3项规定的除外；⑤其他应当归共同所有的财产。

（2）根据《继承法》第17条第3款[1]的规定，该遗嘱不符合法定要件：代书人不是见证人，见证人应当与继承人、受遗赠人无利害关系，姚某均不符合该要件。

（3）代书遗嘱不符合法定要件当然无效。

故邓某1无法以邓某已立遗嘱为由抗辩周某的请求权。

4. 故周某依据上述法条享有分得1505号房屋50%的产权份额的请求权

二、针对第2点请求权基础，假设周某根据《继承法》第13条第1款[2]享有取得1505号房屋中1/8产权的请求权

1. 那么首先该请求权必须已经产生。

根据《继承法》第13条第1款，请求权产生的前提条件是：

周某系邓某的法定继承人，可以分得邓某所有的1505号房屋50%份额的1/4，即总额的1/8：邓某去世后，周某、邓某1～3均为邓某的法定继承人，四人应当均分邓某所有的50%份额。

由此，周某享有的分得1505号房屋1/8产权份额的请求权产生了。

2. 该请求权并未消灭。

3. 邓某1～3无抗辩权，周某起诉也未过诉讼时效。

4. 故周某依据《继承法》第13条第1款享有取得1505号房屋中1/8产权份额的请求权。

三、针对第3点请求权基础，假设周某根据《继承法》第13条第3款[3]享有取得1505号房屋中1/8产权的请求权

1. 那么首先该请求权必须已经产生。

根据《继承法》第13条第3款，请求权产生的前提条件是：

周某对被继承人邓某尽了主要扶养义务或者与被继承人共同生活：周某与邓某共同生活长达18年，周某属于可多分的法定继承人。

由此，周某享有的分得1505号房屋1/8产权份额的请求权产生了。

2. 该请求权并未消灭。

---

[1]《继承法》第17条第3款 代书遗嘱应当有两个以上见证人在场见证，由其中一人代书，注明年、月、日，并由代书人、其他见证人和遗嘱人签名。

[2]《继承法》第13条第1款 同一顺序继承人继承遗产的份额，一般应当均等。

[3]《继承法》第13条第3款 对被继承人尽了主要扶养义务或者与被继承人共同生活的继承人，分配遗产时，可以多分。

3. 邓某1~3无抗辩权，周某起诉也未过诉讼时效。

4. 故周某依据《继承法》第13条第3款享有取得1505号房屋中1/8产权份额的请求权。

故周某享有分得1505号房屋中3/4产权份额的请求权。

抗辩权的基础

本案中，邓某1~3以105号房屋为邓某与周某的夫妻共同财产为由，要求对105号房屋进行法定继承且分割。

一、假设周某根据《最高人民法院关于房地产案件受理问题的通知》第3条[1]对邓某1~3的分割请求享有抗辩权

1. 那么首先该抗辩权必须已经产生。

根据《最高人民法院关于房地产案件受理问题的通知》第3条，历史遗留的落实政策性质的房地产纠纷不属于法院主管范围：周某在庭审中举证证明了105号房屋属历史遗留的落实政策性质的房屋，不属于法院主管工作范围。

由此，故周某对邓某1~3的分割请求的抗辩权产生了。

2. 周某未放弃该抗辩权。

3. 故周某对邓某1~3的分割105号房屋的请求享有抗辩权。

二、假设周某根据《关于唐民悦房改房产权认定问题的复函》[2]对邓某1~3主张105号房屋系周某和邓某的夫妻共同财产主张分割的请求享有抗辩权

1. 那么首先该抗辩权必须已经产生。

根据《关于唐民悦房改房产权认定问题的复函》，该抗辩权产生的前提条件是：

---

〔1〕《最高人民法院关于房地产案件受理问题的通知》第3条 凡不符合民事诉讼法、行政诉讼法有关起诉条件的属于历史遗留的落实政策性质的房地产纠纷，因行政指令而调整划拨、机构撤并分合等引起的房地产纠纷，因单位内部建房、分房等而引起的占房、腾房等房地产纠纷，均不属于人民法院主管工作的范围，当事人为此而提起的诉讼，人民法院应依法不予受理或驳回起诉，可告知其找有关部门申请解决。

〔2〕原建设部1999年发布《关于唐民悦房改房产权认定问题的复函》（建住房市函［1999］005号）按照目前我国城镇住房制度改革的有关政策，按成本价或标准价购买公有住房以城镇职工家庭（夫妇双方）为购房主体，且每个家庭只能享受一次。本案中，唐民悦按房改政策购买住房时享受了其配偶的工龄优惠，该住房应当视为其夫妇双方共同购买。因此，我司认为，该住房应视为唐民悦与其配偶共有财产。

购买 105 号房屋时，折算了周某和刘某的工龄：1999 年 3 月，周某与邮电部签订《房屋买卖契约》，约定周某购买 105 号房屋，该房屋折算了周某 42 年工龄以及已逝前夫刘某 32 年工龄，故 105 号房屋系周某和刘某的夫妻共同财产，和邓某毫无关系。

由此，周某对邓某 1~3 主张分割之请求的抗辩权产生了。

2. 周某未放弃该抗辩权。

3. 故周某对邓某 1~3 的分割 105 号房屋的请求享有抗辩权。

一审法院判决

北京市海淀区人民法院经审理认为：

遗产是公民死亡时遗留的个人所有的财产。继承人生前有遗嘱的按照遗嘱继承，没有遗嘱的按照法定继承。夫妻在婚姻关系存续期间所得的财产，除约定外，均属于夫妻共同财产。如果将夫妻共同财产作为遗产分割，除另有约定外，应当先将共同所有的财产的一半分出为配偶所有，其余的为被继承人所有予以继承。综观本案，有以下争议焦点：其一，本案属于法定继承还是遗嘱继承。邓某 1~3 认为《关于住房的安排》属于代书遗嘱，而周某认为应该适用法定继承。《继承法》规定，代书遗嘱应当有两个以上见证人在场见证，由其中一人代书，注明年、月、日，并有代书人、其他见证人和立遗嘱人签名。庭审中，邓某 1 自认此份住房安排系由继承人邓某 1 之妻姚某打印完成，姚某作为被继承人的儿媳代书遗嘱是有不妥，且遗嘱没有代书人书写并签字，遗嘱形式不属于代书遗嘱的形式要件，故该份遗嘱无效。尽管邓某 1~3 提供公证书证明见证人之一系其本人签字，但不能改变代书遗嘱的形式要件的要求，故 1505 号房屋不能按照遗嘱继承，应按法定继承由各继承人依法继承。其二，105 号房屋是否为周某和邓某的共同财产。尽管周某提交了邮电部出具的情况说明，证明此套房屋系该单位为周某前夫刘某文革落实政策的房屋。但该房屋购买时间为 1999 年，该时间点为邓某与周某的婚姻关系存续期间，房屋所有权的取得时间亦为双方的婚姻存续期间，且双方就该房屋权属没有另行约定，虽然交款人一栏填写刘某1，但收据确认的交款人系周某，即使在购房中，刘某1有出资，应认定为对母购房的资助，两者仅为债权关系，不能改变房屋权属。故该房屋应为周某、邓某的夫妻共同财产，属于应当分割的遗产范围。

综合全案案情，本案属于法定继承纠纷，且1505号以及105号房屋均属于可以继承的范围。经法院释明，原被告双方均坚持认为现在占用的房屋不属于遗产范围，只要求分割对方房产，且均不提起房产价值鉴定，故法院依法判定双方共同分割房屋。两套房产其中一部分为夫妻共同财产，另一部分属于法定继承的范围，由原被告共同继承。1505号房屋其中50%为周某的夫妻共同财产，另50%由原被告分配。105号房屋，考虑到周某、邓某再婚近二十年，双方一直共同居住，本案在105号房屋的分割比例中适当提升周某的继承份额，由周某分得72.4%，剩余份额由邓某1~3平均分配。综上，依照《继承法》第13条、第17条第3款、第29条第2款之规定，判决：1505号房屋中62.5%的份额归周某所有，邓某1~3各自享有12.5%的份额；105号房屋中72.4%的份额归周某所有，邓某1~3各自享有9.2%的份额。

后，周某及邓某1~3均不服上述判决，上诉至北京市第一中级人民法院。

二审法院判决

北京市第一中级人民法院经审理认为：

本案诉争的105号房屋系于周某与邓某婚姻关系存续期间购买，但购买该房屋时折扣了周某前夫刘某32年工龄，购买该房时所享受的刘某的工龄优惠应属于一种财产权益。该财产权益系刘某的工龄在购买房屋时的折扣而来，且刘某已于1969年去世，故该财产权益应涉及刘某的继承人的权益，本案未查明刘某的继承人的情况，属于遗漏当事人。依照《民事诉讼法》第170条第1款第4项之规定，裁定：撤销原判，发回北京市海淀区人民法院重审。

发回重审代理词

一、105号房屋不应由法院处理

1992年11月25日发布实施的《最高人民法院关于房地产案件受理问题

的通知》第3条规定："凡不符合民事诉讼法、行政诉讼法有关起诉条件的属于历史遗留的落实政策性质的房地产纠纷，因行政指令而调整划拨、机构撤并分合等引起的房地产纠纷，因单位内部建房、分房等而引起的占房、腾房等房地产纠纷，均不属于人民法院主管工作的范围，当事人为此而提起的诉讼，人民法院应依法不予受理或驳回起诉，可告知其找有关部门申请解决。"

在原一审庭审过程中，周某已经提交了《关于刘某同志落实政策房屋的情况说明》及《在京中央和国家机关职工住房情况调查表》，证明了105号房屋性质上确实属于历史遗留的落实政策性质的房屋，根据上述司法解释的规定，此类房屋发生的纠纷不属于人民法院主管工作的范围，对于邓某1~3要求进行分割的主张，人民法院应依法不予受理或驳回起诉。

二、即使法院要处理105号房屋，该房屋应属周某与其前夫刘某的夫妻共同财产，与邓某无关

（一）法律依据的演变

关于折算夫妻工龄住房权属如何认定的问题，目前有最高法和原建设部两个部门截然不同的认定标准：最高法在2000年通过复函的形式采用"一刀切"的区分标准，认为权属性质以出资为准，认为工龄折算不是财产性利益；而原建设部在1999年也是通过复函的形式认为根据房改政策购买的享受配偶工龄优惠的住房应当视为其夫妇双方共同购买，属于共同财产。

此后最高法逐渐放弃了其观点。2011年，最高法在答复函中的观点便有所松动，认为房改房权属性质比较复杂，要根据多方面的因素综合认定，抛掉了2000年"一刀切"的区分标准。2013年4月8日，最高法更是直接废除了2000年的复函，完全抛弃了以出资为准、工龄折算不是财产性利益的观点。

目前折算工龄住房权属认定现行有效的法律依据就是原建设部1999年发布《关于唐民悦房改房产权认定问题的复函》，而该复函明确认定折算工龄住房属于夫妻共同财产。

因此，根据上述法律演变及现行有效的法律依据可知，折算夫妻工龄购买的房改房，应属于该夫妻的共有财产，105号房屋折算了周某和刘某的工龄，应属于二人的夫妻共同财产。

（二）105 号房屋应认定为周某与刘某夫妻共同财产的理论依据

1. 房屋出售对象的特殊性。

由国情决定，房改房在出售前原则上是由本单位职工以包括配偶在内的家庭为单位承租的公有房屋，房改的售房对象就是具有城镇常住户口的公有住房的承租人或者同住成年人和符合分配住房条件的职工个人（单身者）和已婚职工（夫妇双方），政府在售房时还必须照顾已去世配偶的权益，承认他们对社会、对家庭所作出的贡献，保证全社会的公平正义。

2. 房屋价格的特殊性。

“房改房”的价格不是单纯的市场价格，而是综合了包括夫妻双方的工龄、职级等因素后确定的，远远低于房屋的市场价格，有时相差近十倍。“房改房”针对家庭的特点一方面决定了家庭成员可以享受的房改福利待遇都可以体现在房价优惠之中；另一方面也使得在此房中哪些成员使用了房改优惠成为判别其在此房中拥有产权份额的重要依据，更使得到底是哪个家庭购买此房改房显得十分明晰。如果在申请购买时，计算房屋总价款时使用了现配偶的工龄优惠等其他折价优惠，就可以证明此房改房是出售给现家庭的；但如果使用的前配偶的工龄优惠及其他优惠，则可以证明此房屋是出售给前一个家庭的，现配偶自然在其中不享有份额。本案中 105 号房屋折算了刘某和周某的工龄，没有折算邓某的工龄，105 号房屋应属于周某与刘某的夫妻共同财产。

3. 判断权属应坚持与房改政策相一致的原则。

由于现行房改政策规定，职工按成本价购买公有住房，售房单位应根据购房职工建立住房公积金制度前的工龄予以折扣。因此权属认定应当以是否使用了权利人一方的包括工龄优惠在内的各种房改福利优惠来作为基本的判断原则，享受了谁的就是谁的，不能和稀泥，简单认定为多方共有了事。如果确实是使用了配偶的福利优惠，那么此“房改房”中就有产权份额，权属判断必须与政策相一致。

4. “房改房”是补偿给死者的福利政策权益的物化财产形态。

给予职工的工龄等福利优惠购房政策，这是因为我国长期实行低工资制度，住房实行福利性实物分配制度，“房改房”是国家根据职工工龄、职务、工资、家庭人口等多种因素综合考虑后在房屋价值计算上给予职工的政策性优惠福利。相当于将多年的工资差额，一次性补发给职工。虽然该职工生前未能实际取得，但由于这种补助是其生前应享受和取得的财产或财产性权益，那么根据对《婚姻法》第17条关于夫妻共同财产的“所得”理解，即使其生前没有实际占有，也应视为是夫妻在婚姻关系存续期间的所得财产而在继承时纳入遗产的范围。

第一，“房改房”是我国特定历史时期依靠国家政策保障实施的产物，因此不能简单、机械地理解《物权法》的不动产登记制度，登记并不带来一个新的权利的产生，它仅就原来已经真实存在的权利，给它一个公开自己并能合法对抗第三人的身份凭证。同时法律要适应政策，如《民法通则》第6条[1]规定：“民事活动必须遵守法律，法律没有规定的，应当遵守国家政策。”法律与政策不一致，在我国社会主义改革开放进程中是存在的，往往是改革政策先行，法律滞后一段时间。但是这种不适应、不一致是暂时的，通过法定程序可以修改法律，去适应不断发展的改革的新政策。司法解释也要与政策相适应，因而“与现行房改政策不一致”就需将其废止。

第二，对夫妻共同财产的认定宜采“事实物权（实质物权）”的标准而不宜依据“法定物权（形式物权）”的登记原则。《物权法》规定的不动产登记制度，主要是为了保障交易安全，而夫妻财产作为一种事实物权不会危害公共利益和交易秩序，即使未经法定的登记公示方法表现，法律也不能排斥或拒绝保护这种权利，且在不存在交易第三人的情况下，事实物权具有对抗形式物权之效力。

第三，通过对房改售房时的《个人购房申请表》、《出售公有住房交易合同》、《标准价过渡成本价价格核定单》等相关材料仔细分析，从中可以发现，购房人的姓名栏填写的都是夫妻双方，如一方死亡则注明了“已故”，在价格核定时仍然折扣了死者的工龄优惠，并没有将死者排除在购房资格之外。由此说明，房改售房不因配偶一方的死亡而受到影响，身后可以追认财产。

第四，根据房改政策将死亡一方配偶生前应享受的工龄等福利优惠在其死后通过购房而转化为房屋形态，明确赋予了死者具有购买福利房的资格和优惠，既然这种工龄优惠折扣可以用房价表现，那么则可将已购公房看作是

---

〔1〕 2017年10月1日起实施的《民法总则》将该条款删除。

死者生前享受的这种特定的专属财产权益的形态转化，依据民法理论界和审判实务界的共识，个人财产的形态变化并不改变财产的法律性质，只不过补偿给已故职工的福利优惠政策权益需通过健在配偶一方的购买行为来得到实现和转化。

第五，司法审判实践中，已有裁判先例，并被作为典型案例收录于人民法院的相关出版物中用于指导审判实践[1]。

第六，认定享受死者福利优惠政策购买的房改房作为已故配偶的遗产符合当前社会人们的公平正义观念，能为人们所认同和接受，从而有利于优化法律关系、便捷地处理夫妻共同财产的分割和遗产继承纠纷，化解社会矛盾。

因此，105 号房屋应为刘某和周某夫妻共同财产，与邓某无关。

（三）关于刘某在 105 号房屋内的份额是债权还是物权的问题

房屋买卖本身就是一个债权转化成物权的过程。工龄折算是财产利益，是债权的体现，购得 105 号房屋取得产权是物权的体现，而折算工龄的方式购房就是债权向物权转化的过程，这一过程是紧密不可分割的。邓某 1 主张刘某的工龄折算仅是债权利益，是完全将债权向物权转化的过程割裂开来的，用静态的视角去分析动态的购房过程，逻辑上无法成立。

三、周某有权要求分割 1505 号房屋

（一）1505 号房屋系周某与邓某夫妻关系存续期间所得

《婚姻法》第 17 条第 1 款规定：“夫妻在婚姻关系存续期间所得的下列财产，归夫妻共同所有：①工资、奖金；②生产、经营的收益；③知识产权的收益；④继承或赠与所得的财产，但本法第 18 条第 3 项规定的除外；⑤其他应当归共同所有的财产。”

无论以资格审查时间、交款时间或是产权证办理时间作为 1505 号房屋取得时间，1505 号房屋均是在夫妻关系存续期间获得的财产，故依照《婚姻法》第 17 条之规定应属夫妻共有财产。

（二）1505 号房屋不是邓某 1 的财产

1. 1505 号房屋属于房改房，性质上是福利性住房，邓某 1 工作单位是人

[1] 湖北省武汉市中级人民法院 2006 武民终字第 1 号，载《中国典型案例裁判规则精选（民商事卷）》，人民法院出版社 2010 年版，第 36 页。

民教育出版社印刷厂，而不是1505号房屋原产权单位中国科学技术协会，故邓某1不具备购买1505号房屋的资格。

2. 邓某1主张其支付了全部的购房款，但并未提供充分、有效证据支持。

3. 邓某1并未实际居住1505号房屋。1998年11月，邓某1及其爱人姚某已经购买了中科院的403号房屋，并且邓某1一直居住在自己的403号房屋内。

（三）关于1505号房屋的遗嘱无效，该房屋应当按照法定继承处理

《继承法》第17条第3款规定："代书遗嘱应当有两个以上见证人在场见证，由其中一人代书，注明年、月、日，并由代书人、其他见证人和遗嘱人签名。"

《继承法》第18条规定："下列人员不能作为遗嘱见证人：①无行为能力人、限制行为能力人；②继承人、受遗赠人；③与继承人、受遗赠人有利害关系的人。"

《继承法》第22条第1款规定："无行为能力人或者限制行为能力人所立的遗嘱无效。"

1. 邓某立遗嘱时不具备民事行为能力。

《关于住房的安排》所立时间为2007年6月16日，而从北京市某医院住院病历中可以看出：在2007年6月7日，邓某便确诊患有脑梗死，并且在这之前已经抢救过一次，住院期间出现过病危、急症，故其脑梗死病情已经非常严重。而大脑皮层的梗死压迫神经会引起神经内科疾病并导致人的认知、行为等发生异常。因此，在邓某患有严重脑梗死的情况下，即便认定《关于住房的安排》是真实的，该遗嘱亦因立遗嘱人不具备民事行为能力而无效。

2.《关于住房的安排》不具备代书遗嘱的法定要件。

姚某在庭审中已经认可《关于住房的安排》是其打印的，并且认为《关于住房的安排》是代书遗嘱。而依照《继承法》第17条之规定，代书遗嘱必须符合如下要件：有两个无利害关系的见证人在场见证，见证人中的一人作为代书人。但《关于住房的安排》不符合代书遗嘱的法定要件，理由如下：

（1）代书人应是见证人中的一人，但姚某作为代书人并非见证人中的一人。

（2）见证人应当与继承人、受遗赠人无利害关系。但姚某是该遗嘱指定

的遗嘱继承人的妻子，其与继承人之间有明显的利害关系。

3. 代书遗嘱不符合法定要件应当当然地认定为无效遗嘱。

《最高人民法院关于贯彻执行〈继承法〉若干问题的意见》第35条规定："继承法实施前订立的，形式上稍有欠缺的遗嘱，如内容合法，又有充分证据证明确为遗嘱人真实意思表示的，可以认定遗嘱有效。"

（1）遗嘱是要式法律行为，非以法律规定的形式不能发生法律效力。

（2）遗嘱生效，可能产生剥夺原法定继承人的遗产继承权利的重大法律后果，而《继承法》对于代书遗嘱的形式要求虽然严格，但是并非苛刻，并不需要立遗嘱人付出太大的代价即可实现，如果这一相对简单的形式要求都无法满足，遗嘱的真实性、客观性就不易得到保证，遗嘱自由的原则也会落空。

（3）最高法根据《继承法》及其意见曾给北京市高法的答复中明确认定：不符合法定形式要件的代书遗嘱不宜认定为有效。

（4）只有形式严谨、制作规范的遗嘱才能反映出立遗嘱人的真实意思。

因此，代书遗嘱不符合法定要件的应当当然地认定为无效遗嘱。

四、周某有权要求提高其在1505号房屋内的份额

《继承法》第13条第3款规定："对被继承人尽了主要扶养义务或者与被继承人共同生活的继承人，分配遗产时，可以多分。"

通过庭审调查的情况及对方提交的证据可知，周某与邓某共同生活长达18年之久，根据《继承法》第13条的规定，周某有权要求多分遗产，故在法定份额5/8的基础上，有权要求多分1/8的份额，共主张3/4的份额。

发回重审法院判决——北京市海淀区人民法院重审认为：

北京市海淀区人民法院经重审，对案件事实并未更改，但增加一项争议焦点——刘某子女是以被告身份还是第三人身份参加本案诉讼。周某前夫刘某早在1969年就已经去世，自此不具有民事权利能力及民事行为能力，即不具有进行购房这一民事活动的资格。同时，他与周某婚姻关系终止。而105号房屋的购买时间为1995年，刘某已去世26年，且为周某与邓某婚姻关系存续期间，故从物权权属角度应认定为周某与邓某的夫妻共同财产。在购房过程中，为尽可能使用优惠政策，折扣了刘某32年的工龄，而此并非确认房屋物权归属的依据，故该工龄应为财产权益中的债权。因本案是邓某遗产纠

纷案，不能处理因使用刘某工龄优惠而产生的债权纠纷。故就此论证，刘某与周某所生子女也不是本案必须参加诉讼当事人，刘某子女对105号房屋的出资可另案解决。

综上所述，1505号房屋和105号房屋均属于邓某和周某的夫妻共同财产，邓某去世后，夫妻共同财产中的一半份额应属邓某的遗产，一半归周某所有。作为邓某的法定继承人，周某、邓某1、邓某2、邓某3均等继承上述遗产。在对两套房屋进行分割时，考虑两套住房的使用现状和发挥遗产的最大功效，两套房屋应判归各方一套。但继承房产价值高于另一方时，应由高出一方给予另一方高出部分的房屋折价款，该折价款的给付数额以两套房产的评估价值为基数。综上，依照《继承法》第13条、第17条第3款、第29条第2款之规定，判决：1505号房屋归邓某1所有；105号房屋归周某所有；邓某1~3分别向周某支付房屋折价款626 002元。

后周某不服再次上诉至北京市第一中级人民法院。

案件结果

案件审理过程中，经北京市第一中级人民法院主持调解，双方达成如下协议：①1505号房屋归邓某1所有；②105号房屋归周某所有；③邓某1支付周某房屋折价款200万元；④双方就本案再无其他争议。

律师点评

对于105号房屋，如果将其当成一般的商品房对待，因产权证的办理是在周某与邓某夫妻关系存续期间，无疑要将其作为周某和邓某的夫妻共同财产处理，必然会纳入遗产继承的范畴，这也是对方律师的诉讼思路。而本书作者的诉讼策略正是通过理论结合实务的方式将105号房屋排除在遗产范围之外，最大限度地保护当事人合法权益。在查阅了历年司法和政府部门对于折算工龄的房改房的政策规定后，详细总结归纳出相关部门针对此问题的态度和意见的变革过程（后附变革过程），认定105号房屋系周某与刘某的夫妻共同财产，并对此作出详细说明。

对于1505号房屋，显然对方欲通过遗嘱的方式，将该房屋中属于邓某的遗产全部分配给邓某的三个子女，如果能摧毁遗嘱的效力，将1505号房屋全部份额纳入法定继承的范畴，将对我方当事人极为有利。

因为继承案件涉及人员较多，尤其本案涉及两套房产，为了便于法庭查明案件事实，厘清案件思路，人物事件关系图必不可少。基于此，本律师做了前文呈现的人物事件关系图。

另外还有两点需要强调：

第一，关于遗嘱欠缺形式要件是否影响遗嘱效力的问题，实践中存在一种认知，即形式要件欠缺，只要有其他证据证明是立遗嘱人真实意思表示，则不影响遗嘱效力的认定。这种观点也是一审法官最开始的认知。这种认知显然对周某极其不利。为了推翻前述观点，本书作者翻阅了大量文献，最终在最高人民法院民事审判庭第二庭副庭长刘贵祥法官所著的《合同效力研究》中找到了突破口。该书第120页写道：法律关于形式要件的规定，有时便旨在实现私法自由原则，例如在前述"栗某某与栗松某、栗卫某、栗克某遗嘱继承案"中，最高人民法院研究室经研究认为，《继承法》对于遗嘱的形式予以明确规定的立法本意在于充分保证遗嘱真实，以维护遗嘱自由原则。遗嘱毕竟是立遗嘱人对其财产的终意处分，且在其死后才能得到执行，因此，为了确保其真实性和严肃性，法律有必要对遗嘱设以严格的要式性要求，最大限度地防止他人伪造、篡改遗嘱内容。代书遗嘱系由他人书写，立遗嘱人虽有签名，但其意思表示要通过他人的代书来表达，如果没有其他形式要件的约束，立遗嘱人在他人胁迫或诱导下签名或者他人伪造遗嘱的情形就容易发生。而且《继承法》对于代书遗嘱的形式要求虽然严格，但是并非苛刻，并不需要立遗嘱人付出太大代价即可实现，即立遗嘱人意图通过代书遗嘱的形式来处分其身后的财产，只需找到两个以上的无利害关系的人来见证并由其中一人代书即可。如果这一相对简单的形式要求都无法满足，遗嘱的真实性和客观性就不易得到保证，遗嘱自由原则也就会落空。因此，有必要对《继承法》关于代书遗嘱法定形式要件的要求予以从严掌握，对违反法定形式要件的代书遗嘱，不宜认定为有效。本书作者将书中观点应用到本案中，成功说服法官，最终法院采纳本书作者代理意见，否定了《关于住房的安排》的效力，一来最大限度地维护了我方当事人的合法权益，二来省去了对《关于住房的安排》之真实性进行鉴定的高额费用。这一点告诫所有律师同仁们：虽是实务律师，理论学习仍是必不可少。

第二，关于折算夫妻工龄的已购公房产权归属问题，一审法院未能采纳本书作者的观点，究其原因，主要在于基层法院的法官尚未跟上最高人民法院的认知，存在观点上的滞后。建议最高法能够尽快出台更为清晰的司法解释。

附：相关部门针对房改房产权认定问题的变革历程

首先，原建设部1999年发布《关于唐民悦房改房产权认定问题的复函》（建住房市函［1999］005号）规定："按照目前我国城镇住房制度改革的有关政策，按成本价或标准价购买公有住房以城镇职工家庭（夫妇双方）为购房主体，且每个家庭只能享受一次。本案中，唐民悦按房改政策购买住房时享受了其配偶的工龄优惠，该住房应当视为其夫妇双方共同购买。因此，我司认为，该住房应视为唐民悦与其配偶共有财产。"

其次，2000年2月17日发布并实施的《最高人民法院关于在享受本人工龄和已死亡配偶生前工龄优惠后所购公房是否属夫妻共同财产的函的复函》（现已失效）规定："夫妻一方死亡后，如果遗产已经继承完毕，健在一方用自己的积蓄购买的公有住房应视为个人财产，购买该房时所享受的已死亡配偶的工龄优惠只是属于一种政策性补贴，而非财产或财产权益。夫妻一方死亡后，如果遗产没有分割，应予查明购房款是夫妻双方的共同积蓄，还是配偶一方的个人所得，以此确认所购房屋是夫妻共同财产还是个人财产；如果购房款是夫妻双方的共同积蓄，所购房屋应视为夫妻共同财产。"

再次，2011年1月26日发布并实施的《住房和城乡建设部公告第894号——关于公布住房和城乡建设部规范性文件清理结果目录的公告》中继续有效规范性文件目录329号《关于唐民悦房改房产权认定问题的复函》

又次，最高人民法院于2011年11月23日发布关于对"修改《最高人民法院关于在享受本人工龄和已死亡配偶生前工龄优惠后所购公房是否属夫妻共同财产的函的复函》（［2000］法民字第4号）"建议的答复称：

福利分房在相当长的时期内曾经是我国城镇居民获取住房的主要途径。通常，人们将这些原本福利分配的公房依据相关规定出售给个人所有的房屋，统称为房改房。［2000］法民字第4号复函中所涉及的就是此类房屋。依据该复函，"已死亡配偶的工龄优惠只是属于一种政策性补贴，而非财产或财产权益"，确认所购房屋的性质，关键在于判断购房款项是个人财产还是夫妻共同财产。后来，随着城镇住房制度的改革，开始由房屋实物分配形式不断向现行的货币化分房推进和演变，住房公积金、住房补贴等应运而生。修改后的《婚姻法》对夫妻共同财产进行了完善，最高人民法院《关于适用〈婚姻法〉若干问题的解释（二）》中在第11条等相关条文对《婚姻法》第17条夫妻共同财产的规定进行细化，将符合条件的住房公积金、住房补贴认定为属于夫妻共同财产的范围。前述复函所指的"工龄优惠"与司法解释中所涉及的住房公积金、住房补贴等，在性质、指向、内容等诸多方面都是有所不同的，［2000］法民字第4号复函与《关于适用〈婚姻法〉若干问题的解释（二）》在此类问题上不存在冲突。

此外，网民还提出对夫妻双方仅一方健在情形下购买的公有住房的性质如何认定问题。房改房是我国经济社会发展特定时期的特定产物，关于房改房的出售、产权归属等问题，极为复杂。需要在对诸如有关部门的相应规定、售房单位的具体意见和情况、房改时是否享受了双方工龄优惠、配偶中的另一方是否因分配该房屋而失去了其在本单位另行分房资格等多方面的因素综合考量后，才能作出认定。也就是说，此类问题不能一概而论，而是应当具体问题具体分析。

以上意见，供参考。

感谢网友对人民法院工作的关心和支持！

最后，2013年2月26日发布、2013年4月8日实施的《最高人民法院关于废止1997年7月1日至2011年12月31日期间发布的部分司法解释和司法解释性质文件（第十批）的决定》中明确废止了《最高人民法院关于在享受本人工龄和已死亡配偶生前工龄优惠后所购公房是否属夫妻共同财产的函的复函》（第23号），废止的理由：与现行房改政策不一致。

26. 中介公司过错导致合同无法履行的责任

彭某与链某房地产经纪有限公司居间合同纠纷案

本案思维导图

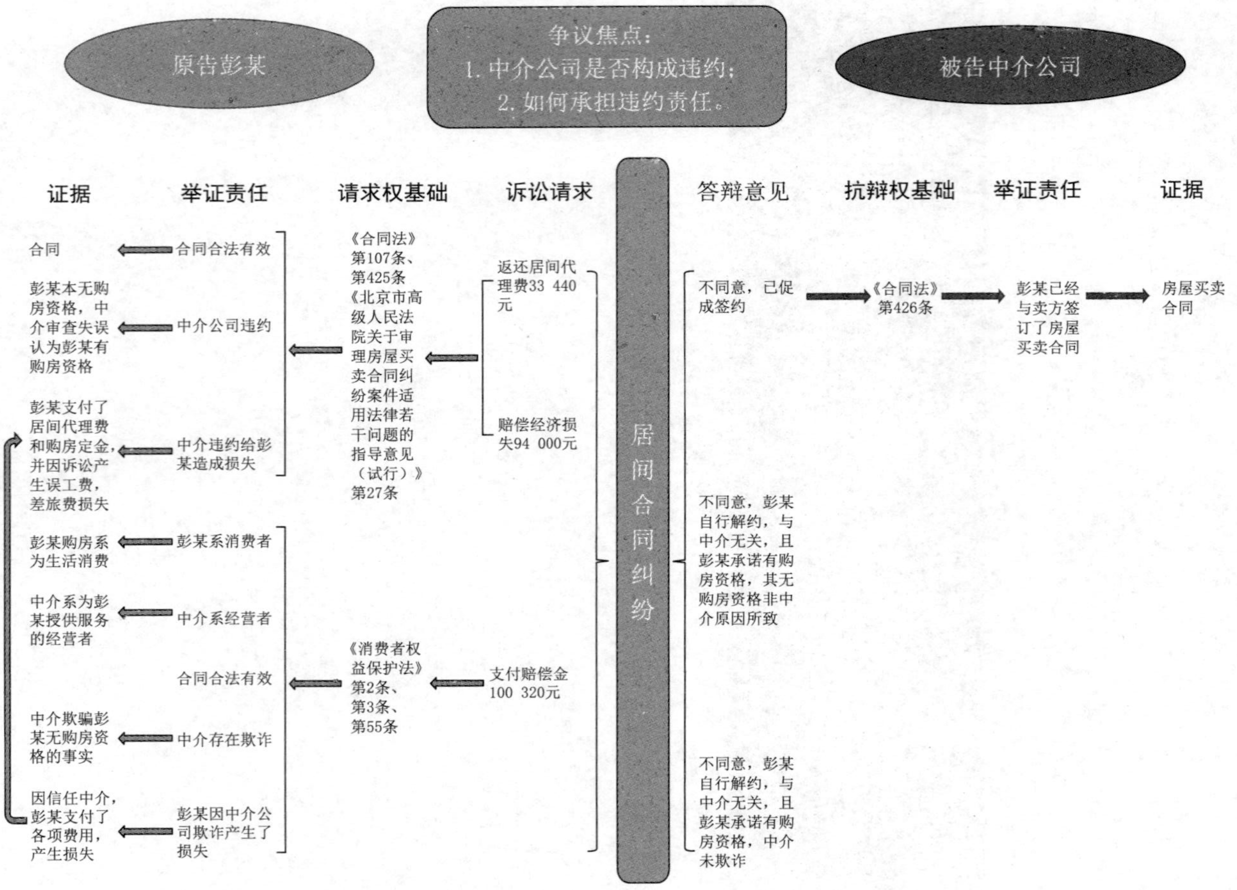

原告彭某

争议焦点：
1. 中介公司是否构成违约；
2. 如何承担违约责任。

被告中介公司

居间合同纠纷

原告彭某

证据	举证责任	请求权基础	诉讼请求
合同	合同合法有效	《合同法》第107条、第425条《北京市高级人民法院关于审理房屋买卖合同纠纷案件适用法律若干问题的指导意见（试行）》第27条	返还居间代理费33 440元；赔偿经济损失94 000元
彭某本无购房资格，中介审查失误认为彭某有购房资格	中介公司违约		
彭某支付了居间代理费和购房定金，并因诉讼产生误工费，差旅费损失	中介违约给彭某造成损失		
彭某购房系为生活消费	彭某系消费者	《消费者权益保护法》第2条、第3条、第55条	支付赔偿金100 320元
中介系为彭某授供服务的经营者	中介系经营者		
	合同合法有效		
中介欺骗彭某无购房资格的事实	中介存在欺诈		
因信任中介，彭某支付了各项费用，产生损失	彭某因中介公司欺诈产生了损失		

被告中介公司

答辩意见	抗辩权基础	举证责任	证据
不同意，已促成签约	《合同法》第426条	彭某已经与卖方签订了房屋买卖合同	房屋买卖合同
不同意，彭某自行解约，与中介无关，且彭某承诺有购房资格，其无购房资格非中介原因所致			
不同意，彭某自行解约，与中介无关，且彭某承诺有购房资格，中介未欺诈			

案情介绍

2015年5月初，彭某欲购买一处北京房产，经北京链某房地产经纪有限公司（以下简称“中介公司”）撮合，相中案外人李某名下位于北京市丰台区涉案房屋。2015年5月18日，彭某按中介公司要求提供了购房所需的相关材料，中介公司工作人员审核后，确认彭某具备购买涉案房屋的资格。在得到中介公司确认后，2015年5月19日，彭某与李某签订了《北京市存量房屋买卖合同》，约定：彭某购买李某所有的涉案房屋，成交价格为1 050 000元。彭某同日向李某支付定金50 000元。双方之后签订了该合同的《补充协议》，其中《补充协议》中载明：“彭某保证具备购房资格。”彭某、中介公司及李某签订了《居间服务合同》等协议。彭某支付给中介公司居间费33 440元、保障服务费7600元、代收评估费1500元。

然而，在合同履行过程中，彭某得知自己根本不具备购买涉案房屋的资格，2015年6月16日，彭某与李某经过协商签订《解约协议书》，约定：因彭某不具有购房资格，双方解除一切有关涉案房屋买卖的协议，彭某承担违约责任，已支付的定金不予退还。

彭某认为，中介公司未尽审查义务，导致其遭受经纪损失，故向中介公司提出退还居间代理费并赔偿损失的要求，但中介公司以已经促成买卖双方签约、彭某承诺了具备购房资格、彭某与李某自行达成解约协议与中介公司无关等理由，拒绝彭某提出的要求。故彭某将中介公司起诉至北京市丰台区人民法院，要求：①中介公司返还彭某支付的居间代理费33 440元；②中介公司赔偿彭某经济损失94 000元（包括李某未退回的定金50 000元，误工费、差旅费34 000元）；③中介公司支付彭某赔偿金100 320元（居间代理费的3倍）。

本书作者系彭某的诉讼代理人。

律师思路

请求权的基础

本案中，彭某提出三项诉讼请求：①中介公司返还彭某支付的居间代理费

33 440元；②中介公司赔偿彭某经济损失 94 000 元（包括李某未退回的定金 50 000元，误工费、差旅费 34 000 元）；③中介公司支付彭某赔偿金 100 320 元（居间代理费的 3 倍）。

一、针对第 1 项诉讼请求，假设彭某对中介公司根据《合同法》第 425 条[1]、《北京市高级人民法院关于审理房屋买卖合同纠纷案件适用法律若干问题的指导意见（试行）》第 27 条[2]享有返还中介费 33 440 元的请求权

1. 那么首先这个请求权必须已经产生。

根据上述法条规定，请求权产生的前提条件是：

（1）彭某与中介公司之间存在合法有效的合同：彭某与中介公司签订的居间合同均为双方真实意思表示，内容也不违反相关法律规定，故该合同合法有效。

（2）中介公司不履行合同义务或者履行合同义务不符合约定，严重损害彭某的合法权益：中介公司作为专业的房地产经纪机构，在审查彭某是否具有购房资格时未能尽到忠实勤勉的义务，在彭某无购房资格的情况下，错误地判断彭某有资格，导致彭某无法履行涉案房屋买卖合同。

（3）彭某有权要求返还中介费：由于中介公司的过错，彭某遭受巨大利益损失，中介公司无权收取中介费，但彭某已经支付了该笔中介费，故彭某有权要求返还。

由此，彭某对中介公司所享有的返还财产请求权成立了。

2. 该请求权并未消灭。

3. 彭某的起诉未过诉讼时效，中介公司也并无相应抗辩权。

4. 故彭某对中介公司依据上述法条享有返还财产请求权。

---

〔1〕《合同法》第 425 条　居间人应当就有关订立合同的事项向委托人如实报告。居间人故意隐瞒与订立合同有关的重要事实或者提供虚假情况，损害委托人利益的，不得要求支付报酬并应当承担损害赔偿责任。

〔2〕《北京市高级人民法院关于审理房屋买卖合同纠纷案件适用法律若干问题的指导意见（试行）》第 27 条　房屋中介机构对于房屋权属状况等订约相关事项及当事人的订约能力负有积极调查并据实报告的义务。房屋中介机构违反忠实居间义务，严重损害委托人利益的，不得要求委托人支付中介服务费用及从事居间活动的必要费用。委托人有损失的，房屋中介机构应当承担相应的损害赔偿责任。

二、针对第 2 项诉讼请求，假设彭某对中介公司根据《合同法》第 107 条[1]、第 425 条，《北京市高级人民法院关于审理房屋买卖合同纠纷案件适用法律若干问题的指导意见（试行）》第 27 条享有赔偿损害请求权

1. 那么首先这个请求权必须已经产生。

根据上述法条规定，请求权产生的前提条件是：

（1）彭某与中介公司之间存在合法有效的合同：彭某与中介公司签订的居间合同均为双方真实意思表示，内容也不违反相关法律规定，故该合同合法有效。

（2）中介公司不履行合同义务或者履行合同义务不符合约定，构成违约：中介公司作为专业的房地产经纪机构，在审查彭某是否具有购房资格时未能尽到忠实勤勉的义务，在彭某无购房资格的情况下，错误地判断彭某有资格，中介公司此种行为已经构成违约。

（3）彭某因中介公司违约产生了损失：因为相信中介公司的审查结果，彭某向中介公司支付了居间代理费 33 440 元，向李某支付了购房定金 50 000 元，并因诉讼事宜产生了误工费用和差旅费用 34 000 元。

由此，彭某对中介公司所享有的损害赔偿请求权成立了。

2. 该请求权并未消灭。

3. 彭某的起诉未过诉讼时效，中介公司也并无相应抗辩权。

4. 故彭某对中介公司依据上述法条享有损害赔偿请求权。

三、针对第 3 项诉讼请求，假设彭某对中介公司根据新《消费者权益保护法》第 55 条[2]享有支付惩罚赔偿金请求权

1. 那么首先这个请求权必须已经产生。

根据 2013 年修正的《消费者权益保护法》第 55 条，请求权产生的前提条件是：

（1）彭某是消费者，中介公司为经营者：根据《消费者权益保护法》第 2

---

〔1〕《合同法》第 107 条　当事人一方不履行合同义务或者履行合同义务不符合约定的，应当承担继续履行、采取补救措施或者赔偿损失等违约责任。

〔2〕《消费者权益保护法》第 55 条第 1 款　经营者提供商品或者服务有欺诈行为的，应当按照消费者的要求增加赔偿其受到的损失，增加赔偿的金额为消费者购买商品的价款或者接受服务的费用的 3 倍；增加赔偿的金额不足 500 元的，为 500 元。法律另有规定的，依照其规定。

条[1]、第3条[2]，彭某符合消费者的定义，中介公司也符合经营者的定义。

(2) 彭某与中介公司之间存在合法有效的合同关系。

(3) 中介公司在提供服务过程中有欺诈行为：中介公司作为专业机构，在审核彭某购房资格时应当能核实出彭某并无购房资格，但其故意对彭某隐瞒此真实情况，构成了对彭某的欺诈。

(4) 彭某因中介公司欺诈产生了损失。

由此，彭某对中介公司所享有的支付惩罚赔偿金请求权成立了。

2. 该请求权并未消灭。

3. 彭某的起诉未过诉讼时效，中介公司也并无相应抗辩权。

4. 故彭某对中介公司依据上述法条享有支付惩罚赔偿金请求权。

一审律师代理词及法院裁判

代理词

一、双方之间的居间合同合法有效，双方应严格按照合同约定及法律规定履行各自的合同义务

二、彭某依约支付居间代理费用，按中介公司要求提供了真实合法的购房资料，及时、全面地履行了合同义务，不存在任何过错

三、中介公司恶意欺诈，谎称彭某具备购房资格，诱骗彭某签订相关协议并支付居间代理费用，严重侵犯彭某合法权益，给彭某造成了重大损失

四、关于中介公司应当承担的法律责任

1. 本案既适用《合同法》规定，也适用《消费者权益保护法》的规定。

2. 中介公司应当承担的具体法律责任如下：

(1) 中介公司应当返还彭某支付的居间代理费用33 440元并赔偿彭某的各项损失94 000元。

(2) 除赔偿损失外，中介公司还应当承担惩罚性赔偿金，即居间代理费

[1] 《消费者权益保护法》第2条　消费者为生活消费需要购买、使用商品或者接受服务，其权益受本法保护；本法未作规定的，受其他有关法律、法规保护。

[2] 《消费者权益保护法》第3条　经营者为消费者提供其生产、销售的商品或者提供服务，应当遵守本法；本法未作规定的，应当遵守其他有关法律、法规。

的3倍，即100 320元。

北京市丰台区人民法院认定：

当事人对自己的主张负有举证义务。依法成立的合同对当事人具有法律约束力。当事人应当依照约定全面履行自己的义务，不得擅自变更或者解除合同。居间合同是居间人向委托人报告订立合同的机会或者提供订立合同的媒介服务、委托人支付报酬的合同。居间人应当就有关订立合同的事项向委托人如实报告。居间人故意隐瞒与订立合同有关的重要事实或者提供虚假情况，损害委托人利益的，不得要求支付报酬并应当承担损害赔偿责任。房地产经纪机构从事房地产经纪活动应当遵循诚实信用原则，遵守职业规范，尽职尽责为委托人提供专业服务。委托人缔结合同、处分自身权利时，亦应保证自身遵守相关国家规范，并对此保持必要谨慎注意。

《北京市人民政府办公厅关于贯彻落实国务院办公厅文件精神进一步加强本市房地产市场调控工作的通知》（京政办发［2011］8号）明确规定："无法提供本市有效暂住证和连续五年（含）以上在本市缴纳社会保险或个人所得税缴纳证明的非本市户籍居民家庭，暂停在本市向其售房。""对未严格核实购房人购买资格、违规签订商品住房销售合同或代理合同的房地产开发企业、房地产经纪机构，依法严肃处理。"

北京市住房和城乡建设委员会在2011年2月16日即向包括各房地产经纪机构在内的收文单位发出《关于落实本市住房限购政策有关问题的通知》（京建发［2011］65号），明文规定："自2011年2月17日起，对无法提供本市有效暂住证和连续5年（含）以上在本市缴纳社会保险或个人所得税缴纳证明的非本市户籍居民家庭，暂停在本市向其售房；各部门、各单位要按照《北京市人民政府办公厅关于贯彻落实国务院办公厅文件精神进一步加强本市房地产市场调控工作的通知》要求，严格执行住房限购政策，加强对居民家庭（含夫妻双方及未成年子女，下同）购房资格的审查；居民家庭在购买住房前，应当向房地产开发企业、经纪机构或存量房网签服务窗口，提交下列材料：……非本市户籍居民家庭提交在本市缴纳个人所得税完税证明原件、复印件或提供已缴纳社会保险的家庭成员姓名、身份证信息备查；房地产开发企业、经纪机构和存量房网签服务窗口对上述材料进行初步核查。对符合条件的，在北京市房地产交易系统中填报认购核验信息，并留存购房家庭提交的《家庭购房申请表》、《购房承诺书》原件及其他材料复印件。对不符合条件的，不予办理购房手续。”

《房地产经纪管理办法》规定：“房地产经纪机构签订房地产经纪服务合同前，应当书面告知委托人应当由委托人协助的事宜、提供的资料；委托人未提供规定资料或者提供资料与实际不符的，房地产经纪应当拒绝接受委托。”

纵观以上规范，足以说明，对委托人是否具有适格的购房资格进行审查、书面告知并要求委托人提供相应资料，是房地产经纪机构的应尽义务。中介公司未能举证证明其作为专业房地产经纪机构在促成涉案房屋买卖合同之前确已履行前述义务，彭某作为委托人、购买人亦未对自身不具有购房资格一事予以足够谨慎注意，导致彭某与李某签订了无法履行的合同。双方对涉案房屋买卖合同不能实际履行均有过错，其中，中介公司作为民众信赖其专业服务之专业房地产经纪机构负有重大过错，一审法院酌定其过错比例为85%、彭某过错比例为15%，合同约定之中介服务费用及彭某因此产生之直接合理损失由双方按比例承担。中介公司虽有过错，尚无充分证据证明其有欺诈故意，彭某因此主张三倍赔偿缺乏证据支持，无事实依据。故，对彭某主张中介服务费用及直接合理损失之诉讼请求，一审法院予以相应支持，其余诉讼请求，不予支持。依照《合同法》第6条、第8条、第60条、第424条、第425条及《民事诉讼法》第64条的规定，判决：中介公司返还彭某居间代理费28 424元，赔偿彭某定金、保障服务费、评估费共计50 235元。

中介公司不服一审法院民事判决，向北京市第二中级人民法院提起上诉，以一审法院判决认定事实不清，适用法律有误为由，请求二审法院撤销一审法院判决，驳回彭某的全部诉讼请求，并承担本案一、二审诉讼费。

其主要上诉理由为：

1. 中介公司已经居间促成合法有效的房屋买卖合同，有权收取居间费用。

2. 彭某解除房屋买卖合同未经中介公司同意，系彭某自行处分权利，与中介无关。

3. 彭某不具备购房资格并非中介原因所致，中介仅是形式审查。

4. 彭某承诺其具有购房资格，应当自担责任。

5. 房屋买卖合同可以等到彭某具备购房资格时再继续履行。

6. 一审法院援引政府部门通知适用法律错误。

二审律师代理词及法院裁判

代理词

针对中介公司上诉状中的上诉事实和理由，彭某发表意见如下：

第一，中介公司虽然促成买卖双方签订合法有效的买卖合同，但根据《合同法》第425条的规定，中介公司在明知彭某因纳税条件不符合购房资格的情况下，没有尽到合理审查的义务，损害了彭某的利益，因此中介公司无权要求支付居间服务费并应当承担损害赔偿责任。

第二，中介公司违背双方的居间合同，没有尽到合理审查义务损害彭某的利益。由于彭某不具备购房资格，要向房屋出售人承担总房款20%的违约金，彭某不得已与房屋出售人解除了房屋买卖合同，按照定金罚则承担了较低金额的违约责任，一审法院判决已经审查了彭某承担违约责任的合法有效性，彭某与房屋出售人及时解除合同是为了最大程度降低损失，合情合理。

第三，彭某没有购房资质并不免除中介公司的审查义务，中介公司作为多年从事房地产居间行业的公司，对彭某没有购房资质，中介公司系明知或应当知道。中介公司手写的“具有购房资质”的承诺，明显为了恶意促成交易收取中介费用，并将其应当承担的责任全部推给彭某，中介公司的行为是极其不诚信的行为。

第四，房屋买卖合同有履行时间期限，不存在中介公司所谓的可以等彭某具有资格继续履行合同的情形。

第五，政府部门的通知是《合同法》第119条居间人如实报告义务的细化规定，一审法院将其作为判决的依据并无不当之处。

法院裁判

北京市第二中级人民法院经审理认为：

根据北京市住房限购的相关规定，是否具备在京购房资格直接关系到购房人是否决定签订房屋买卖合同以及合同签订后的实际履行，是房屋买卖合同签订中的重大事项，对房屋买卖双方的权利均有重大影响。对购房人是否具有在本市的购房资格进行审查、书面告知并要求购房人提供相应资料，是房地产经纪机构的应尽义务。中介公司未能举证证明其作为专业房地产经纪机构在促成涉案房屋买卖合同之前确已履行前述义务，结合中介公司在二审庭审中的陈述，对于彭某是否具有购房资格，中介公司的工作人员作出了错误的判断，使得彭某误信其具备在京购房资格而签订了涉案房屋买卖合同，最终导致涉案房屋买卖合同因无法实际履行而被解除，对此，中介公司在提供居间服务过程中存在重大过失，其提供的居间服务存在重大瑕疵，彭某自身也存在一定过错，一审法院判决酌定中介公司过错比例为85%、彭某过错比例为15%，具有事实和法律依据，并无不当。因彭某不具有购房资格，导致涉案房屋买卖合同无法履行，彭某与房屋出售人签订了《解约协议书》，并确定承担违约责任的方式为彭某支付的50 000元定金归房屋出售人所有，房屋出售人不予退还。《解约协议书》对违约责任的界定符合本案事实，对违约责任金额的确定符合《合同法》关于定金的相关规定，并不存在明显加重彭某违约责任的情形。因此，一审法院判决中介公司按照85%的比例返还彭某居间服务费用并赔偿给彭某造成的直接合理损失并无不当。中介公司上诉主张一审法院判决适用有关部门的通知作为判决依据，不符合法律规定，一审法院判决援引北京市住房限购相关政府通知文件并非作为判决中介公司承担责任的法律依据，中介公司该项上诉主张缺乏事实依据，本院不予采信。

综上，一审法院判决认定事实清楚，适用法律正确，处理结果并无不当，二审法院予以维持。依照《民事诉讼法》第170条第1款第1项之规定，判决：驳回上诉，维持原判。

律师点评

中介公司作为有偿的、专业的房屋居间机构，有义务审查签约双方是否具备缔结房屋买卖合同的资格，即使签约人自己承诺了其具备相应的购房资格，也不免除中介公司的审查义务，更何况，本案中彭某是在中介公司的要求下提供了相关资料，中介审查确认彭某具备购房资格后，彭某才签订的合同。

本案中，如何放大中介公司的义务，让法院认定其承担更重的责任，对最终判定的赔偿金额有重大影响，因此，在制定相关案件的处理方案时，要着重考虑如何加重中介的责任。

本案中，本书作者之所以要主张三倍中介费的赔偿金，主要基于以下两点考虑：①说服法院加大认定中介公司过错比例；②在进行和解、调解时，可以作为让步的筹码。

因此，在经过当事人认可，同意承担对应的几百元诉讼费后，当事人主张了3倍中介费的赔偿金，最终也达到了预期的诉讼效果。

27. 诉讼请求应当与诉讼策略相对应

马某与王某房屋租赁合同纠纷案

本案思维导图

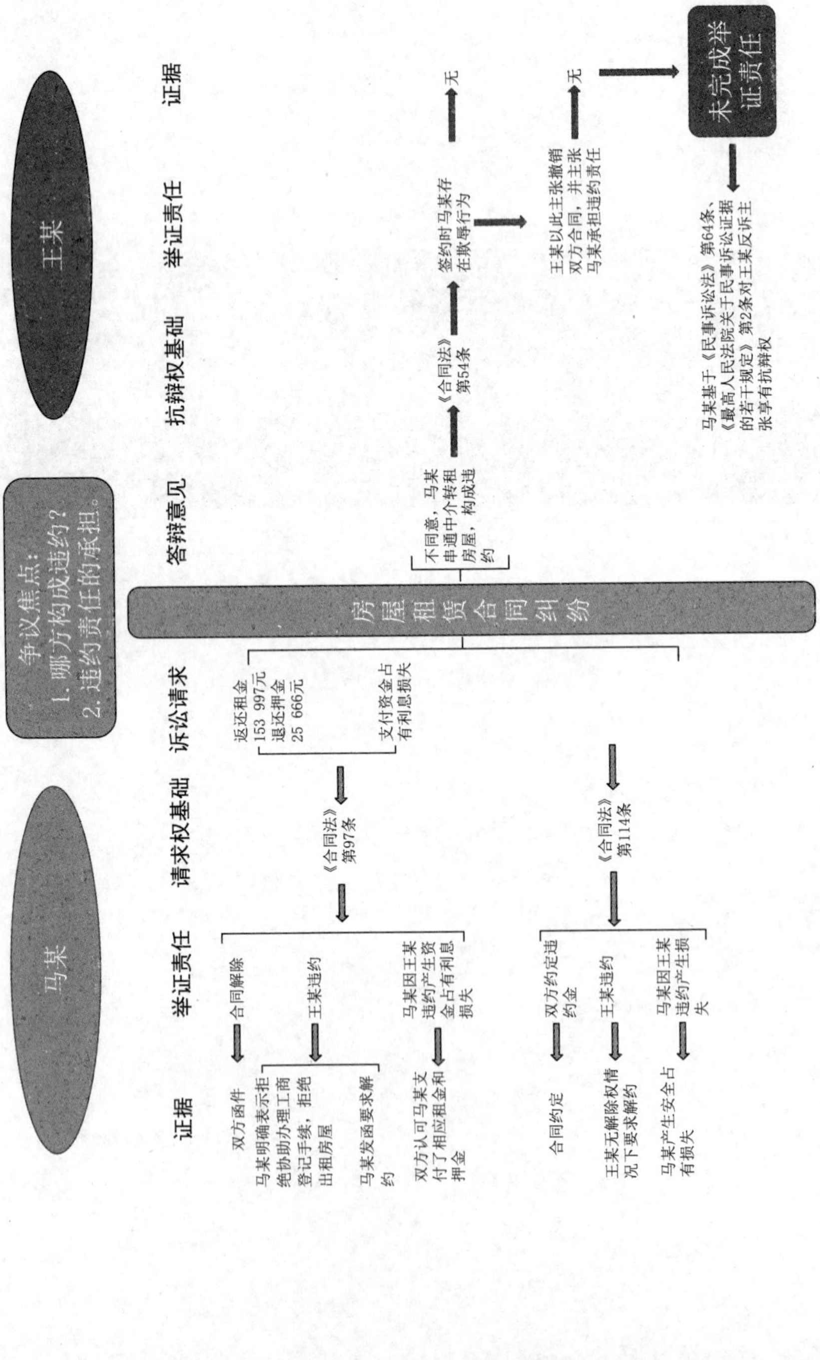

马某

争议焦点：
1. 哪方构成违约？
2. 违约责任的承担。

王某

房屋租赁合同纠纷

马某一方：证据 ← 举证责任 ← 请求权基础 ← 诉讼请求

诉讼请求：返还租金153 997元，退还押金25 666元

- 请求权基础：《合同法》第97条
  - 举证责任：合同解除 ← 证据：双方函件
  - 举证责任：王某违约 ← 证据：马某明确表示拒绝协助办理工商登记手续，拒绝出租房屋；马某发函要求解约
  - 举证责任：马某因王某违约产生资金占有利息损失 ← 证据：双方认可马某支付了相应租金和押金

诉讼请求：支付资金占有利息损失

- 请求权基础：《合同法》第114条
  - 举证责任：双方约定违约金 ← 证据：合同约定
  - 举证责任：王某违约 ← 证据：王某无解除权情况下要求解约
  - 举证责任：马某因王某违约产生损失 ← 证据：马某产生安全占有损失

王某一方：答辩意见 → 抗辩权基础 → 举证责任 → 证据

- 答辩意见：不同意，马某串通中介转租房屋，构成违约
  - → 抗辩权基础：《合同法》第54条
  - → 举证责任：签约时马某存在欺辱行为 → 证据：无
  - → 举证责任：王某以此主张撤销双方合同，并主张马某承担违约责任 → 证据：无
  - → 未完成举证责任
  - → 马某基于《民事诉讼法》第64条、《最高人民法院关于民事诉讼证据的若干规定》第2条对王某反诉主张享有抗辩权

案情介绍

2014年11月2日，马某（乙方）与王某（甲方）签订《北京市房屋租赁合同》，约定："马某承租王某的位于北京市丰台区某栋楼06~08室房屋（以下简称'涉案房屋'）。第2条房屋租赁用途及登记备案：①乙方租赁该房屋用于办公、培训、会议及经营使用。甲方保证该房屋可办理工商登记注册，并保证积极配合乙方办理工商登记。如甲方原因无法办理工商登记，则乙方有权单方解除合同，甲方赔偿乙方经济损失……第3条租赁期限：①房屋租赁期自2014年11月3日至2023年2月2日，共计8年零90天。②免租期为自2014年11月3日至2015年2月2日。第7条所有权变动及转租续租：……②在租赁期内任何租赁事宜甲方只针对乙方，乙方的子公司、合作单位等、第三方使用该房屋时如造成相关责任与损失均由乙方承担。第8条合同解除：①经甲乙双方协商一致，可以解除本合同；……③甲方有下列情形之一的，乙方有权单方解除合同：……（a）交付的房屋严重不符合合同约定或影响乙方安全……第9条违约责任：①甲方有第8条第3款约定的情形之一的，应按剩余租期总租金的30%向乙方支付违约金；乙方有第8条第4款约定的情形之一的，应按剩余租期总租金的30%向甲方支付违约金；②租赁期内，甲方需提前收回房屋，或乙方需提前退租的，应提前两个月通知对方，应按剩余租期总租金的30%向对方支付违约金，甲方退还相应租金及押金。附件一：租金、支付方式、递增、押金、支付明细：①该房屋前两年月租金：人民币：25 666元整；②该房屋租金每6个月支付一次，乙方应在本合同签订后5日内向甲方支付第一期租金：人民币153 997元；③房屋租金递增方式为前两年不变，后每两年递增6%截至第六年年末，后第七年、第八年每年递增6%；④乙方应于本合同生效后两个工作日内支付甲方押金25 666元整。"

2014年11月2日，马某向王某支付押金25 666元。次日，王某交纳了中介费25 666元。2014年11月4日，马某向王某支付房租153 997元。2014年12月18日，双方就房屋租赁事宜通过电话进行沟通。2014年12月21日，王某向马某发出解除合同通知书，称实际承租人并非马某，要求解除合同。2014年12月29日，马某向王某发出回复函，称同意解除合同，理由是王某

未配合办理工商登记手续，构成违约，并要求王某退还交纳的款项并承担违约责任。王某于次日收到该回复函。2015年2月10日，王某将涉案房屋收回。

马某认为：双方签订的《北京市房屋租赁合同》及全部附件合法有效，双方理应按照合同约定及法律的规定履行各自的合同义务，王某拒绝配合办理工商登记注册手续甚至恶意提出解除合同的行为已经严重侵犯马某的合法权益。

王某则认为：马某串通中介公司企图将涉案房屋转租，其行为严重违反了《合同法》第54条之规定，坚持要求解除房屋租赁合同。

因双方无法协商达成一致意见，2015年1月，马某将王某诉至北京市丰台区人民法院。

本书作者系马某的诉讼代理人。

律师思路

因王某已经明确表示拒绝出租房屋，且拒绝配合办理工商登记注册手续，马某承租涉案房屋的合同目的难以实现，房屋租赁合同只能解除，律师的工作就是把马某可以获得的索赔金额，在符合法律规定的情况下予以最大化。因此，除了要求王某返还租金及押金、承担违约金之外，在征得马某同意的情况下，我们还提出了资金占有利息损失的主张，该项主张实际既是一种谈判让步的筹码，也为法院自由裁量制造了空间。故马某的诉讼请求为：

1. 王某退还租金153 997元及利息（以153 997元为基数，按中国人民银行2012年7月6日发布的6个月贷款利率5.6%计算，自2014年11月4日起算至王某实际还清之日止）。

2. 王某退还押金25 666元及利息（以25 666元为基数，按中国人民银行2012年7月6日发布的6个月贷款利率5.6%计算，自2014年11月2日起算至王某实际还清之日止）。

3. 王某支付马某违约金30万元。

王某则提出反诉，请求法院判令：

1. 请求判令撤销双方于2014年11月2日签订的《北京市房屋租赁合同》。

2. 马某腾退房屋并按照每日855.5元支付使用费至实际腾退之日止，并返还房屋钥匙、电卡及门禁。

3. 马某支付因合同撤销造成的损失 58 906 元（包括中介费 25 666 元、律师费 3 万元，公证费 3240 元）。

请求权的基础

一、假设马某对王某依据《合同法》第 97 条[1]享有要求返还租金 153 997 元、押金 25 666 元，并支付相应资金占有利息的请求权

1. 那么首先这个请求权必须已经产生。

根据《合同法》第 97 条，请求权产生的前提条件是：

（1）马某与王某之间存在合法有效的合同：马某与王某签订的房屋租赁合同均为双方真实意思表示，内容也不违反相关法律规定，故该合同合法有效。

（2）双方的房屋买卖合同已经解除：2014 年 12 月 21 日，王某发函要求解除合同，2014 年 12 月 29 日，马某回函同意解除合同，双方的房屋租赁合同关系已于 2014 年 12 月 29 日解除。

（3）马某可以要求回复原状、赔偿损失：

❶双方均认可马某实际支付了租金 153 997 元及押金 25 666 元。

❷王某持有上述租金和押金期间，该款项会产生相应的利息，但是马某并未实际获得该利息，故马某产生了相应的资金占有利息损失，有权要求王某赔偿。

由此，马某对王某所享有的请求权成立了。

2. 该请求权并未消灭。

3. 马某的起诉未过诉讼时效，王某也并无相应抗辩权。

4. 故马某对王某依据上述法条享有返还押金、租金并支付资金占有利息的请求权。

二、假设马某对王某根据《合同法》第 114 条第 1 款[2]享有 30 万元的支付违约金请求权

1. 那么首先这个请求权必须已经产生。

---

〔1〕《合同法》第 97 条　合同解除后，尚未履行的，终止履行；已经履行的，根据履行情况和合同性质，当事人可以要求恢复原状、采取其他补救措施，并有权要求赔偿损失。

〔2〕《合同法》第 114 条第 1 款　当事人可以约定一方违约时应当根据违约情况向对方支付一定数额的违约金，也可以约定因违约产生的损失赔偿额的计算方法。

根据《合同法》第114条第1款，请求权产生的前提条件是：

（1）马某与王某之间存在合法有效的合同。

（2）双方约定一方违约时应当根据违约情况向对方支付一定数额的违约金，或约定因违约产生的损失赔偿额的计算方法：《北京市房屋租赁合同》第9条违约责任：……②租赁期内，甲方需提前收回房屋，或乙方需提前退租的，应提前两个月通知对方，应按剩余租期总租金的30%向对方支付违约金，甲方退还相应租金及押金。

（3）王某违约：在租赁期内，王某无理发函要求解除合同，已经构成严重违约。

由此，该请求权成立了。值得说明的是，如果按照双方的约定计算，违约金的数额为815 011.2元，但考虑到《合同法》第114条的规定以及马某的实际损失，马某最终决定自行酌减并主张30万元违约金。

2. 该请求权并未消灭。

3. 马某的起诉未过诉讼时效，王某也并无相应抗辩权。

4. 故马某对王某依据上述法条享有30万元的支付违约金请求权。

抗辩权的基础

本案中，王某提出以下三项反诉请求：

1. 撤销双方签订的《北京市房屋租赁合同》。

2. 马某腾退房屋并按照每日855.5元支付使用费至实际腾退之日止，并返还房屋钥匙、电卡及门禁。

3. 马某支付因合同撤销造成的损失58 906元。

假设马某对王某的主张依据《民事诉讼法》第64条第1款[1]、《最高人民法院关于民事诉讼证据的若干规定》第2条[2]享有抗辩权。

1. 那么首先该抗辩权已经成立。

根据上述法条，抗辩权成立的前提条件是：

---

〔1〕《民事诉讼法》第64条第1款　当事人对自己提出的主张，有责任提供证据。

〔2〕《最高人民法院关于民事诉讼证据的若干规定》第2条　当事人对自己提出的诉讼请求所依据的事实或者反驳对方诉讼请求所依据的事实有责任提供证据加以证明。没有证据或者证据不足以证明当事人的事实主张的，由负有举证责任的当事人承担不利后果。

（1）王某提出了诉讼主张：王某主张马某与他人恶意串通、存在欺诈等情况。

（2）王某对其主张负有举证责任，但其未举证证明其主张。

（3）王某应当承担举证不能的不利后果，其主张不能成立。

由此，该抗辩权产生了。

2. 马某并未承认王某主张，未放弃该抗辩权。

3. 故马某对王某的主张依据上述法条享有抗辩权。

一审律师代理词及法院裁判

代理词

一、租赁合同合法有效

签约系双方真实意思表示，内容不违反法律的强制性规定，合同应属有效。

二、马某依约履行合同，不存在过错

合同签订后，马某依约支付了押金 25 666 元及第一期租金 153 997 元，履行了付款义务，不存在任何过错。

三、王某恶意提出解除合同，其行为构成根本性违约

1. 王某解约理由无法成立。

（1）马某转租。

合同第 2 条约定，马某承租涉诉房屋用于办公、培训、会议及经营使用，王某保证并配合办理工商注册登记。马某使用涉诉房屋办理工商登记、进行经营的行为本质上仍是马某在使用涉诉房屋。

退一步讲，即使认定这是一种转租行为，王某对此也是认可的。合同第 7 条第 2 款约定了马某的子公司、合作单位、第三方均可使用涉诉房屋，只不过相关责任和损失由马某承担，这充分说明王某对于马某享有转租权是明确认可的。

（2）租期过长。《合同法》第 214 条规定“租赁期限不得超过 20 年”。本案合同签订期限为 8 年，完全符合法律的规定，不存在过长。

（3）合同签订不公平。租赁合同均是双方真实意思表示，系双方自愿签

订，王某违约要承担的责任与马某违约要承担的责任是完全镜像对应的，不存在不公平。

2. 王某违约非常明显。

根据庭审调查的情况及马某提交的证据可知，马某多次催告王某要求其协助办理工商登记注册手续，王某却无理提出将租期由 8 年缩短至 3 年，并明确表示如马某不接受其附加条件，则拒绝办理工商登记，甚至于 2014 年 12 月 21 日无理提出解除合同，其行为构成明显的根本性违约。

法院裁判

北京市丰台区人民法院经审理认为：

王某称马某将涉案房屋转租，且合同的签订过程存在欺诈，证据不足，法院不予采信。王某要求解除合同的理由不足，应按合同约定承担相应的违约责任。王某请求撤销合同的诉讼请求，法院不予支持。合同解除的时间应该以王某收到回复函的时间为准。合同解除后，尚未履行的，终止履行；已经履行的，根据履行情况和合同性质，当事人可以要求恢复原状、采取其他补救措施，并有权要求赔偿损失。故对马某请求王某返还租金及押金的诉讼请求，法院予以支持。马某请求王某支付利息，于法无据，法院不予支持。马某要求的违约金过高，法院依据本案具体情况予以酌减。在合同解除前，处于约定的免租期内，马某无需支付使用费。马某在双方解除合同后仍占用该房屋，应支付此期间的房屋使用费，支付标准参照租金，自 2014 年 12 月 31 日至 2015 年 2 月 9 日。另马某应将门禁卡、电卡和钥匙返还给王某。因本案是王某违约，故对王某请求马某赔偿损失的诉讼请求，法院不予支持。综上，依照《合同法》第 60 条、第 77 条第 1 款、第 97 条、第 107 条、第 114 条第 2 款之规定，判决：王某退还马某租金 153 997 元及押金 25 666 元，王某向马某支付违约金 13 万元。

判决后，王某不服，上诉至北京市第二中级人民法院，称：马某与他人恶意串通、欺诈事实明显，双方所签订的合同并非真实意思表示；合同存在不平等的格式合同内容；约定违约责任，明显存在偏袒马某一方。故要求撤销原判，依法改判驳回马某全部诉讼请求。马某同意原判。

二审答辩意见及法院裁判

答辩意见

原审判决认定事实清楚，适用法律正确。

一、双方签订的租赁合同系双方真实意思表示，且不违反强制性法律和行政法规的规定，为有效合同

租赁合同是双方的真实意思表示，系双方自愿签订，不存在王某所称的马某与他人恶意串通、进行欺诈的情况，王某也未对此提供相应证据。

租赁合同中双方违约要承担的责任是完全对等的，不存在不公平、不公正的约定，租赁合同没有可撤销的事由，为合法有效的合同。

二、由于王某的违约行为导致合同解除，其应承担相应的违约责任

双方签订房屋租赁合同后，马某积极履行合同义务，依约支付了押金及第一期租金，不存在任何过错。反观王某，在马某多次催告要求其协助办理工商登记注册手续的情况下，王某无理拒绝，且多次无理提出将租期由8年缩短至3年，甚至提出解除合同，其行为已经构成根本违约。马某主张违约金时，已经考虑相关情况进行了酌减，一审法院判决时在此基础上又进一步进行了酌减，一审所判金额完全不存在过高的情形。

综上所述，王某的上诉请求缺乏事实和法律依据，请求贵院依法驳回其上诉请求，维持原判。

法院裁判

北京市第二中级人民法院经审理认为：

王某与马某签订的《北京市房屋租赁合同》系双方当事人的真实意思表示，不违反法律、法规的强制性规定，应属合法有效，双方均应依约履行。王某称签订该合同过程中马某存在恶意串通及欺诈，未提供有效的证据予以证实，本院对其该项上诉意见不予采信。双方所约之《北京市房屋租赁合同》并未存在明显加重一方义务，免除另一方责任的条款，王某称合同存在不平等的格式条款，缺乏依据，本院不予采纳。合同履行过程中，王某提前要求

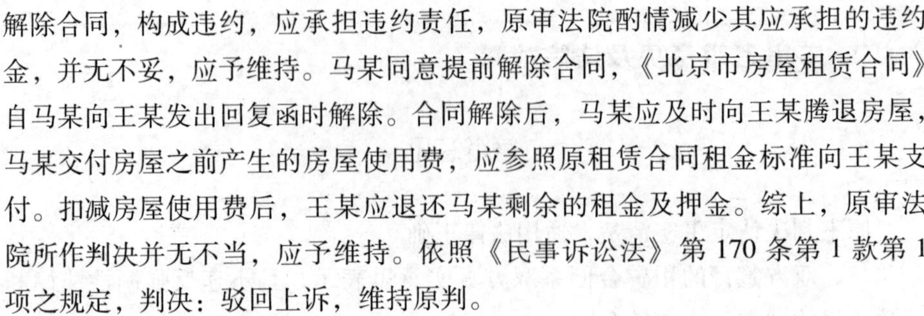

解除合同，构成违约，应承担违约责任，原审法院酌情减少其应承担的违约金，并无不妥，应予维持。马某同意提前解除合同，《北京市房屋租赁合同》自马某向王某发出回复函时解除。合同解除后，马某应及时向王某腾退房屋，马某交付房屋之前产生的房屋使用费，应参照原租赁合同租金标准向王某支付。扣减房屋使用费后，王某应退还马某剩余的租金及押金。综上，原审法院所作判决并无不当，应予维持。依照《民事诉讼法》第 170 条第 1 款第 1 项之规定，判决：驳回上诉，维持原判。

律师点评

1. 律师在制定诉讼策略时，应当厘清己方各项主张之间是否存在矛盾。本案中，王某的律师一会儿主张合同解除，一会儿主张合同撤销，殊不知合同的解除以合同合法有效为前提，而合同撤销后自始不产生法律效力。主张合同解除与主张合同撤销之间存在严重矛盾，这一点充分暴露了王某律师的不专业。

2. 在租赁合同纠纷中，租金、违约金、占用费必须计算得有理有据，不能算个大概。王某的律师庭前未进行充分准备，在法院询问其租金支付情况、主张占有费依据等相关事实时，王某的律师支支吾吾未能立刻回答，自然给法官留下了不好的印象。律师做案子，必须对案件事实了如指掌，如果连基本事实都没有搞清楚，所代理的案件势必难以达到当事人的预期。